Gregor Maria Hoff
Ökumenische Passagen – zwischen Identität und Differenz

Salzburger Theologische Studien

herausgegeben in Verbindung mit den Professoren
der Theologischen Fakultät

Anton A. Bucher • Franz Nikolasch • Friedrich Reiterer
Heinrich Schmidinger • Werner Wolbert

Salzburger Theologische Studien Band 25

Gregor Maria Hoff

Ökumenische Passagen – zwischen Identität und Differenz

Fundamentaltheologische Überlegungen
zum Stand des Gesprächs zwischen
römisch-katholischer und evangelisch-lutherischer Kirche

2005
Tyrolia-Verlag · Innsbruck-Wien

Die Salzburger Theologischen Studien werden finanziell unterstützt von der Österreichischen Benediktinerkongregation.

Der vorliegende Band wurde gedruckt mit Förderung der Österreichischen Forschungsgemeinschaft.

Mitglied der Verlagsgruppe „engagement"

Bibliographische Information Der Deutschen Bibliothek
Die Deutsche Bibliothek verzeichnet diese Publikation in der Deutschen Nationalbibliographie; detaillierte bibliographische Daten sind im Internet über http://dnb.ddb.de abrufbar.

2005
© Verlagsanstalt Tyrolia, Innsbruck
Druck und Bindung: Alcione, Trento
ISBN 3-7022-2711-3
E-Mail: buchverlag@tyrolia.at
Internet: www.tyrolia.at

INHALTSVERZEICHNIS

6

VORWORT

Die vorliegende Studie ist aus verschiedenen Lehrveranstaltungen hervorge-
gangen, die ich seit dem Sommersemester 2003 an der Katholisch-Theologischen Fakultät der Paris-Lodron-Universität Salzburg gehalten habe. Der
Text ist aus der Arbeit mit den Studierenden erwachsen und nicht zuletzt
für sie geschrieben. Zugleich habe ich damit eine persönliche Verpflichtung
abgeleistet, unter die ich mich mit der Übernahme der Salzburger Professur
für Fundamentaltheologie und Ökumene gestellt habe. Zwar ökumenisch
interessiert, bin ich von meiner wissenschaftlichen Ausbildung her doch
kein gelernter Ökumeniker. Von daher habe ich mir mit der Übernahme der
Salzburger Professur für Fundamentaltheologie und Ökumene die Aufgabe
gestellt, eine ökumenische Qualifizierungsarbeit nachzuliefern.

Inhaltlich setzt das Buch unter ökumenischen Gesichtspunkten Überlegungen fort, die ich konzeptionell im Rahmen meiner Habilitationsschrift
entwickelt habe und die mit dem Titel einer theologischen Differenzhermeneutik belegt sind.[1] Durch glückliche Umstände hat mir die besondere Konstellation im Salzburger „Fachbereich Systematische Theologie" wichtige
Anregungen vermittelt, die mir Manches genauer sehen und Vieles weiter-
entwickeln halfen. Von daher ist dieses Buch den Kollegen und Freunden
im Fachbereich gewidmet: als ein besonderer Dank für die freundliche Aufnahme, die spannenden Gespräche, die ungewöhnlich intensive Koopera-
tionsbereitschaft und nicht zuletzt die menschliche Nähe, die ich so schätzen gelernt habe.

Dank gilt auch den Herausgebern der „Salzburger Theologischen Studien",
allen voran Heinrich Schmidinger, für die Aufnahme der Studie in diese
Reihe. Da dies ein originäres Salzburger Buch ist, hat es für mich genau hier
seinen richtigen Publikationsort.

Ein besonderer Dank gilt darüber hinaus Frau Andrea Finster, Sekretä-
rin am Fachbereich, für vielfältige Unterstützung, immer gleich bleibende
Freundlichkeit und manche Entlastung. In diesen Dank darf ich auch meinen studentischen Mitarbeiter Martin Dürnberger besonders nachdrücklich
einschließen, der mit großem Einsatz, kritischen Fragen und intellektueller
Kreativität die Entstehung des Buches vorangetrieben hat.

---

1   G. M. Hoff, Die prekäre Identität des Christlichen. Die Herausforderung post-
     Modernen Differenzdenkens für eine theologische Hermeneutik, Paderborn
     u.a. 2001.

Schließlich danke ich für Gespräche und Anregungen meinem Vorgänger Prof. Dr. Johann Werner Mödlhammer, Dr. Thomas Fößel und Dr. Johannes Becher – mit seinem brieflichen Akkord, mit dem er seine Post zu schließen pflegt, möchte ich dieses Buch auf den Weg geben: *Ut unum sint!*

Salzburg, 31.1.2005   Gregor Maria Hoff

EINLEITUNG

Zum Stand der gegenwärtigen ökumenischen Gespräche gibt es höchst unterschiedliche Einschätzungen.[2] Von neuer „Eiszeit"[3], von Stillstand und Paralyse ist in den vergangenen Jahren nicht selten die Rede gewesen. Im Prozess um die Unterzeichnung der „Gemeinsamen Erklärung zur Rechtfertigungslehre" (GE) zwischen der Römisch-katholischen Kirche und dem Lutherischen Weltbund, die am 13. Oktober 1999 vollzogen werden konnte, gab es erheblichen ökumenischen Dissens.[4] Angesichts dieses „kirchengeschichtliche(n) Ereignisses"[5], angesichts der Übereinkunft in jener entscheidenden Frage, die zur abendländischen Kirchenspaltung führte, waren die Hoffnungen und Erwartungen ökumenisch dann nur umso höher gespannt – und die Bedenken desto stärker. Die Enttäuschungen über weitere zeitnahe Ergebnisse – z.b. bezogen auf ein gemeinsames Herrenmahl im Rahmen des Berliner Kirchentages 2003 – artikulierten sich besonders nachdrücklich. Spätestens seit der Erklärung „Dominus Iesus" der Glaubenskongregation im August 2000 fühlten sich Skeptiker bestätigt. Das katholische Konzept schien einen ausgeprägten Machtanspruch ekklesiologisch zu bestätigen.

Die entsprechenden Diskussionen sind thematisch wie institutionell weit gefächert, die Beziehungen zwischen den Kirchen sehr differenziert. Im Vatikanischen Einheitssekretariat zeigt sich die Bandbreite der Kontakte. Annäherungen, Fortschritten in der Sache und deutlichen ökumenischen Signalen stehen immer wieder Rückschläge und vor allem Rückzugsgefechte gegenüber. Die Motivlage erscheint dabei komplex. Exemplarisch machen dies die Beziehungen zwischen orthodoxer und römisch-katholischer Kirche deutlich. Der Streit um die Neuerrichtung von katholischen Diözesen

---

2   Vgl. zum derzeitigen Stand den Bericht von H. Meyer, Von Angesicht zu Angesicht. Die Kirchen und die Ökumene – Stand und Zukunft, in: KNA-ÖKI 6.1.2004, 1-8.

3   Vgl. den Kommentar von H. Schmoll, Ökumenische Eiszeit, in: FAZ 30.7.98 (Nr. 174) 1. – Hier findet sich ein bedenkenswerter Hinweis, den diese Studie in veränderter Fassung forciert: „Im Grunde bedarf es für die Ökumene der Zukunft einer Hermeneutik des Unterschieds."

4   Vgl. das Votum evangelischer TheologieprofessorInnen zur GE (FAZ 29.1.98 [Nr. 24] 4) und die emotional geführte Leserbrief-Debatte in der FAZ um die besagte GE.

5   Handreichung von Landesbischof J. Hanselmann, Rechtfertigung – was ist das eigentlich?, hrsg. v. der Evangelischen Buchhilfe, Vellmar 1999.

und der Verdacht der Proselytenmacherei belasten die Beziehungen schwer. Nur mühsam kommen die Gespräche wieder in Gang.[6] Dabei gibt es gerade zwischen diesen beiden christlichen Konfessionen eine erhebliche Nähe in theologischen Grundüberzeugungen. Gleichzeitig zeigt sich hier ein besonderes ökumenisches Risiko: Konvergenzerklärungen auf der einen Seite drohen Gemeinsamkeiten auf einer anderen in Frage zu stellen oder gar zu verspielen. So machten evangelische Theologen kritisch gegen die GE geltend, dass möglicherweise Anschlussverhandlungen zwischen unierten Kirchenpartnern anstehen könnten.[7]

Im Zusammenhang der ökumenischen Gesamtsituation kommt dem katholisch-evangelischen Dialog eine Schlüsselstellung zu. Er ist selbstverständlich nicht auf den deutschen Sprachraum begrenzt, findet aber mit den Kernländern der Reformation traditionell besondere Beachtung. Seit dem ökumenischen Aufbruch des beginnenden 20. Jahrhunderts konnten erhebliche ökumenische Erfolge erzielt werden. Es kam zu interkonfessionellen Vereinbarungen, die hermeneutisch Modellcharakter haben sollten. Zugleich wurde die Begrenztheit eines jeden Musters über den konkreten Dialog hinaus immer wieder deutlich.

Von daher erscheint problematisch, was die vorliegende Studie möchte: Sie arbeitet in fundamentaltheologischem Interesse an einer hermeneutischen Verschiebung der Gewichte – mit einem besonderen Akzent auf der Bedeutung interpretativer Differenzen.[8] Sie sucht in diesem Rahmen nach Möglichkeiten, aus einer Umstellung der *Denkform* neue Perspektiven für das ökumenische Gespräch zu gewinnen. Eine ganze Reihe von Dokumenten, die sich methodisch an einem *differenzierten Konsens* orientieren, bie-

---

6   Vgl. W. Kasper, Ökumene zwischen Ost und West. Stand und Perspektiven des Dialogs mit den orthodoxen Kirchen, in: StZ 128 (2003) 151-164.

7   Vgl. I. U. Dalferth, Ökumene am Scheideweg. Die Gemeinsame Erklärung zur Rechtfertigungslehre führt zu einem Nachdenken über reformatorische Theologie, in: FAZ 26.9.1997 (Nr. 224) 13.

8   Zur Notwendigkeit einer hermeneutischen Grundlegung der ökumenischen Gespräche vgl. das Studiendokument von „Faith and Order": D. Heller (Hrsg.), Ein Schatz in zerbrechlichen Gefäßen. Eine Anleitung zu ökumenischem Nachdenken über Hermeneutik, Frankfurt a. M. 1999. Anders als in der genannten Studie wird im Konzept dieser Untersuchung den Differenzen im Verstehen ein konstitutives Gewicht zugemessen (vgl. ebd., 5-9). I. U. Dalferth hält in diesem Zusammenhang fest: „Ökumenische Dialogtexte sind Kreuzungspunkte der Kommunikation zwischen Kirchen. Sie ermöglichen diese Kommunikation genau dadurch, dass sie *Texte sind, die ihr eigenes Verständnis nicht regulieren können*" und neue Verstehensräume z.T. gar auf der Basis produktiver Missverständnisse schaffen (I. U. Dalferth, Spielraum zum Mißverständnis. Hermeneutische Anmerkungen zum Projekt einer Ökumenischen Hermeneutik, in: W. Härle / R. Preul (Hrsg.), Marburger Jahrbuch Theologie, Bd. XII: Ökumene (MThSt 64), Marburg 2000, 71-99; hier: 75.)

tet dafür eine Textgrundlage. Allerdings ist, stärker als bislang geschehen, die philosophische Auseinandersetzung um ein Denken der Differenz schon vorab in die theologische Reflexion aufzunehmen.

Das kann unmöglich mit Blick auf die weit verzweigten ökumenischen Diskurse in konkreter Einzeluntersuchung geschehen. Stattdessen wird eine Standortbestimmung unternommen, die Auskunft über den gegenwärtigen Dialog zwischen evangelischer und römisch-katholischer Kirche (mit einem „deutschen" Schwerpunkt) gibt.[9] Die einschlägigen Texte der jüngeren Vergangenheit, aber auch für die gesamte Ökumene besonders wichtige Dokumente sollen vorgestellt und auf ihre fundamentaltheologische Konzeption hin analysiert werden. Dazu wird die angesprochene besondere Perspektive eingesetzt. Vermehrt stellt man fest, dass sich der Kontakt zwischen den verschiedenen christlichen Bekenntnissen im Zeichen einer *Identitätsproblematik* vollzieht. Angesichts der Herausforderung durch den anderen wird die eigene Tradition fragwürdig. Angesichts des postmodernen Pluralismus – nicht zuletzt in religiösen Einstellungen – muss man am Eigenprofil feilen: Wie und warum unterscheidet man sich von anderen und warum macht man sich nicht zum Teil eines gleichermaßen lebensästhetischen wie religiösen Eklektizismus?

Im Folgenden geht es um Überblick und Orientierung in der ökumenischen Gesprächslandschaft. In einem aber soll die theologisch-kirchliche Identitätsproblematik näher untersucht werden: Was bedeutet es für die eigene Denkform, wenn Identitätsinteressen nach oben drängen? Die ökumenischen Diskurse sind im Horizont einer solchen *fundamentaltheologischen* Identitätsproblematik zu sehen. Gerade weil ökumenische Theologie unausweichlich zeitbedingt veranlagt ist, weil sie selbst kontextreflex entstand, muss sie sich den entsprechenden Anfragen stellen.

Identität heute ist plural gefordert und alles Andere als selbstverständlich. Das betrifft nicht zuletzt die Wahrnehmung der konfessionellen Unterschiede in den christlichen Gemeinden. Identitäten werden unterschiedlich gepflegt und zugleich oft zur Disposition gestellt. Theologische Differenzen erscheinen in ihrer subtilen Anlage als unverständlich. Sich anschließende Warn- und Verbotsschilder, die den ökumenischen Durchbruch verhindern, werden zum Ärgernis. Andere bestehen wiederum auf einer distinkten Festlegung ihres kirchlichen Propriums.

Die ökumenischen Auseinandersetzungen der Vergangenheit sind vor allem *dogmatisch* betrieben worden. Demgegenüber wird hier eine dezidiert

---

9 Der Überblick setzt mit dem Jahr 1985, dem Abschluss der Lehrverurteilungsstudie, an. Vgl. zum damaligen Stand den Bericht von H. Döring, Nahziel: „Schwesterkirchen". Zum Stand des offiziellen katholisch-lutherischen Dialogs, in: ÖR 34 (1985) 265-287.

fundamentaltheologische Zugangsform gewählt.[10] Die entscheidende Frage lautet dann weniger, *was*, sondern, zuvor noch, *wie gedacht, d.h. wie konkret konfessionell argumentiert und entschieden wird.*

Von daher verfolgt die Studie folgende Ziele:

1. Sie will (aus der Sicht eines katholischen Fundamentaltheologen) einen konzentrierten Überblick über den Gesprächsstand zwischen evangelisch-lutherischer und römisch-katholischer Kirche geben.

2. Sie soll die verschiedenen Texte auf ihre hermeneutischen Grundkonzepte hin analysieren – wobei die Identitätsfrage den Problemhorizont bildet. Der Schwerpunkt der Arbeit liegt damit in der Rekonstruktion des Materials.

3. Angesichts der ökumenischen Aussageabsichten und ausdrücklich verfolgten Ziele soll die Untersuchung die Möglichkeiten aufdecken, die sich aus einer differenztheoretischen Zuspitzung der ökumenischen Methoden ergeben.

10 Vgl. vom problemorientierten Ausgangspunkt her ähnlich, in der Durchführung aber anders D. Ritschl, Theorie und Konkretion in der Ökumenischen Theologie. Kann es eine Hermeneutik des Vertrauens inmitten differierender semiotischer Systeme geben? (Studien zur systematischen Theologie und Ethik 37) Münster 2003. Ritschl setzt auf einen ökumenischen Paradigmenwechsel im Zeichen der Komplexitätsforschung. In gespannten ökumenischen Differenzräumen müsse eine Hermeneutik des Vertrauens in Anschlag gebracht werden, die beim jeweiligen konfessionellen Gegenüber den „Christus praesens" voraussetze. Unter dieser Prämisse würden konfessionelle Stile zur Herausforderung und Bereicherung, ohne dass die Wahrheitsfrage darum ausgeklammert bleibe. – Vgl. auch ders., Ökumenische Forschung im Kontext von Moderne und Postmoderne. Plädoyer für eine Hermeneutik des Vertrauens, in: J. Brosseder / E. Ignestam (Hrsg.), Die Ambivalenz der Moderne, Uppsala 1999, 42-59. – Für einen spezifisch *fundamentaltheologischen* Zugang zur Ökumene plädiert auch H. Wagner, Fundamentaltheologie und Ökumene, in: K. Müller (Hrsg.), Fundamentaltheologie. Fluchtlinien und gegenwärtige Herausforderungen, Regensburg 1998, 427-440. Wagner plädiert faktisch für ein stärkeres formales Bewusstsein ökumenischer Theoriebildung, wenn er festhält, „daß der Fundamentaltheologie in besonderem Maße aufgetragen ist, die *Modelle* (Hervorhebung GMH) kirchlicher Gestalt zu prüfen und selbst solche zu entwickeln, die in der Ökumene zur Sprache kommen und diskutiert werden." (427) Zu einem strikt ökumenisch komponierten fundamentaltheologischen Programm bleibt nach wie vor ein wichtiger Orientierungspunkt die Fundamentaltheologie von P. Knauer, Der Glaube kommt vom Hören. Ökumenische Fundamentaltheologie, Freiburg [6]1991.

14

1. Das interkonfessionelle Gespräch im Rahmen eines Identitätsdiskurses

1.1 Erinnerung: Der ökumenische Aufbruch des 20. Jahrhunderts

> *„Wir danken dem Herrn für das große und tröstliche Zeichen der Hoffnung, das in den Fortschritten* zutage tritt, *die auf dem ökumenischen Weg* im Hinblick auf die Wahrheit, die Liebe und die Versöhnung *erreicht werden konnten.* Es handelt sich um eine der großen Gaben des Heiligen Geistes für einen Kontinent wie den europäischen, von dem die schweren Spaltungen zwischen den Christen im zweiten Jahrtausend ausgegangen sind und der noch immer sehr unter deren Folgen leidet."[11]

Ein derartiges Fazit wäre hundert Jahre vorher, nicht nur aus dem Mund eines Papstes, kaum vorstellbar gewesen. Das Bekenntnis zur Ökumene, zum Zusammenwachsen der christlichen Kirchen, ist zur theologischen Selbstverständlichkeit geworden. Allerdings droht es inzwischen formelhaft eingesetzt zu werden. Die Eucharistie-Enzyklika *Ecclesia de Eucharistia* aus demselben Jahr zeigt, wie die klaren Aussagen zum katholischen Eucharistie- und Kirchenverständnis gerade in ihren kritischen Momenten immer wieder an ein ökumenisches Rücksichtszeremoniell gebunden werden.[12] Der Fortschritt, aber auch das Risiko eines selbstverständlich gewordenen Diskurses wird deutlich.

Es besteht vor allem dann, wenn sich inhaltliche Aporien aufwerfen. Die evidente Vergewisserung überlagert die Notwendigkeit, an den eigenen Bastionen zu rütteln – und genau damit wird der ökumenische Diskurs als ein Identitätsdiskurs kenntlich.[13] Er steht vor der Schwierigkeit, das ver-

---

11 Sekretariat der Deutschen Bischofskonferenz (Hrsg.), Nachsynodales apostolisches Schreiben *Ecclesia in Europa*, (Verlautbarungen des Apostolischen Stuhls 161), Bonn 2003, Nr. 17.

12 Vgl. G. M. Hoff, Neue Spannungen? Zur ökumenischen Bedeutung der Enzyklika „Ecclesia de eucharistia", in: KNA/ÖKI 24.6.2003, Beilage: *Thema der Woche*, 1-15.

13 Die ökumenische Zeitschrift „Una Sancta" hat diesem Themenkomplex eigene Themenhefte gewidmet: US 45 (1990) Heft 4 beschäftigt sich im Titel mit

meintlich Unaufgebbare virtuell zur Verfügung stellen zu müssen, wenn ein dialogischer Fortschritt wirklich denkbar sein soll. Im Rahmen der eigenen Identitätsbehauptung und ihrer Infragestellung aus einer ökumenischen Aufbruchsbereitschaft heraus muss man ernst nehmen, was immer wieder als Vorgabe formuliert wird:

„daß dieser Weg – trotz der noch andauernden und der neu entstehenden Probleme – nicht unterbrochen werden dürfe, sondern mit erneuertem Eifer, mit äußerster Entschlossenheit und mit der demütigen Bereitschaft aller zur gegenseitigen Vergebung weitergehen müsse. Gerne mache ich mir die Worte der Synodenväter zu eigen, da»der Fortschritt im ökumenischen Dialog, der sein tiefstes Fundament im Wort Gottes selbst hat, ein Zeichen großer Hoffnung für die heutige Kirche dar-

dem Problem „Christliche Identität und ökumenischer Dialog". Die Nummer 3 US 57 (2002) stellt sich dem Problem „Konfessionelle und ökumenische Identität im Widerstreit" mit folgenden Beiträgen: M. Bieber, Die katholische Identität im Wechsel der Generationen (186-197); H.-M. Barth, Evangelische Lebensentwürfe zwischen Pietismus und Postmoderne (198-209); A. Danilov, Konfessionelle Identität und religiöse Intoleranz (210-215); K. H. Vogt, Denomination und Konfession auf dem ökumenischen Prüfstand. Theologische Gespräche zwischen Katholiken und Freikirchlern (216-226); H.-G. Stobbe, Konfessionelle Identität und Hermeneutik (227-233); D. Heller, Wo stehe ich und kann auch anders? Überlegungen zur Frage nach der konfessionellen Identität im ökumenischen Miteinander (234-241). Vgl. weiterhin exemplarisch zur ökumenischen Identitätsproblematik und -diskussion: H.-G. Stobbe, Konflikte um Identität. Eine Studie zur Bedeutung von Macht in interkonfessionellen Beziehungen und im ökumenischen Prozess, in: P. Lengsfeld (Hrsg.), Ökumenische Theologie. Ein Arbeitsbuch, Stuttgart u.a. 1980, 190-237; E. Herms, Konsensustexte und konfessionelle Identität, in: ders., Von der Glaubensgemeinschaft zur Kirchengemeinschaft. Plädoyer für eine realistische Ökumene, Marburg 1989, 136-187; Gruppe von Dombes, Für die Umkehr der Kirchen. Identität und Wandel im Vollzug der Kirchengemeinschaft, Frankfurt a. M. 1994. Vgl. dazu L. Örsy, The Conversation of the Churches: Condition of Unity. A Roman Catholic Perspective, in: America 166 (1992) 479-487; vgl. dazu H. J. Pottmeyer, Kirche als Communio. Eine Reformidee aus unterschiedlichen Perspektiven, in: StZ 210 (1992) 579-589. – Vgl. weiterhin im Anschluss an den Text der Groupe des Dombes G. Voss, Ökumenischer Fortschritt und Identität in der Gemeinsamen Erklärung zur Rechtfertigungslehre, in: US 55 (2000) 202-215, besonders 214f. Vgl. weiterhin L. Ullrich, Konfessionelle Identität. Historischer Überblick und ökumenische Relevanz, in: B. J. Hilberath / D. Sattler (Hrsg.), Vorgeschmack. Ökumenische Bemühungen um die Eucharistie (FS Th. Schneider), Mainz 1995, 59-73; F. W. Graf / D. Korsch (Hrsg.), Jenseits der Einheit. Protestantische Ansichten der Ökumene, Hannover 2001; D. Heller (Hrsg.), Bekehrung und Identität. Ökumene als Spannung zwischen Fremdem und Vertrautem (Beiheft zur Ökumenischen Rundschau 73), Frankfurt a. M. 2003; M. Hein, Evangelische Identität heute – oder: Warum es Sinn macht, evangelisch zu sein, in: US 58 (2003) 350-358.

stellt: Die wachsende Einheit zwischen den Christen stellt in der Tat eine gegenseitige Bereicherung für alle dar«."[14]

Hier zeigt sich deutlich, dass zur ökumenischen Absichtserklärung eine konstitutive Bereitschaft gehört, über einen engen Identitätsrahmen hinauszufinden. In der zitierten Passage markieren dies mehrere Hinweise:

* eine Haltung der Demut, die imstande ist, von sich selbst abzusehen, also jeden kirchlichen Triumphalismus abzuschütteln;
* der wechselseitige Vergebungswille, der voraussetzt, dass zur eigenen Identität eine Schuldgeschichte gehört;
* die Rede von einer „gegenseitigen Bereicherung" im ökumenischen Prozess, die im anderen Bekenntnis entdecken kann, was einem selbst fehlt oder was nicht im selben Maße ausgebildet ist.

Solche Anmerkungen werden zu identitätslogischen Schnittstellen. Sie erinnern daran, dass der ökumenische Schritt aufeinander zu überhaupt erst möglich wurde, weil die Definition der jeweiligen konfessionellen Identitäten aufgebrochen wurde. An entscheidenden kirchlichen Wendepunkten kann mindestens aus katholischer Sicht von theologischen Paradigmenwechseln gesprochen werden. Was vorher als unbewegliche *Identitätsgröße Kirche* begriffen wurde, konnte seit dem 2. Vatikanischen Konzil unter den Bedingungen einer historisch sehfähigen Hermeneutik wandelbar erscheinen. Das reformatorische Prinzip wurde Teil des katholischen Selbstverständnisses. So spricht „Lumen Gentium", die dogmatische Konstitution über die Kirche, davon, dass die Kirche wachse (Nr. 3; Nr. 5), und durchbricht damit die Vorstellung von einer *societas perfecta*. Stattdessen heißt es im Sinne des „Ecclesia semper reformanda"[15]:

> „Während aber Christus heilig, schuldlos, unbefleckt war (Hebr 7,26) und Sünde nicht kannte (2 Kor 5,21), sondern allein die Sünden des Volkes zu sühnen gekommen ist (vgl. Hebr 2,17), umfaßt die Kirche Sünder in ihrem eigenen Schoße. Sie ist zugleich heilig und stets der Reinigung bedürftig, sie geht immerfort den Weg der Buße und Erneuerung." (renovatio) (LG 8)

Diese veränderte Selbstwahrnehmung musste Möglichkeiten für eine neue ökumenische Offenheit erschließen. Sie führte in gerader Linie zu den verschiedenen Konsensgesprächen, zu den theologisch breit rezipierten Verständigungen über den Charakter und die gegenwärtige Geltung der wechselseitigen Lehrverurteilungen bis hin zur GE als vorläufigem *institutionalisiertem* Höhepunkt im katholisch-evangelischen Dialog.

14 Ecclesia in Europa, Nr. 17.
15 So A. Grillmeier in seinem Kommentar zu dieser Stelle: LThK² XII, 176-209; hier: 176.

Eine entsprechende Haltung findet sich bereits in den Anfängen der reformatorischen Trennungsgeschichte. Das reformatorische Postulat war längst Teil des kirchlichen Bewusstseins, als es mit Luther durchschlug. Und im reformatorischen Vorgang selbst gab es immer wieder Versuche auf beiden Seiten, die sich vollziehende Ablösung umzukehren. Im theologischen Scheitern konstituierten sich dann jene konfessionellen Identitäten, die bis ins 20. Jahrhundert mentalitätsbestimmend wurden. Es ist von fundamentaltheologisch grundsätzlichem Interesse, dass eine ganz andere Aufbruchsbewegung die Kirchen einander wieder näher brachte: der Missionsfrühling des 19. Jahrhunderts. Das Hindernis eines getrennten Glaubens wurde im Versuch der missionarischen Glaubensverantwortung besonders schmerzhaft empfunden. Wo man über den eng gesteckten Rahmen der eigenen kirchlichen Usualitäten hinausmusste, wo Anpassungsbereitschaft und Inkulturationskompetenz, wo die Fähigkeit zu kontextreflexer Selbstvermittlung gefragt war, konnten erste Ansätze zur späteren ökumenischen Bewegung entstehen.

Drei Aspekte sind hier bedeutsam:

* die Bereitschaft zum Ausbruch aus einer abgezirkelten kirchlichen Sphäre,
* die spezifische Kontextbindung der ökumenischen Anfänge sowie
* die besondere Außenverantwortung.

Das heißt ganz grundsätzlich: Das christliche Bekenntnis aktiviert einen Außenbezug, der in seinem missionarischen Auftrag seine Identität bezeichnet.[16] Der Glaube muss über sich hinaus zum nichtglaubenden Anderen, der wiederum seine Identität konstituiert, indem er sie über das gegebene Maß *herausfordert*. Die entsprechende Glaubensverantwortung geschieht in Verantwortung gegenüber und mit einem anderen.

Was das für den ökumenischen Aufbruch des 20. Jahrhunderts bedeutet, ergibt sich wiederum kontextgebunden:

„Neben der Sorge um die Mission hat die Ökumene eine weitere Wurzel in der internationalen Freundschafts- und Friedensarbeit, die gegen Ende des 19. Jh. einsetzte. Diesen Bewegungen ging es nicht allein um eine caritative Linderung von Elend, sondern darum, aus den Prinzipien des Christentums soziale Gerechtigkeit für die Armen und Benachteiligten zu entwickeln... Daneben mühten sich Christen über

---

16 Vgl. zum Ansatz einer „Theologie des Außen" H.-J. Sander, Das Außen des Glaubens – eine Autorität der Theologie, in: H. Keul / ders., (Hrsg.), Das Volk Gottes. Ein Ort der Befreiung, Würzburg 1998, 240-258. Das fundamentaltheologische Programm, das sich mit diesem Ansatz verbindet und dem ich mich hier anschließe, liefert H. Waldenfels, Kontextuelle Fundamentaltheologie, 3., aktual. u. durchgeseh. Aufl. Paderborn u.a. 2000.

konfessionelle und insbesondere über nationale Grenzen hinweg um die Erhaltung des Friedens… Unmittelbar vor und nach dem Ausbruch des Ersten Weltkriegs, den viele Theologen auf beiden Seiten der Front als die Ausführung göttlichen Willens und seines Gebotes gerechtfertigt und als gerechten Krieg legitimiert hatten, riefen Christen zur Versöhnung und Vergebung auf."[17]

Ökumenisches Denken bindet sich damit genetisch an einen weiteren Identitätsbruch. Es sprengt den gewaltbeladenen Identitätsfunktor der Nation. In seiner Zeit bringt es damit den Mut zur Tabuverletzung auf.

1.2 Situationsbeschreibung: Gegenwärtige ökumenische Fragen

„Die Krise der Ökumene ist nicht etwa ein Zeichen ihres Misserfolgs, sondern im Gegenteil ein Ergebnis ihres überwältigenden Erfolgs. In dem Maß nämlich als wir einander näher gekommen sind, spüren wir um so schmerzhafter, ja unerträglicher das, was uns noch trennt."[18]

Ganz offen spricht der Präsident des päpstlichen Einheitssekretariats von einer ökumenischen Krise. Worin besteht sie? Zunächst einmal sind in der theologischen Auseinandersetzung entscheidende Weichen auf eine gemeinsame Kirchenzukunft hin gestellt worden. Nicht zuletzt die Studien zu den Lehrverwerfungen des 16. Jh. haben deutlich gemacht, dass die gegenseitigen Verdikte geschichtlich bedingt sind, mit hermeneutischen Problemen zusammenhängen und den heutigen Gesprächspartner nicht mehr treffen.[19] Die Vorsitzenden der Gemeinsamen Ökumenischen Kommission (GÖK), Landesbischof Eduard Lohse und Bischof Paul-Werner Scheele, verbinden dieses Resultat mit der nachdrücklichen Bitte um konkrete Konsequenzen:

„Das Ringen der Reformationszeit hat im Streit um die Erkenntnis der Wahrheit zu unterschiedlichen, ja gegensätzlichen Ausprägungen

---

17 P. Neuner, Ökumenische Theologie. Die Suche nach der Einheit der christlichen Kirchen, Darmstadt 1997, 26f.
18 W. Kasper, Herausforderung zum Dialog. Gegenwärtige ökumenische Situation und künftige Perspektiven der Ökumene, in: KNA/ÖKI 3.6.2003, Beilage: *Dokumentation Nr. 6*, 1-12; hier: 2.
19 Vgl. K. Lehmann / W. Pannenberg (Hrsg.), Lehrverurteilungen – kirchentrennend? Bd. I: Rechtfertigung, Sakramente und Amt im Zeitalter der Reformation und heute, Göttingen 1986 (= LV I).

kirchlicher Lehre geführt. In der Schärfe der Auseinandersetzung sind Verwerfungen ausgesprochen worden, die nach unserer nunmehr gemeinsam gewonnenen Erkenntnis schon in der damaligen Situation Ausdruck eines auf beiden Seiten nicht voll durchgeklärten Sachverständnisses waren und die jedenfalls den heutigen Partner nicht mehr treffen. Dadurch wird die Voraussetzung dafür geschaffen, schwere Hindernisse, die einer engeren Gemeinschaft zwischen den getrennten Kirchen im Wege stehen, auszuräumen und gemeinsame Schritte zu tun, die zu einer weiteren Stärkung und Festigung der ökumenischen Gemeinschaft führen können."[20]

Genau vor diesem Hintergrund wird deutlich, was zurzeit das Hauptproblem ist: Wie kann es weitergehen? In diesem Sinne sind die theologischen Erfolgsmeldungen die Vorboten der aktuellen Krisentitel. Sie stehen im Zusammenhang einer „neue(n) Frage nach der Identität".[21] Es gibt einerseits Differenzschmerzen, Probleme mit der aufgeschobenen Einheit der christlichen Kirchen, andererseits ein Leiden an den Schwundmustern der eigenen Identität. Das zitierte Schlussdokument gibt in dieser Hinsicht eine Richtung vor. Die unterschiedlichen konfessionellen Marken werden als *Ausprägungen* des Glaubens begriffen. Sie führen zu unterschiedlichen Stilen, aber auch zu Gegensätzen in der Sache. Damit wird klar, dass es sich um ein christliches Interpretationsphänomen handelt. Jenseits der jeweiligen kirchlichen Verfassung existiert aber kein Interpretationskriterium, das

20 Schlußbericht der Gemeinsamen Ökumenischen Kommission zur Überprüfung der Verwerfungen des 16. Jahrhunderts, in: LV I, 187-196; hier: 195.
21 W. Kasper, Herausforderung zum Dialog, 2. – Vgl. B. J. Hilberath / J. Moltmann (Hrsg.), Ökumene – wohin?, V: „Angesichts angebotener Übereinstimmungen in Grundwahrheiten brach die Frage nach der eigenen Identität neu auf: Wo bleibt das (Römisch-) Katholische? Was ist das reformatorische Proprium?" Ganz ähnlich äußert sich J. Friedrich, Bericht des Cath(M)-Beauftragten der VELKD auf der 9. Generalsynode am 21.10.2003 in Bamberg (Manuskript, 1-17). Neuere Stellungnahmen bzw. Entscheidungen im Zusammenhang mit der Frage nach der Stellung der Frau in der Kirche (Amt), im Verhältnis von Kirchenleitung und wissenschaftlicher Theologie, zentralistische Tendenzen (z.B. in der Auseinandersetzung um die Schwangerschaftskonfliktberatung), aber auch die Unterstützung von – in diesem Bericht eher restaurativ eingeschätzten – Gruppierungen wie *Communione e liberazione, Das Werk, Der Neokatechumenale Weg* und *Opus Dei* (Heiligsprechung von Josemaria Escriva de Balaguer) wertet Friedrich als Indizien dafür, „dass und in welcher Weise die römisch-katholische Kirche derzeit auf der Suche nach der eigenen Identität ist." (6) Vgl. auch das Grußwort des Vorsitzenden des Rates der EKD Manfred Kock aus Anlass der Verleihung der Ehrendoktorwürde der Philosophisch-Theologischen Hochschule Vallendar am 10.5.2003, in dem eindringlich die Notwendigkeit eines distinkten Identitätsbewusstseins hervorgehoben wird.

zu einer einheitlichen und verbindlichen Auslegungsregel taugte. In einem Kommentar zu Hans Küngs „Rechtfertigung"[22] hält Karl Rahner bereits 1960 folgende differenzhermeneutische Grundeinsicht fest:

> „(W)o ein Konsens zwischen zwei Menschen getroffen wird, die von *verschiedenen* Seiten her sich einigen, und dieser Konsens nicht basiert auf einer dritten, formalen, beiderseits apriorisch zum Streit schon angenommenen, verpflichtenden Autorität, ist der Konsens immer wesentlich prekär, bedroht und kann immer angezweifelt werden. Ja, er ist in einem *absoluten* Sinn überhaupt nicht mit letzter Sicherheit feststellbar, weil jede formula concordiae zur Feststellung, daß man in der Sache und nicht nur in den Worten eins geworden sei, wieder einer formula concordiae formulae concordiae bedürfte und so ins Unendliche."[23]

Wie geht man dann mit Differenzen in zentralen Fragen um? Wieviel Differenz verträgt eine Gemeinschaft? Was macht ihre besondere Identität aus? In diesen Fragen wartet das gegenwärtige Hauptproblem der Ökumene. Sie fordert eine Differenzbereitschaft, die offenere Identitätsvorstellungen in der kirchlichen Kommunikation nach innen wie außen zulässt. Ein wirkliches Sachgespräch über die ausstehenden Probleme, eine Auseinandersetzung, die Konsens ermöglichen soll, verlangt die Bereitschaft, den eigenen Standpunkt weiterzuentwickeln und ihn mindestens virtuell zu verlassen. Wer von vornherein nur unter den Voraussetzungen der eigenen Tradition antritt, kann keine ökumenische Forderung ernsthaft erheben, weil sie faktisch die Konversion des Gesprächspartners verlangt.

Gerade der Wunsch nach einem Konsens muss aber dialektisch ausgetragen werden. Konsens meint niemals *absolute* Zustimmung; er sperrt die totalisierende Identität von Positionen. Der ökumenische Konsens kann nur das Ergebnis einer Auseinandersetzung mit einer Alterität des konfessionell Anderen sein, die nicht in den eigenen Begriffen und Konzepten ungebrochen aufgeht.

Wie dies möglich sein soll, ist das hermeneutische Grundproblem. In seinem Raster sind die weiteren, konkreten Probleme zu diskutieren. Insofern diese hermeneutische Auseinandersetzung auf Interpretationsentscheidungen hinausläuft, muss das ökumenische Gespräch mit den Methoden einer Machthermeneutik begriffen werden. Es geht ökumenisch immer wieder um die Kompetenz, Urteile in offenen Deutungsfragen zu fällen und sie

22 H. Küng, Rechtfertigung. Die Lehre Karl Barths und eine katholische Besinnung (1957), München ²1986.
23 K. Rahner, Fragen der Kontroverstheologie über die Rechtfertigung, in: ders., Schriften zur Theologie IV: Neuere Schriften, Einsiedeln-Zürich-Köln 1960, 237-271; hier: 244.

kirchlich durchzusetzen. Von daher ist es nur konsequent, dass vor allem die theologische Amtsfrage in ihren ganzen Facetten zum neuen kontroverstheologischen Hauptartikel werden konnte. In ihrem Licht formulieren sich die Anschlussfragen nach der allgemeinen Sakramentenlehre und den Einzelsakramenten mit der besonderen Prestigefrage nach einem gemeinsamen Herrenmahl. Ökumene spielt, deutlicher sichtbar denn je, im Rahmen eines kirchlichen Macht- und Identitätsdiskurses. In diesem Zusammenhang gibt noch einmal Karl Rahner aus dem bereits zitierten Aufsatz eine entscheidende Perspektive vor:

„Gerade in einer Kontroverstheologie könnte auch die Gefahr sein, daß eine zu neurotische Angst, man sei sich vielleicht ,eigentlich', ,im Tiefsten' doch nicht einig geworden, die Einigkeit zerstört, die da sein könnte... Heute ist es doch in *manchen* Punkten der Kontroverstheologie schon so, daß nur die höchste theologische Redekunst es für die Eingeweihten (nicht für den normalen Menschen) fertig bringt zu zeigen, worin eigentlich der Unterschied besteht. In solchen Fällen (es gibt natürlich auch viele gegenteilige) wäre es besser und christlicher zu sagen, daß man sich einig sei oder sich durchaus einigen könne. So wie es Barth sehr mutig und nüchtern getan hat. Um das Recht zu haben, in getrennten Kirchen zu leben, müßte man (um es einmal massiv zu formulieren) sicher wissen, daß man eindeutig uneins ist in der Wahrheit, und nicht nur nicht ganz sicher wissen, ob man wirklich ganz eins sei, oder was der andere nun eigentlich ganz genau meine, oder ob man ihn ganz bestimmt richtig verstanden habe. Dieses Prinzip ergibt sich (so will mir scheinen) einerseits aus der Pflicht zur Einigkeit in einer Kirche und aus der wesenhaften Unmöglichkeit einer *absoluten* Sicherheit über eine *letzte* innere Überzeugungsgleichheit. Eine absolute Sicherheit über die *eigene innerste* Rechtgläubigkeit vor Gottes Urteil (die die Voraussetzung jener absoluten Sicherheit wäre) scheint mir aber ebenso unmöglich und unkatholisch wie die absolute Sicherheit über das eigene Gerechtfertigtsein vor Gott."[24]

Diese hermeneutische Grundregel wird im Folgenden gleichsam das Rückgrat der anstehenden Textanalysen stellen: Inwiefern ist es überhaupt zu verantworten, an der Kirchentrennung festzuhalten – zumal wenn eine absolute, also identitätslogisch gedachte Einheit nicht nur faktisch illusorisch, sondern bereits prinzipientheoretisch unmöglich erscheint.

---

24 Ebd., 245.

1.3 Kontextbestimmung: Postmoderne Konstellationen

Der ökumenische Diskurs ist Teil eines komplexen zeitgeschichtlichen Zusammenhangs. Aus verschiedenen Gründen ergibt sich das Problem, die eigene Identität zu profilieren. Die ökumenischen Prozesse müssen auch vor diesem Hintergrund verstanden werden. Jeder Gesprächsbeitrag hat den Charakter einer Selbstvergewisserung, einer Ortsangabe im Fadenkreuz anderer christlicher Positionen. Unterscheidbarkeit ist ein Aspekt des christlichen Weltauftrags, und er spielt seine Rolle auch im interkonfessionellen Raum.

Das muss nicht bewusst und ausdrücklich geschehen. Allerdings stellt die postmoderne Konstellation der Gegenwart diesbezüglich vor besondere Herausforderungen. Der Titel Postmoderne bezeichnet dabei weniger eine Epoche als vielmehr eine Denkform, die unsere Gegenwart bestimmt. Sie ist gekennzeichnet durch einen radikalisierten Pluralismus der Einstellungen und Lebensmodelle.

> „Die Grunderfahrung der Postmoderne ist die des unüberschreitbaren Rechts hochgradig differenter Wissensformen. Lebensentwürfe, Handlungsmuster... Fortan stehen Wahrheit, Gerechtigkeit, Menschlichkeit im Plural."[25]

Mit dem Namen *Postmoderne* erschließt sich das differenzierte Verhältnis zwischen Post- und Moderne: zwischen Nähe und Abgrenzung, nicht Bruch, noch einfach Fortsetzung. Das Prinzip des radikalen Pluralismus ist *das* Unterscheidungsmerkmal. Die Moderne ist dem postmodernen Denken noch zu sehr an Einheitskonzepte gebunden – z.B. in ihren Hoffnungen auf die politisch, sozial, wissenschaftlich erlösende Kraft einer Vernunft, die universal funktioniert und die eigentliche Einheitsklammer der Wirklichkeit vorstellt. Sie hat eine Tendenz zur Totalisierung. Adorno machte bereits auf die aporetische Fassung solcher Vernunft aufmerksam, die sich gegen sich selbst kritisch zu richten hat und doch nicht aus ihrem Systemzwang herausfindet:

> „Der Totalität ist zu opponieren, indem sie der Nichtidentität mit sich selbst überführt wird, die sie dem eigenen Begriff nach verleugnet. Dadurch ist die negative Dialektik, als an ihrem Ausgang, gebunden an die obersten Kategorien von Identitätsphilosophie. Insofern bleibt auch sie falsch, identitätslogisch, selber das, wogegen gedacht wird. Berichtigen muß sie sich in ihrem kritischen Fortgang, der jene Begrif-

---

25   W. Welsch, Unsere postmoderne Moderne, Weinheim ²1988, 5.

fe affiziert, die sie der Form nach behandelt, als wären es auch für sie noch die ersten."[26]

Darin zeigt sich die Grundoperation identifizierenden Denkens: Das Einzelne beschäftigt als Anwendungsfall und Funktion. Es wird aufs Allgemeine reduziert. Dieses Allgemeine kann unterschiedliche Namen haben: das Sein, das System. Dass ein solches Erstes (oder Letztes) denkend zu erreichen sei – das steht postmodern begründungstheoretisch zur Disposition. Die Postmoderne bricht gegenüber der Moderne die Perspektivik. Ihr Grund ist die plurale Verfasstheit der Wirklichkeit selbst, eine Situation unabschaffbarer Differenzen in allen Lebenssphären. Postmodernes Denken richtet das Augenmerk auf diese Differenzen und spricht ihnen ein eigenes Recht zu.

Postmoderne Lebens- und Denkformen beinhalten damit ganz spezifische Zeitzeichen, die auch für die ökumenischen Diskurse relevant sind[27]:

a) *Pluralismus*: Selbstverständliche Grunderwartung ist das Recht auf abweichende Interpretationen und Glaubensstile. Die Arbeit an einer Einheit der Kirche steht unter dem Vorbehalt, dass jedes Einheitsmodell den bleibenden Differenzen Rechnung trägt.

b) *Globalisierung*: Der ökumenische Verantwortungsraum erweitert sich so, dass jedes Einheitsmuster von Kirche sich an eine unbeherrschbare Pluralität kontextueller Christentümer ausliefert.

c) *Diffusion*: Damit hängt die Situation forcierter religiöser Unübersichtlichkeit zusammen. Das Christentum wird in Szenen entworfen. Seine Inhalte werden vielsprachig kommuniziert. Was das Christliche sei, lässt sich angesichts dessen kaum mehr bestimmen. Jede Formel, die die christliche Identität definieren will, stammt aus einem Binnendiskurs und erscheint also extern nicht als verbindlich. Die entsprechenden Auflösungserscheinungen erzwingen geradezu die Bildung neuer Kernprofile.

d) *Marginalisierung*: Im Pluralismus der a/religiösen Möglichkeiten verlieren sich zunehmend die Großkirchen mit ihren starken Geltungsansprüchen und Mitgliedschaftserwartungen. Das Zahlenmaterial der Kirchen in den westlich geprägten Gesellschaften weist unverkennbar auf eine Marginalisierung des Christentums hin. Sie ist gleichermaßen

---

26 Th. W. Adorno, Negative Dialektik, Frankfurt a. M. [6]1990, 150.
27 Vgl. I. Bulhof, Die postmoderne Herausforderung der ökumenischen Bewegung, in: US 50 (1995) 15-29; D. Ritschl, Ökumene an der Nahtstelle von Moderne und Postmoderne, in: ders., Theorie und Konkretion in der Ökumenischen Theologie. Kann es eine Hermeneutik des Vertrauens inmitten differierender semiotischer Systeme geben? (Studien zur systematischen Theologie und Ethik 37), Münster 2003, 43-58.

quantitativ und qualitativ bestimmt: die christlichen Überzeugungen verlieren dramatisch an Bindungskraft.[28]

e) *Individualisierung*: Dieser Mega-Trend[29] ergibt sich aus der Auflösung starrer Milieus und allgemein verbindlicher Überzeugungen sowie vor allem aus den ökonomischen Lebensbedingungen, die im Konsum einer unabsehbaren Palette von Marken und Artikeln eine Denkform einrichten. Sie hält in allem zur Auswahl an. Religionssoziologisch muss analog von einem „Auswahlchristentum" mit einer nachlassenden Mitgliederbindung gesprochen werden.[30] Ökumenisch ergibt sich die Schwierigkeit, dass die konfessionellen Konzepte lebensweltlich aufgelöst werden. Die kirchlichen Steuerungskräfte erschöpfen sich am Selbstbewusstsein der eigenen Kirchenmitglieder, die eigenverantwortlich entscheiden. In einem wechselseitigen Verstärkungsprozess schwinden glaubensbiographische Selbstverpflichtung und basales Glaubenswissen, das die kontroverstheologischen Distinktionen trägt. Die ökumenischen Gespräche, vor allem aber die kirchlichen Gesetze gehen an weiten Teilen des Volkes Gottes vorbei.

Diese Phänomene sind theologisch als Zeichen der Zeit aufzufassen. Auch ökumenische Theologie muss sich den Herausforderungen stellen, die sich damit grundsätzlich an Theologie und Kirche vermitteln:

* Wie viel Pluralismus verträgt Kirche im Bekenntnisraum?
* Welche Denkform legt sich nahe, um sich angesichts eines wachsenden Unverständnisses der theologischen Feinabstimmungen im Gegenwartsbezug vermitteln zu können?
* Was bedeutet eine reduzierte Innenbindung für die pastorale Verortung der systematisch-theologischen Leitideen im ökumenischen Diskurs?
* Welche Bedeutung kommt einer ökumenisch gemeinsam getragenen christlichen Glaubenspraxis im Zuge der sich (westlich-europäisch) abzeichnenden Marginalisierung des (großkirchlich verfassten) Christentums zu?

Diese Herausforderungen kulminieren in der Grundfrage nach der Differenzkompetenz der christlichen Kirchen. Sie erfordern eine grundlagentheoretische Reflexion des prekären Verhältnisses von Identität und Differenz.

---

28 Vgl. G. M. Hoff, Identität am Rande. Marginalisierungsprozesse im Christentum, in: StZ 129 (2004) 589-598.
29 Vgl. U. Beck, Risikogesellschaft. Auf dem Weg in eine andere Moderne, Frankfurt a. M. 1986; ders. / E. Beck-Gernsheim (Hrsg.), Riskante Freiheiten. Individualisierung in modernen Gesellschaften, Frankfurt a. M. 1994.
30 Vgl. P. M. Zulehner, Heirat – Geburt – Tod, Wien u.a. 1976.

1.4 Philosophische Reflexionen:
Das Problem des Identitätsdenkens

Im Folgenden werden philosophische Reflexionsmodelle zur Identitätsproblematik vorgestellt. Sie erfüllen im gegebenen Zusammenhang eine doppelte Funktion:

a) Sie machen das identitätsphilosophische Paradigma kritisch kenntlich und

b) sie halten auf eine neue Wertschätzung des Differenten zu, das im Namen des Anderen theologisch ansprechbar wird und ökumenisch relevant erscheint.

1.4.1 Erste Reflexionslinie: Max Horkheimer / Theodor W. Adorno – Der Identitätszwang der Vernunft

Für Horkheimer und Adorno operiert die aufgeklärte Vernunft im Zeichen von Gewalt. Ihr Projekt: die Lösung aus dem Bann des Mythos, der den Menschen an blinde Mächte ausliefert, und stattdessen die Inthronisierung des Subjekts, das die Dinge beherrscht, indem es sie in Begriffen fasst. Die Wirklichkeit wird so verfügbar gemacht, und das geschieht am konsequentesten in der technischen Übersetzung solchen Verfügungswissens. Wer weiß, wie die Dinge funktionieren, macht sie sich zu eigen. Die Ausbeutung der Natur geschieht auf dem Boden solcher Logik. Dabei muss Natur ohnehin ein irritierender Raum bleiben. Wo sich das Irrationale behauptet, bleibt der Vernunft etwas vorbehalten. „Was dem Maß von Berechenbarkeit und Nützlichkeit sich nicht fügen will, gilt der Aufklärung für verdächtig."[31] Die verschiedenen Systeme des Wissens schaffen eine eigene „Ordnung der Dinge"[32] und integrieren alles ins eigene System. Was fremd ist, was Alteritätsreste transportiert, wird durch Ausschlussverfahren vom System abgespalten und noch so indirekt eingefügt. Die moderne Systemtheorie macht diesen Grundzug besonders gut kenntlich: Alles geht aus den verschiedenen sozialen Systemen hervor und wird wieder in sie eingespeist.[33] Noch die Revolte, der Paradigmenwechsel, die Ablösung eines Systems ist als Ergebnis anderer Systeme und ihrer Wechselspiele zu begreifen. Was man in diesem

---

31 M. Horkheimer / Th. W. Adorno, Dialektik der Aufklärung. Philosophische Fragmente, Frankfurt a. M. 1989, 12.

32 Vgl. M. Foucault, Die Ordnung der Dinge. Eine Archäologie der Humanwissenschaften, Frankfurt a. M. [12]1993.

33 Vgl. N. Luhmann, Die Gesellschaft der Gesellschaft. 2 Bde., Frankfurt a. M. 1997.

Zusammenhang komplex nennt, ist nichts Anderes als Ausdruck einer letztlich anonymen Totalität und Herrschaftsmacht. Das wiederum aber korrespondiert auch der neuzeitlich entwickelten Rationalität, die den Ausbruch aus Systemzusammenhängen wissenschaftlich, politisch, gesellschaftlich und religiös zu erreichen suchte. Das heißt in aller Konsequenz:

1. „Aufklärung ist totalitär."[34]
2. „Das Erwachen des Subjekts wird erkauft durch die Anerkennung der Macht als des Prinzips aller Beziehungen."[35]

Gemeint ist die Macht des Identifizierens, des Begreifens, der möglichst vollständigen Integration und Absorption des anderen. Macht wird zum Inbild des Wirklichkeitskontakts. An dieser Stelle schalten die Autoren eine theologiekritische Reflexion ein. Das Fazit: Der Unterschied zwischen Gott und Mensch verschwimmt angesichts des eigentlich tragenden Grunds. Im Vorgang des alles bewältigenden *Räsonnements* wird Macht zum Funktor des Ganzen. Diese Macht aber ist das entscheidende Signifikat. Ob man ihm den autonomen Menschen oder den souveränen Gott als Interpretationszeichen zuordnet, beide sind nebensächlich, äußerlich. Als Zeichen bleiben sie arbiträr gegenüber dem, was sich hinter ihnen verbirgt: jene alles ordnende und absorbierende Macht, als die sich Vernunft aktualisiert:

„Gegenüber der Einheit solcher Vernunft sinkt die Scheidung von Gott und Mensch zu jener Irrelevanz herab, auf welche unbeirrbar Vernunft gerade seit der ältesten Homerkritik schon hinwies. Als Gebieter über Natur gleichen sich der schaffende Gott und der ordnende Geist. Die Gottesebenbildlichkeit des Menschen besteht in der Souveränität übers Dasein, im Blick des Herrn, im Kommando."[36]

Mit dieser Perspektive wird ein Ausbruch aus dem Gefängnis des Systems nicht mehr denkbar. Er bliebe an die Fesseln gebunden, die er abstreifen wollte. Denn „Macht und Erkenntnis sind synonym."[37] Ein Gott aber steht als Hoffnungsperspektive nicht zur Verfügung. Schlimmer noch. Der Gottesglaube ist selbst Teil eines Unterdrückungsprogramms, in dem sich Wissen verhängnisvoll auswirkt: als unumstößlicher Zwang, als Gewaltmacht, als neues quasi-mythisches Verhängnis. Es ist diese in der Genese der Vernunft angesetzte und in ethische Konsequenzen übersetzte Macht-Kritik, die *christlich* von besonderem Interesse sein muss.

Wie ist von Gott zu sprechen angesichts der Herausforderung dieser Problemstellung? Der Theologie wird im Zeichen einer erkenntnistheoretisch

---

34   M. Horkheimer / Th. W. Adorno, Dialektik der Aufklärung, 12.
35   Ebd., 13.
36   Ebd., 15.
37   Ebd., 10.

besetzten Identitäts- qua Machtkritik die Ohnmacht ihres *Sujets* zugemutet. Auch die Hoffnung und ihr Grund sind nicht mehr beherrschbar.

1.4.2 Zweite Reflexionslinie: Emmanuel Levinas – Primat des Anderen

Levinas spitzt diese Kritik an einer Logik und Denkform der Identität weiter zu. Für ihn ist die europäische Philosophie von der Sorge um sich selbst geprägt, vom Blick des Ich auf den Anderen. Die Konstitution des modernen Bewusstseins hat diesem die entscheidenden Konturen gegeben. Mensch und Staat wollen bestehen. Selbsterhaltung heißt der Bauplan. Das ökonomisch frei handelnde Subjekt erweitert mit dem erwirtschafteten Kapital seine Handlungsmöglichkeiten und wird sich so in seiner Bedeutung *bewusst*. Es reformuliert den Schöpfungsgedanken pragmatisch in den Strategien seiner Kreativität. Das heißt aber dann: Die Fähigkeit, über sich hinauszugehen, d.h. formal: sich zu *transzendieren*, fällt zurück in eine umfassende kulturelle Tendenz, denkend wie wirtschaftend „alles Andere im Selben zu umfassen."[38]

Das ist der Urinfekt unseres Denkens. Er ereignet sich als Akt des Vergessens. Wieder taucht, von weit unten her, das Motiv Erinnerung auf. Übersehen, genauer: *verdrängt* wurde nämlich, was allem Ich Grund und Kontur gibt: der Andere seiner selbst. Peter Sloterdijk hat ihn in seinem Sphären-Projekt auf eigene Weise in der Nachgeburt entdeckt, im anonymen Begleiter.[39] Das Ich kommt auf seine Kosten zur Welt. Ein vorbewusster Prozess von Verdrängung und Sich-Durchsetzen hat da schon längst auf den Weg gebracht, was wiederum mit urtümlicher Gewalt im Geburtsvorgang hervorbricht. Einmal da, geht es dem neuen Ich autistisch nur um sich. Zugleich ist es in seiner äußersten Passivität vorgelegt. Die Spannungspole menschlicher Identität sind damit offen gelegt.

Levinas begreift den Menschen damit doppelt: als ein Wesen des Übergangs, des Über-sich-hinaus, und damit dann als auf den Anderen bezogen und insofern zugleich als immer schon auf ihn hin eröffnet. Ohne den Anderen ist der Mensch nicht. Ihm ist eine nicht mehr adäquat einholbare Passivität zugemutet, weil er nicht über diese Grundsituation verfügt. Er ist dem Anderen ausgesetzt. Er fordert ihn aus sich heraus, und genau dieser Vorgang qualifiziert den Menschen ethisch. Denn der Andere ist jeweils

---

38 E. Levinas, Die Philosophie und die Idee des Unendlichen, in: ders., Die Spur des Anderen. Untersuchungen zur Phänomenologie und zur Sozialphilosophie, Freiburg-München ²1987, 185-208; hier: 187f.

39 Vgl. P. Sloterdijk, Sphären. Bd. I: Blasen, Frankfurt a. M. ⁴1999, 347-401.

Antlitz und „die Epiphanie des Antlitzes ist *Heimsuchung.*"[40] Diese Ordnung sprengt die Ordnung des Bewusstseins und der Identität des Denkens – innerhalb eines bestimmten Systems, einer *Konfession* – mit sich selbst. Das Ziel, begreifend ins Eigene zu integrieren, verliert sich in der Andersheit des Anderen, die nicht im Begriff aufgeht. Sie fordert allererst Anerkennung.

So wird im konkreten Anderen eine Spur des ganz Anderen erahnbar. Wirklich lesen lässt sie sich nicht. „Das absolut Andere spiegelt sich nicht im Bewusstsein. Es widersteht dem Bewusstsein so sehr, dass nicht einmal sein Widerstand sich in Bewußtseinsinhalt verwandelt."[41] Der Konnex von Seins- und Identitätsdenken wird durchbrochen. Das heißt theologisch-kirchlich: Die eigene Identität wird prekär.[42] Sie ist vom Anderen her konstituiert, sie wird je neu von ihm aufgebracht, sie ist auf Selbstüberschreitung in Form von Anerkennung hin angelegt. Sie hat eine offene Flanke.

Was heißt das für den gegebenen Zusammenhang? Theo-Logik ist Logik der Alterität. Das beansprucht die eigene Identität im Zwang, sich selbst zu transzendieren und sich gleichsam so erst wieder einzuholen, in immer neuem Ausbruch, in Abrahams-Existenz. Alle Identität bleibt angesichts solcher Anerkennungsverhältnisse aufgeschoben, *vorläufig*.

1.5 Kritische Fortführung: Differenzphilosophie

Identität gab das Stichwort für die kritische Rekonstruktion eines Denkens, das sich im Kontakt mit den Inspirationen des jüdischen und christlichen Gottesgedenkens entwickelte. Die entsprechende Identitätsgeschichte ist geprägt vom Zwang, zu identifizieren und damit zu unterscheiden. Orthodoxie und Häresie werden zu religiösen Identitätsfunktoren. Mit den entsprechenden Strategien wird bestimmt, was passt, und im Gegenzug das Fremde, das Andere aus dem eigenen Diskurs eliminiert.

Diese kritische Perspektive verbindet sich mit den elaborierten Fassungen einer *Philosophie der Differenz*. Ihre Vertreter – Jacques Derrida, Gilles Deleuze, abgeschwächter Jean-Francois Lyotard u.v.m. – arbeiten an einer Denkform, die den ethisch konstituierten Gedanken der philosophischen Identitätskritik und der Alterität von der Denkfigur der Differenz herleiten und neu begründen. Die konziseste Fassung bietet dabei Jacques Derrida

---

40   E. Levinas, Die Spur des Anderen, in: ders., Die Spur des Anderen, 209-235; hier: 221.
41   Ebd., 223.
42   Vgl. G. M. Hoff, Die prekäre Identität des Christlichen.

– sein Differenzprojekt gibt zugleich einen entscheidenden theoretischen Impuls für die gesamte Studie und wird deshalb knapp skizziert.

1.5.1 Dritte Reflexionslinie: Jacques Derrida – der kritische Impuls einer Philosophie der *différance*

Zwei Einsichten macht sich die Differenzphilosophie Derridas zunutze:

a) Denken ist – im Sinne des *linguistic turn* – wesentlich semiologisch fundiert.

b) Im Anschluss an Einsichten des linguistischen Strukturalismus Ferdinand de Saussures ist unser zeichengebundenes Denken von einem grundlegenden Vorgang der Differenzierung betroffen.

Was bedeutet das? Jedes Zeichen erhält seinen Sinn allein aus der Differenz, die zum Bezeichneten besteht und zugleich zu anderen Zeichen eingelegt wird. Nur im Unterschied ist, was ist, und es ist nie für sich, statisch, sondern wird, indem es vergeht, sich verschiebt. Jedes Zeichen wird von anderen Zeichen aufgenommen, im semantischen Abstand produziert und wieder dekonstruiert. Dieser Prozess ist der einer *différance*.[43]

Darin wartet ein Abgrund an Negativität, der unausschöpfbaren Bedeutung, eben weil sie nie feststeht, sondern in eine Unendlichkeit von Zeichen ragt, mit denen jedes Zeichen aufgegriffen und „begriffen" wird. Es gibt kein Identisches, keinen semantischen Stillstand, sondern nur die unendliche Aufpfropfung der Zeichen und also ihre letzte Unerreichbarkeit. Dies entspricht der Verweigerung des Namens Gottes in seiner Namensgabe. Die *différance* ist Passah, Transitus, Vorübergang des Herrn in seinem Namen. Dabei ist die Differenz in der Konstitution des Zeichens und der Fortsetzung der Zeichen äußerste Negativität, *creatio ex nihilo*, denn die Differenz ist selbst ungegenständlich, unbenennbar – es sei denn als bloße Form. In dieser *Denkform* ereignet sich, was auch *Negative Theologie* betreibt. Sie gibt dem Unverrechenbaren die Ehre, dem Namen, dem Einzigartigen und also dem Anderen. Sie sperrt bloßes Einverständnis und alle Ideologie in der Erhaltung der Verhältnisse. Sie ist der kritische Moment im Denken.

Die Erinnerung an das Bilderverbot, an die Singularität des Namens und seine Würde, an die Unaussagbarkeit in allem unseren Sprechen, an das notwendige Zerbrechen unserer Konzepte – das sind Momente, die auch den theologischen Diskurs unterwandern und damit an eine Alterität mahnen, die uns immer schon durchzieht, durchschreitet, die einen Exodus in unserem Denken je schon in Gang gesetzt hat und das Ich seiner Sicherheit

---

43 Zur Begründung dieses Konzepts vgl. J. Derrida, Die différance, in: ders., Randgänge der Philosophie, Wien 1988, 29-52.

beraubt. Es ist seiner und der Dinge um ihn herum nicht länger *mächtig*. Theologisch muss demnach die „Atopik Gottes"[44] ins Kalkül gezogen werden, und sie zerbricht – radikaler als die onto-theologisch verhaftete und immer auf übersteigerte Affirmation gerichtete klassische Negative Theologie – jedes Gottes-Kalkül. Sie setzt sich (und also uns) aus.

Diese Sichtweise bedingt eine neue Vorsicht und Rücksicht in der Weltstellung des Menschen. Alle vorgestellten Autoren verbindet dies: Sie verpflichten auf das „Prinzip Alterität".[45] Mit Derrida bedeutet das, und zwar unter dem Vorzeichen der Dekonstruktion, fragend

> „bestimmte Werte aus dem Gleichgewicht zu bringen, komplizierter und paradoxer zu fassen…, ein solches dekonstruktives Fragen ist in seiner ganzen Spannbreite ein Fragen, welches das Recht und die Gerechtigkeit betrifft."[46]

Es ist *verantwortlich*, weil es sich auf den Anderen bezieht und von ihm seine Zeichen bezieht, an sie anknüpft und in diesem Prozess seine Anerkennung in Zeichen zu fassen sucht. Damit ist eine andere Sprache auf dem Weg. Derrida erinnert daran, dass nicht zuletzt Sprache immer wieder Mittel der Gewalt gegen Minoritäten war.[47] Die Sprache der Sieger wurde aufgezwungen. Die Dekonstruktion ist eine Sprache aus der Ohnmacht heraus, jenseits eines Gestus der Gewalt in der Vereinnahmung des Anderen. Sie hat eine Grenze in der Undurchdringlichkeit des Anderen, und sie ist als solche zu achten, nicht indem man sie einfach lässt, wie sie ist, sondern sich ihr stellt. Damit kommt auch die Vernunft an ihren Haltepunkt, und dies verbindet noch einmal die drei aufgerufenen Denktraditionen miteinander, und zwar gerade in der Kritik jener Gewalt, die aus dem Zugriff der alles berechnenden und vereinnahmenden Vernunft stammt:

> „die Gerechtigkeit indes ist unberechenbar: sie erfordert, dass man mit dem Unberechenbaren rechnet. Die aporetischen Erfahrungen sind ebenso unwahrscheinliche wie notwendige Erfahrungen der Gerechtigkeit, das heißt jener Augenblicke, da die Entscheidung zwischen dem Gerechten und dem Ungerechten von keiner Regel verbürgt und abgesichert wird."[48]

44 J. Derrida, Wie nicht sprechen. Verneinungen, Wien 1989, 49.
45 J. Valentin, Atheismus in der Spur Gottes. Theologie nach Jacques Derrida, Mainz 1997. – Vgl. im gegebenen Zusammenhang vor allem seine Ausführungen zu „J. Derridas Verhältnis zum Judentum" (65-148), für das besonders seine Stellung zu E. Levinas zentral ist.
46 J. Derrida, Gesetzeskraft. Der ‚mystische Grund der Autorität', Frankfurt a.M. 1991, 17.
47 Vgl. ebd., 41.
48 Ebd., 34. – Vgl. zum aporetischen Denken G. M. Hoff, Aporetische Theologie.

Diese Regeln werden aus einem Grund abgeleitet, für den es keinen Grund mehr gibt. Er wird gesetzt. Das ist die ihm inhärierende Gewalt – der Entschluss zum Gesetz, das die Grenze des Ethischen bezeichnet. Es fehlt nämlich die Instanz, die ihn sicher einsetzen könnte. Jede Begründung zerfällt in den Zeichen, die sie tragen. Es gibt kein Erstes, keinen ursprunglosen Ursprung, sondern nur die *différance*. Das bedeutet:

> „Kein rechtfertigender Diskurs kann oder darf die Rolle einer Metasprache übernehmen und dafür sorgen, dass sie gesprochen wird... An diesem Punkt stößt der Diskurs auf seine Grenze: in sich selbst, in seinem eigenen performativen Vermögen, in seiner performativen Kraft oder Macht. Ich schlage vor, dass man dies hier das Mystische nennt. Die gewaltsame Struktur der stiftenden Tat birgt ein Schweigen: ein Schweigen ist darin eingeschlossen oder vermauert. Vermauert, von Mauern umgeben, weil dieses Schweigen der Sprache nicht äußerlich bleibt."[49]

Was das Religiöse genannt wird, tritt hier hinzu. Es ist Macht und also Gewalt – aber eine Gewalt, die *differenziert*, die sich nie total setzt oder totalisieren lässt. Das ist ihre Gerechtigkeit. Und ihr entspricht, dass sie nicht ihrerseits zu identifizieren, zu beherrschen ist.

1.5.2 Ökumenische Anschlussfragen

Der ökumenische Prozess in der Gegenwart wurde als ein Identitätsdiskurs gekennzeichnet. Identität erscheint als Konzept unter den mentalitätsgeschichtlichen Bedingungen der Postmoderne problematisch. Entscheidender ist, dass sich – mit Bezug auf verschiedene philosophische Kritiken – differenzhermeneutische Probleme ergeben. Die skizzierten Positionen liefern Bausteine einer komplexen Identitätskritik, enthalten aber darüber hinaus auch verschiedene Fragemotive, die unmittelbar auf eine fundamentaltheologische Verortung ökumenischer Theologie zurückschlagen:
* Inwiefern lässt sich – z.B. im Anschluss an Derridas Konzept einer unmöglichen Gerechtigkeit – eine theologische Gerechtigkeit in der Auslegung der jeweils anderen konfessionellen Tradition denken?
* Was bedeutet es, wenn diese Gerechtigkeit konstitutiv *aufgeschoben* und *übergängig* zu denken ist?[50]

Skizze eines Stils fundamentaler Theologie, Paderborn u.a. 1997; vgl. näherhin dort das Derrida-Kapitel (114-137).

49 J. Derrida, Gesetzeskraft, 28.
50 Vgl. in diesem Zusammenhang das Modell eines transversalen Vernunfttyps, das Wolfgang Welsch entwickelt: ders., Vernunft. Die zeitgenössische

* Wie lässt sich Wahrheit theologisch definieren, wenn sich einerseits kein letztes rational erreichbares Kriterium anführen lässt und andererseits in konkreten bevollmächtigten Entscheidungen das Problem der inhaltlichen wie ethischen Insuffizienz aller Macht mitzubedenken ist?
* Welche Konsequenzen muss demgegenüber eine Theo-Logik der Ohnmacht ökumenisch nach sich ziehen?
* Welche konkreten Abdrängungsmechanismen bestimmen den ökumenischen Diskurs?
* Was ergibt sich aus der Einsicht in die Unausweichlichkeit theologischen Interpretierens und also der traditionsgebundenen Dekonstruktion von Traditionen, wie sie ökumenisch konstitutiv sein muss, um überhaupt alte Gegensätze überwinden zu können?
* Wie lässt sich die Bereitschaft zur Anerkennung des Anderen und also von Differenzen ökumenisch institutionalisieren und also über einen bloß postulatorischen Status hinausführen?
* Welche Rolle spielen die verschiedenen Traditionen Negativer Theologie im ökumenischen Gespräch?
* Hat man es möglicherweise hier mit einem verdrängten Diskurs zu tun – und aus welchen Gründen?
* Wie funktioniert ganz grundsätzlich die theologische Ordnung der Dinge – und inwiefern sind die ökumenischen Probleme dadurch bestimmt?

Diese Fragen geben den stillen Begleiter der nachfolgenden Analysen zum gegenwärtigen Stand des ökumenischen Gesprächs.

1.6 Theologiegeschichtliche Rückbindung: Theologie und Kirche im Paradigma der Identität

Für die ersten Christen stellt sich aus ihrer besonderen, ja als einzigartig interpretierten Erfahrung mit Jesus von Nazaret spätestens nachösterlich die Frage nach der eigenen Identität. Sie entfaltet sich in der Auseinandersetzung mit dem Judentum und dramatisiert sich in sukzessiven Ablösungsprozessen. Der bleibende Bezug auf die Herkunft und seine veränderte Rezeption erfordern eine Selbstvergewisserung. Sie vollzieht sich als Unterscheidung und schließlich als wechselseitige Abgrenzung. Mit der missionarischen

Vernunftkritik und das Konzept einer transversalen Vernunft, Frankfurt a. M. 1996.

Entfaltung des Christentums erweitern sich schon sehr bald seine religiösen Bezugsräume. Damit ergibt sich die neue Notwendigkeit, sich vom religiösen Umfeld abzuheben und vor allem seine Einflüsse auf die eigene Glaubenspraxis sowie auf die ersten Elemente ihrer Theologisierung zu klären. Die Weichenstellungen der Alten Kirche sind an dieser Stelle entscheidend. Als Traditionsbasis stellt ihr Identitätskonzept den bleibenden Bezugspunkt – gerade mit Blick auf die späteren ökumenischen Auseinandersetzungen.

Verschiedene Faktoren forcieren die Arbeit an der christlichen Identität[51]:

a) Institutionalisierung: Das frühe Christentum beginnt sich zu organisieren. Es greift verschiedene Elemente auf, die durch einen besonderen Bezug zu Jesus selbst legitimiert sind. Identität wird durch eine möglichst unmittelbare Verbindung mit dem Anfang garantiert. Das entscheidende Muster wird das einer personalen Identitätsgewähr. Als Prinzip lässt es sich in der Apostolizität greifen, die wiederum legitimatorisch auf Dauer über den Episkopat bewahrt wird. Er wird mit einem weiteren personalen Identitätsprinzip verbunden: der Geistvermittlung. Im Heiligen Geist wird die Präsenz des Ursprungs transportiert und die Authentizität des rechten Glaubens gesichert.

b) Theologisierung: In diesem Zug wird dann die Herausbildung einer christlichen Orthodoxie zum weiteren, vielleicht zum entscheidenden Identitätsfunktor. Angriffe von außen, Klärungsbedarf im Innenbereich und missionarische Kommunikationsfähigkeit verlangen nach inhaltlicher Durchdringung des Evangeliums. Seine Übersetzung in neue Zeiten und andere Zusammenhänge ist auf die Formulierung theologischer Grundlagen angewiesen. In ihnen fasst sich die eigene Identität als Operationsbasis.

c) Theologische Identitätsprogramme: Identitätsbildung vollzieht sich theoretisch durch die Institutionalisierung theologischer Reflexion. Die Apologeten übernahmen dafür eine Vorreiterrolle. Sie arbeiteten auf eine nach außen hin repräsentable Identität des Christlichen gerade unter den intellektuellen Herausforderungen der Zeit hin. Eine wirkliche Absicherung einer gemeinsamen Glaubensidentität kristallisieren und bezeugen die verschiedenen Formen eines gemeinsamen und dann letztlich auch verbindlichen Glaubens. Die für diese Entwicklung maßgebende regula fidei erlaubt zugleich die Schaffung eines christlichen Schriftkanons, der zum unterscheidenden Orientierungspunkt des Christlichen wird, zu seiner entscheidenden Versicherungsinstanz. Apologetik, Regula fidei, Glaubensbekenntnisse und Kanon erscheinen als entscheidende Identitätsprogamme.

---

51 Vgl. ausführlicher G. M. Hoff, Die prekäre Identität des Christlichen, 232-275.

d) Kirchliche Identitätsprogramme: In der Liturgie wird Identität vielleicht am deutlichsten sichtbar. Kirche und Glaube sind hier konkret, und die Liturgie ist ein theologischer Auslöser wie Reflektor gleichermaßen. Unmittelbar mit der Ordnung der Liturgie als einer Form von Gemeindeordnung ist die Gestalt der kirchlichen Ämter verbunden, zumal sie liturgisch ihren Ort haben: in der Weihe, in den verschiedenen Funktionen, zumindest in der weiteren gottesdienstlichen Entwicklung. Und erst die Regelung der Ämterfrage erlaubt die Abhaltung von Synoden bzw. Konzilien, mit denen die theoretischen und praktischen Probleme der Christenheit wirksam angegangen werden können. Die Identität des Christlichen wird hier festgeschrieben.

In einem Querschnitt ergibt sich folgendes identitätsproduktive Ensemble:

- „zentrale Krisenerfahrungen: Parusieverzögerung, Verlust der Augenzeugen, staatliche Repression, Abfall in Verfolgungszeiten, Häresien, Massenzustrom nach Konstantinischer Wende, Unzuverlässigkeit dieser Welt (wechselhafte Geschichte, Fall Roms, Völkerwanderung);
- Verlassen des exklusiv judenchristlichen Binnenraums und Gewinn eines heidenchristlichen Profils bis zum kulturellen Verschmelzen;
- gemeindliche Abgrenzung in den Anfängen von der Synagoge und vom Staat;
- Herausfilterung christlicher Charakteristika in vielfältigen Inkulturationsprozessen: theologisch, liturgisch, organisatorisch;
- innerchristliche Ausgrenzung von Häresien;
- Reflexion von apostolischer Authentizität mittels Verschriftlichung von Tradition;
- Kanon als dessen erste Endstufe;
- Regula fidei als verbindliches und in Problemzonen zugleich noch unscharfes traditionales Vergewisserungskriterium sowie als kanonische Norm (selbstverstärkender Regelkreislauf);
- Überwindung der ursprünglich zahlreichen Experimente in der theologischen Aussage eines einzigartigen Geschehens;
- Zuwachs an reicheren Mitgliedern als Intellektualisierungsschub in einer ursprünglich armen Gemeinde: gesteigertes theologisches Anforderungsprofil von den Apologeten bis Mitte des 4. Jh.;
- Produktion ausgereifterer, konsequenzenbewußterer inhaltlicher Modelle (vor allem in der Christologie: Präexistenzgrammatik) aufgrund des theologischen Klärungsdrucks der Heilsbedeutsamkeit Jesu Christi;
- Herausbildung stabilerer Aussageformen in Liturgie und Katechese;
- Ämterbildung;
- Entstehen des Monepiskopats;
- systemlogische Tendenz zur institutionellen Durchformung der Kirche

(Hierarchisierung, Kompetenzenklärung, Schaffen von größeren Kirchen z.B. in Provinzen; spätere Metropolitankirchen);
- Synoden als Krisenmanagement;
- politischer Bedarf an vereinheitlichter Staatsreligion;
- Sicherheit in der Lehre als Antidot in Identitätskrise(n): Überbrückung des trennenden historischen Abstands von der Ursprungserfahrung;
- analog: Ansätze einer konziliaren Theologie des Heiligen Geistes; Festschreibung der Geistpräsenz im Konzil; letzte Ablösungsform des charismatischen Prinzips;
- darin dokumentiert: zunehmender Übergang vom personalen zum institutionellen Identitätsprinzip, mit neuen Mustern ihrer Kombination (Bischof, Sukzession, später: Papst);
- Ansätze kirchlicher Machtpolitik (Viktor);
- logozentrische Wende in der Übernahme hellenistischer Theoriebausteine zur Klärung theologischer Schwierigkeiten;
- Ausschalten von Differenzmilieus (z.B. Montanisten)."[52]

Die theologische und kirchliche Entwicklung einer gleichermaßen definiten wie entwicklungsoffenen Identität des Christlichen wird damit von der Alten Kirche auf den Weg gebracht. Sie geht mit Pluralitätsverlusten und einem allmählichen Toleranzabbau einher, seitdem die Kirche aus ihrer Minoritätsposition herausgewachsen ist und staatlich privilegiert wurde. Definitorische Identitätsbildung, etwa im Rahmen der christologischen Auseinandersetzungen, führt zu polemischen Interpretationskonflikten. Das wird so bleiben. Die kirchlichen Anfänge sind unmittelbar mit einem ökumenischen Problem verbunden. Noch schärfer: Die Trennungsgeschichten sind nicht nur als konstitutives, sondern im strengen Sinn als bedingendes Element der Identität des Christlichen zu begreifen. Kirchliche Kommunikation ist an Kommunikationsverluste gekoppelt. Die institutionelle Durchformung des Christentums ist machtpolitisch grundiert und kommunikationstheoretisch negativ aufgeladen:

> „Mit der Überlagerung durch politische Interessen erwachsen der religiösen Verständigung zusätzliche Barrieren. Anstatt der ungehinderten Interaktion zu dienen, gerät sie zusehends unter die Direktive eines Apparats, der von vornherein über das in seinem Machtbereich Geltende entschieden hat, weil er sich durch die Dynamik des freien – und befreienden – Disputs fast mehr noch als durch gesellschaftliche Veränderungen in Frage gestellt sieht."[53]

---

52 Ebd., 264f. – Zur genaueren Begründung vgl. die Ausführungen ebd.
53 E. Biser, Religiöse Sprachbarrieren. Aufbau einer Logaporetik, München 1980, 187f.

Alle folgenden ökumenischen Konfliktpartien werden mit diesen Identitäts-
figuren gespielt.

1.7 Theologische Identitätskritik

In diesem Zusammenhang ist die erkenntnistheologische Kritik von Elmar
Salmann interessant, der darauf hinweist, dass die Identität des Christlichen
nur im Blick auf den Gekreuzigten ihrer Wahrheit innewird. Das Kreuz aber
ist mit Paulus Ausdruck des anderen, des unverfügbaren Gottes – seines
Wahnsinns (1 Kor 1,18-31). Diese Einsicht ist in die Architektur theologischer Vernunft einzubauen:

> „Es ist, als ob die *Kreuzestheologie* in solchem Denken, das von den
> Besiegten, Schwachen, Ohnmächtigen ausgeht, zum ersten Mal in die
> *Methode des Denkens* eingewandert wäre, und das nach zweitausend
> Jahren christlicher Rede vom Kreuz."[54]

Christliche Identitätskritik kann härter kaum ausfallen: das Zentrum der
Botschaft vom Kreuz nicht eigentlich ins Zentrum gerückt zu haben, nicht
von ihm her gedacht – und *gelebt* – zu haben. Für Johann Baptist Metz hängt
die Verdrängung dieser Denkform mit einer Identitätslogik zusammen, die
mit der logischen auch zur praktischen Abdrängung des Anderen führte:

> „Wenn ich mich nicht täusche, dann ist die Entfaltung der Anerken-
> nungshermeneutik in der Theologie dadurch hartnäckig behindert
> worden, daß in der christlichen Theologie sehr früh ein Erkenntnis-
> prinzip zur Geltung kam, das aus dem griechischen Identitätsdenken
> – seit Parmenides – stammt. Es wurde im mediterranen Gnostizismus
> auch religiös wirkmächtig. Es drang schließlich über Plotin in die
> christliche Theologie ein und prägte dann vom Neuplatonismus bis
> zum deutschen Idealismus nachhaltig die Gestalt christlichen Denkens
> und christlicher Religionsphilosophie. Ich meine jenes Erkenntnisaxi-
> om, demzufolge jeweils Gleiches nur von Gleichem erkannt werden
> kann."[55]

---

54 E. Salmann, Der geteilte Logos. Zum offenen Prozeß von neuzeitlichem Den-
    ken und Theologie, Rom 1992, 479.
55 J. B. Metz, Das Konzil – „Der Anfang eines Anfangs"?, in: K. Richter (Hrsg.),
    Das Konzil war erst der Anfang. Die Bedeutung des II. Vatikanums für Theo-
    logie und Kirche, Mainz 1991, 11-24.; hier: 17.

Das Seinsdenken steigt in diesem logischen Mechanismus vom Seienden immer wieder zum Sein zurück bzw. zu ihm auf: ein identischer Kreislauf des Ursprungs und Ziels.

Nach Siegfried Wiedenhofer[56] hat die Überbetonung des identitätslogischen Denkens in der Theologie zu einer vorschnellen Beseitigung und gar Unterdrückung von Differenzen und Differenzmilieus geführt. Differenzen wurden allzu oft als häretische bzw. schismatische Bedrohungen der konfessorischen bzw. ekklesialen Identität begriffen und ausgeschieden. Ein höheres Maß an Differenzbereitschaft und hermeneutischer Differenzkompetenz hätte zu einem anderen Modell führen können, das, ohne auf die Formulierung der eigenen Identität zu verzichten, sie kommunikativ offener konzipiert hätte. Kommunikative und also kommuniale Identität ist aber eine, die sich in Differenzen *versteht*. Dem entspricht nicht zuletzt die katholische Auffassung von *traditio*. Sie ist immer ein Interpretationsvorgang im Risiko der Übersetzung. Übersetzung aber ist ein kulturelles *Zeit-Zeichen*, das immer von jener hermeneutischen Differenzierung betroffen ist, wie sie Jacques Derrida gekennzeichnet hat.

Die Theologie steht damit vor der Herausforderung eines hermeneutischen Paradigmenwechsels. Sie hat sich daraufhin befragen zu lassen, mit welchen hermeneutischen Mitteln sie ihre Glaubensrechenschaft abzulegen und ihre Botschaft zu vermitteln sucht. Stellt sie sich dabei den Bedingungen des *linguistic turn*, so wird sie auch den Gedanken einer differentiell gebrochenen Identität neu zu reflektieren haben.

Ein erster Anhaltspunkt solcher Theo-logik könnte eine Besinnung auf ihre trinitätstheologischen Grundlagen sein. Der trinitarische Gott identifiziert sich nur im Bezug, d.h. im anderen. Nur in der Gespanntheit der Liebe ist er zu denken. Nur in dieser Differenz besteht seine Identität. Das relationale Gottesbild verleiht damit dem Gedanken differentieller Identität Kontur. Ein weiterer Anhaltspunkt solcher Theo-logik liegt in der spezifischen Form bereit, in der sich die altkirchliche Christologie definiert hat.

---

56 Vgl. S. Wiedenhofer, Grundprobleme des theologischen Traditionsbegriffs, in: ZKTh112 (1990) 18-29.

1.8 Grundlagenreflexion: Christologische Grammatik der Differenz und Theologik im Namen des Anderen

Immer wieder ist in der ökumenischen Diskussion auf die Notwendigkeit einer christologischen Konzentration hingewiesen worden. Zumal Ulrich Körtner denkt dabei an eine kreuzestheologische Kritik, die jede Rede von der „versöhnten Verschiedenheit" *auch* treffen muss.[57]

> „Angesichts ihres polemogenen Potentials kann aber die Konfessionalität des Christentums nicht einseitig pneumatologisch als Ausdruck der Vielfalt geistlicher Charismen gesehen werden. Sie ist nicht minder kreuzestheologisch als Gestalt sündiger Trennung zu betrachten, die der Vergebung und Verwandlung bedarf."[58]

Im Zusammenhang mit der gleichfalls kreuzestheologisch inspirierten Erkenntniskritik Elmar Salmanns ist von daher die Frage zu stellen, welche hermeneutische Relevanz die Christologie als fundamentaltheologische Grammatik auch für die konkrete ökumenische Problematik hat. Dies erscheint umso interessanter, als auch Körtner die Identitätsfrage stellt.

Zunächst einmal ist christologisch festzustellen, dass von allem Anfang an vielfältige Sprach- und Denkmuster herangezogen wurden, um die erfahrene Wirklichkeit des Christusereignisses denkend, betend, liturgisch übersetzen zu können. Dabei konnte es zu gleichzeitig eingeübten, jedoch kontrastierenden Modellen kommen. Unter dieser Rücksicht ist etwa das neutestamentliche Nebeneinander von messianischer und Präexistenz-Christologie zu sehen. Helmut Merklein nimmt diesen Befund als ein „Indiz dafür, daß Jesus als Person und Ereignis größer ist als jede christologische Aussage. Gerade dies könnte ein fruchtbarer Ansatz für eine heutige Christologie sein."[59] Weder alternativ noch dialektisch synthetisierbar wird hier eine Christologie empfohlen, die sich im Spannungsbogen der verschiedenen perspektivischen Ansätze hält.

---

57 Zum Konzept vgl. H. Meyer, „Einheit in versöhnter Verschiedenheit". Hintergrund und Sinn einer Formel, in: KuD 49 (2003) 293-306.

58 U. H. J. Körtner, Versöhnte Verschiedenheit. Die Einheit von Identität und Differenz als Grundproblem christlicher Ökumene, in: BthZ 15 (1998) 77-96; hier: 92; vgl. ders., Von der Konsensökumene zur Differenzökumene. Krise und Verheißung der ökumenischen Bewegung an der Schwelle zum dritten Jahrtausend, KuD 47 (2001) 290-307.

59 H. Merklein, Die Auferweckung Jesu und die Anfänge der Christologie (Messias bzw. Sohn Gottes und Menschensohn), in: ders., Studien zu Jesus und Paulus, Tübingen 1987, 221-246; hier: 246.

Eine solche differentiell gebrochene Fassung von christologischer Bekenntnisbildung und Identitätsfindung verwirklicht auch das christologische Grunddogma von Chalkedon (451). Ohne dies an dieser Stelle im Einzelnen nachweisen zu können, begegnet hier eine Sprachform, die den logisch nicht mehr eindeutig fixierbaren Bezug von göttlicher und menschlicher Natur erkenntnistheoretisch festhält.[60] Die beiden Naturen, Gottheit und Menschheit, werden ungetrennt und unvermischt erkannt. Entscheidend ist hier, dass beide Perspektiven nicht gegeneinander ausgespielt werden, sondern als solche in ihrem Recht bestehen bleiben. Jede konkrete Identifizierung, wo Gottheit ende und Menschheit beginne, verbietet sich. In dieser Differenz allein lässt sich das Unausdenkbare denken. Sprachlich wird diese Differenz zum erkenntnistheoretisch Uneinholbaren noch einmal in der Form negativer Theologie markiert („un-") und zugleich eine weitere Differenz eingezogen: Die Attribute bezeichnen Gegensätze, sind sprachlich jedoch nicht als Antonyme festgehalten. Sie sind semantisch leicht verschoben.

Damit aber wird letztlich eine Theologik betrieben, die mit der Andersheit Gottes Ernst macht. Und dies ist, wie bereits angedeutet, mit Paulus noch einmal kreuzestheologisch als die „Torheit" Gottes zu buchstabieren. Hier wird eine Tradition fortgeschrieben, die letztlich an der offenbarungstheologischen Grundspannung Maß nimmt, wonach Gott immer zugleich der nahe ist und als solcher der verborgene bleibt. *Cusanisch* gesprochen: *aliud – non-aliud*. Es ist eine solche Hermeneutik der Differenz, die fundamentaltheologisch als eine Theologie des Geheimnisses alles Sprechen von Gott mitzubestimmen hat. Nicht zuletzt als Kritik eines zu sicheren, eines überzogenen theologischen Identitätsdenkens.

In diesem Zusammenhang ist der Hinweis von Medard Kehl auf die „chalkedonensische Formel" in der Lehre von der Kirche aufschlussreich.[61] Im Anschluss an LG 8 interpretiert er so die „Form der Einheit von ‚menschlichem und göttlichem Element' in der Kirche." „Dabei werden sie aber nicht miteinander identifiziert, sondern bleiben – bei aller Einheit – grundsätzlich voneinander unterschieden (‚unvermischt')." Eine ähnliche fundamentalhermeneutische Bedeutung misst auch Peter Knauer der Formel von Chalkedon zu, indem er sie als „Kriterium für jedes christliche Glaubensverständnis"[62] ausweist. Dies gilt gerade im Blick auf die jeweils analoge Gebrochenheit theologischer Rede. Diese Einsicht gilt es, fundamentaltheologisch wie kirchlich-praktisch ernst zu nehmen.

---

60 Vgl. G. M. Hoff, Aporetische Theologie, 227-236.
61 Vgl. M. Kehl, Die Kirche. Eine katholische Ekklesiologie, Würzburg ³1994, 133f.; die folgenden Zitate ebd., 133.
62 P. Knauer, Die chalkedonenesische Christologie als Kriterium für jedes christliche Glaubensverständnis, in: ThPh 60 (1985) 1-15.

1.9 Methodische Reflexion: Ökumenische Frageformate

In der Bildung christlicher Konfessionen geht es immer um die entscheidende Frage des *wahren* Glaubens. Wahrheit ist dabei selbst als Identitätsprogramm zu kennzeichnen:

a) Wahrheit wird definiert; sie steht fest, man kann sie identifizieren.[63]

b) Sie konstituiert und kontrolliert die Gemeinschaft derjenigen, die sich zu dieser Wahrheit bekennen; sie ist Identifikationsanforderung und -merkmal.

In den verschiedenen christlichen Abgrenzungsgeschichten, in den zahlreichen häretischen Verwicklungen und schismatischen Phänomenen verbergen sich Identitätskämpfe. Man kann den konfessionell Anderen nicht so lassen, wie er ist und glaubt, sondern muss ihn aus dem Anspruch einer identifizierten Wahrheit heraus bekehren.

Von daher ergibt sich ein kritischer Fragekatalog, mit dem die neueren ökumenischen Vorgänge und Dokumente zu betrachten sind:

a) Wie wird Identität konstruiert? Welche Begriffe, welche Strategien werden eingesetzt?

b) Wie geht man mit Differenzen um? Welche Wahrnehmungsmuster werden verwendet? In welcher Sprache, in welchem Stil sind die Dokumente gehalten? Welche Verarbeitungsformen von Differenz(en) lassen sich feststellen (z.B. Abwehr, positive Aufnahme etc.)?

c) Welche Ansätze für eine produktive Hermeneutik der ökumenischen Differenzen ergeben sich?

d) Wie wird der Wille zur Ökumene umgesetzt? Bleibt er rein formal artikuliert? Gibt es konkrete Strategien (z.B. indirekte Modelle)?

Aus dem Spektrum der gezeichneten Perspektiven wird heuristisch eine differenzhermeneutische Position eingenommen. Sie soll kritisch auf die Probleme eines identitätslogisch angelegten ökumenischen Diskurses hinweisen und andere Möglichkeiten für eine theologisch-kirchliche Verständigung aus einem veränderten theo-logischen Paradigma heraus andeuten. In diesem Zusammenhang wäre etwa der Fries-Rahner-Plan[64] anzusprechen

---

63 Zur Problematik des Wahrheitsbegriffs vgl. Th. Schärtl, Wahrheit und Gewissheit. Zur Eigenart religiösen Glaubens, Kevelaer 2004; vor allem 102-155.

64 Vgl. H. Fries / K. Rahner, Einigung der Kirchen – reale Möglichkeit (QD 100), Freiburg u.a. 1983. – Zur Rezeption vgl. H. Fries, Einigung der Kirchen – reale Möglichkeit, in: ders. / O. H. Pesch, Streiten für die eine Kirche, München 1987, 13-84; vgl. zur Kritik des Plans exemplarisch den protestantischen Gegenvorschlag von E. Herms, Einheit der Christen in der Gemeinschaft der Kirchen. Die ökumenische Bewegung der römischen Kirche im Lichte der reformatorischen Theologie. Antwort auf den Rahner-Plan, Göttingen 1984.

oder das Konzept eines „differenzierten Konsenses" zu untersuchen, das bei der Lehrverwerfungsstudie eine zentrale Rolle spielte.[65]

Eine ökumenische Perspektivenbildung vom Differenten her kann auf die kontextuelle Verschiebung innerhalb der nachkonziliaren Theologie zurückgreifen. Theologie heute ist nur im Kontakt mit ihren Außenstellen formulierbar. Von daher müssen die ökumenischen Dokumente auch daraufhin untersucht werden, ob sie sich den veränderten Rahmenbedingungen des eigenen Diskurses stellen:

a) Inwiefern wirken die postmodernen Phänotypen – Individualisierung, Pluralisierung, Marginalisierung etc. – auf die ökumenische Problem- und Zielformulierung zurück?

b) Was bedeutet eine neue pastorale Situation für die ökumenisch-theologische Systematik der zu diskutierenden Glaubensinhalte?

c) Werden die Veränderungen adäquat wahrgenommen und verarbeitet – z.B. im Blick auf die Dringlichkeit eines gemeinsamen Glaubenszeugnisses heute?[66]

Gerade der letztgenannte Aspekt weist auf die Anfänge der ökumenischen Bewegung zurück und signalisiert die unaufhebbare kontextuelle Bindung der systematisch-theologischen Reflexionen. Dem ist im Folgenden nachzugehen.

---

65 Vgl. K. Lehmann, Einig im Verständnis der Rechtfertigungsbotschaft? Erfahrungen und Lehren im Blick auf die gegenwärtige ökumenische Situation. Eröffnungsreferat bei der Herbstvollversammlung der Deutschen Bischofskonferenz, hrsg. v. Sekretariat d. Dt. Bischofskonferenz, Bonn 1998, 7-34; hier: 19.

66 Vgl. H.-J. Sander, Glauben im Format 2000 – ein ökumenisches Ohnmachtsproblem. Auf der Suche nach einer gemeinsamen Sprache der Kirchen, in: ThPQ 148 (2000) 58-68; besonders 63ff.

2. VORAUSSETZUNG: DIE LEHRVERWERFUNGS-STUDIE ALS PRIMÄRER KONTEXT (1985)

2.1 Differenztheologischer Auftakt

„Die Differenzen in der Lehre galten gemeinhin als entscheidender Grund für den Zerfall der abendländischen Kirche in verschiedene Konfessionen. Zugleich muß man darauf hinweisen, daß außer den Lehrunterschieden auch andere Faktoren im 16. Jahrhundert an der Kirchenspaltung mitgewirkt haben: politische, kulturelle, soziale und ökonomische Ursachen sowie Gesetzmäßigkeiten institutioneller Selbstbehauptung und auch menschliche Eigenheiten."[67]

Mit diesem Urteil leiten die Herausgeber Wolfhart Pannenberg und Karl Lehmann die Studie „Lehrverurteilungen – kirchentrennend?" ein. An ihrer Einschätzung sind verschiedene Aspekte besonders aufschlussreich:

a) Der *hermeneutische* Horizont: „Differenzen in der Lehre" werden vorausgesetzt, allerdings auf eine Weise, dass sie nicht zwingend die Verwerfung einer anderen Position einschließen müssen.

b) Der kritische Blick auf den ökumenischen *Identitätsdiskurs*: Die Rede ist von „Gesetzmäßigkeiten institutioneller Selbstbehauptung", die die Spaltung mitverursachten. Systemtheoretisch gesprochen, konstituieren sich die Konfessionen als Identitäten; sie grenzen sich ab, integrieren oder distanzieren Differenzen und schaffen neue. Die „menschliche(n) Eigenheiten", von denen im selben Zusammenhang die Rede ist, weisen auf die individuierten Identitätsmuster hin. Allerdings bleibt offen, worin genau solche „Gesetzmäßigkeiten" bestehen. Sind sie unausweichlich? Was lässt sich daraus theologisch ableiten? Im gegebenen Zusammenhang werden sie offensichtlich negativ bewertet.

c) Die *pragmatische* Dimension: Ökumene arbeitet nicht nur dogmatisch, sie ist grundsätzlich auch lebenspraktisch situiert. Nichttheologische Gründe und Motive haben ihren Anteil an der Kirchenspaltung. Die Rolle des theologischen Außen wird damit theologisch aufgewertet.

---

67 LV I, 9.

Auch wenn daraus keine unmittelbaren Konsequenzen gezogen werden, lassen sich Fragen anschließen:
* Muss nicht die ökumenische Pragmatik aufgewertet werden?
* Verlangen die veränderten Lebensbedingungen nicht ein systematisches Gewicht in den ökumenischen Bemühungen – werden die Zeichen der Zeit nicht als *loci theologici* zu begreifen sein?
* Ist nicht vor diesem Hintergrund der ökumenische Erwartungs- und Rezeptionshorizont bei ökumenischen Entscheidungsprozessen stärker zu berücksichtigen?

Es geht hier um die Kommunikabilität des christlichen Glaubens im Ganzen. Kommunikation vollzieht sich aber als Differenzphänomen: unterschiedliche Partner, unterschiedliche Positionen, Sprachen, Stile vermitteln sich aneinander. In dieser Hinsicht ist die angesprochene Studie als ein interkonfessioneller Kommunikationsvorgang anzusprechen. Sie hat dabei paradigmatischen Charakter:
* weil sie – mit dem US-amerikanischen Dialogpapier „Justification by Faith" (1985) – ein entscheidender Wegbereiter der GE ist, die wiederum das erste offiziell rezipierte Dokument zwischen katholischer Kirche und Kirchen der Reformation darstellt; weil also ihre hermeneutische Anlage entscheidende Impulse vermittelt;
* weil die entscheidenden kontroverstheologischen Fragen so diskutiert wurden, dass ein „differenzierter Konsens"[68] möglich erschien;
* weil die Studie mit einer reduzierten Zielvorgabe arbeitet. Keine vollständige Übereinkunft wurde avisiert, sondern – methodisch *ex negativo* – *der Verzicht auf wechselseitige Verurteilungen bzw. die genaue Festlegung des Geltungsbereichs der alten Verurteilungen.*

Damit ist aber bereits formal die – wie auch immer begrenzte – Legitimität unterschiedlicher theologischer Formeln und spiritueller Stile impliziert. Konsens darf Differenzen einschließen, Verschiedenheit lässt sich versöhnen, ohne identitätslogisch überholt werden zu müssen.

Wie genau die Studie dieses hermeneutische Programm entwickelt, ist anhand ihrer theologischen Problemstellungen zu rekonstruieren. Dazu gehört aber zunächst die Frage nach ihrem eigenen Kontext, der eigene kirchlich-theologische Bedingungen stellt.

---

68 Vgl. H. Meyer / H. Wagner (Hrsg.), Einheit – aber wie? Zur Tragfähigkeit der ökumenischen Formel vom „differenzierten Konsens" (QD 184), Freiburg u.a. 2000.

2.2 Voraussetzungen der Lehrverwerfungsstudie

Weder die Studie selbst noch ihre Ergebnisse sind denkbar ohne die ökumenische Arbeit, die im Laufe eines Jahrhunderts so entscheidende Fortschritte auf dem Weg zu einer neuen Einheit der Kirchen erzielt hat. Die verschiedenen Phasen sind an dieser Stelle nicht eigens zu benennen, wohl aber
ist knapp auf den unmittelbaren Vorlauf hinzuweisen. Er wurde katholisch
durch das Vaticanum II möglich. Natürlich gingen ihm bereits ökumenische
Einschnitte voraus. Marken setzten kirchlich der Jaeger-Stählin-Kreis oder
wissenschaftlich die Barth-Arbeit von Hans Küng, die mit der Rechtfertigungsfrage bereits einen entscheidenden Weg betrat.[69] Mit dem Konzil wurde vor allem eine andere Haltung der gesamten Kirche zur ökumenischen
Herausforderung nicht nur möglich, sondern eingeübt. Das betrifft natürlich
das Dekret über den Ökumenismus, mindestens ebenso wichtig war aber die
theologische Denkform, die sich in den verschiedenen Texten durchsetzte.
Die Kirche zerbricht den streng identitätslogischen Rahmen, den sie sich im
Antimodernismus zugelegt hatte: Sie öffnet sich für ihr Außen.[70] Sie nimmt
die Wirklichkeit als solche wahr und befragt sie auf jene Zeichen der Zeit
hin, die ihre Deutung des Evangeliums und seine Verkündigung direkt betreffen. Zugleich sprengt sie das Identitätsparadigma in der Kirchenkonsti-
tution. Papst und Bischofskollegium bilden eine spannungsreiche Einheit.
Und vor allem das vieldiskutierte „subsistit" aus LG 8 etabliert ein anderes
Interpretationsmuster:

> „Haec Ecclesia, in hoc mundo ut societas constituta et ordinata, subsis-
> tit in Ecclesia catholica".

Ganz offensichtlich wird das identitätslogische „est" vermieden. Ein theologisch-kirchlicher Differenzraum entsteht. Ansatzweise wird er bereits im
selben Satz gefüllt:

> „Das schließt nicht aus, daß außerhalb ihres Gefüges vielfältige Ele-
> mente der Heiligung und der Wahrheit zu finden sind, die als der Kir-
> che Christi eigene Gaben auf die katholische Einheit hindrängen."

Die entsprechende Öffnung wird damit zwar gleich wieder rückgebunden,
Einheit hat noch die Tendenz auf katholische Integration. Aber damit wird
formal die Spannung als solche festgeschrieben. Zum einen werden die divergierenden konziliaren Strömungen zusammengeführt, zum anderen gibt

---

69   H. Küng, Rechtfertigung.
70   Vgl. H.-J. Sander, nicht ausweichen. Die prekäre Lage der Kirche, Würzburg
      2002.

es für das anstehende ekklesiologische Problem keine andere Lösung, als eine entsprechende Hermeneutik der gespannten Einheit zu praktizieren. Sie nimmt ein Motiv der weiteren ökumenischen Konvergenzprozesse vorweg. Denn hier wird immer wieder das Prinzip einer Spannungshermeneutik eingesetzt.

Das Konzil ist also formal wie material als Freigabe des katholischen ökumenischen Wegs zu betrachten. Die nähere Vorgeschichte der Lehrverwerfungsstudie umfasst dann Etappen wie die kirchlich offizielle Einrichtung des katholisch-lutherischen Dialogs (1967), den sich anschließenden ersten Bericht der Evangelisch-lutherisch/Römisch-katholischen Studienkommission „Das Evangelium und die Kirche" (1972, Malta-Bericht)[71] und den Bericht „Das Herrenmahl" (1978).[72] Dazu kommen verschiedene weitere Kontakte und Dokumente. Hier hat Lima 1982 sicherlich einen besonderen Stellenwert. Die Erklärung über Taufe, Herrenmahl und Amt (BEM) wurde unter breiter kirchlicher Beteiligung und auch unter Mitwirkung katholischer Vertreter einstimmig verabschiedet, wenn auch nicht offiziell von der katholischen Kirche rezipiert.[73] U.a. hat aber der heutige Präsident des Einheitssekretariats, Walter Kasper, an diesem Papier mitgearbeitet. Inhaltlich wird eine weitgehende Übereinstimmung in Grundfragen zu diesen drei kontroverstheologischen Hauptproblemen festgehalten. Zugleich wird mit der Verabschiedung der Lima-Liturgie die Suche nach ökumenischen Lösungen lebenspraktisch ausgerichtet. Die pragmatische Wende hat an dieser entscheidenden Stelle auch die Theologie erreicht.

Zu diesem Zeitpunkt war die *Gemeinsame Ökumenische Kommission* (GÖK) zur Erarbeitung der Studie bereits konstituiert worden (1981).[74] Beim Deutschland-Besuch Johannes Paul II. 1980 hatte der EKD-Vorsitzende Landesbischof Eduard Lohse offene interkonfessionelle Fragen angesprochen. Sie verlangten eine theologische Klärung der Grundfragen. Die Kommissionsarbeit setzte sich dann zwei Ziele:

1. Aufarbeitung der gegenseitigen Lehrverurteilungen unter der Leitperspektive, ob sie den jeweiligen aktuellen Gesprächspartner noch treffen.

---

71 Vgl. H. Meyer / H.J. Urban / L. Vischer (Hrsg.), Dokumente wachsender Übereinstimmung. Sämtliche Berichte und Konsenstexte interkonfessioneller Gespräche auf Weltebene 1931-1982, Paderborn-Frankfurt a.M. 1983, 248-271.
72 Ebd., 271-295.
73 Ebd., 545-585. – Vgl. Konfessionskundliches Institut (Hrsg.), Kommentar zu den Lima-Erklärungen über Taufe, Eucharistie und Amt, Göttingen 1983.
74 Vgl. O. H. Pesch, Die Lehrverurteilungen des 16. Jahrhunderts und die ökumenische Situation der Gegenwart. Das Studiendokument des Ökumenischen Arbeitskreises evangelischer und katholischer Theologen: Risiken und Chancen, in: H. Fries / O. H. Pesch, Streiten für die eine Kirche, 85-134; hier: 92-98.

2. Beantwortung der Frage, ob und inwiefern die vorhandenen Konver-
    genzerklärungen kirchlich festgeschrieben werden können.

Methodisch wurden dabei mehrere Voraussetzungen getroffen, die dem Anliegen einer differenztheologischen Hermeneutik zugerechnet werden können. Es besteht ein Unterschied zwischen einem Grundkonsens und einer
vollständigen Übereinkunft. Hier bleiben Spielräume.

> „Nicht jeder Lehrunterschied... muß mit einem Bannfluch geahndet
> werden. Es ist auch möglich, daß zwar Lehrdifferenzen verbleiben, die
> als solche nicht verdunkelt werden dürfen, jedoch keinen kirchentren-
> nenden Charakter hatten oder keinen solchen mehr haben."[75]

In den theologischen Differenzen, die einmal trennten, kann heute möglicherweise eine Bereicherung entdeckt werden, die Erinnerung an Vergesse-
nes, an theologisch nicht adäquat Gefasstes. Perspektivische Verengungen
und sachliche Fehler, die aus einem Mangel an Diffferenzierungsbereit-
schaft und Differenz*toleranz* resultierten, werden im historischen Kontext
eruiert und als solche kenntlich gemacht. Darüber hinaus wird die konziliare
Einsicht in eine „Hierarchie der Wahrheiten" (UR 11), von der das Ökumenismus-Dekret spricht, produktiv aufgegriffen. Erst auf dieser Basis werden
dann die einzelnen methodischen Schritte und die Zielbestimmung festgelegt. Auch sie sucht nicht nach der totalen Konvergenz – und beansprucht
damit vorab die Legitimität eines theologisch-kirchlichen Pluralismus auch
in diesem sensiblen Bereich. Die damit verbundene *Gesprächshaltung*
durchbricht vielleicht am deutlichsten jeden enggeführten Identitätsdiskurs,
ohne darum die eigenen theologischen Überzeugungen oder die eigene Tradition preiszugeben.

2.3 Themenkomplex Rechtfertigung

Die Studie zu den Lehrverurteilungen des 16. Jahrhunderts gliedert sich
in drei große Themenbereiche: Rechtfertigung – Sakramente – Amt. Dem
systematischen Rang nach und entsprechend dem geschichtlichen Auslöser
eröffnet die Rechtfertigungsproblematik die Untersuchung. Mit dieser Frage
wird das fundamentaltheologische Hauptstück inszeniert. Es war die entscheidende Frage Luthers, die über den Ablassstreit zu den bekannten Entwicklungen führte. Mit Bezug auf den rechtfertigungstheologischen zweiten
der Schmalkaldischen Artikel, Luthers theologisches Testament, gilt:

75   LV I, 13.

„Von diesem Artikel kan man nichts weichen oder nachgeben, Es falle Himel und Erden, oder was nicht bleiben wil. ... Und auff diesem Artickel steht alles, das wir wider den Bapst, Teufel und Welt, leren und leben"[76]

Für die Aufarbeitung des theologischen Streits ergeben sich besondere Schwierigkeiten. Die polemische Konnotation machte es bereits zeitgenössisch kaum möglich, zuerst sachbezogen zu argumentieren. Die Texte beziehen sich nicht immer unmittelbar auf theologische Aussagen des Kontrahenten, das Textmaterial im Ganzen ist disparat. Von daher wurden die inzwischen als allgemein anerkannten konfessionellen Divergenzen als Ausgangspunkte gewählt. Einschlägige Stellungnahmen der Reformatoren bzw. reformatorische Bekenntnissätze wurden dann mit der offiziellen katholischen Lehre konfrontiert, vor allem mit den entsprechenden tridentinischen Artikeln.

Damit wird bereits eine unausweichliche Verschiebung in der theologischen Interpretation deutlich:
* Die Positionen sind nicht eindeutig in ihrem Bezugsverhältnis, d.h. es lässt sich nicht abschließend klären, wie sie den jeweiligen Gegner meinen.
* Die polemische Einfärbung beeinträchtigt die Sachaussage, insofern offen bleibt, wie sehr die theologische Information im Licht der polemischen Affektion überzogen wurde.
* Das theologische Gespräch lässt sich nur rekonstruieren. Inwieweit Argumente und Perspektiven in einer idealtypischen Kommunikationssituation aneinander vermittelbar sind, bleibt jenseits der historischen Situation hypothetisch.

Genau diese Differenzräume werden allerdings als Gesprächsorte gebraucht. Sie ermöglichen den nachträglichen Verständigungsversuch. Er behält seine Berechtigung noch dort, wo man nicht von simplen Missverständnissen, die es sicherlich auch gab, ausgehen kann. Das differentielle Muster jeder Interpretation und dieser ökumenischen im Besonderen gibt die Lizenz, Differenzen so aneinander zu vermitteln, dass sie erst nachvollziehbar werden. Dabei müssen sie sich nicht im strengen Sinn auflösen lassen. Im Gegenteil: Unweigerlich werden neue Interpretationsgrenzen eingezogen – wie die Rezeptionsgeschichte der Studie zeigt. Mit dem formalen Ansatz wird auch ein hermeneutischer Paradigmenwechsel angebahnt – es geht um eine spannungsoffene theologische Perspektivenarbeit, es geht um

---

76 M. Luther, Die Schmalkaldischen Artikel, hrsg. von O. Reichert / O. Brenner, in: D. Martin Luthers Werke, Kritische Gesamtausgabe (Weimarer Ausgabe, 50. Band), Weimar 1914 (unveränderter Abdruck 1967), 160-254, hier: 199-200.

das Nachdenken über die Möglichkeit von ökumenischem „‚Konsens' ohne ‚Konvergenz'"[77], weil vollständige Übereinkunft aussichtslos erscheint und möglicherweise auch nicht notwendig ist. Weil unterschiedliche Deutungsmuster auch im Rahmen des eigenen Bekenntnisses unabschaffbar sind und auf den Reichtum eines lebendigen Glaubens verweisen.

In diesem Zusammenhang bestimmt die Studie die verschiedenen umkämpften Orte.

a) Die Verderbnis der Natur

Reformatorisch ist der Mensch von Grund auf korrupt. Seine Freiheit reicht nicht aus, von selbst zum Guten zu finden, er ist vielmehr vom Unvermögen zum Guten bestimmt.

> „Darumb seyn sie [i.e. die gebott] nur datzu geordnet, das der mensch darynnen sehe sein unvermuegen zu dem gutten ..., das gebott ‚Du solst nit boeß begird haben' beweysset, das wir allesampt sunder seyn, und kein mensch vormag, zu sein on boeße begirde, er thue was er will"[78]

Gegen eine drohende Auflösung der Freiheit besteht das Tridentinum darauf, dass sie real bleibe. Sie wird auch mit der Ursünde nicht ausgelöscht. Das Problem ist die Zurechenbarkeit des menschlichen Handelns, und zwar mit Blick auf die Heilsrelevanz. Das unterschiedliche Aussageziel führt dabei zu anderen Akzentsetzungen. Gemeinsam ist die Einsicht, dass es gegenüber jedem menschlichen Handeln einen gleichsam logischen Vorrang der Gnade geben muss. Sie stellt den Handlungsrahmen. Diesen Gesichtspunkt betont die evangelische Lehre, wenn sie mit dem Topos von der *radikalen Verderbnis der menschlichen Natur* zum Ausdruck bringt, dass der Mensch restlos auf Gott angewiesen ist. Mit der Ungeschuldetheit der Gnade wird das Gottsein Gottes profiliert. Umgekehrt dient genau dem die katholische Auffassung vom Menschen, wonach er nicht vollständig vom Bösen besetzt sei. Denn damit würde entweder die Schöpfungsmacht Gottes beschnitten oder sein Wille zum Guten im Schöpfungswerk in Frage gestellt. Der Mensch ist damit frei – aber er ist gefährdet. Er ist nicht absolut frei, sondern seine Freiheit ist gebunden und auf Gott hin bezogen. D.h. sie wird erst durch den Gnadenanspruch Gottes ermöglicht und in ihm auch erst zur Freiheit befreit.

77 O. H. Pesch, Die Lehrverurteilungen des 16. Jahrhunderts und die ökumenische Situation der Gegenwart , 96.

78 M. Luther, Von der Freiheit eines Christenmenschen (1520), hrsg. von K. Knaake, in: D. Martin Luthers Werke, Kritische Gesamtausgabe (Weimarer Ausgabe, 7. Band), Weimar:1897 (unveränderter Abdruck 1966), 12-38, hier: 23-24.

Die perspektivischen Ansätze lassen sich aneinander vermitteln, sofern die Aussagerichtung und -absicht des anderen berücksichtigt wird. Dabei ist daran zu erinnern, dass keine theologische Formel das Ganze fassen kann. Vor diesem Hintergrund erinnert die Studie vor allem an die Eigendynamik von Konflikten, die aus der Frontstellung extremer Positionen heraus zu Einseitigkeiten und Verzerrungen, schließlich zu theologischen Barrieren führte.

Darüber hinaus muss aber auch von der bleibenden Gefahr theologischer Missverständnisse gesprochen werden:

„Die evangelische Auffassung kann auch heute noch das Mißverständnis hervorrufen, als rechtfertige Gott rein aus seiner Willkür einen Menschen, der davon weder betroffen noch daran beteiligt ist. Die Rechtfertigung ist nach der evangelischen Überzeugung notwendig verbunden mit der Predigt des Gesetzes Gottes, das den Sünder anklagt und das Verlangen nach dem Freispruch des Evangeliums weckt.

Die katholische Sicht kann auch heute noch das Mißverständnis hervorrufen (das auch von evangelischer Seite anzutreffen ist), als sei die vorauszusetzende göttliche Gnade nur eine Selbstverständlichkeit. Sie kann auch dahin entarten, daß die Mitwirkung des Menschen zur maßgeblichen Bedingung und Voraussetzung der Taufgnade gemacht wird. Dem steht entgegen, daß alle menschliche ‚Vorbereitung‘ auf die Taufgnade nur als Wirkung der göttlichen Gnade angesehen werden darf“.[79]

Mit diesem Hinweis wird implizit eine weitere differenztheologische Note eingeführt. Was genau als Überzeichnung, als Missverständnis, als theologische Fehldeutung anzusehen ist, kann nur in einem diskursiv angelegten Interpretationsprozess ermittelt werden, wie er sich eben in dieser Studie findet. Theologische Distinktionen funktionieren nur in einem solchen Vorgang der Differenzierung, der grundsätzlich unabschließbar ist. Damit muss ein Vertrauensvorschuss eingefordert werden, der theologisch für eine abweichende Position zunächst einmal das Recht eines besonderen Übersetzungsversuchs veranschlagt. In diesem Zusammenhang ist eine erkenntnistheoretische Überlegung *fundamentaltheologisch* einzuführen, die Charles Taylor von William James übernimmt. Danach gibt es

„einige Bereiche..., in denen uns Wahrheiten verborgen bleiben werden, wenn wir ihnen nicht wenigstens auf halbem Wege entgegengehen. – Magst du mich oder nicht? Wenn ich darauf festgelegt bin, dies herauszufinden, indem ich eine Haltung einnehme, die ein Maximum

79 LV I, 49f.

an Distanz und Argwohn beinhaltet, besteht die Gefahr, daß ich die Möglichkeit einer bejahenden Antwort verwirke."[80]

Von daher ergibt sich die Notwendigkeit, über die angestammte Position hinauszugehen und ein Interpretationsrisiko einzugehen. Ohne die entsprechende Bereitschaft schlägt man ein erkenntnistheoretisches Angebot aus; man erscheint theoretisch insuffizient, weil man sich als hinreichend ausgestattet ansieht. Man könnte von theoretischer Egozentrik sprechen – oder auch, theologisch, von der Sünde der Selbstverhärtung.

Solche Einsicht und Bereitschaft lassen sich nicht erzwingen. Man muss sich dazu entschließen. Noch einmal wird deutlich, dass jede Interpretation mit einer Interpretationsentscheidung zusammenhängt, die im Gespräch ausgewiesen werden kann, allerdings nicht kriteriell kontextfrei erscheint. Mit anderen Worten: Jeder hermeneutische Prozess ist grundlegend auf eine Macht zur Entscheidung bzw. zur Durchsetzung eines Interpretationsvorschlags angewiesen. Im vorliegenden Fall hängt er davon ab, dass eine Gruppe von kirchlich beauftragten Theologen mit der Bereitschaft zusammenarbeitet, einander zu verstehen und zugleich die Grundlage für eine künftige weiterführende materiale Übereinkunft zu finden. Die eigentliche Verständigungsbasis, die sie damit geschaffen haben, ist die diskursive *Form selbst*.

b) Konkupiszenz

In enger Verbindung mit der angesprochenen Thematik steht die Frage nach dem Stellenwert der Konkupiszenz. Reformatorisch gehört sie unmittelbar zum Menschen. Die Begierlichkeit ist das Aktiv seines korrupten Wesens. Weil dies seine Natur ausmacht, ist auch der Wille zum Bösen eine ethische Konstante, eine Mitgift der menschlichen Grundausstattung, die jeder übernimmt. Sie ist durch die Ursünde Adams unsere Erbsünde:

„Solche Erbünde ist so gar (ein) tieff bose verderbung der Natur, das sie kein vernunft nicht kennet, Sondern mus aus der Schrifft offenbarung gegleubt werden Ps 51. und Rom. 5. Exo. 33. Gen 3. Darumb sind das eitel jrthum und blindheit wider diesen artikel, das die Schultheologen gelehrt haben.

I. Nemlich das nach dem Erbfall Ade des menschen natuerlichen kreffte sind gantz und unverderbt blieben und der mensch habe von Natur eine rechte vernunfft und guten willen, Wie die Philosophi solchs leren.

---

80   Ch. Taylor, Die Formen des Religiösen in der Gegenwart, Frankfurt a. M. 2002, 44.

II. Jtem: Das der Mensch habe einen Freien willen, guts zu thun und boeses zu lassen und widerumb guts zu lassen und boeses zu thun. III. Jtem: Er muege aus der natuerlichen krefften alle gebot Gottes thun und halten. [...] Denn wo diese lere recht solt sein, So ist Christus vergeblich gestorben, weil kein schaden noch sunde im Menschen ist, dafur er sterben muste."[81]

Hier wird ein hermeneutischer Zirkel der Sünde gezogen. Sie schwächt als Voraussetzung menschlicher Existenz deren Kräfte so stark, dass der Mensch aus sich heraus nicht einmal erkennen kann, wie es um ihn steht. Die Offenbarung schafft hier erst Klarheit. Und wer im Gegenzug die menschliche Natur nicht aus ihrer radikalen Tendenz auf das Böse hin (Konkupiszenz) begreift, macht letztlich Jesus Christus überflüssig. Aus soteriologischen Gründen kann es für Luther keinen menschlichen Bereich geben, der nicht auf die Erlösung durch Christus angewiesen wäre – denn dann bräuchte es ihn nicht. Der Mensch könnte die Dinge selbst in die Hand nehmen. Von daher sieht er die Konkupiszenz als Sünde an, „und zwar nicht im ethischen Sinne als Aktualsünde, sondern als die Personsünde am Grunde aller ethischen Sünden".[82]

Das Tridentinum verweigert sich dementgegen einer strikten Definition von Konkupiszenz als Sünde. Im menschlichen Zug auf das Böse hin bleibt Freiheitsraum, gibt es Entscheidungsmöglichkeiten, die erst von einer ethischen Zurechenbarkeit sprechen lassen. Das Konzil erkennt dabei durchaus an, dass Paulus die Begierden an manchen Stellen als Sünden identifiziert (vgl. Röm 6,12f.; 7,7.14-20), aber es handelt sich dennoch nicht um eine Sünde im ursprünglichen Sinn. Die Konkupiszenz ist Teil der menschlichen Geschichte und stammt insofern aus einem umfassenden Konnex der Sünde, auf den sie auch wieder zurückzielt, den sie *faktisch* aktualisiert. Aber sie neigt dem eben nur zu und lässt Freiheitsraum.

Die unterschiedlichen anthropologischen Perspektiven mit den verschiedenen theologischen Direktiven setzen sich hier durch: Schwerpunkt ist auf der einen Seite (reformatorisch) die christologische Konzentration, auf der anderen (katholisch) die im Wortsinn theo-logische Perspektive, die wiederum anthropologische Konsequenzen hat. Dem entsprechen Akzente (reformatorisch) auf der Erlösungs- bzw. (katholisch) auf der Schöpfungsordnung – sie finden sich anders wieder in der Diskussion z.B. des Ehesakraments. Die entscheidende Frage ist, wo man ansetzt und von welchem Konstruktionspunkt aus man versucht, die zugehörige theologische Dimension zu integrieren.

81   M. Luther, Die Schmalkaldischen Artikel, 221-223.
82   LV I, 37.

Die Lehrverurteilungsstudie kann nun zeigen, dass zunächst einmal Definitionsprobleme den theologischen Streit massiv beeinflussen. In den verschiedenen Traditionen – augustinisch, thomistisch, scotistisch – werden unterschiedliche Modelle gebraucht, wobei sich die Reformatoren gegen den nominalistischen Ausschluss der Konkupiszenz aus der Erbsünde wenden. Die starke Betonung der Begierlichkeit als erbsündliches Massiv führt reformatorisch dann soweit, dass sie auch nach der Taufe als Sünde bleibt. Dem steht eine konsequente Tauftheologie katholisch gegenüber: Man sieht die Heilswirksamkeit des Sakraments bedroht.

Die Einigungsgespräche der Reformationszeit weisen an diesem Punkt bereits selber einen Weg. Melanchthon und Eck greifen auf den Gedanken des Thomas zurück, wonach Erbsünde formal das Fehlen der Gerechtigkeit vor dem Fall bezeichnet, material aber die Ausrichtung auf das, was der Mensch selbst will statt zu wollen, was Gott will.

Im Zusammenhang mit dieser Lösung empfiehlt die Studie, ein ganzheitliches Bild vom Menschen zu verfolgen und die bleibende Konkupiszenz z.B. nicht bloß auf den Leib zu beziehen, während der Geist bereits durch die Rechtfertigung in der Taufe saniert sei. Auch hier wird deutlich, dass jeweils eine bestimmte Realität ernst genommen werden soll: reformatorisch die faktische Tendenz zur Selbstermächtigung des Menschen auf Kosten Gottes, katholisch die Heilsmacht Gottes selbst. Auf der Basis dieser Einsicht lasen sich grundsätzliche Übereinstimmungen formulieren:

„Die Trienter und die reformatorische Lehre stimmen darin überein, daß die Erbsünde und auch noch die verbliebene Konkupiszenz Gottwidrigkeit sind, eine allem ethischen bzw. unethischem Handeln vorausliegende Disqualifikation vor Gott. Sie stimmen ferner darin überein, daß die bleibende Konkupiszenz, wie auch immer näherhin verstanden, Gegenstand des lebenslangen Kampfes gegen die Sünde ist, der dem Gerechtfertigten kraft des gnadengeschenkten Glaubens an Christus zugemutet und möglich ist. Und endlich stimmen Trient und die Reformatoren darin überein, daß beim Gerechtfertigten, nach der Taufe, die Konkupiszenz den Menschen nicht mehr von Gott trennt, also, tridentinisch gesprochen: nicht mehr ‚im eigentlichen Sinne Sünde‘ ist, lutherisch gesprochen: ‚peccatum regnatum‘ (beherrschte Sünde), die gleichsam nur noch hypothetisch, nämlich unter der Voraussetzung, daß Gott nicht vergebe, verdammenswert ist".[83]

Differenzhermeneutisch werden damit die verschiedenen Denkmotive und Sprachstile für ein gemeinsames Arrangement theologischer Stimmen eingesetzt. Diese Komposition aus Gegensätzen verweist auf das grundsätzliche

83   LV I, 52.

theologische Problem, dass hier Spannungen eingeholt und in ein Gesamt-konzept integriert werden müssen. Die unterschiedlichen Wirklichkeiten in derselben Gnadenordnung sind aneinander zu vermitteln. So ist der Mensch in der Taufe wirklich zu Gott hin befreit und doch Moment einer Geschich-te, die erbsündlich strukturiert ist. Diese Spannung ist eine konstitutiv theo-logische. In ihr spiegelt sich die eschatologische Dynamik des „Schon" und „Noch nicht" ab – und sie ist formal nicht anders zu denken als die chris-tologische und trinitarische Vermittlung von Immanenz und Transzendenz Gottes. Das ist die Theo-Logik der Geschichte: die letztlich unausdenkbar und daher immer wieder *paradoxal* zu fassende Begegnung von Gott und Mensch. Die differentiellen Interpretationen, wie sie hier rekonstruiert und problemorientiert weitergeführt wurden, sind dem verpflichtet. Das aber hat wiederum fundamentaltheologische Konsequenzen für jede ökumenische Theorieanlage. Solche Spannungen und entsprechende Sprachmuster sind theo-logisch unabschaffbar.

c) Passivität

Aus den vorgetragenen theologischen Grundansätzen heraus ergibt sich auch die unterschiedliche Interpretation der Stellung des Menschen zu sei-nem Heil. Reformatorisch bleibt er vollkommen passiv. Katholisch ist der Mensch zur Mitarbeit an Gottes Heilsplan berufen. Von daher muss er sich für das Erlangen des Heils gleichsam präparieren, wenn auch nicht im stren-gen Sinn qualifizieren. Auch katholisch ist die Gnade Gottes der entschei-dende Heilsgrund. Erneut geht es aber darum, die Freiheit des Menschen und damit seine Verantwortung zu stärken.

Das Urteil der Studie hält dann auch folgende intentionale Übereinstim-mungen fest:

*   Entscheidend bleibt die Souveränität Gottes.
*   Auch bei Luther wird das Heil des Menschen nicht an ihm vorbei ge-wirkt – der Mensch muss Gott *glauben*.

Damit wird ein differentielles Modell gebraucht. Der Glaube ist Antwort, also nicht autonom. Aber er behält ein Moment der Entscheidung, der ak-tiven Selbsttranszendenz. Sie ist von der Gnade Gottes getragen und bean-sprucht darin den Menschen in seinem Aktzentrum.

Immer dann, wenn dieser charakteristische Vorgang eines Denkens in Spannungen eingesetzt werden kann, lassen sich die abweichenden Modelle aneinander vermitteln, ohne ineinander aufzugehen. In diesem Zusammen-hang unternehmen die Verfasser der Studie etwas Besonderes. Sie bitten um das Vertrauen des Gesprächspartners, das über Missverständnisse hinweg-hilft.

„‚*Mitwirkung*' kann es nur in *dem* Sinne geben, daß das Herz beim Glauben dabei ist, wenn das Wort es trifft und den Glauben schafft. Daß auch die katholische Lehre es so meint, das einzuräumen bittet die katholische Theologie den evangelischen Gesprächspartner. Umgekehrt räumt sie selber ein, daß das Wort ‚Mitwirkung' Mißverständnissen ausgesetzt ist."[84]

Der Appell zeigt an, dass sich auch nach theologischer Klärungsarbeit kein seinerseits identisches Interpretationsmuster, kein Zwang zum richtigen Verstehen ergeben kann.

d) Rechtfertigende Gnade
Die Rechtfertigungsgnade ist reformatorisch – ganz auf der Linie der theologischen Intuition – ganz von Gott her zu denken. Die katholische Sicht orientiert sich stärker an der objektiven Wirkung der Gnade im Menschen. Auf der einen Seite kann die Gnade zu sehr auf die menschliche Seite hin verschoben werden, sodass sie Teil der Realität des Menschen wäre. Auf der anderen Seite droht die Rechtfertigungsgnade den Menschen zu übergehen. Zugleich könnte – eine katholische Befürchtung – auch die objektive Wirksamkeit der sakramentalen und also der kirchlichen Gnadenmittel bestritten werden.
   Die Studie erinnert daran, dass beide Redeweisen von der Gnade als externe wie als inhärente Wirklichkeit biblisch berechtigt seien – was erneut einen Ansatzpunkt differentieller Vermittlung bietet. Die Gnade Gottes tritt in den Menschen ein und schafft ihn für ein Leben im Heiligen Geist neu (Röm 5,5). *Reformatorisch* verlangt dies das Zugeständnis, dass die externe Gnade eine unmittelbar personale Realität schafft und darstellt; *katholisch* muss gesehen werden, dass die Gnade im Leben des Christen keinesfalls als verfügbare Größe, als instrumentalisierbarer Besitz aufzufassen ist.[85]
   Die Studie gebraucht an dieser Stelle ein doppeltes sprachliches Integral, das zugleich auf eine volle Formelidentität verzichtet. Keine der beiden Seiten darf den positiven Aussagewillen des anderen übersehen und zugleich behaupten, was dieser im Gegenzug als Überspitzung fürchtet. *Nicht übersehen, nicht behaupten:* Diese beiden differenzhermeneutischen Imperative sind an der Sprachform Negativer Theologie orientiert. Sie übernehmen in erstaunlicher Sachnähe die Logik des *Chalkedonense*, das in seiner gespannten christologischen Definition ex negativo zum Ausdruck bringt, was sich nicht angemessen ausloten lässt.

84 Ebd., 53.
85 Das bezieht sich selbstverständlich auch auf das Sakramentenverständnis: Es kann keinen gleichsam konsumierbaren Heilsmechanismus geben.

e) Sola fide

Allein durch den Glauben wird der Mensch gerechtfertigt – unter diesem Titel wird ein hauptsächliches Trennungskapitel geschrieben. Reformatorisch wird damit die theonome Konzentration soteriologisch festgezurrt. Katholisch soll im Gegenzug die beanspruchte Freiheit gebührenden Raum behalten. Von daher wird gegen die Vorstellung einer Rechtfertigung ausschließlich durch den Glauben das problematische Schlüsselwort der *Mitwirkung* ins Spiel gebracht. Darunter verstehen die Trienter Väter, dass sich der Mensch aufgrund eines Willensakts auf den Empfang der rechtfertigenden Gnade *vorbereite*. Das verlangt mehr als das bloße Vertrauen auf Gott, sondern konsequentes Handeln aus dem Glauben heraus – sprich: *Werke*.

Die Studie arbeitet an diesem entscheidenden Punkt zunächst ein abweichendes Glaubenskonzept heraus. Danach verstehen die Konzilsväter unter Glauben ein rational gesteuertes Ja zu Offenbarung und kirchlicher Lehre. Für die Reformatoren steht im Vordergrund, dass der Glaube selbst Gnade ist. Im von Gott gewirkten Glauben erschließt sich die Gemeinschaft mit Gott, die allein den Menschen retten kann. Sachgrund und menschlicher Aneignungsgrund müssen dabei nicht gegeneinander ausgespielt werden. Die hermeneutische Sachlage, die sich bereits mit den vorherigen Fragen abzeichnete, bestätigt sich auch hier. So bilden Glaube und Liebe neutestamentlich eine differenzierte Einheit, die einen analogen Zusammenhang der konfessionellen Perspektiven ermöglicht. Der Glaube ist Liebe zu einem Gott, der selbst als Liebe bestimmt wird. Nur in dieser schöpferischen Liebe, die alles trägt, ist auch diese Liebe zu Gott denk- und erfahrbar. Sie schließt den unmittelbaren Bezug auf den konkreten anderen Menschen ein, in dem die Liebe Gottes begegnet. Glaube muss also *caritativ* veranlagt sein. Seine *Werke* sind seine Wirklichkeit. Weil sie theologisch im Gottesverhältnis gründen, ist auch der Akzent auf dem alles entscheidenden Vertrauen unproblematisch: keine Liebe, keine Werke ohne den Glauben an Gott, ohne das begründende Gottesverhältnis, aus dem heraus sich Glaube aktualisiert. Konsequent kann man sich nicht *autonom* vor Gott auf das berufen, was man geleistet hat, sondern immer nur *theonom* auf den schöpferischen Anspruch Gottes, der dies trägt.

> „Nach evangelischem Verständnis reicht der Glaube, der sich an Gottes Verheißung in Wort und Sakrament bedingungslos festklammert, zur Gerechtigkeit vor Gott aus, so daß die Erneuerung der Menschen, ohne die kein Glaube sein kann, nicht ihrerseits zur Rechtfertigung einen Beitrag leistet. Die katholische Lehre weiß sich mit dem reformatorischen Anliegen einig, daß die Erneuerung des Menschen keinen ‚Beitrag' zur Rechtfertigung leistet, schon gar nicht einen, auf den er sich vor Gott berufen könnte... Dennoch sieht sie sich genötigt, die Er-

neuerung des Menschen durch die Rechtfertigungsgnade um des Bekenntnisses zur neuschaffenden Macht Gottes willen zu betonen, freilich so, daß diese Erneuerung in Glaube, Hoffnung und Liebe nichts als Antwort auf die grundlose Gnade Gottes ist."[86]

In diesem Rahmen bleibt es bei theologischen Diversifikationen. Aber sie erscheinen mindestens in der Weise legitim, dass sie sich nicht kontradiktorisch ausschließen. Die Studie bietet dabei differenztheologische Interpretationsformen an:

* Unterschiede sind nicht „auf eine *bloße* und darum beliebige Wortwahl beschränkt"[87], d.h. das sprachliche Modell ist sachbezogen, aber auch eigendynamisch, also als Wort*wahl* Entscheidung für ein spezifisches Modell, z.B. gebunden an ein bestimmtes Bildfeld oder einen besonderen Traditionskontext.

* Theologische Motive spielen eine eigene Rolle. Der Konnex von Erkenntnis und Interesse lässt sich nicht eins zu eins auflösen, und also bleibt eine Sachdifferenz konstitutiv, nämlich der Überhang des Themas gegenüber dem einzelnen theologischen *Motiv* und seinen Durchführungen.

f) Heilsgewissheit

Aus reformatorischer Sicht beinhaltet der Glaube an Gott die Gewissheit, dass dieser Gott das Heil des Menschen will und schafft. Ausgangspunkt ist das Gottsein Gottes, seine Zuverlässigkeit. Der sündige Mensch kann zwar selbst unsicher sein, aber indem er sich ganz Gott in die Hände wirft, vertraut er auf die Verlässlichkeit Gottes. Hier ist die Aktivität des Menschen gefordert. Er muss sich in seiner Schwäche der Stärke Gottes übergeben. Die Balance zwischen Subjektivität des Glaubensakts und Objektivität des Glaubensgehalts spielt wieder eine entscheidende Rolle.

Die katholische Kritik sieht in der Heilsgewissheit des Glaubens eine Anmaßung. Der reformatorische Akzent auf der objektiven Seite wird subjektiv gelesen. Damit kommt es zu einer erkenntnistheologischen Verlagerung – und zu einer missverständlichen Engführung. Die theologische Absicht wird nicht angemessen aufgenommen. Es geht gerade nicht um die Aufwertung des glaubenden Ich. Das widerspräche der theoretischen Architektur der Rechtfertigungslehre und der gesamten reformatorischen Theologie. Die Heilsgewissheit ist auf der Seite Gottes verankert. Das heißt aber in aller Konsequenz:

---

86   Ebd., 59.
87   Ebd.

„Das Konzil von Trient weist genau das zurück, was auch die Reformatoren auszuschalten sich bemühen: Sicherheit und Selbstüberschätzung in bezug auf das eigene Stehen in der Gnade, Selbsttäuschung über die eigene Schwachheit, Mangel an Furcht vor dem Verlust der Gnade, Trostgefühle als Kriterium, sittliche Ungebundenheit unter Berufung auf die Heilsgewißheit, erst recht eine Sicherheit der Vorherbestimmung. Und es betont andererseits die Punkte, die für Luther und die Reformatoren Grundlage und Ausgangspunkt ihrer Auffassung sind: die Verläßlichkeit und Allgenügsamkeit der Verheißung Gottes und der Kraft des Todes und der Auferstehung Christi".[88]

Erneut muss das gemeinsame Verständnis nicht positiv festgehalten werden. Es genügt die theologische Inklusion, eine indirekt erschließbare Grundsicht.

g) Verdienst

Als letzten rechtfertigungstheologischen Aspekt behandelt die Studie das Problem des Verdienstes. Reformatorisch sind die guten Werke Ausdruck und innere Konsequenz des Glaubens. Man kann sich auf sie nicht im Sinne einer Leistung vor Gott berufen. Das Heil lässt sich nicht verdienen. Die katholische Sicht möchte demgegenüber die Heilsrelevanz des Handelns retten. Ganz im Sinne des zuvor diskutierten Zusammenhangs ist dabei klar, dass auch katholisch keine Selbstermächtigung des Menschen vorschweben kann.

Das katholische Interesse an der ethischen Verantwortung teilen auch die Reformatoren. Den reformatorischen Vorrang der Gnade kann entsprechend auch das Tridentinum durchtragen. Allerdings ergeben sich immer wieder terminologische Probleme.

„Viele Gegensätze könnten einfach dadurch überwunden werden, daß der mißverständliche Ausdruck ‚Verdienst' im Zusammenhang mit dem wahren Sinn des biblischen Begriffs ‚Lohn' gesehen und bedacht wird."[89]

Der Lohn behält ntl. *Unverdientes*, weil Unverrechenbares. Die Studie verweist auf die Parabel von den Arbeitern im Weinberg (Mt 20,1-16). Die Arbeit ist alles Andere als bedeutungslos, aber das Maß Gottes sprengt die Gesetze der Ökonomie. Der biblische Lohn ist von dieser Welt und führt über sie hinaus. Es ist erneut eine Spannungslogik, die zur hermeneutischen Orientierung beiträgt. Die Studie sieht im Rahmen der Rechtfertigungspro-

88 Ebd., 62.
89 Ebd., 74.

blematik abschließend keinen weiteren Grund, die alten Lehrverurteilungen aufrechtzuerhalten. Zugleich formuliert sie prägnant die entsprechende differenzhermeneutische Maxime:

> „Der Wegfall von Verwerfungen bedeutet nicht, es bestünden im Verständnis der Rechtfertigung keine Unterschiede mehr oder diese *beschränkten* sich auf bloße Mißverständnisse oder unterschiedliche Ausdrucksweisen. Es gibt weiterhin solche Unterschiede... Aber sie sind, wenn die vorangegangenen Überlegungen richtig sind, keine Entscheidungsfragen von der Art, daß mit ihrer Beantwortung über wahre und falsche Kirche entschieden wäre, mit anderen Worten: daß mit ihnen ‚die Kirche steht und fällt‘. Wohl aber sind sie ernst zu nehmende theologische Aufgaben, die weiterverfolgt werden müssen, auch im legitimen theologischen Streit – *innerhalb* einer Kirche, die an ihnen nicht zerbrechen muß."[90]

2.4 Themenkomplex Sakramente

Dem Themenbereich „Rechtfertigung" kommt in mehrfacher Hinsicht eine herausragende Bedeutung zu: historisch als kontroverstheologisches Kernstück und zugleich aktuell als erster offizieller Durchbruch im ökumenischen Gespräch von römisch-katholischer und evangelisch-lutherischer Kirche. Demgegenüber haben die weiteren theologischen Auseinandersetzungen systematisch eher nachgeordneten Rang. Sie lassen sich als Konsequenzen erfassen, die freilich zunehmend eigenes Gewicht erhielten. Immer wieder zeigt sich, dass die Trennung an einem wesentlichen Punkt zu Entwicklungen mit eigener Logik und Dynamik führte.

Das gilt auch für die sakramententheologischen Kontroversen. Hier steht z.B. mit der abweichenden Zählung ein unterschiedliches konfessionelles Begründungsprofil zur Debatte, das wiederum mit ekklesiologischen Verschiebungen z.B. in der Gewichtung von Tradition und Amt zusammenhängt. Die LV sucht hier nach Vermittlungsmöglichkeiten, die den unterschiedlichen Perspektiven Rechnung tragen, um zugleich den interpretatorischen Gewinn des anderen Bekenntnisses berücksichtigen zu können.

---

90 Ebd., 75. – Die angesprochenen Differenzen sieht LV vor allem in den Themenbereichen „Äußerliche oder innerliche Rechtfertigung", „Sola fide" sowie „Verdienst".

Im Folgenden werden an dieser Stelle die Probleme und die sich anschließenden theologischen Vermittlungsmuster knapp vorgestellt.

2.4.1 Allgemeine Sakramentenlehre

Strittig ist zunächst die Zahl der Sakramente. Das Tridentinum teilt hier mit den Reformatoren die besondere Wertschätzung von Taufe und Eucharistie. Luther erkennt ausschließlich diese beiden Zeichen als Sakramente an, weil sich nur für sie eine direkte Einsetzung durch Jesus Christus und dementsprechend ein ausreichender Schriftbeleg nachweisen lasse. Allerdings kann die historisch-kritische Exegese von einer solchen unmittelbaren Einsetzung kaum mehr sprechen. Die Bedeutung der Gemeindetraditionen liefert in diesem Zusammenhang ein theologisches Argument für eine geist-theologische Entfaltung. Unstrittig ist dabei katholisch wie evangelisch, dass kein grundsätzlicher Bruch zwischen der Initiative Jesu und kirchlichem Handeln im Heiligen Geist anzusetzen ist.

Weiterhin muss ein Sakrament eine materielle Seite haben, weshalb die Beichte von Luther ausgeschieden wird. Hier gibt es auch innerhalb der Reformation unterschiedliche Ansätze mit einem offeneren Zeichenbegriff.[91] Für die Kirchen der Reformation lassen sich grundsätzlich „Elemente sakramentaler Praxis"[92] in Gestalt der Zeichenhandlungen Beichte, Trauung, Konfirmation und Ordination nachweisen.

Problematischer erscheint die Frage nach der Wirkung der Sakramente. Bereits die Auseinandersetzung um die Bedeutung der Rechtfertigungsgnade machte deutlich, dass auch katholisch selbstverständlich immer von einem erkenntnislogischen Primat der Gnade auszugehen ist. Nur im Glauben kann ein Sakrament wirklich empfangen werden. Dennoch ist das Sakrament aus sich heraus wirksam. Es behält seine Bedeutung. Mit dem Grundsatz des *ex opere operato* wird die objektive Seite des Geschehens und damit seine Zuverlässigkeit festgehalten. Daher auch die ontologische Festlegung auf den *character indelibilis* von Taufe, Firmung und Ordination. Das Heilshandeln wird ganz auf die Seite Gottes gestellt. Es bleibt dem Menschen entzogen – ein Aspekt, der, richtig verstanden, der reformatorischen Grundintuition entspricht. Umgekehrt fürchtet die evangelische Kritik einen magischen Realismus. Hier kommt die Glaubensverantwortung

---

91 Ein Sakrament als *Performativum* beansprucht prinzipiell die *sinnliche* Wirklichkeit, weil es eine eigene Realität herstellt. Das Sprachzeichen ist darüber hinaus selbst – phonetisch, semiologisch – grundlegend materiell veranlagt. Trotzdem muss dieser materielle Aspekt sakramententheologisch genau bestimmt werden (vgl. dazu die Ausführungen zu den Einzelsakramenten).

92 Ebd., 80.

des Einzelnen ins Spiel – ein Gedanke, der wiederum katholisch aufgefasst werden kann. In keinem Fall sollten die kritischen Anliegen kontradikto-risch interpretiert werden:

> „Für die Reformatoren sind ‚die Sakramente‘ (d.h. freilich für sie: Tau-fe und Abendmahl, eingeschränkt die Buße) heilsnotwendig, wie die Auseinandersetzung mit Täufern und Schwärmern zeigt. Sie haben die Rechtfertigung allein durch den Glauben (sola fide) nicht in dem inkri-minierten Sinne gegen die Sakramentsfeier ausgespielt."[93]

Insgesamt sieht die LV auch hier keinen hinreichenden Grund, die alten Verwerfungen aufrechtzuerhalten. Mit einer höheren Bereitschaft zum ver-ständnisvollen Austrag von Interpretationsdifferenzen ergibt sich die Mög-lichkeit einer konludierenden kirchlichen Praxis mit Gestaltungsoptionen. Grundlegendes jedenfalls ist gemeinsam:

> „Beide Seiten gehen grundsätzlich von folgenden Wesensmerkmalen des Sakraments aus: Einsetzung durch Christus, äußeres Zeichen, spezifische Verheißung bzw. Gnadenmitteilung. Sie ziehen aber im Konkreten daraus unterschiedliche Folgerungen. So kommt es zu zwei verschiedenen ‚Systemen‘, wo gleiche Aussagen unterschiedliche Be-deutung annehmen und scheinbar differente Aussagen Analoges mei-nen."[94]

2.4.2 Übergangsstück: Der sakramententheologische Exkurs zu Taufe und Buße im Rechtfertigungskapitel[95]

Auf der Linie der einleitenden Überlegungen finden sich im Abschnitt über die Sakramente keine eigenen Einträge zu Taufe und Buße. Die LV behan-delt sie an ihrem systematischen Ort im Zusammenhang der Rechtferti-gungsproblematik. Von daher können hier die Konsequenzen mitbedacht werden, die sich aus dieser Diskussion ergeben. Zugleich sind die grund-sätzlichen Erwägungen zu einem gemeinsamen Sakramentenverständnis einzubeziehen.[96]

93 Ebd., 83.
94 Ebd., 88.
95 Vgl. LV I, 63-72.
96 Damit ergibt sich eine Möglichkeit indirekter Überprüfung der Ergebnisse durch die Umstellung der Problempartien in dieser Darstellung gegenüber dem ursprünglichen Material. Dies soll auch einem besseren thematischen Über-blick dienen.

Die LV sieht vornehmlich in der Tauffrage die Möglichkeit, alte Verurteilungen aufzuheben. Mit dem rechtfertigungstheologischen Primat der Gnade lässt sich zunächst das Wirken der Kirche und ihrer zur Sakramentenspendung beauftragten Amtsträger besser justieren. Die reformatorische Rede von einer Gnadenvermittlung *in* der Kirche muss die katholische Auffassung nicht ausschließen, wonach dies *durch* die Kirche geschehe. Denn auch katholisch gibt es weder einen exklusiven Gnadenzugang noch eine ekklesiale Verselbständigung, einen sakramentalen Machtbesitz. Dies wird bereits dadurch überholt, dass der Glaube in den Sakramentenempfang unmittelbar einbezogen ist, also ein unverrechenbares Moment.

Umgekehrt ist zu sehen, dass mit der reformatorischen Kritik keine Abwertung der Sakramente selbst verbunden wird. Im Gegenteil: Gerade der Streit um das Bußsakrament zeigt bei unterschiedlichen Deutungen eine erhebliche Wertschätzung bei Luther und Melanchthon. Letzterer spricht weiterhin von einem Sakrament. Auch in der reformierten Tradition behält die Sündenvergebung einen kirchlichen Raum (Predigt, seelsorgliches Gespräch).

Für die Rekonstruktion des theologischen Disputs hat ein Wort von Eck besonderes Gewicht, wonach es sich z.B. in der Frage nach der bleibenden oder verlierbaren Gnadenzusage um ein terminologisches, nicht primär um ein sachbesetztes Problem handle.[97] Die LV konstatiert hier eine weitgehende Interessenkonvergenz:

> „Das reformatorische Anliegen der bleibend geltenden Gnadenzusage wird in der scholastischen Terminologie durch die Redeweise vom in der Taufe verliehenen ‚character indelebilis‘ (‚unauslöschliches Merkmal‘) zum Ausdruck gebracht, die durch die Kontroverse um den geistlichen Stand belastet ist. Umgekehrt wird das katholische Anliegen der Verlierbarkeit der Gnade (verstanden als ‚geschaffene Gnade‘ [‚gratia creata‘]) in der reformatorischen Terminologie durch die Redeweise vom ‚Verlieren von Glauben und Hl. Geist‘ bzw. vom ‚Wieder Fallen‘ und ‚Herausfallen‘ zum Ausdruck gebracht.“[98]

Spielraum ergibt sich auch daraus,

*   dass es einen geschichtlichen Pluralismus der christlichen Buße gibt,
*   dass die katholische Kirche die abweichende Bußpraxis der Ostkirche nicht ausdrücklich ablehnt
*   und dass also eine Heuristik der konludierenden Interpretation möglich erscheint, dass also ergänzende oder akzentverschobene Fassungen zugelassen werden können.

---

97   Vgl. LV I, 68 (mit Verweis auf ein Gutachten Ecks: UB Gießen, Cod. 296, Fol. 117^v).

98   LV I, 67.

Aber auch innerhalb dieses weiteren Rahmens bleiben Schwierigkeiten:
* Wie ist die richterliche Funktion des Beichtvaters zu werten? Katholisch ist auf den metaphorischen Anteil dieser Vorstellungshilfe hinzuweisen. Der Mensch entscheidet nicht auf eigene Rechnung, sondern nur als jemand, der von Gott selbst in Dienst genommen ist.
* Was hat man sich unter Genugtuung vorzustellen? Es geht nicht um eine Mitwirkung im Sinne eines nachträglichen Erwerbs Sünden vergebender Gnade, und auch die Absolution wird nicht beschnitten. Vielmehr steht – schon an der Praxis eines sich anschließenden Gebets ablesbar – die lebenspraktische Übersetzung im Vordergrund. Die Vergebung der Sünden muss Konsequenzen für ein christliches Leben haben.
* Welche Rolle kommt dem Priester zu? Seine sakramentale Vollmacht ist auch katholisch – und zwar ganz im Sinne der Reformatoren – an ihren kirchlichen Vollzug gebunden. Dabei gehört die Sakramentspendung zum spezifischen Amtsverständnis, was für die Beichte in den protestantischen Traditionen so nicht gilt. Allerdings gibt es auch hier unterschiedliche praktische Modelle. Und „aus vielen Ordinationsformularen der lutherischen Kirchen geht übrigens unzweideutig hervor, daß Beichte und Absolution zu den elementaren Funktionen des Pfarramtes gehören."[99]

Aus diesen Überlegungen leitet die LV nun kein direktes Fazit ab. Vielmehr argumentiert sie weiter differenzhermeneutisch, indem sie Fragen anschließt, die den offenen Interpretationsraum betreffen. Über das mögliche Konvergenzmodell im Detail hält sie dabei summarisch vor allem eine Fragerichtung fest:

„Ist es nicht an der Zeit, sich von dem zu distanzieren, was *nur* aus dem fragwürdigen Willen, sich ‚abzugrenzen' und die eigene ‚Identität' zu wahren, in den Vordergrund gerückt wurde?"[100]

2.4.3 Eucharistie / Abendmahl

Entscheidende Voraussetzung ist eine grundlegende Gemeinsamkeit: Das Herrenmahl wird als Sakrament förmlich anerkannt. Neben theologischen Grundsatzfragen spielen dann unterschiedliche Frömmigkeitsstile und praktische Ausprägungen eine Rolle. Die LV nennt die Fragen nach der „Sündenvergebung als Frucht der Eucharistie", nach der „Dauer des Sakra-

99   LV I, 71.
100 LV I, 72.

ments", nach den „Messen für die Verstorbenen" und der „Kommunion unter beiden Gestalten".[101] Die theologischen Lösungsvorschläge gehen von einem Konsens im Grundsatz aus, und zwar in der leitenden theologischen Intention:

*   Gemeinsam wird gesehen, dass die Sündenvergebung Aspekt, aber nicht zentrales Moment der Mahlfeier ist.
*   Das Sakrament ist Teil eines kommunikativen Geschehens, hat also seinen Ort in der Gemeinde, die aber über den konkreten Augenblick hinausreicht.
*   Daher die Aufbewahrung der konsekrierten Hostien für die Kranken. Gerade weil das Herrenmahl daher nicht auf den bloßen Empfang im Augenblick beschränkt werden kann, ergibt sich die Frage nach dem Umgang mit den Elementen.
*   Auch katholisch wird gesehen, dass die Kelchkommunion integraler Bestandteil des Herrenmahls ist.

Die LV fordert auf dieser Basis weiteren Klärungsbedarf im Detail, sieht aber auch hier keinen Anlass, die Verurteilungen beizubehalten, weil sie auf Positionen zielen, die wenigstens gegenwärtig und mindestens das theologische Proprium des anderen nicht (mehr) treffen. Als hermeneutische Regel setzen diese Überlegungen voraus,

*   dass inhaltliche Unterschiede keine gegenseitige Verurteilung der Lehre nach sich ziehen müssen, solange eine grundsätzliche Basis in der zentralen Aussageabsicht erkennbar ist;
*   dass diese nicht vollständig positiv reformulierbar sein muss;
*   dass sie theologische Präferenzen einschließen kann;
*   dass ein Überhang an Fragen die inhaltlichen Unterschiede differenzierter erfassen hilft, ohne bereits eine Hermeneutik des Verdachts zu aktivieren.

Inhaltlich betrifft dieser Ansatz die Hauptfelder der Auseinandersetzung um das Abendmahl. Vor allem drei Bereiche erscheinen problematisch: der Charakter der Eucharistie als *Opfer*, die Bestimmung der Gegenwart Christi (*Realpräsenz*) und die entsprechende theologische Denkform (*Transsubstantiation*).

a)   *Opfer*: Zwei Vorbehalte meldet die reformatorische Kritik klassisch an. Das Messopfer sei „Werkerei", ein Versuch der Selbstrechtfertigung und es widerspreche der Vollgenügsamkeit des einmaligen Kreuzesopfers Jesu Christi.[102] Hier steht die historische Erfahrung im Hintergrund: der Missbrauch der Messen, die für Geld gelesen wurden und

---

101   Vgl. LV I, 113-120.
102   Die in Kanon 3 referierte Kritik an der Rolle des Priesters spielt in den Zusammenhang der Amtstheologie und wird daher hier nicht näher diskutiert.

ein magisches Verständnis von Erlösung nahe legten. Allerdings trifft diese Kritik nicht die dogmatische Position der katholischen Kirche. In der Eucharistiefeier findet keine Neuauflage des Heilstodes Jesu statt, es wird vielmehr erinnernd vergegenwärtigt. Im Vollzug dieser Erinnerung ist Christus allerdings selbst gegenwärtig.

b) *Realpräsenz*: Das Augsburger Bekenntnis hält ausdrücklich fest, „dass der wahre Leib und das wahre Blut Christi wirklich unter der Gestalt von Brot und Wein im Abendmahl gegenwärtig sind und dort ausgeteilt und empfangen werden."[103] Für die lutherische Tradition steht damit fest, dass sie die tridentinischen Verwerfungen nicht treffen. Schwieriger sieht dies im Blick auf Calvin aus. Er lehnt die physische Anwesenheit Christi ab, weil sich dies nicht mit seiner göttlichen Natur vertrage und zugleich die menschliche Wirklichkeit des Erhöhten beschädigt werde. Calvins Zeichenbegriff orientiert sich dabei an der problematischen Auffassung des Frühmittelalters, wonach Zeichen und Wirklichkeit auseinanderscheren:

„Ist der Herr gegenwärtig im Zeichen (in figura) *oder* in Wirklichkeit (in realitate). Wenn man falsch fragt, kann man nicht richtig antworten… Sakrament heißt ja doch gerade die Verbindung beider, nicht Zeichen oder Realität, sondern Realität im Zeichen".[104]

Für Calvin ist die entsprechende zeichenhafte Wirklichkeit nicht denkbar. Zugleich sprengt er das Modell auf, insofern er sich für das Problem der Verbindung nicht mehr entscheidend interessiert. Er wählt einen Weg, der personale Anwesenheit im Heiligen Geist zu denken sucht. Der „somatische Impuls" des Herrenmahls wird damit zurückgedrängt.[105] Trotzdem wird jedoch an einer Form von *Realpräsenz* festgehalten. Die neueren Konfessionsgespräche haben dies bestätigt, nicht zuletzt die Lima-Erklärung, auf deren Basis die LV zwar von einer „divergierende(n) Terminologie"[106] spricht, diese aber nicht als Verwerfungsgrund betrachten will.

c) *Transsubstantiation*: Zunächst einmal ist festzuhalten, dass sich in der entscheidenden Frage nach der Realpräsenz zwar theologische Interpretationsunterschiede mit abweichenden Denkmodellen zeigen,

---

103 CA 10.
104 Th. Schneider, Zeichen der Nähe Gottes. Grundriss der Sakramententheologie, Mainz 1979, 158.
105 Vgl. mit diesem Zitat auch die entsprechenden theologiegeschichtlichen Folgen einer *materialismusvergessenen Theologie* bei R. Buchholz, Körper-Natur-Geschichte. Materialistische Impulse für eine nachidealistische Theologie, Darmstadt 2001.
106 LV I, 97.

dass jedoch kein wirklicher Grund zur Trennung daraus abzuleiten ist. Auf dieser Basis lässt sich auch die Auseinandersetzung um das theologische Modell der Transsubstantiation entschärfen. Für Luther ist dieses Denken widersprüchlich, weil die Akzidentien ohne Substanz fortbestehen und also selbst subsistieren müssten. Sein Gedanke der „Konsubstantiation" sieht *in, mit und unter* den Zeichen die Gegenwart Christi. Neuere katholische Theologie geht gleichfalls über den Transsubstantiationsbegriff hinaus und spricht von *Transsignifikation*, von einer Verwandlung als relationaler Wirklichkeit, in die – mit den eucharistischen Zeichen – die ganze Gemeinde und der einzelne einbegriffen sind.[107] Das lässt aber dann folgern:

„Das klare und unzweideutige Bekenntnis zur wirklichen Gegenwart Jesu Christi ist nicht notwendigerweise an die Erklärungsmodelle gebunden, welche die Transsubstantiationslehre bzw. die Ubiquitätslehre bieten. Wichtig ist allerdings, dass wir der Gefahr der Verfälschung und der Verflüchtigung dieses Bekenntnisses wehren, indem wir uns ‚gemeinsam gegen eine räumliche oder naturhafte Art der Gegenwart und gegen ein rein erinnerndes oder figuratives Verständnis des Sakraments' wenden."[108]

2.4.4 Firmung

Die LV geht methodisch auch hier von der reformatorischen Kritik aus. Sowohl Luther als auch Calvin bestreiten die Sakramentalität der Firmung, weil sie nicht zum Heil erforderlich sei. Entsprechend verzeichnet die CA auch keinen eigenen Eintrag zum Thema.

Die schärfere Kritik richtet sich gegen die exklusive Spendung durch den Bischof, also gegen eine enggeführte Interpretation des kirchlichen Amtes. Außerdem erscheint fragwürdig, dass dem Chrisam im Sinne des Tridentinums eine *bestimmte Kraft* eigne. Vor allem muss reformatorisch die ausschließliche und heils*notwendige* (CA 9) Initiationsbedeutung der Taufe gewahrt werden.

---

107 Vgl. zur Problemgeschichte J. Wohlmuth, Realpräsenz und Transsubstantiation im Konzil von Trient. Eine historisch-kritische Analyse der Canones 1-4 der Sessio XIII. Bd. I: Darstellung, Frankfurt a. M. 1975; ders., Noch einmal: Transsubstantiation oder Transsignifikation, in: ZKTh 97 (1975) 430-440; Th. Freyer, „Transsubstantiation" versus „Transfinalisation / Transsignifikation"? Bemerkungen zu einer aktuellen Debatte, in: Cath(M) 49 (1995) 174-195.
108 LV I, 107; das Zitat im Zitat: Herrenmahl 16.

Demgegenüber ist für die Praxis festzuhalten, dass sich bereits im 16. Jh. und dann allmählich konsequent eine eigene evangelische Konfirmation herausbildete. Im Vordergrund stand der bekenntnishafte Aspekt.

Die Lehrverurteilungen des 16. Jh. sind aus verschiedenen Voraussetzungen zu begreifen:

1. Im Mittelalter wurde die Entwicklung der Firmung zu einem eigenständigen Sakrament abgeschlossen.
2. Die entsprechende Firmtheologie begründete das Sakrament eher im Unterschied zur Taufe als in Anknüpfung an sie.
3. Dies konnte im Zusammenhang polemischer Identitätskonflikte zu einer einseitigen Betonung und also auch zu einer Verzeichnung führen.

Die LV sucht nach einer Verbindung der jeweiligen kritischen Intentionen, indem sie ihre unterschiedlichen Stoßrichtungen an einem Punkt zusammenführt. Zunächst einmal sind nach alter kirchlicher Praxis die tragenden Elemente der Firmung: Salbung, Kreuzbezeichnung und Handauflegung tauftheologisch und –liturgisch mitbegründet. Daraus ist ein hermeneutischer Ansatzpunkt zu gewinnen:

> „Auszugehen ist also davon, dass die differenten Momente des christlichen Initiationsritus theologisch eine innere Einheit darstellen; historisch zeigt sich das daran, dass die später als confirmatio verselbständigte Handlung ursprünglich – und z.T. bis ins späte Mittelalter – zusammen mit der Taufe gespendet wurde, wie das bei der Erwachsenentaufe ohnehin in der Regel der Fall ist."[109]

Dieser enge Konnex von Taufe und Firmung erlaubt eine funktionslogische Interpretation als Sakrament. Es bestätigt *explikativ ausführend* die Taufe, ohne sie in ihrer Bedeutung zu beeinträchtigen. Im Gegenteil: Die Firmung bietet eine perspektivische Intensivierung. Es geht also nicht um einen Zusatz, sondern um die innere Konsequenz des Taufsakraments. Dass dies sakramental gestaltet wird, nimmt der Taufe so wenig wie es das Abendmahl tut. Von daher ist dann beiderseits das jeweilige theologische Ausdrucksinteresse anzuerkennen:

* von protestantischer Seite, dass in der Differenziertheit der beiden Sakramente katholisch keine Trennung vollzogen wird und keine Abwertung der Taufe;
* von römisch-katholischer Seite, dass die Notwendigkeit einer lebensgeschichtlichen Aneignung der Taufe gesehen wird – wie es nicht zuletzt die Einrichtung der Konfirmation verdeutlicht.

Auf diesem Stand gibt es erhebliche Übereinstimmungen in der theologischen Sachfrage. Zumindest aber treffen die wechselseitigen Ausschluss-

---

109 LV I, 127.

verfahren den heutigen Gesprächspartner nicht mehr, der bereit ist, die theologische Intention in ihrem Recht zu sehen und mit der eigenen Theorie und Praxis ins Verhältnis zu setzen. So hält die LV mit Blick auf die eingangs referierten reformatorischen Bedenken fest:

> „dass die Firmung eine ‚otiosa caeremonia' (leere Zeremonie) oder dass es ein Unrecht wider den Heiligen Geist sei, dem bei der Firmspendung verwendeten Chrisam eine Wirkkraft zuzuschreiben, behauptet reformatorische Theologie heute nicht mehr, sofern das Zeichen ins Wort gefasst und auf Glauben hingeordnet ist, was SC 59 ausdrücklich für alle Sakramente (vgl. CIC 1983, can. 840), die Praen. 3,4,11 u. 13 des Ordo Confirmationis für die Firmung fordern".[110]

Erneut erscheint als ein hauptsächliches Problem die Amtsfrage. Die LV sieht auch an dieser Stelle grundsätzliche Gemeinsamkeiten:
* Die Firmung/Konfirmation ist ein Akt der ganzen Kirche
* mit einem christologischen Schwerpunkt, insofern sich der Firmling bzw. Konfirmand zu Jesus Christus bekennt und sich in diesem Ja zugleich von ihm bestimmen lässt.
* In dieser Hinsicht geschieht ein besonderes Hineinwachsen in die Kirche als Gemeinschaft mit Jesus Christus.

Die gegebenen Differenzen werden von der LV auch an diesem Punkt genutzt, um ein vertieftes Verständnis der jeweiligen Tradition zu erzielen. Darüber hinaus können die Unterschiede so aufeinander bezogen werden, dass sie sich perspektivisch ergänzen und keinen Ausschluss erzwingen. Trotzdem lassen sich damit Akzentsetzungen vereinbaren, die sich aus einem anderen theologisch-kirchlichen Rahmenkonzept heraus erklären lassen. Damit wird eine indirekte Konsequenz auch der Ausführungen zu den *sacramenta minora* angedeutet. Wenn in diesem Zusammenhang keine Verurteilung notwendig erscheint, muss auch das zugrunde liegende konfessionelle Paradigma selbst nicht grundsätzlich abgelehnt werden. Auch auf diesem indirekten Weg erschließt die LV kommunikative Spielräume.

2.4.5 Krankensalbung

Wie bei der Firmung erwähnt die CA auch das Sakrament der Krankensalbung nicht. Nach Luther handelt es sich um einen bloßen Brauch, den er weder rundweg ablehnt, noch aber als Sakrament anerkennen kann, weil es formale Grundbedingungen nicht erfüllt:

---

110 LV I, 131.

* Es ist nicht von Jesus selbst eingesetzt – und der Jakobusbrief erscheint ihm nicht als ausreichende Begründungsbasis.
* In nachapostolischer Zeit hat die Salbung nicht mehr die ursprüngliche Wirkung.

Calvin greift auf dieses Argument ähnlich zurück. Das Tridentinum beharrt stattdessen auf der objektiven Wirkkraft des Sakraments – mindestens im Blick auf seine Sünden vergebende Kraft. Zugleich argumentiert es psychologisch, indem es auf die Erleichterung des Kranken bzw. Sterbenden hinweist, der im Zuge der Sakramentenspendung ganz auf Gott vertraut. Der Hinweis, dass davon auch eine körperliche Heilung ausgehen könne, erscheint nahezu modern und weist auf ein komplexeres Verständnis des Sakraments hin, das über eine *letzte Ölung hinausreicht*.

Auf dieser Linie erinnert die LV an das Verständnis des 2. Vatikanischen Konzils, wonach das Sakrament aus seinem Gemeinschaftsbezug heraus zu verstehen und auf das konkrete Heil, sprich: die Bewältigung der Krankheitssituation hin ausgerichtet ist. Genau das entspricht dem biblisch komplexen Verständnis von Heil mit seiner *ganzheitlichen* Tiefenschärfe.

Auf dieser Grundlage trägt die LV differenzhermeneutische Muster ein:
* Die reformatorische Kritik lässt sich katholisch integrieren, wo die Krankensalbung als Sakrament wirklich im Sinne eines Heilszeichens gespendet wird. D.h. theologische Lernfähigkeit wird hier aus dem Bewusstsein von Bekenntnisunterschieden heraus in Gang gesetzt.
* Wenn kein unmittelbarer Gegensatz der katholischen Praxis zur biblischen Überlieferung reformatorisch behauptet werden kann, heißt das im Gegenzug, dass im Rahmen des tridentinischen Verurteilungssatzes „nur die Nichtwidersprüchlichkeit, nicht aber die Identität der römischen Praxis mit Jak 5,14f. behauptet wird."[111]
* Die Praxis wird erneut als *locus theologicus* eingesetzt. Auch die Kirchen der Reformation kennen den Krankenbesuch mit Elementen des Gebets, der Tröstung und der im Gottesvertrauen zugesagten Hoffnung auf das Heil des ganzen Menschen. Zeichen materialisieren – z.T. in naher Entsprechung zur Sakramentspendung – diesen Prozess. Das Kreuzzeichen oder sogar die Handauflegung spielen hier eine besondere Rolle.

111 LV I, 138.

2.4.6 Ehe

„Aufgabe der folgenden Darlegung kann und soll nicht sein, eine gemeinsame Theologie der Ehe vorzulegen. Dazu bieten einige Konvergenzdokumente beachtliche Ansätze... Hier sollen lediglich die gegenseitigen Verwerfungen des 16. Jahrhunderts bzw. die aus den unterschiedlichen Ehelehren folgenden, die kirchliche Praxis prägenden Differenzen behandelt werden."[112]

Mit dieser hermeneutischen Bedingungsbeschreibung lässt sich noch einmal der differenztheoretische Charakter der Studie kennzeichnen. Im Sinne dieser kurzen Ortsangabe hat er eine Theorie tragende Bedeutung. Wenn am Ende des Ehe-Kapitels davon gesprochen wird, dass im Blick auf den Zölibat die Verurteilungen heute nicht mehr treffen, „auch wenn in der ekklesiologischen Beurteilung des Zölibats keine Übereinstimmung erzielt wird"[113], so geben unterschiedliche theologische, geistliche und kirchenpraktische Stile im Sinne der LV keine Lizenz für die Trennung der Kirchen.

Für die jeweiligen Differenzmarken werden dann folgende Lösungen vorgeschlagen:

* *Problem Sakramentalität*

Katholisch wird die Ehe in ihrer Schöpfungswirklichkeit gesehen, zugleich aber in einer soteriologischen Perspektive entwickelt. Die Ehe ist Sakrament, weil sie aus ihrem Christusbezug heraus die Möglichkeiten erst erfasst, die dem Menschen natürlich zukommen. Erst im Bezug auf den Bund mit Gott erreicht die Verbindung zwischen Menschen ihre eigentliche Grundlage, erst das macht sie streng möglich. Die Ehe ist damit ein kirchliches Heilszeichen und steht als solches für den Bund zwischen Gott und den Menschen schlechthin. Wenn protestantisch stärker die weltliche Wirklichkeit der Ehe betont wird, soll der Heilsbezug nicht geleugnet werden. Die Ehe ist danach ganz der Schöpfung zugeordnet – sie ist primär natürlich begründet, erst sekundär und abgeleitet heilsgeschichtlich. Beide Perspektiven lassen sich verbinden, wo Schöpfungs- und Erlösungsgeschichte in engerem Konnex gesehen werden. Die LV übersetzt dies in einem pneumatologischen Ansatz:

„Das Sakrament ist generell ein Unterpfand der Tatsache, dass den Christen der Heilige Geist als Geist Christi gegeben ist und sie bis in ihre Leiblichkeit hinein bestimmen will; die Früchte des Geistes... finden in der Ehe eine spezielle Ausprägung. Insofern stimmt die Be-

112 LV I, 141.
113 LV I, 156.

zeichnung als „sakramental" mit der reformatorischen Bezeichnung der Ehe als eines heiligen und geheiligten Standes überein. Denn die Heiligkeit des Christen ist durch den Geist Christi gewirkt… Ehe ist als geschöpfliche Größe das am meisten geeignete Zeichen für die lebendige, wirksame Gegenwart Gottes im menschlichen Leben und Tun, für das Wirken des Heiligen Gottes in der menschlichen Gemeinsamkeit. Das Ineinander von Schöpfung und Bund, welches das Charakteristikum der christlichen Ehe darstellt, ist also im Wesen des Menschen angelegt."[114]

* *Problem Ehescheidung*
Die katholische Kirche hält energisch an der Unauflösbarkeit der Ehe fest. Allerdings macht die LV darauf aufmerksam, dass mit Rücksicht auf die orthodoxe Praxis keine Verurteilung ausgesprochen wird. Sie trifft nur die ausdrückliche Bestreitung der eigenen Position. Hier wird behutsam ein Differenzraum eröffnet, der theoretisch nicht ausformuliert, aber praktisch ganz offensichtlich als nicht unbedeutend angesehen wird. Zumindest erscheint damit eine abweichende Position nicht unmittelbar als häretischer Anlass.

Luthers großer Katechismus hält mit den Ausführungen zum sechsten Gebot den hohen Stellenwert der Ehe fest und kritisiert den Ehebruch.[115] Eine Scheidung ist dennoch prinzipiell möglich, gerade wenn die Ehe gebrochen wurde bzw. in besonderen Härtefallen (böswilliges Verlassen, Grausamkeit, Verweigerung ehelicher Pflichten). Der unschuldige Partner darf sich wiederverheiraten. Insgesamt ist – auch bei Zerrüttung – die Scheidung als Ausnahmemöglichkeit zu betrachten. Ähnlich der Orthodoxie greift aber die Barmherzigkeitsregel, auch um weiteren Schaden abzuwenden.

Als gemeinsam hält die LV damit fest: Die Ehe hat prinzipiell lebenslange Bindungskraft. Nur in Ausnahmen kann eine Trennung erfolgen, die dann aber unterschiedlich ausfällt. Katholisch kann sie keine neue Beziehung einschließen. Auf der Basis einer gemeinsamen Betonung bleibt es also bei Unterschieden, die sich nicht zuletzt aus einer abweichenden Einschätzung der zumutbaren Notsituation ergeben. Es geht damit auch um die Frage nach dem Vorrang der theologischen Wahrheit vor dem Wahrheitswert der pastoralen Situation. Weil aber beide Seiten wesentliche Anliegen aufnehmen und sie auch biblisch

---

114 LV I, 150.
115 Vgl. M. Luther, Das sechste Gepot. Du solst nicht ehebrechen, in: ders., Deudsch Catechismus (Der Große Katechismus) 1529, hrsg. von O. Brenner unter Mitwirkung von O. Albrecht und J. Luther, in: D. Martin Luthers Werke, Kritische Gesamtausgabe (Weimarer Ausgabe, 30. Band, 1. Abteilung), Weimar 1910 (unveränderter Abdruck 1964), 123-238, hier: 160-163.

rückbinden können, sieht die LV auch hier keinen Grund zum gegenseitigen Ausschluss. Konsequent verstanden, müssten dabei gerade die Differenzen produktiv werden und aus dem pastoralen Druck heraus zu neuen Lösungsvorschlägen führen:

„Die evangelische und die katholische Position berufen sich jeweils auf biblische Aussagen; sie entsprechen jeweils einem Aspekt der Ehe (prinzipielle Unlösbarkeit – tatsächliche Realisierung der intensiven Lebensgemeinschaft) und führen zu unterschiedlichen Aporien… Beide Kirchen sind gemeinsam herausgefordert, angesichts der allgemeinen Auflösungserscheinungen solche Regelungen zu praktizieren, die sowohl die Dauerhaftigkeit der Institution als auch die göttliche Barmherzigkeit mit seinem gefallenen Geschöpf zur Geltung bringen."[116]

* *Problem Ehelosigkeit*
Die reformatorische Kritik sieht für den Pflichtzölibat keine hinreichende biblische noch historische Grundlage. Vor allem überfordere es den Menschen und ziehe „viele häßliche, unchristliche Ärgernisse, viel Ehebruch, schreckliche und unerhörte Unzucht und abscheuliche Laster"[117] nach sich. Die freiwillige Enthaltsamkeit im Einsatz für das Evangelium kann demgegenüber auch von Luther positiver bewertet werden. Vorgeordnet ist allerdings die bleibende Entscheidungsmöglichkeit. Damit wird der hohe Stellenwert der Ehelosigkeit um des Gottesreichs willen nicht in Abrede gestellt. Umgekehrt relativiert sich die tridentinische Aussage funktionslogisch, wonach es sich beim Zölibat um den besseren Lebensstand handle. Das 2. Vatikanische Konzil hat darüber hinaus festgehalten, dass der Zölibat

„nicht vom Wesen des Priestertums selbst gefordert (ist – GMH), wie die Praxis der frühesten Kirche und die Tradition der Ostkirchen zeigt".[118]

Es handelt sich damit zwar auch um eine theologische Frage in der Auffassung des priesterlichen Amts, aber letztlich stärker um eine gesetzliche Regelung. Aus dem praktischen Interpretationsprozess ergeben sich erneut Möglichkeiten, die Differenzen auszutragen. Vor diesem Hintergrund muss die tridentinische Verwerfung

„heute nicht mehr als kirchentrennend gelten, auch wenn in der ekklesiologischen Beurteilung des Zölibats keine Übereinstimmung erzielt wird."[119]

116 LV I, 154f.
117 CA 23.
118 PO 16.
119 LV I, 156.

2.5 Themenkomplex Amt

Als ein besonderes, vielleicht das zentrale Problem der Ökumene muss die Amtsfrage in ihren verschiedenen Facetten betrachtet werden. Zunächst ist daran zu erinnern, dass die Kirchen der Reformation ebenso wie die römisch-katholische Kirche ein eigenes Amt kennen. Lutherisch und reformiert ist dazu eine Ordination gefordert, die allerdings nicht genau dem katholischen Weiheverständnis entspricht. In jedem Fall geht es um die kirchliche Anerkennung einer Berufung und Sendung, die über das Konzept des allgemeinen Priestertums hinausreicht. Der Amtsträger handelt in Vertretung Jesu Christi. Sie ermöglicht die Spendung der Sakramente, ist also funktional begriffen und deshalb in sich nicht als ein weiteres, eigenständiges Sakrament gedacht. Dies verhindert ein zu starkes Eigengewicht des Amts, das als Dienst in der Gemeinde und aus ihr heraus seinen theologischen Ort hat. Das Unbehagen an einem möglichen und historisch sicher auch immer wieder vorfindbaren Klerikalismus schlägt hier kritisch durch.

Diese Kritik bezieht sich zumal auf die Eucharistiefeier als Messopfer und also auf den Gedanken des Opferpriesters, der das Opfer Christi wiederholt und von daher an seiner Stelle repräsentativ aufgewertet erscheint. In einem Amtsverständnis aus der primären Verkündigungsaufgabe heraus wird dies anders gewichtet. Der Amtsträger ist ganz auf das Evangelium hingeordnet, und nur in dieser Funktion besteht sein Amt.

Von der nachkonziliaren katholischen Theologie ausgehend, sind diese Probleme überbrückbar. Der Priester wird seinerseits streng *ministerial* begriffen. Nicht er realisiert in seiner Amtsvollmacht, was sich in den sakramentalen Vollzügen verdichtet, sondern Christus selbst. Die Eucharistielehre aktualisiert weiterhin deutlicher jene Aspekte, die sich mit den reformatorischen Anfragen verbinden lassen.[120] Von daher

> „zeichnet sich im ökumenischen Dialog eine Verständigung über die Verbindung des Opferbegriffs mit der Eucharistie im Sinne einer anamnetischen Teilnahme von Liturg und Gemeinde am einen Opfer Christi ab. Anamnese bedeutet nicht nur die subjektive Erinnerung. In ihr vergegenwärtigt sich vielmehr Christus selbst kraft seiner Verheißung: ‚Das ist mein Leib‘, ‚Das ist mein Blut‘."[121]

Eine weitere Verurteilung betrifft die Sakramentalität der Weihe. Gemeinsam sieht man, dass sich mit dem besonderen Dienst ein Auftrag Christi verbindet. Die LV kann hier so weit gehen, dass mit hoher Zustimmung

---

120 Vgl. u. Kap. 2.4.2.
121 LV I, 159.

auch der lutherischen Seite[122] Kritik an einer eingeschränkten Sicht Luthers geübt wird. Er sei

> „den biblischen Ausgangspunkten für einen Ritus der Amtsübertragung durch Handauflegung und Gebet (Apg 6, 1-6; vgl. 1 Tim 4,14; 2 Tim 1,6) nicht gerecht geworden. Die lutherische Reformation hat später die Anerkennung einer durch Gebet und Handauflegung vollzogenen Ordination als Sakrament für möglich gehalten unter der Voraussetzung, dass das Amt als Dienst (ministerium) der Verkündigung und Sakramentsverwaltung verstanden und nicht als Opferdienst (im Sinne des von der Reformation abgelehnten Opferbegriffs) bestimmt werde".[123]

In einem theologisch weiterentwickelten Verständnis kann man gemeinsam bestimmen, dass Weihegebet und Handauflegung die Ordination ausmachen – alles Weitere sind interpretierende Zeichenhandlungen.

Die Auseinandersetzungen um den *character indelebilis* können gleichfalls mit einem veränderten theologischen Verständnis an den alten Lehrverurteilungen vorbeiführen, solange beide Seiten „eine lebensgeschichtlich umfassende Inanspruchnahme des Ordinierten durch die Ordination"[124] aussagen können. Sie bezieht sich auf den strengen Christusbezug, wie er bereits mit der Taufe grundlegend gegeben ist und sich in der bewussten Entscheidung des Amtsträgers aktualisiert. Hier wird eine statische Ontologie vermieden, die von hierarchischen Seinsordnungen sprechen ließ, wo sich heute ein biographisch-geschichtliches und in diesem Zuge auch ein entmythisiertes funktional ausgerichtetes (Dienst-)Verständnis nahe legt. Hier manifestieren sich Entwicklungen nicht zuletzt im katholischen Kirchenbild, das mit dem Vaticanum II jeden noch so latenten Triumphalismus – zumindest theoretisch – aufgibt.

Ein weiteres Problem zeichnet sich mit der kirchlichen Ausdifferenzierung des Amtes ab. Das dreigliedrige Amt wird katholisch mit starkem Schriftbezug vertreten, wobei das Diakonat erst mit dem letzten Konzil zu einer eigenständigen Amtsform zurückfand. Interpretationsräume haben sich auch hier historisch sedimentiert. Die reformierte Tradition profiliert stärker die vielen Charismen und Ämter. Calvin unterstützt sogar das dreifache Amt, Luther lehnt eine Fassung des einen Amtes in vielen Aufgaben nicht ab und nähert sich damit funktionslogisch dem katholischen Ansatz.

---

122 Vgl. LV I, 171: von 42 Stimmen 34 JA, 3 NEIN, 5 keine Abstimmung (was keine sachliche Stellungnahme einschließt; die Unterschrift von R. Slencka wurde nachträglich zurückgezogen, wobei nicht klar hervorgeht, wie er hier gestimmt hat).
123 LV I, 160.
124 LV I, 162.

Problematischer ist die Ansetzung des Bischofsamts. Aus katholischer Sicht ist reformatorisch die apostolische Sukzession unterbrochen. Wenn zugleich zugegeben wird, dass es sich bei der Einrichtung des Episkopats nicht um eine rein geschichtliche Notwendigkeit gehandelt hat, sondern *in diesem* vielfältig beschreibbaren Prozess ein geisttheologischer Vorgang mitzusehen ist, dann verschärft sich dieses Problem. Hier bleibt ein offener Punkt die Frage nach der *inhaltlichen* und darin anders *geisttheologisch* vermittelten Traditio des Glaubens im Glauben. Ein bloß formalisierter Blick auf die Sukzession kann hier umgekehrt auch nicht genügen – was allerdings dem katholischen Selbstverständnis auch nicht entspricht. Die LV greift vor diesem Hintergrund – allerdings eher fragend – „die Möglichkeit einer Wiederherstellung der Verbindung mit der historischen Sukzession des Bischofsamtes als Zeichen der Einheit des Glaubens"[125] auf.

Im Blick auf die hierarchische Deutung des Amtes betont die LV, dass einerseits die Kollegialität von Papst und Bischofskollegium mit LG aufgewertet sei, andererseits der Bezug von Priester und Bischof aus dem einen gemeinsamen Weihesakrament grundsätzlich zu verstehen sei. Damit können Befürchtungen auf der evangelischen Seite wenn nicht zerstreut, so doch in einen anderen Gesamtrahmen eingeordnet werden. Das gilt zumal angesichts ekklesiologisch offener Fragen im katholischen Bereich selbst.

Den heikelsten Punkt bildet neben der Sukzessionsfrage der Petrusdienst. Hier spielen geschichtliche Missstände eine eigene Rolle. Indes ist man über die grobe Antichrist-Polemik der unmittelbaren Konfrontationszeiten längst hinaus. Für ein gemeinsames Verständnis verweist die LV noch einmal auf das Vaticanum II, das ekklesiologische Kategorien bereit stellt, die einen Spannungsbogen vom einen Papst zu den vielen kirchlichen Orten der Katholizität schlagen:

* das Lehramt der Kirche, das normativ dem Wort Gottes unterstellt ist (DV 10);
* die Lehre von der Kollegialität der Bischöfe (LG 23);
* die Profilierung der vielen Ortskirchen (LG 23);
* die Positivwertung der altkirchlichen Patriarchate als Konstitutionsräume des christlichen Glaubens (LG 23).

In der Konzilsrezeption wurden hier allerdings immer wieder unterschiedliche Gewichtungen vorgenommen – nicht zuletzt seitens des Lehramts selbst mit einem stärker zentralisierenden Zug.[126]

Positiv fällt ökumenisch vor allem die deutliche Bindung des unfehlbaren Lehramts an die Hl. Schrift ins Gewicht – dessen Problematik mit

---

125 LV I, 165.
126 Vgl. die bereits angesprochene Kasper-Ratzinger-Debatte um den ekklesiologischen Status der Ortskirchen (Kapitel 3.3).

den Lehrverurteilungen des 16. Jahrhunderts nicht unmittelbar zur Diskussion steht, aber natürlich einen weiteren Reflexpunkt bildet. Die LV muss an dieser Stelle jedoch eher prospektive Formulierungen benutzen, um die Möglichkeit eines gemeinsamen Verständnisses in Aussicht zu stellen, vor allem aber eine gegenseitige Verurteilung nicht als vollständig zwingend auszuweisen:

* Für die evangelischen Kirchen stellt sich gleichfalls das weltkirchliche Leitungsproblem – es ist bislang nicht zufrieden stellend gelöst.
* Hier könnte neben anderen Formen auch der Petrusdienst eine neue Bedeutung gewinnen.

Freilich bleiben entscheidende Probleme. [127] Walter Kasper hat sie anlässlich des 25-jährigen Papstjubiläums noch einmal knapp zusammengefasst:

> „Für uns bedeutet Ökumene: Einheit des Glaubens, Teilnahme an denselben Sakramenten, einheitliche Kirchenleitung, Anerkennung des Petrusamtes. Viele Evangelische hingegen haben eine andere Vorstellung vom Bischofsamt und wollen sie beibehalten."[128]

2.6 Die Rezeption der Lehrverwerfungsstudie

Die Rezeption der LV beginnt bereits im weiteren Rahmen der Entstehung des Projekts. Zum einen wurden die vorbereiteten Abschlusstexte in einem differenzierten Abstimmungsverfahren ratifiziert. Dabei ist von entscheidender Bedeutung, dass sich in allen Fällen sehr deutliche Mehrheiten für die Annahme der Grundlagenpapiere ergaben.[129] Zum anderen leitet der Schlussbericht die offiziell kirchliche Rezeption ein, insofern die beiden Vorsitzenden der GÖK, die Bischöfe Eduard Lohse und Paul-Werner Scheele, die Ergebnisse des Studienprojekts „Die Verwerfungen des 16. Jahrhunderts" übernehmen und auf eine weitergehende interkonfessionel-

---

127 Äußerst skeptisch gegenüber einem differenzierten Konsens in der Amtsfrage zeigt sich ein neues theologisches Gutachten: U. H. J. Körtner, Kirchenleitung und Episkopé. Funktionen und Formen der Episkopé im Rahmen der presbyterial-synodalen Ordnung evangelischer Kirchen (Gutachten und Studien der Evang.-Theol. Fakultät der Universität Wien, Nr. 1), Wien 2004. Zum gegenwärtigen Gesprächsstand vgl. Th. Schneider / G. Wenz (Hrsg.), Das kirchliche Amt in apostolischer Nachfolge. Grundlagen und Grundfragen (Dialog der Kirchen, Bd. 12), Freiburg u.a. 2004.
128 W. Kasper, Nur gemeinsam stark, in: Rheinische Post v. 18.10.03 (Nr. 242) K-WISS.
129 Vgl. LV I, 170f.

le Vereinbarung dringen.[130] Für die ökumenische Hermeneutik ist in dieser Stellungnahme von besonderer Bedeutung, dass sie unabgeltbare Interpretationsperspektiven theologisch akzeptiert. Im Blick auf die eucharistietheologischen Kontroversen setzt der Bericht eine auch praktisch tragfähige Hermeneutik der Differenz ein:

> „Diese unterschiedlichen Weisen, die biblische Wahrheit begrifflich zu fassen, konnten im 16. Jahrhundert nicht zu einer gemeinsamen Aussage gebracht werden. Jede dieser Konzeptionen hat offenkundige Stärken und Schwächen, keine aber kann von sich aus ausschließliche Geltung dergestalt beanspruchen, daß die je andere Lehrgestalt automatisch als häretisch verurteilt werden müßte."[131]

Diesem Ansatz entspricht die Rede von einer *versöhnten Verschiedenheit* und einem *differenzierten Konsens*. Man muss keine vollständige Übereinkunft erzielen – sie ist im strengen Sinn utopisch, weil sie zeichentheoretisch immer neuen Ausdifferenzierungen in der Aufnahme und im veränderten Gebrauch von Zeichen unterliegt. Wenn der Schlussbericht den „Alltag gelebten Glaubens in beiden Kirchen"[132] hervorhebt, markiert er ihn als einen *locus theologicus*, von dem erkenntnistheoretische Impulse ausgehen. Die damit verbundene Kontextualisierung bedeutet auch ökumenisch: Wahrheit geht nicht in ihrer theoretischen Komposition auf. Sie ist – im Sinne einer Semiotik der Differenz – von Differenzen unterwandert; genauer: von ihnen generiert.

Der ökumenische Diskurs kann gerade mit der LV die tragenden Differenzen benennen:

* *Zeit*: Die Auseinandersetzungen haben geschichtlich kontingente Züge. Missverständnisse und polemische Überzeichnungen spielen eine erhebliche Rolle.
* *Interpretation*: In der Zeit muss die theologische Wahrheit gedeutet werden. Mit unterschiedlichen Zeit-Zeichen ergeben sich andere Deutungsperspektiven.
* *Macht*: Diese Deutungen sind systematisch haftbar. Sie spielen in konkreten Durchsetzungsinteressen und haben agonale Strukturen. Es geht um die Wahrung von Identität(en).

Vor diesem Hintergrund kann die LV dafür plädieren, Unterschiede kenntlich zu machen, sie aber produktiv für eine neue Interpretation des christlichen Bekenntnisses zu nutzen: als plurale Ausdrucksvitalität. Sie bleibt rückgebunden an Schrift und Tradition, die erneut als Interpretationsphäno-

---

130 Vgl. LV I, 187-196.
131 LV I, 192.
132 LV I, 195.

mene an Entscheidungsmächte gekoppelt sind. Die LV appelliert an die Kirchenleitungen, die Geltung der gegenseitigen Verwerfungen zu überprüfen. An diesem Punkt setzt die weitere Rezeptionsgeschichte ein.[133] Für die Bewertung der LV sind vor allem folgende Stellungnahmen von Bedeutung:

* das Votum des Facharbeitskreises Faith-and-Order- und Catholica-Fragen vom Mai 1990;[134]
* die Stellungnahme des Gemeinsamen Ausschusses der VELKD und des Deutschen Nationalkomitees des LWB vom 13. September 1991;[135]
* die Stellungnahme der von der Arnoldshainer Konferenz eingesetzten Theologischen Kommission vom 29. September 1991;[136]
* das Gutachten des Päpstlichen Rates zur Förderung der Einheit der Christen vom 15. Dezember 1992;[137]
* die Stellungnahme der DBK vom 21. Juni 1994.[138]

Diese Stellungnahmen sind Aspekte der jeweiligen *kirchlichen* Aufnahme. Sie ist zu unterscheiden von der Beurteilung der Studie durch die wissenschaftliche Theologie und nicht zuletzt durch die ortskirchlichen Ebenen. Für eine Umsetzung ist die kirchliche Entscheidungsinstanz vorgeordnet. Aus den z. T. sehr umfangreichen Positionspapieren werden im Folgenden nur exemplarische Probleme angesprochen. Insgesamt muss man festhalten, dass mit Ausnahme der Unterzeichnung der GE keine verbindliche positive Rezeption der Ergebnisse erfolgte. Das bedeutet umgekehrt nicht, dass eine weitergehende Anerkennung und damit verbunden eine förmliche Aufhebung der Lehrverurteilungen ausgeschlossen wird.

In der Kritik der LV ist über inhaltliche Details hinaus[139] vor allem die methodische Frage zu beachten, die mit der Stellungnahme der theologi-

---

133 Vgl. D. Sattler, Neue Urteile zu den alten Lehrverurteilungen. Die evangelischen Kirchen in Deutschland und die Studie des Ökumenischen Arbeitskreises, in: Cath(M) 49 (1995) 98-113; vgl. dort auch die Datenübersicht zu den Rezeptionstexten 99f.;

134 Vgl. Lehrverurteilungen im Gespräch. Die ersten offiziellen Stellungnahmen aus den evangelischen Kirchen in Deutschland, Göttingen 1993, 161-198.

135 Vgl. ebd., 57-159.

136 Vgl. ebd., 17-55.

137 Der Text ist bisher nicht publiziert, kursiert aber in Kopien und ist von daher als bedingt öffentlich anzusehen. Die *Conclusio* des Gutachtens (S. 101-115) ist vom Einheitsrat selbst verfasst und die Position des Gutachtens damit übernommen worden.

138 Der Text liegt vor als Druckschrift: Die deutschen Bischöfe 52, Bonn 1994. – Zur Frage nach der DBK als angemessener Rezeptionsinstanz vgl. W. Löser, ,Lehrverurteilungen – kirchentrennend?' Überlegungen zu einer kirchlichen Rezeption des Dokuments ,Rechtfertigung, Sakramente und Amt im Zeitalter der Reformation und heute', in: Cath(M) 41 (1987) 177-196.

139 Vgl. D. Sattler, Zum Gutachten des Einheitsrates. Analysen – Anfragen – Konsequenzen, in: W. Pannenberg / Th. Schneider (Hrsg.), Lehrverurteilungen – kir-

schen Kommission der Arnoldshainer Konferenz adressiert wird und die das hermeneutische Grundkonzept betrifft:

* Die LV agiere faktisch zu sehr konsensorientiert und greife Dialogergebnisse auf, die ihrerseits nicht unumstritten seien.

* „Der Rückgriff auf den altkirchlichen Konsens, der die später auftretenden Differenzen noch gar nicht berührt, und der Vorgriff auf eine einheitliche Gestalt kirchlicher Lehre, die diese Differenzen nicht mehr enthält, läuft auf die Ausklammerung der Differenzen hinaus."[140]

* Ein weiteres differenzhermeneutisches Problem wird in mehreren Stellungnahmen angesprochen: Was genau macht einen kirchentrennenden Gegensatz aus und wann kann er als überwunden gelten?[141]

Mit dem ersten Fragekomplex wird das Konzept der Studie als ganzes in Frage gestellt. Zunächst einmal ist dabei, einem Hinweis Wolfhart Pannenbergs folgend, zwischen *Lehrunterschieden* und *Lehrverurteilungen* zu unterscheiden.[142] Damit wird den verbleibenden Differenzen durchaus Raum gelassen. Allerdings stellt sich die Frage, inwiefern sie noch eine gegenseitige Verurteilung lizenzieren. Ob sie darüber hinaus *kirchentrennenden* Charakter haben müssen, wird auch vom ÖAK als eine Frage mit weiterem Klärungsbedarf betrachtet.[143] Mit der Übereinkunft in der Rechtfertigungslehre könnte ein normatives Bindeglied eingesetzt werden, das allerdings letztlich mit der Frage nach dem kirchlichen Amt und zumal nach den Entscheidungsinstanzen des *Lehramts auszutragen sein wird.*

Prinzipiell gilt aber gegenüber der hermeneutischen Kritik, dass hier eine Grundsatzentscheidung ansteht: Von welcher Perspektive aus werden die Verwerfungen und auch die Bekenntnisse der anderen Konfession gelesen? Tatsächlich hängt die einzusetzende Lektüreform methodisch von einer solchen Positionsbestimmung ab. Jedenfalls ist einer differenzhermeneutischen Linie zuzuordnen, was der ÖAK in seiner Antwort festhält:

„Ein Selbstverständnis der christlichen Kirchen und ihrer je besonderen Bekenntnistradition, das vom ‚favor unitatis' geleitet ist, stellt insofern kein sachfremdes Urteil dar, sondern entspricht der Aufgabe,

---

chentrennend? IV: Antworten auf kirchliche Stellungnahmen, Göttingen-Freiburg 1994, 101-120; W. Dietz, Die kirchlichen Stellungnahmen aus evangelischer Sicht. Synopse der Haupteinwände, in: ebd., 121-134.

140 Lehrverurteilungen im Gespräch, 26.

141 Vgl. zu diesen hermeneutischen Grundfragen LV IV, 17-20.

142 Vgl. W. Pannenberg, Die Überwindung der gegenseitigen Verurteilungen als Schritt zur kirchlichen Gemeinschaft, in: J. Brosseder (Hrsg.), Von der Verwerfung zur Versöhnung. Zur aktuellen Diskussion um die Lehrverurteilungen des 16. Jahrhunderts, Neukirchen-Vluyn 1996, 31-49; hier: 40.

143 Vgl. LV IV, 20f.

auch die je spezifische eigene Lehr- und Bekenntnisbildung als Dienst am einen Wort und der einen Verheißung Gottes zu erweisen. In diesem Dienst steht auch der… kritisierte Rückgriff auf den altkirchlichen Konsens und der hoffende Vorgriff auf eine künftige Überwindung kirchentrennender Lehrdifferenzen sowie die Einordnung aller historisch entstandenen Lehr- und Bekenntnisdifferenzen in eine Geschichte, die von einem gemeinsamen Ursprung zu einem gemeinsamen Ziele führt".[144]

Die Differenzen werden gerade auf dieser Basis erst sprachfähig, weil sie nicht frontal verharren, sondern dialogisch aufgegriffen werden können. Die Geschichte wird zum Ort eines aktuellen ökumenischen Gesprächs – und die Differenzen, nicht zuletzt die gegenseitigen Verurteilungen in ihrem Charakter als *Warnungen*[145], werden für neue Interpretationsmöglichkeiten und also für ein besseres Selbst- wie Fremdverständnis produktiv. Die gegenläufige Möglichkeit, die Texte statisch aufzuladen und formelhaft gegen den alten Gegner in Anschlag zu bringen, ist keine, weil sie den Prozess lebendiger Glaubenstradition unterläuft.

Insgesamt fällt auf, dass es neben der Einzelkritik ein hohes Maß an inhaltlicher Zustimmung gibt.[146] Daneben findet sich auch deutlich generelle Ablehnung. So bilanziert die Göttinger Theologische Fakultät:

---

144 LV IV, 23.
145 Vgl. LV I (Schlussbericht), 189.
146 Vgl. aus der Vielzahl der Stimmen R. Frieling / W. Schöpsdau, Lehrverurteilungen damals und heute. Eine evangelische Arbeitshilfe zum Ergebnis der Gemeinsamen Ökumenischen Kommission, Göttingen 1987. Die Autoren erkennen in der LV einen wichtigen Schritt auf dem Weg zur Einheit und sehen – bei bleibenden Fragen – auf der Grundlage der Ergebnisse die Möglichkeit, auch einseitig „einzelne verletzend wirkende Aussagen in ihren Bekenntnisschriften mit einer ökumenischen Erklärung" (ebd., 53) zu versehen, sie also zwar nicht zurückzunehmen, aber anders zu bestimmen. – Der Theologische Konvent Augsburgischen Bekenntnisses bezieht sich in seinem Votum nur auf die Rechtfertigungsfrage und spricht hier von einem *konditionalen Konsens,* d.h. er urteilt zustimmend unter der Maßgabe, dass die katholische Kirche die Ausführungen als eigenen rechtfertigungstheologischen Standpunkt übernehmen kann. Vgl. das Votum in: Rechtfertigung in: Lehrverurteilungen – kirchentrennend? Ein Votum des Konvents und Beiträge von Martin Petzoldt, Friedrich Beißer, Friedrich-Otto Scharbau und Horst Georg Pöhlmann sowie ein Anhang zur Geschichte und zur Schriftenreihe des Konvents, Hannover 1990, 7-16. Vgl. weiterhin die zustimmende Stellungnahme des Ökumenisch-Theologischen Arbeitskreises in der ehemaligen DDR: U. Kühn / L. Ullrich (Hrsg.), Die Lehrverurteilungen des 16. Jahrhunderts im ökumenischen Gespräch. Gemeinsame Stellungnahme und Beiträge zu einer Studie des Ökumenischen Arbeitskreises evangelischer und katholischer Theologen in der Bundesrepublik Deutschland, Leipzig 1992. – Zur ersten Rezeptionsgeschichte vgl. J. Brosseder (Hrsg.), Von der Verwerfung zur Versöhnung.

„Die Prüfung der Studie LV ist zu einem im wesentlichen negativen Urteil gekommen. Das gilt nicht allein, weil in der entscheidenden Frage, der nach dem Maßstab kirchlicher Lehre und Verkündigung, keine Einigkeit besteht. Sondern es gilt auch, wenn man hiervon absieht und sich dem von LV behandelten Komplex der Verwerfungen zuwendet. Zumeist war festzustellen, dass die Verdammungsurteile des Trienter Konzils, auch für den Fall, dass die römisch-katholische Kirche sie heute offiziell so deutet, wie LV es tut, die evangelischen Kirchen weiterhin treffen, weil eben das, was dort verworfen wird, ihre Lehre ist."[147]

Die DBK attestiert demgegenüber einen *„wesentlichen Fortschritt im gegenseitigen Verhältnis"*.[148] Kritische Rückfragen in verschiedenen Einzelaspekten bedeuteten demgegenüber „keine Einschränkung des positiven Gesamturteils"[149], das damit als solches festgeschrieben wird. Gleichzeitig fordern die noch ausstehenden Fragen weitere theologische Klärungen, sodass sich die DBK nicht imstande sieht,

„zu entscheiden, ob die verbleibenden Unterschiede noch kirchentrennenden Charakter haben oder als Ausdruck unterschiedlicher theologischer Schulen im Verständnis des gemeinsamen Glaubens betrachtet werden können."[150]

Auf dieser Linie bewegt sich im Ganzen auch die Stellungnahme des Einheitssekretariats. Danach machen gerade die inhaltlich eher reduzierten Ausführungen zur Amtsproblematik klar, dass weiterer Klärungsbedarf besteht. Zugleich aber sind die diesbezüglichen Resultate auch deshalb als eher dürftig einzuschätzen, weil man im Blick auf die übrigen theologischen Kontroverspunkte von positiven Ergebnissen sprechen kann. Unter dieser Maßgabe hält Dorothea Sattler für den ÖAK fest, dass dieser Text „ein sehr hohes Maß an sachlicher Zustimmung zu den Ergebnissen der Studie LV I erkennen" lasse.[151]

---

147 D. Lange (Hrsg.), Überholte Verurteilungen? Die Gegensätze in der Lehre von Rechtfertigung, Abendmahl und Amt zwischen dem Konzil von Trient und der Reformation – damals und heute, Göttingen 1991, 134.
148 Die deutschen Bischöfe 52, 22. – Vgl. dazu H. Jorissen, Kritische Erwägungen zur Stellungnahme der Deutschen Bischofskonferenz zur Studie „Lehrverurteilungen – kirchentrennend?", in: Cath(M) 48 (1994) 267-278. Trotz kritischer Fragen in einigen Details sieht Jorissen die Stellungnahme der DBK als „einen wichtigen (Fort-)Schritt im Rezeptionsprozeß ökumenischer Dokumente" (268).
149 Ebd.
150 Ebd., 23.
151 D. Sattler, in: LV IV, 104.

Insgesamt ist festzuhalten, dass die unterschiedlichen Einschätzungen nicht zuletzt von der Bereitschaft abhängen, die eigene kirchliche Identität dem Wunsch nach einer wie auch immer zu schaffenden Einheit der christlichen Kirchen einzuordnen. Ein wesentlicher Schritt auf diesem Weg dürfte in der Bereitschaft zur Aktivierung jener Differenzhermeneutik liegen, wie sie faktisch, wenn auch nicht fundamentaltheologisch eigens gefasst, von der LV praktiziert wird. Das darin transportierte prekäre Verhältnis von Pluralismus und Einheit lenkt freilich in einen anderen Problemhorizont ein: in den einer Hermeneutik der Macht kirchlicher Autoritäten.

3. Das Schreiben der Glaubenskongregation „Zu einigen Problemen der Kirche als Communio" (1992)

3.1 Die Problemstellung

Mit Datum vom 28. Mai 1992 veröffentlichte die Glaubenskongregation ein Schreiben, das sich an die Bischöfe der katholischen Kirche richtete und „einige Aspekte der Kirche als Communio" zum Gegenstand hatte.[152] 30 Jahre nach Eröffnung des 2. Vatikanischen Konzils greift dieses Dokument den ekklesiologischen Kernbegriff des Konzils auf, mit dem sich das pastoraltheologische Programm eines kirchlichen Aufbruchs im Innenbereich vollzog. Das Gespür für eine veränderte Vermittlungssituation schloss die Bereitschaft, ja die unausweichliche Forderung ein, das Evangelium unter den Bedingungen der jeweiligen Situation, in den *Zeichen der Zeit* (GS 4) und in der genauen Wahrnehmung der verschiedenen *loci theologici* zu übersetzen.[153] Dem entsprach eine wichtige Verschiebung in der kirchlichen Selbstwahrnehmung. Die Kirche war nicht länger vornehmlich über ihre hierarchische Spitze zu begreifen, wie es sich seit dem Vaticanum I und nicht zuletzt mit dem Pontifikat Pius XII. – aus unterschiedlichen Gründen – faktisch ergeben hatte. Die doppelte Wiederentdeckung der pastoralen Zeiten und Orte ging mit der Besinnung auf die altkirchliche Communio-Praxis und –Lehre einher.[154] Die

---

152 Sekretariat der Deutschen Bischofskonferenz (Hrsg.), Schreiben an die Bischöfe der katholischen Kirche über einige Aspekte der Kirche als Communio (Verlautbarungen des Apostolischen Stuhls 107), Bonn 1992. – Im Folgenden mit Zifferangabe im Text zitiert.

153 Vgl. H.-J. Sander, Die pastorale Grammatik der Lehre – ein Wille zur Macht von Gottes Heil im Zeichen der Zeit, in: G. Wassilowsky (Hrsg.), Zweites Vatikanum – vergessene Anstöße, gegenwärtige Fortschreibungen (QD 207), Freiburg u.a. 2004, 185-206; besonders 201-204. Zur erkenntnistheologischen Einordnung der *loci theologici* vgl. P. Hünermann, Dogmatische Prinzipienlehre. Glaube – Überlieferung – Theologie als Sprach- und Wahrheitsgeschehen, Münster 2003, 207-251.

154 Zur gegenwärtigen theologischen Rezeption des Communio-Theologie vgl. B. J. Hilberath (Hrsg.), Communio – Ideal oder Zerrbild von Kommunikation? (QD 176), Freiburg 1999.

Entwicklung zur Weltkirche trug dem Rechnung. Die Aufwertung der bischöflichen Kollegialität eröffnete einen entsprechenden Raum, und zwar im Sinne einer ortskirchlichen Eigenständigkeit. Sie blieb an den päpstlichen Lehr- und Jurisdiktionsprimat gebunden, öffnete ihn aber im selben Maße für seine Verantwortung in der Gemeinschaft der ganzen Kirche. An diesem Punkt ergeben sich zwangsläufig Spannungen. Sie spielen auf uneindeutigem Boden, weil die Verhältnisbestimmung von römischem Primat und apostolischem Bischofskollegium letztlich offen bleibt. Das betrifft analog auch die Beziehung von Universal- und Partikularkirche.

Das Schreiben der Glaubenskongregation setzt hier an. Es argumentiert dogmatisch, ist aber pastoral motiviert, wenn es auf Einseitigkeiten in der Aufnahme der Communio-Ekklesiologie hinweist, die letztlich konkrete Praktiken meinen. Die Pluralismus-Problematik, die bereits im Hintergrund des Konzils schwelte, muss in ihrer postmodernen Verschärfung als eine Herausforderung begriffen werden, die sich kirchlich besonders stellt. Politisch steht dieser Text auf einer Zeitenschwelle. Mit den Umwälzungen des Jahres 1989 scheint sich der Typus westlicher Demokratien ökonomisch wie politisch im Weltmaßstab durchzusetzen. Die Forderung nach kirchlicher „Demokratisierung" steht im Raum. Zugleich haben sich verschiedene lokale Kirchentraditionen und auch Theologien zunehmend selbstbewusster entwickelt. Auch die lehramtliche Auseinandersetzung mit der *Theologie der Befreiung* gehört in diesen Zusammenhang.[155] Die *Instruktion über die kirchliche Berufung des Theologen*[156] markiert aus der Sicht des Apostolischen Stuhls die Notwendigkeit, klare Sprachregelungen im dogmatischen wie im pastoralen Bereich zu treffen. Die Herausforderung eines umfassenden Pluralismus, der sich in dieser Zeit als zivilisatorische Wissensform durchsetzt, bildet sich damit auch kirchlich ab.

Für den gegebenen Text ist es bemerkenswert, dass eine solche zeitdiagnostische Reflexion und Selbstverortung fehlt. Stattdessen wird mit dem Anspruch auf überzeitliche Wahrheit gesprochen. Der Sprachgestus und die Denkform sind als eine diskursive Verschiebung gegenüber den ekklesiologischen Grundtexten des 2. Vaticanums zu kennzeichnen. Dabei beruft sich das Schreiben immer wieder ausdrücklich auf diese Dokumente. So konzedieren die Verfasser der Communio-Ekklesiologie eine „erhebliche Bedeutung" (Nr. 1) – womit sie freilich in einem relativiert wird. Der erste

---

155 Vgl. Sekretariat der Deutschen Bischofskonferenz (Hrsg.), Instruktion der Kongregation für die Glaubenslehre über einige Aspekte der „Theologie der Befreiung" (Verlautbarungen des Apostolischen Stuhls 57), Bonn 1984.

156 Vgl. Sekretariat der Deutschen Bischofskonferenz (Hrsg.), Instruktion der Kongregation für die Glaubenslehre über die kirchliche Berufung des Theologen (Verlautbarungen des Apostolischen Stuhls 98), Bonn 1990.

Satz der Einleitung gibt auf diese Weise eine Richtung vor. Es geht darum, Positionen zu korrigieren,

> „deren Verständnis der Kirche als *Communio-Geheimnis* offensichtlich zu kurz greift: hauptsächlich weil sie einerseits eine sachgerechte Integration des *Communio*-Begriffs mit den Begriffen vom *Volk Gottes* und vom *Leib Christi* vermissen lassen und andererseits der Beziehung zwischen der Kirche als *Communio* und der *Kirche als Sakrament* nicht das ihr gebührende Gewicht beimessen." (Nr. 1)

Damit ist das Thema des Schreibens umrissen und die Textregie bestimmt. Die Glaubenskongregation schickt sich an, „einige grundlegende Lehrelemente… kurz in Erinnerung zu bringen und wo nötig zu verdeutlichen." (Nr. 2) Auch damit wird eine Aussage getroffen. Die Bischöfe brauchen ganz offensichtlich in derartigen Grundlagen und selbst da, wo es eigentlich „offensichtlich" (Nr. 9) ist, eine Orientierung von Seiten des römischen Lehramts. Redeanlass, Thema, Sprechabsicht und -form schießen hier zusammen.

3.2 Der Ansatz der Glaubenskongregation: Das Schreiben in seinen Grundaussagen

Der Text wird in fünf Schritten entfaltet:

(1) Die Kirche muss grundlegend als eine Gemeinschaft im Geheimnis verstanden werden (Kapitel I: „Die Kirche, Geheimnis der Gemeinschaft", Nr. 3-6). Sie ist Raum der Begegnung von Gott und Mensch und erst dann ein Miteinander von Menschen. Die soziale Größe Kirche wird der theologischen nachgeordnet. Damit lässt sich der Akzent auf der Kirche als ein Sakrament verbinden (Nr. 4). Zugleich wird die Communio-Theologie an dieser Definition gemessen. Als unsichtbare Kirche ist sie sichtbar – und das als Leib Christi. Hier zieht der Text eine Linie vom Gedanken der Communio als einer Gemeinschaft, in der Christus selbst gegenwärtig ist, hin zu einer eucharistischen Ekklesiologie. Mit anderen Worten: Die Communio-Ekklesiologie wird aufgegriffen, um sie zugleich eng zu führen und zu verschieben. Fortan bestimmt diese Perspektive.

(2) Nun ließe sich aus dieser Sicht ein Verständnis von Kirche ableiten, das sie entscheidend von jedem Ort her begreift, an dem Eucharistie gefeiert wird. Gegen eine solche Deutung grenzt sich das Dokument mit dem nächsten Kapitel ab (II. „Gesamtkirche und Teilkirchen", Nr. 7-10; vgl. Nr. 11).[157]

---

157 Mit Medard Kehl muss man die begriffliche Differenzierung zwischen „Uni-

Der wahre Leib Christi ist danach die Gesamtkirche (Nr. 8). Sie existiert als eine Communio von Kirchen. Allerdings wird sie nicht durch ihren Zusammenschluss konstituiert. Für die Glaubenskongregation ist die Auffassung unzulässig,

> „jede Teilkirche sei ein in sich vollständiges Subjekt und die Gesamtkirche das Ergebnis der *gegenseitigen Anerkennung* der Teilkirchen." (Nr. 8)

An dieser Stelle argumentiert der Text historisch, nicht theologisch. Es habe sich als schädlich erwiesen, wenn „eine Teilkirche nach Selbstgenügsamkeit strebte" (Nr. 8). Sehr deutlich setzt sich das Dokument damit sowohl vom reformatorischen als auch vom orthodoxen Kirchenbild ab. Vor allem wird die partikularkirchliche Perspektive sprachlich abgewertet. Die Beschränkung auf eine Theorie und Praxis der „Selbstgenügsamkeit" verzeichnet die theologischen Bemühungen, nicht zuletzt im Anschluss an das letzte Konzil den Ortskirchen in ihrer besonderen Bedeutung gerecht zu werden.[158] Die entsprechende Wertung normiert die folgenden Verwendungen.

Von einer Communio der Partikularkirchen lässt sich nun solange sprechen, wie diese auf die eine Kirche hingeordnet bleiben und als ihr Ausdruck firmieren. Die Kirche des Glaubensbekenntnisses ist demnach die universale Kirche und „im Eigentlichen ihres Geheimnisses eine jeder *einzelnen* Teilkirche *ontologisch* und *zeitlich* vorausliegende Wirklichkeit." (Nr. 9) Die Auszeichnung der Kirche als ein Geheimnis ermöglicht auch die Anschlussbestimmung, dass – mit Bezug auf die Vätertheologie – die Kirche sogar der Schöpfung vorausgehe (Nr. 9). Der Text nimmt diese Beschreibung lediglich auf, begründet sie nicht näher, um sie allerdings nun gleichwohl als gegeben vorauszusetzen.[159] Diese Kirche wird mit dem Pfingstereignis „öffentlich" (Nr. 9). Sie ist an die Apostel gebunden und von ihnen her entstehen die Ortskirchen. Die Glaubenskongregation ergänzt auf dieser Linie LG 23, wonach die Kirche in und aus den Kirchen bestehe, um die entgegenlaufende Perspektive: dass „*die Kirchen in und aus der Kirche*"

---

versalkirche" als einem theologischen und „Gesamtkirche" als einem empirischen Kirchenbegriff beachten (M. Kehl, Zum jüngsten Disput um das Verhältnis von Universalkirche und Ortskirchen, in: P. Walter u.a. (Hrsg.), Kirche in ökumenischer Perspektive, 81-101; hier: 85f.) Die Glaubenskongregation unterscheidet hier terminologisch nicht und führt damit die Kirche sowohl als theologische wie auch als soziale Größe auf denselben Ursprungsort zurück. Es sind gerade die konkreten kirchenpolitischen Konsequenzen, die aus dieser doppelten Reduktion heraus aufschlussreich erscheinen.

158 Vgl. M. Kehl, Die Kirche, 368-372.
159 Die Verweise werden nicht kontextualisiert: weder bezogen auf den unmittelbaren Textzusammenhang noch auf ihre kirchlich-theologische Repräsentanz hin.

existierten (Nr. 9). Der dynamische Bezug, der sich damit abzeichnet, droht freilich beschnitten zu werden, wenn die Teilkirchen auf die Universalkirche reduziert werden. Der vorliegende Text legt dies nahe, indem er den Ursprung der Kirche entsprechend kennzeichnet. Demgegenüber ist es bemerkenswert, dass das Konzil in LG 23 und dem gegebenen Zusammenhang auf eine solche Bestimmung verzichtet. Entscheidend ist der wechselseitige Bezug, die Verschränkung der Perspektiven. Die Kirche als Communio ist Gemeinschaft der Teilkirchen in ihrer apostolischen Repräsentanz durch die Bischöfe, die mit dem Bischof von Rom und untereinander eine „hierarchische Gemeinschaft" (LG 22) bilden. Damit ergibt sich ein anderes Gewicht der Ortskirchen.

Das vorliegende Kapitel verstärkt den Ansatz bei der Universalkirche noch einmal durch eine Kombination von eucharistischer und ekklesiologischer Reflexion:

> „(W)er zu einer Teilkirche gehört, gehört zu allen Kirchen, da die Zugehörigkeit zur *Kommunion* als Kirchenzugehörigkeit niemals nur partikular, sondern ihrem Wesen nach immer universal ist." (Nr. 10)

Dieser Begründungssatz trägt seine argumentative Last nur zum Teil. Zunächst verlagert er lediglich den theologischen Akzent vom „Teil" zu „allen", indem er voraussetzt, dass die Kommunion nie partikular sein könne. Dies wird gestützt durch das „Wesen" der Kommunion, ohne dies theologisch auszuführen. Charakteristisch erscheinen hier der thetische Duktus und die Voraussetzung der eigenen Selbstverständlichkeit. Der bereits angesprochene Gebrauch des „offensichtlich" (Nr. 9) unterstützt diese Beobachtung. Jede gegenläufige Auffassung wird mindestens implizit damit unter den Vorbehalt gestellt, aus einer unbezweifelbaren Tradition auszuscheren.

(3) Mit dem nächsten Kapitel (III. „Gemeinschaft der Kirchen, Eucharistie und Episkopat", Nr. 11-14) werden die Bedingungen der Communio ausgewiesen. Ihre Einheit besteht in der Gemeinsamkeit von Glauben, Taufe, Eucharistie und Episkopat (Nr. 11). Erneut kommt der Eucharistie als Fundament eine besondere Bedeutung zu. In der Gegenwart Christi konstituiert sich Kirche. An dieser Stelle lehnen die Verfasser die mögliche Zuspitzung auf die Ortskirche ab. Die Kirche vor Ort müsse sich stattdessen für den gesamten Leib Christi öffnen. Damit spielt der Text noch einmal ein Leitmotiv paulinischer Ekklesiologie ein, ohne allerdings die partikularkirchliche Eigenständigkeit der paulinischen Gemeinden im selben Maße aufzurufen. Gleichwohl wird aus dem als notwendig vorausgesetzten Vorrang der Universalkirche auch ein entsprechendes Einheitsamt abgeleitet (Nr. 12). Die Metapher vom Leib verlängert sich in die Notwendigkeit, ein Haupt der Kirchenglieder zu haben. Der Bischof von Rom steht als Garant der Einheit in der Nachfolge der Apostel dafür ein. Folgerichtig übersetzt

der Text diesen Gedanken mit einem weiteren Bild. Die Universalkirche muss als Mutter angesehen werden, aus der die Teilkirchen als Töchter hervorgehen (Nr. 9). Medard Kehl weist darauf hin, dass damit die ekklesiologisch zentralistischen Modelle Leo d. Großen (5. Jh.) und Gregor VII. (12. Jh.) aufgegriffen würden.

„Genau mit diesem Bild wurde in der genannten Tradition der Vorrang der römischen Kirche vor allen anderen Kirchen beschrieben. Statt der römischen Kirche wird diese Rolle zwar jetzt der Universalkirche zugeschrieben; aber diese beiden Größen stehen nun einmal im Kontext der hochmittelalterlichen Idee der katholischen Kirche als der weltweiten ‚ecclesia romana‘ in einem inneren Zusammenhang, was auch in der Nr. 12 des Dokumentes der Glaubenskongregation ausdrücklich aufgegriffen wird".[160]

Mit dem Kriterium apostolischer Sukzession wird der Bischof als „sichtbares Prinzip und Fundament der Einheit in der Teilkirche" (Nr. 13) verstanden. Im Zusammenhang der Leib Christi-Ekklesiologie ergeben sich daraus weitere Konsequenzen. Der Bischof agiert nicht selbständig, sondern ist als Glied des Leibes auf sein Haupt angewiesen. Das wiederum bedeutet für jede Teilkirche, dass sie *nach dem Bild der Gesamtkirche gestaltet*" (Nr. 13) sein muss – mindestens in ihren wesentlichen Vollzügen, wobei die konkrete Reichweite dieser Bestimmung offen bleibt.

„Die Tatsache, daß das Amt des Petrusnachfolgers *innerlich* zum eigentlichen Kirchesein jeder Teilkirche gehört, ist notwendiger Ausdruck jenes schon erwähnten Verhältnisses grundlegender *gegenseitiger Innerlichkeit* zwischen Gesamtkirche und Teilkirchen." (Nr. 13)

Diese Aussage kommt nicht ohne Anteile einer historischen Projektion aus. Dass sich der Primat des römischen Stuhls erst allmählich herausgebildet hat, fängt diese Feststellung nicht auf. Es bedarf einer rückwirkenden Inanspruchnahme des petrinischen Prinzips in einer sehr weit reichenden Fassung. Sie verbindet sich mit der Frage, was das faktische Fehlen des historisch entwickelten Primats für die Existenz der alten Kirche bedeutet und ob seine theologische Angemessenheit die nachträgliche historische Feststellung verlangt.

Eine sprachliche Beobachtung gehört im Übrigen in diesen Zusammenhang: Die Rede von der Communio tritt zunehmend zurück. Mit dem Ausdruck wechselt auch das Konzept in den Hintergrund. Das hierarchische Modell der Kirche als Leib mit einem Haupt bestimmt die Ausführungen

---

160 M. Kehl, Zum jüngsten Disput um das Verhältnis von Universalkirche und Ortskirchen, 91.

mehr und mehr. In der *Form treffen die Verfasser ihre entscheidende Aussage.*

(4) Zwar besteht die Einheit der Kirche „*cum Petro et sub Petro*" (Nr. 14), aber es gibt – mit der Überschrift von Kapitel IV – eine gleichzeitige „Einheit und Verschiedenheit in der kirchlichen Gemeinschaft" (Nr. 15-16). Im konkreten Leben der Ortskirchen behalten unterschiedliche Traditionen ihr Recht. Dieser Pluralismus wird allerdings an die grundlegendere Einheit der Kirche zurückgebunden, die der Papst repräsentiert und überwacht (Nr. 15).

(5) Diese Interpretation der Communio bedeutet für die Ökumene (V. „Kirchliche Gemeinschaft und Ökumenismus", Nr. 17-18), dass sich die wahre Communio der Kirche nur in der vollen Einheit mit dem Bischof von Rom findet. Das schließt wiederum die Bewahrung der apostolischen Sukzession und der gültigen Eucharistiefeier ein. Damit liegt das entscheidende Kriterium vor, mit dem die Beziehungen zu den unterschiedlichen christlichen Konfessionen und Gemeinschaften zu ordnen sind. Sie werden ganz auf der Linie des Dokuments hierarchisch angeordnet – je nach dem Grad der Nähe (Nr. 17).

Auf dieser Basis fordert das Dokument verstärkte ökumenische Bemühungen um die volle Communio. Der Text zitiert hier UR 4, verändert diese Passage allerdings signifikant. Das Konzil sprach von der Einheit, „die Christus seiner Kirche von Anfang an geschenkt hat" – die Glaubenskongregation redet von der *Einsicht*. Nuanciert wird der Ton verändert. Man muss nur die rechte Erkenntnis haben, um die Communio wiederherstellen zu können. Es fehlt der vorhergehende Hinweis des Konzils auf die dialogischen Anstrengungen, auf den konkreten Austausch, den Abbau von Vorurteilen und Missverständnissen, der dem vorgeordnet ist. In der gegebenen Fassung laufen die Ausführungen der Glaubenskongregation auf eine Rückkehr-Ökumene hinaus.

Insgesamt verschiebt dieser Text die ekklesiologischen Gewichte.[161] Die Communio-Ekklesiologie wird zugunsten des universalkirchlichen Prinzips

161 M. M. Garijo-Guembe bedauert über diese inhaltliche Akzentverschiebung und über die sprachlichen Schärfen hinaus eine *methodische* Umstellung des Schreibens gegenüber dem Ökumenismusdekret des 2. Vatikanischen Konzils, wenn man das hermeneutische Prinzip einer gegenseitigen Ergänzung in theologisch-kirchlichen Unterschieden zugunsten einer Anschärfung von Gegensätzen aufgebe. Vgl. M. M. Garijo-Guembe, Communio-Ekklesiologie. Zum Schreiben der römischen Glaubenskongregation über einige Aspekte der Kirche als Communio, in: US 47 (1992) 323-329.352. – Zur evangelischen Kritik vgl. H. Vorster, Geht es wirklich nur so? – Die Glaubenskongregation zur Kirche als Communio, in: US 41 (1992) 464-475; vgl. aus katholischer Sicht gleichfalls kritisch O. H. Pesch / Th. Schneider / L. Ullrich, Nachbemerkungen zum Beitrag von Hans Vorster, in: US 41 (1992) 475-478.

aufgebrochen und droht, eine entscheidende Pointe des Konzils aufzugeben. Der Differenzraum zwischen Partikular- und Universalkirchen wird verschoben – mit einem neuen Akzent auf der römischen Kapitale, die die Gesamtkirche repräsentiert. Der Text erscheint damit auch als ein Steuerungsprinzip, das auf die Anfragen eines forcierten kulturellen wie kirchlichen Pluralismus mit der Absicht reagiert, jeden Relativismus zu vermeiden – auch einen *orts*kirchlichen. Die Potenz, aber auch die theologische Dignität der entsprechenden Traditionen und Interpretationen wird dabei zwar nicht vollständig übersehen, hat aber keinen vergleichbaren theologisch konstitutiven Ort wie die Rede von der Universalkirche. In Begründungsfragen hat sie jeweils den Vorrang – womit noch einmal das gespannte Verhältnis zwischen Orts- und Universalkirche zwar benannt, jedoch nicht systematisch eingesetzt wird.

Vor diesem Hintergrund ist ein besonderer Aspekt der Rezeptionsgeschichte dieses Schreibens interessant: die Auseinandersetzung von Walter Kasper und Joseph Ratzinger um eine adäquate Verhältnisbestimmung von Orts- und Universalkirche.

3.3 Ein spätes Echo: Der „Streit der Kardinäle"

Die Diskussion zwischen diesen beiden bedeutenden Theologen ist schon in sich bemerkenswert. Sie erscheint umso interessanter, als sich hier am Ende des Notenwechsels zwei Kurienkardinäle gegenüber stehen, die zwei der wichtigsten vatikanischen Behörden leiten. Die Glaubenskongregation wie das Einheitssekretariat arbeiten im dogmatischen Kernbereich, sodass den divergierenden theologischen Aussagen ein erhebliches Gewicht zukommt. Dabei wird man von einem Richtungsstreit sprechen müssen. In der Auseinandersetzung um die Interpretationshoheit des letzten Konzils setzen sich unterschiedliche Traditionsmuster in der Rezeption fest. Beiden Argumentationslinien kommt dabei in der Vertretung durch die Kardinäle eine besondere Dignität zu. Beide Positionen erscheinen zulässig.

Die sensible Textsituation bestätigt sich in der Tonlage der jeweiligen Beiträge. Sie wechselt zwischen z. T. scharfen, durchaus nicht nur in der Sache forcierten Bemerkungen und dem Bemühen, eine Form „freundschaftliche(r) Auseinandersetzung" zu wahren, wie Walter Kasper seinen zweiten Beitrag untertitelt.[162] Sein erster Text ist ein Beitrag für die Festschrift von Bischof

---

162 Vgl. W. Kasper, Das Verhältnis von Universalkirche und Ortskirche.

Josef Homeyer.[163] Er steht unter den Vorzeichen eines Bandes, der mit dem programmatischen Titel „Auf neue Art Kirche sein" erscheint. Der Aufsatz des damaligen Rottenburger Bischofs fügt sich in einen Erwartungshorizont, dem die Ausführungen dann auch entsprechen.

Bereits der Eingangssatz spricht Klartext:

> „Es ist offenkundig, daß es in der gegenwärtigen Kirche zu einer Krise des kirchlichen Amtes gekommen ist."[164]

Die Situationsbeschreibung leitet zur Bestimmung des Bischofsamtes über, die Kasper im Anschluss an Thomas von Aquin unternimmt. Wie sich im Folgenden zeigen wird, ist dieser Bezug bewusst gewählt. Kasper konfrontiert nämlich Thomas mit Bonaventura, den er dezidiert als Papalisten ausweist. Thomas hingegen habe bereits

> „die sakramentale und eucharistische Dimension des Bischofsamtes im Ansatz wieder entdeckt, welche das II. Vatikanische Konzil wieder herausgestellt hat."[165]

Das ist für Kasper deshalb zentral, weil aus dieser Interpretation des Bischofsamts eine besondere Stellung jedes Bischofs und damit zugleich der jeweiligen Kirche vor Ort erwächst. Darüber hinaus weist er eine weitere wichtige thomistische Linie aus. Der Realist Thomas, so Kasper, habe die „Pfründenjäger und Postenschieber seiner Zeit" gekannt.[166] Daher sei er skeptisch gegenüber einer zu einfachen diakonalen Überhöhung des Episkopats gewesen:

> „Der Dienst für die anderen ist zwar nützlich und in sich löblich. Aber eine Vorrangstellung anzustreben, um anderen helfen zu können, ist Zeichen von Vermessenheit."[167]

Thomas – und mit ihm Bischof Kasper – fragt also nach der konkreten ideologischen Anfälligkeit jeder Theologie des bischöflichen Amtes. Seine folgenden Überlegungen stehen in diesem kritischen Rahmen.

Er wird wiederum präzisiert durch Ausführungen zum 2. Vatikanischen Konzil. Kasper sieht die konziliare Theologie des Bischofsamtes durch eine bemerkenswerte Spannung gekennzeichnet. Einerseits habe man das Vaticanum I aufgreifen und seiner Linienführung folgen müssen, andererseits

---

163 W. Kasper, Zur Theologie und Praxis des bischöflichen Amtes, in: W. Schreer / G. Steins (Hrsg.), Auf neue Art Kirche sein (FS Bischof Dr. J. Homeyer), München 1999, 32-48.
164 Ebd., 32.
165 Ebd., 38.
166 Ebd., 35.
167 Ebd.

sei bewusst die altkirchliche Überlieferung stark gemacht worden. Hieraus ergäben sich Rezeptionsprobleme, die Kasper ungewöhnlich scharf beschreibt:

> „Dem ‚progressiven‘ Versuch, das II. Vatikanum als kritische Durchkreuzung der zentralistischen Logik des I. Vatikanum zu lesen, steht der restaurative Versuch gegenüber, die Texte von *Lumen gentium* im Licht des I. Vatikanum als dessen Verlängerung zu interpretieren und damit den Zentralismus wiederherzustellen, den die Konzilsmehrheit des II. Vatikanum ganz offensichtlich überwinden wollte."[168]

Damit ist die kirchenpolitische Sinnspitze der weiteren Überlegungen angezeigt. Kasper weist darauf hin, dass über das Bischofsamt das partikularkirchliche Prinzip eine unverzichtbare Bedeutung für die Gesamtkirche hat. Der Bischof hat Verfassungsrang, und zwar nicht aufgrund einer juristischen Delegierung, sondern auf der Basis göttlicher Institution. Als Nachfolger der Apostel trägt er Verantwortung für seine Kirche. Das Vaticanum II bestätigt diese Auffassung, indem es drei Eigenschaften des Bischofsamts hervorhebt:

* Es ist pastoral verfasst, d.h. die Rechte des Bischofs spielen vor Ort und sind nicht ohne weiteres einzuschränken.

* Es ist kollegial ausgerichtet, d.h. es gibt neben einer hierarchischen Vertikale auch eine ebenso berechtigte Horizontale kirchlicher Verantwortung und Entscheidungskompetenz aller Bischöfe in der Nachfolge der Apostel.

* Schließlich ist es sakramental begründet, d.h. jeder Bischof hat die volle apostolische Amtsvollmacht. „Die Bischöfe sind also ‚vicarii et legati Christi‘ und nicht ‚vicarii Romanorum Pontificum‘."[169]

Diese Feststellung ist spitz. Der Bischof bezieht hier deutlich Position für die ihm übertragenen Rechte. Sie erhält zusätzlich Kontur durch die Ausführungen zur gespannten Hermeneutik der Konzilstexte. Das Nebeneinander von primatialer und kollegialer Ekklesiologie bietet Spielräume, die zugleich jederzeit wieder einseitig eingeschränkt werden können. Nach Kasper hat das Konzil „zwei inadäquat zu unterscheidende Subjekte der höchsten Gewalt" installiert.[170] Die entscheidende Frage ist,

> „ob die Autorität und Initiative des Kollegiums nicht *praktisch* zu einer bloßen Fiktion wird, wenn der Papst sie jederzeit unterbinden kann, wenn aber umgekehrt er jederzeit auch ohne formelle Mitwirkung des

---

168 Ebd., 39.
169 Ebd., 41.
170 Ebd., 42. Das folgende Zitat ebd.

Kollegiums – nicht als *persona privata*, sondern als Haupt des Kollegiums – entscheiden und handeln kann."

Die Stellung der Ortskirchen würde damit faktisch unterwandert. Weil diese Möglichkeit faktisch besteht – und Kasper wohl konkrete Erfahrungen in dieser Richtung vor Augen hat –, steht das „Verhältnis von Universalkirche und Partikular- bzw. Ortskirche"[171] theologisch auf dem Programm. Erneut auf dem Boden des Konzils besteht Kasper darauf, dass die Kirche in den Ortskirchen gegeben sei. Die Kirche ist weder ein Zusammenschluss von Teilkirchen noch ist sie umgekehrt die eigentliche Kirche, die sich dann lediglich ausdifferenziere bzw. ihre Kompetenzen nach unten delegiere.

„Teilkirche und Universalkirche realisieren sich perichoretisch ineinander; sie sind sich gegenseitig innerlich".[172]

An dieser Stelle greift Kasper ausdrücklich das Schreiben der Glaubenskongregation „über einige Aspekte der Kirche als Communio" auf. Er stimmt zu, dass zu Recht die Auffassung kritisiert werde, wonach eine Ortskirche eine autonome Größe sei. Allerdings werde das auch von keinem seriösen katholischen Theologen behauptet – womit der Einspruch der Glaubenskongregation gegenstandslos erscheint. Diese in der Sache wiederum scharfe Kritik legt nahe, dass der Autor den Anlass des Schreibens in einem anderen Zusammenhang sieht. Angesichts seiner vorhergehenden Ausführungen legt Kasper nahe, dass es um einen theologischen Grundlagenstreit geht.

Seine Position markiert er im Gegenzug zur These vom ontologischen und zeitlichen Vorrang der Universalkirche. Die argumentative Strategie entfaltet er in mehreren Schritten:
1. Er stimmt grundsätzlich zu, dass die Ortskirchen in und aus der einen Universalkirche existieren.
2. Zugleich muss geklärt werden, was man unter Universalkirche genau versteht.
3. Die lukanische Urgemeinde der Apostelgeschichte war Universal- und Ortskirche gleichermaßen.
4. Dabei handelt es sich um ein theologisches Interpretament des Lukas, das im Dienst seines ekklesiologischen Konzepts und seiner Pfingsttheologie steht.
5. Historisch muss man neben der theologischen Deutung festhalten, dass es auch galiläische Gemeinden gab.
6. Das bedeutet im gegebenen Zusammenhang: „Die eine Kirche bestand also von Anfang an ‚in und aus' Ortskirchen."[173]

---

171 Mit der Überschrift von Kapitel 2.4 seines Aufsatzes: ebd., 43.
172 Ebd.
173 Ebd., 44.

Auf der Grundlage dieser Rekonstruktion formuliert Kasper mit Blick auf die These von der „Ecclesiae in et ex Ecclesia":

„Vollends problematisch wird die Formel, wenn die eine universale Kirche unter der Hand mit der römischen Kirche, *de facto* mit Papst und Kurie, identifiziert wird. Geschieht dies, dann kann man das Schreiben der Glaubenskongregation nicht als Hilfe zur Klärung der Communio-Ekklesiologie, sondern muß es als deren Verabschiedung und als Versuch einer theologischen Restauration des römischen Zentralismus verstehen. Dieser Prozeß scheint in der Tat im Gange zu sein. Das Verhältnis von Orts- und Universalkirche ist aus der Balance geraten."[174]

Nicht zuletzt die polemische Anlage dieser theologischen und kirchenpolitischen Einschätzung hat den energischen Widerspruch von Kardinal Ratzinger herausgefordert. Seine Stellungnahme muss im Kontext einer anderen Reaktion gelesen werden. Als er auf die Kritiker der Erklärung „Dominus Iesus" antwortet, beide Male in derselben Zeitung veröffentlicht, greift er karikierend Aspekte auf, die sich auch im Fazit von Walter Kasper wieder finden:

„Dieses Vokabular, in dem die Begriffe Fundamentalismus, römischer Zentralismus und Absolutismus, Rückfall hinter das Zweite Vatikanum nie fehlen dürfen, kann ich nun wirklich seit langem auswendig. Ich brauche gar nicht auf die Nachrichten zu warten, ich könnte solche Verlautbarungen sofort selbst formulieren, weil sie sich ganz unabhängig vom Inhalt jedesmal wiederholen."[175]

Man kann vor diesem Hintergrund erahnen, wie den Präfekten der Glaubenskongregation die Kritik von Walter Kasper getroffen und wie er sie eingeschätzt haben muss. In einem grundsätzlicheren Beitrag zur Ekklesiologie des 2. Vaticanums hat sich Ratzinger zu den Vorwürfen geäußert.[176] In der weiter verbreiteten deutschen Kurzfassung, die in der FAZ erschien, korrigiert er schon eingangs die allgemeine Einschätzung zur Communio-Ekklesiologie des Konzils. Sie bezeichne zwar den ekklesiologischen Ansatz, das Wort selbst habe aber „keine zentrale Stellung" eingenommen.[177] Damit wird der Gebrauch des theologischen Konzepts neu justiert. Genau

---

174 Ebd.
175 J. Ratzinger, „Es scheint mir absurd, was unsere lutherischen Freunde jetzt wollen." Die Pluralität der Bekenntnisse relativiert nicht den Anspruch des Wahren: Joseph Kardinal Ratzinger antwortet seinen Kritikern, in: FAZ v. 22.9.2000 (Nr. 221), 51f.; hier: 51. – Zum Ganzen vgl. Kapitel 8 dieser Studie.
176 Vgl. J. Ratzinger, L'ecclesiologia della Costituzione „Lumen gentium".
177 J. Ratzinger, Die große Gottesidee „Kirche" ist keine Schwärmerei, 46.

darum geht es im Folgenden: Man muss Communio richtig verstehen und verwenden.

Dazu ist zunächst die streng theologische Dimension des Ausdrucks festzuhalten. Kirche als Communio ist in der Gemeinschaft des dreieinigen Gottes und in seiner Inkarnation begründet. Gott gibt dem Menschen Anteil an dieser Wirklichkeit, indem er ihm in der Eucharistie selbst begegnet – indem er Communio zwischen Gott und Mensch stiftet. „Die Communio-Ekklesiologie ist von innen her eucharistische Ekklesiologie."[178] Daraus lässt sich eine wichtige Doppelbestimmung ableiten:

> „Eucharistie geschieht am jeweiligen Ort und ist doch zugleich immer universal, weil es nur einen Christus gibt und nur einen Leib Christi. Eucharistie schließt den priesterlichen Dienst der Repraesentatio Christi und damit das Netz des Dienens ein, das Miteinander von Einheit und Vielheit, das sich schon im Wort Communio andeutet."[179]

In dieser Communio wird das Spannungsverhältnis von Einheit und Vielfalt ausgetragen. Argumentationsstrategisch ist diese Passage von erheblicher Bedeutung, weil sich hier bereits eine ekklesiologische Basistheorie abzeichnet: eine Theologie der Repräsentation und Stellvertretung. Sie wird amtstheologisch ausgeführt und legt einen Schluss nahe, der freilich nicht mehr ausdrücklich gezogen wird: Die *Repraesentatio Christi* ist nicht zuletzt über den Titel des Stellvertreters Christi an den Papst gebunden.

Im Folgenden wendet sich Ratzinger gegen eine „fortschreitende Horizontalisierung" der Communio-Ekklesiologie, womit die vertikale Perspektive profiliert wird. Im Aufsatz steht sie unter dem Vorzeichen des Gottesbezugs. Eine weitere vertikale Dimension springt aus dem Texthintergrund mit der hierarchischen Ordnung der communial verfassten Kirche ein.

Für Ratzinger ist ein wesentliches Problem der Communio-Ekklesiologie, dass sie auf das Verhältnis von Orts- und Universalkirche eingeschränkt werde. Stattdessen müsse die streng theologische Dimension zurückgewonnen werden. Mit anderen Worten: Es geht statt um die soziologisch-institutionelle Verortung der Kirche um ihren Ursprung im Heilsplan Gottes. Der Kardinal ruft auf dieser Linie noch einmal die Überlegungen seines Schreibens vom 28.6.1992 in Erinnerung, die in der Spitzenthese vom ontologischen und zeitlichen Priorität der Universalkirche gipfelten. Die Vätertheologie greift hier auf rabbinische Deutungen der Thora und Israels als präexistenter Größen zurück. Die Kirche Jesu Christi wird von den Vätern mit Israel identifiziert. Sie kann keine zufällige Entwicklung sein, sondern ist in Gottes Heilswillen gesetzt und damit gleichsam schon der Schöpfung

---

178 Ebd.
179 Ebd.

selbst vorgeordnet, weil diese teleologisch auf das letzte Ziel hingeordnet ist.

Dieser Gedanke wird christologisch weiter entwickelt. Die gesamte Geschichte ist Aspekt der Liebesgeschichte zwischen Gott und Mensch. Die Kirche erscheint als Braut Christi, die er sich erwählt hat.

> „Von dem Genesis-Wort her, daß Mann und Frau ‚zwei in einem Fleisch‘, sein werden (Gen 2, 24), verschmolz das Brautbild mit der Idee von der Kirche als Leib Christi. Der eine Leib Christi wird bereitet; Christus und die Kirche werden ‚zwei in einem Fleisch‘, ein Leib sein, und so wird ‚Gott alles in allem‘ werden. Diese ontologische Vorgängigkeit der Gesamtkirche… scheint mir so offenkundig, daß mir schwerfällt, die Einsprüche dagegen zu verstehen.“[180]

Über den polemischen Rückpass hinaus muss der Theorierahmen analysiert werden, um die behauptete Evidenz des Gedankens angesichts seiner kritischen Bestreitung einordnen zu können. Zwei Voraussetzungen tragen die Argumentation: erstens die Übertragung des Präexistenzgedankens, zweitens die grundlegende Leib-Metapher. Nimmt man die Idee der Präexistenz der Kirche ernst, muss in einem heilsgeschichtlichen Konzept jedes Ereignis und jede Institution einen vergleichbaren Ort im Gesamtplan Gottes haben. Die entscheidende Frage ist, ob die theologische Spekulation eine interpretatorische Kraft zur Verortung der in Frage stehenden Verhältnisbestimmung hat. Darüber hinaus ist zu fragen, ob diese Metapher eine derart strenge Konsequenz trägt. Es gibt weitere, unterschiedliche Kirchenbilder, die weniger hierachisch implementierbar sind. Problematisch erscheint darüber hinaus, dass mit der Rede vom einen Leib Christi und der Kirche das chalkedonensische „ungetrennt und unvermischt“ nicht angemessen zur Sprache kommt. Was vor allem bedeutet diese Formel, wenn es um die konkrete geschichtliche Kirche geht? Sie steht aber im Brennpunkt der Auseinandersetzung.

Ratzinger will vor allem eins verhindern: einen „ekklesiologischen Relativismus“.[181] Wenn er nachweisen kann, dass die eine Kirche von Anfang an im Heilswillen Gottes begründet ist, kann sich ihre konkrete geschichtliche Wirklichkeit von dieser Gottesgründung her entfalten lassen. Ausdrücklich gegen Walter Kasper hält er deshalb fest, dass die Kirche noch vor der Urgemeinde das restituierte Israel des Zwölferkreises sei. Sie entsteht im Pfingstwunder seiner universellen Kommunikationsfähigkeit. Für Ratzinger ist noch vor der Jerusalemer Ortsgemeinde in diesem Sprachwunder die eine und alles umgreifende Kirche entstanden. Sie ist gerade deshalb

---

180 Ebd.
181 Ebd.

keine kontingente menschliche Einrichtung, keine einfachhin wandelbare Institution.

> „Die Kirche Christi ist nicht ungreifbar hinter den vielfältigen menschlichen Bildungen versteckt, sondern es gibt sie wirklich, als leibhaftige Kirche, die sich im Bekenntnis, in den Sakramenten und in der apostolischen Nachfolge ausweist."[182]

Faktisch wird die präexistente Kirche Christi mit der römisch-katholischen Kirche identifiziert, insofern sie als einzige dem geforderten sakramentalen und apostolischen Profil entspricht. Von daher werden auch die geschichtlichen Differenzmuster in dieser prekären Kirchenidentität nicht benannt, obwohl Ratzinger eigens darauf hinweist, dass es nicht um eine Identifizierung von römischer Orts- und Universalkirche geht. Die Präsuppositionen im Verständnis der ekklesiologischen Merkmale der Apostolizität und Sakramentalität müssen an dieser Stelle – und zumal am Ende des Textes mit gehobener Betonung – eine engere Deutung nahe legen. Nicht zuletzt von daher wird der Text ökumenisch relevant.

Zumal aus seinem ökumenischen Engagement heraus hat Walter Kasper seinerseits die Diskussion fortgesetzt. Mit seinem zweiten Beitrag wählt er eine sprachlich weniger harte Linie, ohne in der Sache selbst freilich nachzugeben.[183] Er bleibt bei seinem Vorwurf, der römische Zentralismus habe nach dem Konzil neu Fahrt aufgenommen, sieht diese Entwicklung aber nun differenzierter auch im Zusammenhang pastoraler Notwendigkeiten, etwa in der „berechtigte(n) Sorge um die Situation mancher Teilkirchen, wo es manchmal eine Verherrlichung des Pluralismus und der ortskirchlichen Besonderheiten gibt, welche die ideologischen Züge eines kirchlichen Nationalismus trägt".[184] Wenn er allerdings davon spricht, dass es ungerecht wäre, „dahinter nur kurialen Machtwillen zu vermuten"[185], bringt er ihn mit der einschränkenden Partikel *nur* freilich trotzdem in Anschlag. Nicht minder klar hebt er sich vom Vorwurf Kardinal Ratzingers ab, seine eigene Deutung beinhalte eine soziologische und institutionstheoretische Reduktion des Kirchenbegriffs – also faktisch seine Enttheologisierung. „Dies ist ein schlimmes Missverständnis und eine Karikatur meiner Auffassung."[186]

Die ekklesiologische Auseinandersetzung konzentriert Kasper auf die ntl. Ekklesiologien als Ausgangspunkt jeder theologischen Interpretation. Bei Paulus sieht Kasper mit einschlägigen Exegeten einen Vorrang der Ortskirche. Ekklesia ist wesentlich die Gemeinde vor Ort. In ihr ist die Kirche

---

182 Ebd.
183 W. Kasper, Das Verhältnis von Universalkirche und Ortskirche.
184 Ebd., 796.
185 Ebd.
186 Ebd., 797.

Christi gegeben. Bei Lukas finden sich beide Perspektiven verschränkt. Historisch führt der Blick dann weiter auf die alte Kirche. Hier ist mit der von einem Bischof geleiteten Kirche erneut die Kirche Jesu Christi aktualisiert. Die universale Kirche als Communio geht von diesen Kirchen historisch aus und ist ihnen theologisch gegeben.

> „Weil in den einzelnen Kirchen die eine Kirche anwesend ist, stehen die Einzelkirchen untereinander in ‚communio'."[187]

Das bedeutet:

> „Ortskirche und Universalkirche durchdringen sich gegenseitig."[188]

Mit dieser perichoretischen Formel greift Kasper bewusst auf eine trinitätstheologische Unterfassung seiner ekklesiologischen Bestimmung zurück, die Kardinal Ratzinger in seiner Replik gefordert hatte. Zugleich können von hier aus grundlegende Gemeinsamkeiten genauer benannt werden. Als Konsens weist Kasper drei Überzeugungen an:
1. dass Jesus Christus nur die eine Kirche gewollt habe;
2. dass diese Kirche „in und aus' Ortskirchen" bestehe[189];
3. dass in der perichoretischen Durchdringung von Partikular- und Universalkirche die Einheit nach dem Bild der innergöttlichen Trinität letztlich ein Geheimnis bleibe.

An letzterem Punkt sieht Kasper weiterhin Klärungsbedarf, insofern die These vom ontologischen und zeitlichen Primat der Universalkirche das sensible Spannungsverhältnis aufzulösen drohe. Daher führt Kasper noch einmal Argumente zu einer veränderten Bestimmung dieser These an.
1. Exegetisch ist die Pfingsterzählung des Lukas als narratives Konstrukt zu begreifen. Historisch muss von anderen Ursprungsverhältnissen ausgegangen werden. Für sie steht eine andere theologische Deutung mit der Aufwertung der lokalkirchlichen Traditionen zur Verfügung, die sich darum nicht aus ihrem gesamtkirchlichen Bindungszusammenhang lösen müssen.
2. Selbst wenn man von der „zeitbedingten Aussageform" der Präexistenzthese absieht, bleibt eine entscheidende Frage:

> „Denn wer sagt, daß die Präexistenz nur von der universalen Kirche und nicht auch von der konkreten Kirche ‚in und aus' Ortskirchen verstanden werden kann? Warum soll die eine Kirche nicht als Kirche ‚in und aus' Ortskirchen präexistieren? Die These von der Präexistenz der

---

187 Ebd., 798.
188 Ebd., 799.
189 Ebd., 800.

Kirche beweist deshalb nichts für die These vom Primat der universalen Kirche."[190]

3. Hinter der ekklesiologischen Debatte verbirgt sich eine verschwiegene philosophische. Der platonische Idealismus mit Vorordnung des Allgemeinen steht einem aristotelischen Interesse am Konkreten gegenüber. Exemplarisch sei dies die philosophisch-theologische Differenz zwischen Bonaventura und Thomas von Aquin, die bei Bonaventura zu einer stärkeren Gewichtung des universalkirchlichen Prinzips und im Gegenzug bei Thomas zu einer anderen Akzentsetzung geführt habe.

Kasper schließt an diesen Gedanken eine ökumenische Reflexion an: Nur mit einem derart gespannten Kirchenkonzept lasse sich überhaupt das ökumenische Ziel einer *versöhnten Verschiedenheit* vertreten. Das so beanspruchte Modell einer differenzoffenen Identität und der damit verbundenen Hermeneutik steht freilich mit dem Theoriekonzept der Glaubenskongregation und ihres Präfekten zur Diskussion.

Von daher wiegt es schwer, dass Kardinal Ratzinger in seinem letzten Beitrag noch einmal klar macht,

> „that the letter fom the congregation never dreamt of identifying the reality of the universal church with the pope and Curia, and hence that the fears voiced by Kasper were groundless."[191]

Offen bleibt für Ratzinger der Stellenwert der perichoretischen Formel, die er grundsätzlich akzeptiert. Allerdings stellt er sie auf metaphysischen Einheitsgrund. Für ihn ist der entscheidende Impuls der Heilsgeschichte die Vereinigung von Gott und Mensch. Der Gedanke der Einheit ist danach ontologisch basal und jedem Differenzierungsprozess vorgeordnet. Es geht weniger um einen platonisch-aristotelischen Paradigmenstreit, sondern in der Lesart Ratzingers vielmehr um eine heilsgeschichtliche Perspektive der Erlösung als Vereinigung von Gott und Mensch. An dieser Stelle wird deutlich, wie sehr die ekklesiologischen und damit auch die ökumenischen Auseinandersetzungen um die Bestimmung von Identitäts- und Differenzdenken kreisen. Für Ratzinger ist klar: Wenn es nur einen Leib Christi gibt, dann auch nur die eine Kirche.

> „Variety becomes richness only through the process of unification… The inner priority of unity, of the one bride to her essential variety, seems to be plainly evident."[192]

---

190 Ebd., 801f.
191 J. Ratzinger, The Local Church and the Universal Church, 8.
192 Ebd., 10.

Dies lässt sich noch einmal offenbarungstheologisch begründen. Im Wort Gottes offenbart sich der eine Gott als Herr seiner Kirche. Es ist diese eine Kirche in der einen Taufe, mit der überall auf der Welt der Christ nicht bloß Teil seiner Ortskirche, sondern Mitglied der einen universalen Kirche wird – die im Übrigen nun deutlich mit der katholischen Kirche ident erscheint.

Die entscheidende Frage ist nun: Wie wird diese Offenbarung *wahrgenommen*? Setzt die Wortoffenbarung nicht den Pluralismus von Worten und Interpretationen historisch voraus? Ist nicht die ortskirchliche Verschränkung mit der universalkirchlichen Einheit ein unausweichlicher Differenzierungsvorgang, der darüber hinaus trinitarischen, weil relationalen, also ausdifferenzierten Grund hat?

In seiner letzten Antwort greift Kasper noch einmal den perichoretischen Grundansatz auf. Dabei stellt er fest, dass Ratzinger in seiner letzten Replik die These vom ontologisch-zeitlichen Vorrang der Universalkirche aufgegeben habe, um sie durch die Rede vom einen Leib und von der einen Braut zu ersetzen und auch anders zu bestimmen. Zugleich sieht er in der transzendentalen Einheits-Bestimmung einen Raum pluraler Entfaltung sowohl in der platonischen wie in der aristotelischen Schule eröffnet. Damit besteht Kasper in ekklesiologischer Sinnrichtung weiterhin energisch auf dem Recht pluraler, lokal gebundener Kirchentraditionen.

Nach dem Abbau gegenseitiger Vorwürfe und Missverständnisse bleiben für ihn eher marginale Fragen offen – wobei er jene Gemeinsamkeit im Grundverständnis voraussetzt, wie er es pluralismusoffen entwickelt hat. Dies sedimentiert sich auch in seiner tauftheologischen Anfrage. Nach Kasper wird man in der Taufe Glied der einen universalen Kirche, aber doch in einer konkreten Ortsgemeinde mit ihrer eigenen bischöflichen Verfassung und deren apostolischer Überlieferung. Diese ekklesiologische Grundspannung von Universalität und Partikularität, von Einheit und Vielfalt muss eben perichoretisch, in solcher Differenz ausgetragen werden. Das hat eine erhebliche Konsequenz. Gerade als inkarnatorische Kirche, als Leib Christi, ist die Kirche nicht, erneut platonisch gesprochen, eine abstrakte Größe, eine Idee, sondern konkret – eben Ortskirche. Hier muss es die legitime Auseinandersetzung um pastorale und auch kirchenpolitische Optionen geben – und zwar gerade aus (inkarnations-) theologischen Gründen. Dieses Problem ist also nicht nebensächlich, nichts „bloß Kirchensoziologisches".

Damit endet diese Debatte in einem Patt ekklesiologischer, aber auch Theorie tragender Konzepte. Diese Pluralität der Lesarten ist als Problem wie als Faktum festzuhalten. Kasper kommt darauf an anderer Stelle zurück[193] und legt damit indirekt nahe, dass schon das 2. Vatikanische Konzil

---

193 Vgl. W. Kasper, Das Verhältnis von Universalkirche und Ortskirche, 802: „Der mittelalterliche Streit zwischen mehr platonisch und mehr aristotelisch-tho-

unterschiedliche, also kontextuell und lokal gebundene Entwicklungen zugelassen habe. Die faktische Vielfalt an einer entscheidenden Schnittstelle theologischer Auseinandersetzung spielt einem Pluralismus zu, den beide Parteien nicht beschneiden können. Das Gewicht der Dikasterien erhält hier eine sprachpragmatisch besondere Aussagekraft. Damit wird deutlich, dass das Kontextproblem des Pluralismus unmittelbar in zentrales kirchlich-theologisches Gelände vordringt. Alle Fragen eines kirchlichen Pluralismus, nicht zuletzt ökumenische, werden in diesem ekklesiologischen Streit unausgesprochen mitverhandelt. Dabei ist eins klar: Wenn sich eine doppelte Lesart durchsetzen lässt, wie sie Kasper vorschwebt, ist de facto zugunsten seiner Sache entschieden. Denn nur seine Position kann einen kirchlich-theologischen Pluralismus mit den gegebenen ekklesiologischen Mitteln auffassen. Es ist aufschlussreich, dass dieser entscheidende Aspekt nicht offen zwischen den Disputanten ausgetragen wird – denn er würde entweder einen ekklesiologischen Pluralismus in der Konzilsrezeption bestätigen oder in die brisante Lage versetzen, dass einer der beiden Kardinäle eine unzutreffende Theologie der Kirche vertritt. Für die Glaubenskongregation wie für das Einheitssekretariat ein unhaltbarer Zustand!

mistisch denkenden Theologen ist ein Schulstreit innerhalb des gemeinsamen Glaubens der Kirche. Bonaventura und Thomas von Aquin, welche in dieser Frage wie in der Frage der päpstlichen Universalautorität unterschiedliche Wege gingen, sind beide anerkannte Kirchenlehrer; beide werden als Heilige verehrt. Warum sollte eine im Mittelalter mögliche Vielfalt heute nicht mehr möglich sein?"

4. KATHOLISCHER HAFTPUNKT: DAS „DIREKTORIUM ZUR AUSFÜHRUNG DER PRINZIPIEN UND NORMEN ÜBER DEN ÖKUMENISMUS" (1993)

Neben den theologischen Dokumenten spielen auch die rechtlichen Texte und Regelungen eine zentrale Rolle im ökumenischen Gespräch. Für die katholische Seite sind dabei die unterschiedlichen Verbindlichkeitsgrade der lehramtlichen Textsorten zu berücksichtigen. Ohne Bezug auf das geltende Kirchenrecht und seine unterschiedlichen Interpretationen und Aktualisierungen lässt sich der Stand des ökumenischen Dialogs nicht korrekt bestimmen.

Von daher kommt dem Ökumenischen Direktorium, das der *Päpstliche Rat zur Förderung der Einheit der Christen* am 25.3.1993 unter Leitung seines damaligen Präsidenten Kardinal Edward Idris Cassidy erließ, ein besonderes Gewicht zu.[194] Seine Regelungen verfolgen eine theologische Richtung, die in dem Maße normativ erscheinen muss, wie es der Text auch für seine konkreten Bestimmungen vorsieht.

4.1 Voraussetzungen und Konzept

Das Direktorium fußt in theologischer und kirchenrechtlicher Hinsicht auf zwei Voraussetzungen: den Aussagen des 2. Vatikanischen Konzils sowie des CIC von 1983. Der Anmerkungsteil verdeutlicht dies. Die meisten Zitate und Verweise beziehen sich auf diese beiden Quellen. Damit wird ein konkreter Anspruch verbunden. Das Direktorium versteht sich als maßgebliche Interpretation und Übersetzung dieser beiden verbindlichen lehramtlichen Traditionsträger. Seine Aufgabe erhält es von einer Vorgabe Johannes Paul II., die im Vorwort angeführt wird. Die veränderten Bedingungen des ökumenischen Dialogs machen eine Überarbeitung des alten Direktoriums von 1967 bzw. 1970 erforderlich und verlangen, „daß die Weisungen un-

---

194 Der Text liegt auf Deutsch vor als Nr. 110 der Verlautbarungen des Apostolischen Stuhls, hrsg. v. Sekretariat der Deutschen Bischofskonferenz, Bonn 1993. Im Folgenden mit Nummern im Text zitiert.

verzüglich auf den heutigen Stand gebracht werden." (Nr. 3) Hier wird eine theologische Entscheidung getroffen, die wiederum konzilstheologische Bezüge offen legt. Ökumenische Theologie ist gerade in ihren juristischen Konsequenzen situativ bestimmt und muss also kontextreflex erfolgen. Immer wieder weist das Direktorium deshalb darauf hin, dass die ortskirchlichen Bedingungen zu berücksichtigen seien. Theologie wird in den Zeichen der Zeit betrieben – unter besonderer Berücksichtigung der Pastoral als dogmatischem Ort. Im selben Zusammenhang werden auch die communialen Aspekte der Ekklesiologie ökumenisch genutzt, um die teilkirchlichen Traditionen zu stützen.

Als rechtlich-normative Textsorte enthält das Direktorium vor allem Regelungen für die ökumenischen Gestaltungsmöglichkeiten und -anforderungen. Es arbeitet unter der entscheidenden Voraussetzung, dass der ökumenische Prozess unumkehrbar ist und dass die ökumenische Perspektive eine Grunddimension allen kirchlichen Sprechens und Handelns ausmacht. Vor allem in den Ausführungen zur kirchlichen Bildung wird dieser Bezug verankert (Kapitel III), er kommt aber ebenso im Blick auf die verschiedensten kirchlichen Handlungsfelder – von caritativen Aufgaben bis zu den Medien – zur Geltung.

Der Text wird in fünf Kapitelschritten organisiert. Das erste, theologisch grundlegende Kapitel beschreibt „Die Suche nach der Einheit der Christen". Es enthält die tragenden ekklesiologischen Reflexionen. Kapitel II thematisiert die ökumenischen Aufgaben in der katholischen Kirche und entwickelt die unterschiedlichen Einsatzfelder bzw. Organisationsformen vom diözesanen Ökumene-Beauftragten bis zu den einzelnen Strukturen und Kommissionen. Das folgende Kapitel hält die Innenperspektive bei und legt die ökumenischen Ausbildungsformen fest. Mit dem 4. Kapitel wird das Interesse auf die Ökumene aller Getauften gerichtet. Hier geht es um die Möglichkeiten ökumenischer Gemeinschaft vor allem unter sakramentalen, allgemeiner aber auch unter spirituellen Gesichtspunkten. Die entsprechenden rechtlichen Bestimmungen greifen auf die Texte des Konzils und des CIC von 1983 zurück. Das abschließende 5. Kapitel markiert eine eigene *Hierarchie der Wahrheiten*: Erst auf der Basis gemeinsamen Betens und Glaubens lassen sich die Formen konkreter Zusammenarbeit richtig einordnen. Ziel der Ökumene muss deshalb immer die volle, eucharistische Kirchengemeinschaft sein. Dem wollen die z. T. allgemein orientierenden, z. T. aber auch verpflichtenden Ausführungen des Ökumenischen Direktoriums dienen. Es verfolgt dabei drei spezielle Ziele. Es will

1. Unklarheiten in der Lehre ausräumen,
2. Missbräuche vermeiden und
3. damit ganz allgemein jedem „Indifferentismus" entgegenarbeiten (Nr. 6).

Dieser Ausdruck, mehr aber noch die Problembenennung weist auf den Zusammenhang hin, in den sich dieser Text stellt. Mehrfach werden Chancen, aber auch Gefahren eines kirchlichen Pluralismus der Denkformen und Lebensweisen erwähnt. Der gesellschaftliche, aber auch theologisch-kirchliche Pluralismus, wie er dreißig Jahre nach dem Konzil nicht nur unabweisbar, sondern inzwischen auch weitaus herausfordernder erscheint, entlässt einen Problemdruck, auf den sich die Kirche neu einstellen muss. Daher das neue Direktorium. Daher die Forderung, den Bedingungen der jüngeren ökumenischen Entwicklungen Rechnung zu tragen. Daher die Verweise auf eine veränderte Zeugnissituation. Und so

„erkennt die katholische Kirche an, daß in Situationen eines religiösen Pluralismus die Zusammenarbeit auf dem Gebiet der Katechese ihr Leben und das der anderen Kirchen und kirchlichen Gemeinschaften bereichern und auch ihre Fähigkeit stärken kann, inmitten der Welt – soweit wie heute möglich – ein gemeinsames Zeugnis für die Wahrheit des Evangeliums abzulegen." (Nr. 188)

Genau das aber erscheint vordringlich. Die – im weitesten Sinn – missionarische Perspektive bestimmt den Ton des Textes. Dann lautet aber die entscheidende Frage, ob die theologische Konzeption des Direktoriums in ihren ökumenischen Konsequenzen dem Anforderungsprofil dieser Kontextbestimmung entspricht. Mit welcher fundamentaltheologischen Denkform operiert der Text? Gibt er den *externen* Bedingungen des *internen* Sprechens den entsprechenden theo-logischen Raum?

4.2. Die theologische Perspektive des Direktoriums – entlang Kapitel I

Diese Frage muss von der ekklesiologischen Idee des Direktoriums her beantwortet werden. Sie wird im 1. Kapitel (Nr. 9-36) entwickelt. Ihr Vorzeichen: die Communio-Ekklesiologie des Konzils (Nr. 12-17). Die Kirche ist *communio sanctorum*, und zwar in dreifacher Hinsicht: Sie wird eschatologisch vollendet werden, sie ist in Gestalt der Kirche bereits Teil unserer Wirklichkeit, allerdings auf dem Weg zu dieser Vollendung hin. Das eschatologische Spannungsgefüge wird in der Bestimmung von Universal- und Partikularkirche aufgegriffen. Ein Jahr nach dem Schreiben der Glaubenskongregation zur Communio-Theologie veröffentlicht, greift das Direktorium mindestens indirekt in einen schwelenden Interpretationsstreit ein.

„Diejenigen, die vereint in Glaube, Hoffnung und Liebe, in gegenseitigem Dienst, in gemeinsamer Lehre und in den Sakramenten unter der Leitung ihrer Hirten leben, haben teil an der Gemeinschaft, welche die Kirche Gottes bildet. Diese Gemeinschaft ist konkret verwirklicht in den Teilkirchen, von denen jede um ihren Bischof versammelt ist. In jeder von diesen ‚ist die eine, heilige, katholische und apostolische Kirche Christi wahrhaft gegenwärtig und lebendig‘. Diese Gemeinschaft ist ihrer Natur nach universal." (Nr. 13)[195]

Vom ontologischen und zeitlichen Vorrang der Universalkirche ist hier keine Rede. Stattdessen kommt den Ortskirchen ein gleiches Recht zu. Das ist ökumenisch relevant. Mit dieser Perspektive können die unterschiedlichen lokalen Überlieferungen positiver gesehen werden. Das wiederum lässt einen freundlicheren Blick auf verschiedene kirchliche Stile und Interpretationen zu. Auch wenn klar ist, dass die wahre *communio sanctorum* aus katholischer Sicht in der römischen Kirche verwirklicht ist, kann damit doch zugleich aufgewertet werden, dass es Unterschiede gibt. Die Konfessionen erscheinen vor diesem Hintergrund in einem anderen Licht.

Die weiteren Ausführungen paraphrasieren weitgehend die entscheidenden ekklesiologischen Partien des Konzils. Dabei sticht eine Formulierung hervor:

„Alle, die die Botschaft annehmen, treten in die Gemeinschaft mit all denen ein, die die Botschaft bereits angenommen haben, und bilden mit ihnen eine authentische Familie Gottes." (Nr. 15)

Diese Gemeinschaft wird bestimmt über das apostolische Bekenntnis. Im gegebenen Zusammenhang meint sie die Teilkirchen in der Communio mit der *einen, heiligen, katholischen und apostolischen Kirche*. Der Bezug auf das Credo öffnet diese Bestimmung allerdings zugleich signifikant. Denn die frohe Botschaft wird von jedem angenommen, der sich taufen lässt. Alles hängt nun daran, die Kennzeichnung „katholisch" zu füllen. Wenn das altkirchliche Bekenntnis aufgerufen wird, ist nicht zuerst an eine konfessionelle Bestimmung zu denken. Katholisch im Sinne von *umfassend* markiert dann aber, dass sich alle Christen als *authentische Familie Gottes* verstehen dürfen. Jeder konfessionelle Unterschied bleibt an diesen grundsätzlichen Zusammenhalt gebunden. Die vorliegende assoziative Entfaltung der Communio-Ekklesiologie erlaubt von daher, die enge Beziehung zwischen allen Getauften deutlicher zu benennen.

---

195 Das Zitat im Zitat: CD 11.

„Zu beachten ist, daß die beiden Teilaussagen: Gemeinschaft – aber nicht volle, nicht auf einer Ebene stehen. Die Gemeinschaft ist tiefer als die durch das ‚nicht voll' ausgedrückte Trennung."[196]

Der anerkennende Blick auf die anderen Christen und Kirchen bestimmt deutlich erkennbar die ökumenische Hermeneutik des Direktoriums.

Erst auf dieser Basis werden die Grundlinien katholischer Ekklesiologie noch einmal ins Bewusstsein gerufen. Im selben Atemzug, in dem mit LG 8 darauf hingewiesen wird, „daß die eine Kirche Christi in der katholischen Kirche subsistiert" und „daß sich die Fülle der geoffenbarten Wahrheit, der Sakramente und des Amtes... in der katholischen Gemeinschaft der Kirche findet" (Nr. 17), weist das Direktorium auf die Brechungen dieser kirchlichen Identität hin. Die Fülle ist gegeben, aber nicht realisiert: Kein Christ aktualisiert sie wirklich (Nr. 17). Wenn Spaltungen und Trennungen die Identität der Kirche in Frage stellen, so kann zuvor schon diese Identität nicht gleichsam prästabilisiert vorausgesetzt werden. Und so erinnert das Direktorium auch mit dem Konzil daran, dass die Geschichte der Kirchentrennungen eine Schuldgeschichte auf jeder Seite impliziert (Nr. 18). Eine sprachliche Nuance macht dies deutlich:

„(K)irchliche Gemeinschaften im Osten fanden sich nicht mehr in voller Gemeinschaft mit dem römischen Stuhl oder mit der Kirche des Westens. Später brachten im Westen noch tiefere Trennungen andere kirchliche Gemeinschaften hervor." (Nr. 18)

Keine Seite erscheint hier als das Aktiv der Trennung. Trotzdem besteht das Direktorium darauf, dass die „Fülle der Einheit" (Nr. 18) in der katholischen Kirche zu finden sei. Man verzichtet auf das exklusive „nur", das freilich mitgemeint sein muss, und sucht nach einer sprachlich sensiblen Auflösung für eine in der Sache hart umstrittene theologische Überzeugung. Der Ton ist dabei ökumenisch als eine sprachpragmatische Information und Aussage aufzufassen. Inhaltlich wäre zu fragen, was in diesem Zusammenhang *Einheit* bedeutet, wenn sie doch erkennbar nur in einer Innenperspektive besteht. In der Nr. 19 wird entsprechend ausdrücklich angemerkt:

„Kein Christ und keine Christin sollte sich jedoch mit diesen unvollkommenen Formen der Gemeinschaft zufrieden geben. Sie entsprechen nicht dem Willen Christi und schwächen seine Kirche bei der Ausübung ihrer Sendung."

196 J. W. Mödlhammer, Die Kirche und die Kirchen. Anmerkungen zur Neuausgabe des Ökumenischen Direktoriums, in: Cath(M) 48 (1994) 294-302; hier: 298.

Die Außenperspektive kehrt an dieser Stelle wieder in den Fokus der theologischen Reflexion zurück. Zuvor allerdings wurde ihr konstitutives Gewicht beschnitten. Man steht vor einer Unebenheit in der theologischen Wahrnehmungs- und Denkform, die aber letztlich auf das Problem rückverweist, Ökumene unter den Vorzeichen der Plenitudo-Ekklesiologie betreiben zu müssen.

Im Folgenden wird das Ziel der Ökumene definiert. Katholisch kann es nur um die uneingeschränkte, also vor allem eucharistische Gemeinschaft gehen – mit den amtstheologischen Implikationen des korrekt bewahrten hierarchischen Amts unter dem Primat des Papstes. Eine solche Einheit schließt allerdings keine Uniformität ein. Eine legitime Pluralität in Spiritualität, Liturgie und Theologie bleibt selbstverständlich (Nr. 20).

Noch einmal kehrt das partikularkirchliche Thema zurück. Die Bischöfe und die Bischofskonferenzen tragen Verantwortung für die ökumenischen Aktivitäten vor Ort – auch wenn der Apostolische Stuhl letztinstanzlich entscheidet. Die besonderen Anforderungen vor Ort fordern je unterschiedliches ökumenisches Engagement. Das schließt Handlungsspielräume ein. Wie eine Magna Charta nimmt sich in dieser Hinsicht die Nr. 56 des Direktoriums aus:

„Der Ökumenismus verlangt eine neue Haltung und Beweglichkeit in den Methoden im Streben nach Einheit. Der Verschiedenheit der Menschen, Aufgaben, Situationen und selbst dem besonderen Charakter der Teilkirchen und der Gemeinschaften, die mit ihnen auf der Suche nach der Einheit sind, muß Rechnung getragen werden."

Ein Ambrosiaster-Zitat unterstreicht dies erkenntnistheoretisch: „Alle Wahrheit, von wem immer sie kommt, ist vom Heiligen Geist."[197] Damit wird eine besondere Aufmerksamkeit für die Formen gelebter und theoretisch gefasster Wahrheit in der Nachfolge des Evangeliums aufgepflichtet. Die Innenperspektive wird erneut durchbrochen, der Blick richtet sich auf die Wahrheitsformen außerhalb der katholischen Kirche. Die geisttheologische Note erscheint dabei als Bereitschaft, den eigenen Wahrheitstext und -anspruch gegenlesen zu lassen.

Daher darf man auch „eine wirkliche Gemeinschaft im Leben des Heiligen Geistes, die es schon jetzt unter Christen gibt" (Nr. 104), voraussetzen. Sie bleibt freilich gebrochen. Die gegebenen Differenzen lassen keine volle sakramentale Gemeinschaft zu.

„Die Anerkennung dieser komplexen Wirklichkeit macht es notwendig, Normen für das gemeinsame geistliche Tun aufzustellen, die der

---

197 Zitiert in Nr. 57: PL 17, 245.

Verschiedenheit der kirchlichen Gegebenheiten Rechnung tragen, wie sie in der Beziehung zu den beteiligten Kirchen und den kirchlichen Gemeinschaften bestehen, in der Weise, daß die Christen ihre gemeinsamen geistlichen Reichtümer schätzen und sich an ihnen freuen, aber daß sie auch auf die Notwendigkeit achten, daß die noch bestehenden Trennungen überwunden werden müssen." (Nr. 104 d)

„Da die gemeinsame Feier der Eucharistie ein sichtbares Zeichen der vollen Gemeinschaft des Glaubens, des Gottesdienstes und des gemeinsamen Lebens in der katholischen Kirche ist, die durch die Amtsträger dieser Kirche zum Ausdruck gebracht wird, ist es nicht erlaubt, die Eucharistie mit den Geistlichen anderer Kirchen oder kirchlicher Gemeinschaften zu feiern." (Nr. 104 e)

Die nachfolgenden Bestimmungen werden damit auf eine besondere Weise justiert. Wenn die gemeinsame Eucharistiefeier ausgeschlossen wird, dann unter der Maßgabe, dass dieser Zustand überwunden werden muss. Etwas von diesem Geist vermitteln die Ausnahmeregelungen, die das Ökumenische Direktorium einräumt. So ist die Rede von „gewisse(n) Gegenseitigkeit" und einer „Teilhabe an geistlichen Aktivitäten und Reichtümern" (Nr. 105). Unter besonderen Bedingungen wird eine eucharistische Gemeinschaft auch mit den orientalischen Kirchen ermöglicht, die nicht in voller Gemeinschaft mit der römisch-katholischen Kirche stehen.[198] Wichtig erscheint erneut, dass dem Ortsbischof besondere Beurteilungs- und Entscheidungskompetenzen überlassen werden (Nr. 130). Sie sind an die Grundsatzbedingungen geknüpft, die Nr. 131 benennt – u.a., dass der jeweilige Gläubige „den katholischen Glauben bezüglich dieser Sakramente" „bekundet". Was dies genau heißt, wäre zu klären. Muss nicht bereits der Akt des Kommunionempfangs als ein grundsätzliches Ja zur Bedeutung dieses sakramentalen Vorgangs gewertet werden? Anderenfalls würde kaum jemand in einer katholischen Eucharistiefeier kommunizieren wollen. An ein explizites und formelles Bekenntnis wird jedenfalls kaum zu denken sein – es wird auch den katholischen Christen mit sicherlich sehr unterschiedlichen und z. T. diffusen Auffassungen von der Eucharistie nicht abverlangt. Die praktische Ökumene erhält in diesem Zusammenhang noch einmal ein besonderes Gewicht.

Das gilt zumal im besonders sensiblen Fall bekenntnisverschiedener Ehen. Auch hier „kann die gemeinsame Teilnahme an der Eucharistie nur im Aus-

---

198 Vgl. die Ausführungen Nr. 122-136. Als Kriterien werden eigens genannt Todesgefahr und die Erreichbarkeit eines katholischen Spenders, die den Empfang der Sakramente der Buße, der Eucharistie und der Krankensalbung erlauben.

nahmefalle erfolgen" (Nr. 160), wobei im Zusammenhang der Eheschließung und also auch danach zu berücksichtigen ist, „daß zwei getaufte Christen das christliche Ehesakrament empfangen" (Nr. 159) – was eine bleibende Realität schafft.

Wolfgang Thönissen sieht im gesamten Zusammenhang der außerordentlichen Zulassung zum Abendmahl für Angehörige anderer Kirchen bzw. kirchlicher Gemeinschaften eine ökumenische Richtungsanzeige:

> „Vielleicht ist es sogar möglich, in der vom *Ökumenischen Direktorium* gewählten Formulierung ein Anerkenntnis des Fortschritts im ökumenischen Dialog mit den aus der Reformation hervorgegangenen Kirchen zu erkennen."[199]

4.3 Fundamentaltheologische Einordnung

Das Direktorium nimmt eine theologische Haltung ein, die an das orthodoxe Prinzip der *Oikonomia* erinnert.[200] Es ist nicht zuletzt die Verpflichtung auf ein gemeinsam verantwortetes Zeugnis für das Evangelium in der Welt von heute, das im Sinne des Direktoriums zur konkreten ökumenischen Zusammenarbeit anhält. Wenn aber das „Schicksal der Evangelisierung … mit aller Bestimmtheit an das von der Kirche gebotene Zeugnis der Einheit gebunden" (Nr. 205) ist, wenn „(d)as Fehlen der vollen Gemeinschaft zwischen den verschiedenen Kirchen und kirchlichen Gemeinschaften" das einschränkt, „was die Christen zur Zeit gemeinsam tun können" (Nr. 162), dann fragt sich
1. welchen Rang eine solche Einsicht erkenntnistheologisch hat,
2. welchen theologischen Stellenwert die Ausnahmeregelungen haben,
3. welches Verständnis von Wahrheit eingesetzt wird
4. und ob damit die implizite erkenntnistheologische Konzeption des Direktoriums nicht durchbrochen wird.

199 W. Thönissen, Ein offener Prozess. Eucharistiegemeinschaft im Kontext von Kirchengemeinschaft, in: HK 56 (2002) 524-528; hier: 528.
200 J. W. Mödlhammer weist unter Bezug auf D. Papandreou (Die Frage nach den Grenzen der Kirche im heutigen ökumenischen Dialog, in: Ders. u.a. (Hrsg.), Oecumenica et Patristica [FS W. Schneemelcher], Stuttgart u.a. 1989, 30f.) darauf hin, dass erstens mit einer pastoralen Ausnahmeregelung eine dogmatisch wenigstens prinzipiell mögliche Entscheidung getroffen werde und dass, zweitens, auf der Linie der orthodoxen *Oikonomia* eine „implizite Anerkennung kirchlichen Seins auch in der getrennten Gemeinschaft" gegeben sei (J. W. Mödlhammer, Die Kirche und die Kirchen, 299).

Das Ökumenische Direktorium ist geprägt von einem hohen Maß an ökumenischer Sensibilität. Es lässt beachtliche Möglichkeiten für die Praxis der Kirchen vor Ort.[201] Aber es ist zugleich Ausdruck einer gespannten ekklesiologischen und fundamentaltheologischen Hermeneutik, die ein eigenes Kapitel der Auseinandersetzungen um die Rezeption des 2. Vatikanischen Konzils schreibt. Bleibend zur Debatte stehen damit die Ekklesiologie und das fundamentaltheologische Wahrheitsverständnis, das herausgefordert wird durch differenzhermeneutische Einsichten und ein stärker lebensweltlich verankertes, pragmatisch grundiertes Konzept von Wahrheit. Die theologische Anlage des Direktoriums erscheint in dieser Hinsicht als Problemanzeiger und -verstärker gleichermaßen. Wenn der Text aber pastorale Ausnahmeregelungen mit ekklesiologischem Rang zulässt[202], schließt sich eine weiterführende Perspektive an, auf die Johann Werner Mödlhammer aufmerksam macht:

„Was die Kirche im Falle der Zulassung getrennter Christen zu den Sakramenten tut, ist ja, wenn ich es recht sehe, eine gewisse kirchliche Kenose, Selbstentäußerung im Hinblick auf die Durchsetzung des unter dem Gesichtspunkt der Wahrheit des katholischen Selbstverständnisses als Kirche Christi berechtigten Anspruchs. Könnte es nicht sein, daß die katholische Kirche um des immer kostbarer und für die Sendung der Kirche immer notwendiger werdenden Gutes der Einheit der Kirchen willen auf die volle Durchsetzung ihres Selbstverständnisses in den Schwesterkirchen verzichtet – ohne daß deswegen dieses Selbstverständnis falsch wäre? Das wäre also keine Relativierung der Wahrheitsfrage."[203]

Zwei fundamentaltheologische Umstellungen wären in diesem Zusammenhang mitzubedenken: die Preisgabe eines primär theoretischen, letztlich metaphysischen Wahrheitsbegriffs zugunsten seiner handlungs- und kommunikationstheoretischen Erweiterung[204] und dann ein stärkeres Bewusst-

---

201 Ulrich Ruh charakterisiert das Direktorium mit dem Programm „Festigkeit im Grundsätzlichen, Flexibilität in dessen konkreter Ausgestaltung": U. Ruh, Ökumene: Das neue Direktorium der katholischen Kirche, in: HK 47 (1993) 332-334; hier: 334.

202 Vgl. die ekklesiologischen Implikationen des *Oikonomia*-Prinzips.

203 J. W. Mödlhammer, Die Kirche und die Kirchen, 300f. – Vgl. zum Ansatz einer kenotischen Theologie und zumal Ekklesiologie im Rahmen der Ökumene die Referate der XI. Wissenschaftlichen Konsultation der *Societas Oecumenica* vom 24.-31.8.2000: J. Brosseder (Hrsg.), Verborgener Gott – verborgene Kirche? Die kenotische Theologie und ihre ekklesiologischen Implikationen, Stuttgart u.a. 2001. Vgl. dazu M. Bieber, Verborgener Gott – verborgene Kirche? Zur XI. Wissenschaftlichen Konsultation der Societas Oecumenica in Hamburg, in: US 55 (2000) 333-336.

204 Vgl. zur methodischen Begründungsperspektive E. Arens (Hrsg.), Gottesrede –

sein für die subjektive Haftbarkeit von Überzeugungen, die im Innenraum als objektiv gültig und wahr behauptet werden können, ohne dass sie nach außen hin als objektiv *zwingend* erwiesen werden könnten oder müssten.[205]

Glaubenspraxis; H. Bogensberger / F. Ferschl / R. Kögerler / W. Zauner (Hrsg.), Erkenntniswege in der Theologie, Graz u.a. 1998; besonders 201-264; vgl. M. Scharer / B. J. Hilberath, Kommunikative Theologie. Eine Grundlegung, Mainz 2002.

205 Vgl. dazu aus verschiedenen Theoriekontexten heraus A. Kreiner, „Hierarchia veritatum". Deutungsmöglichkeiten und ökumenische Relevanz, in: Cath(M) 46 (1992) 1-30, der die vom historischen Zusammenhang abstrahierende Satzwahrheit zugunsten ihrer handelnden Aneignung kritisiert und damit subjektive Differenzräume und Deutungsfelder erschließt (vgl. ebd. 29); ders., Überlegungen zur theologischen Wahrheitsproblematik und ihrer ökumenischen Relevanz, in: Cath(M) 41 (1987) 108-124; vor allem 121ff. Vgl. weiterhin Th. Freyer, Theologische Rationalität im Kontext postmoderner Vernunftkritik. Anmerkungen zur hermeneutischen Problematik des ökumenischen Dialogs, in: Cath(M) 47 (1993) 241-276; vgl. hier besonders Freyers Plädoyer für eine *transversale ökumenische Vernunft* im Anschluss an Wolfgang Welsch (274ff.). – Darüber hinaus erscheinen die aktuellen Versuche einer theologischen Wittgenstein-Rezeption hier von besonderem Interesse: vgl. K. v. Stosch, Glaubensverantwortung in doppelter Kontingenz. Untersuchungen zur Verantwortung fundamentaler Theologie nach Wittgenstein (ratio fidei 7), Regensburg 2001; S. Eibach-Danzeglocke, Theologie als Grammatik. Die Wittgensteinrezeptionen D. Z. Phillips' und George A. Lindbecks und ihre Impulse für theologisches Arbeiten, Frankfurt a. M. 2002.

5. Der Bericht der Gemeinsamen Römisch-Katholischen/Evangelisch-Lutherischen Kommission „Kirche und Rechtfertigung. Das Verständnis der Kirche im Licht der Rechtfertigungslehre" (1993)

5.1 Zum Kontext

Mit dem vorliegenden Bericht über den Zusammenhang von „Kirche und Rechtfertigung" wurde die dritte Phase des offiziellen ökumenischen Gesprächs zwischen evangelisch-lutherischer und römisch-katholischer Seite abgeschlossen. Das Vorwort des Dokuments erinnert noch einmal kurz an die verschiedenen Etappen:

* *Erste Phase 1967–1972*: Abschluss Malta-Bericht „Das Evangelium und die Kirche" (1972)[206];

* *Zweite Phase bis 1984*: Wesentliche Dokumente: „Das Herrenmahl" (1978), „Das geistliche Amt in der Kirche" (1981). In dieser Phase wurden u.a. Überlegungen zu den ökumenischen Zielbestimmungen formuliert.[207]

* Dritte Phase (1986-1993): Abschluss „Kirche und Rechtfertigung".

Nach den theologischen Ergebnissen der ersten Phasen sollte es in der dritten Arbeitsphase darum gehen, Konsequenzen aus dem zur Verfügung stehenden Konsensmaterial zu ziehen. Als Thema und Probestück wurde die zentrale Frage nach dem Verhältnis von Kirche und Rechtfertigung gewählt. Dazu konnten die Ergebnisse der amerikanischen sowie der deutschen Lehrgespräche herangezogen werden, die in zwei Dokumenten vorlagen.[208] In jährlichen Sitzungen konnte dieses Studiendokument erarbeitet werden.

---

206 Vgl. H. Meyer / H.J. Urban / L. Vischer (Hrsg.), Dokumente wachsender Übereinstimmung. Sämtliche Berichte und Konsenstexte interkonfessioneller Gespräche auf Weltebene 1931-1982, Paderborn-Frankfurt a. M. 1983, 248-271.

207 „Wege zur Gemeinschaft" (1980), „Einheit vor uns: Modelle, Formen und Phasen katholisch/lutherischer Kirchengemeinschaft" (1984).

208 Vgl. die amerikanische Studie „Rechtfertigung durch den Glauben" (1985) sowie die deutsche Lehrverurteilungsstudie (1986); vgl. Kap. 2.

Es kristallisierte sich als notwendig heraus, eine eigene ekklesiologische Theoriebasis zu formulieren, um die jeweiligen Ergebnisse, die sich auf eine Reihe von Einzelfragen beziehen, angemessen begründen zu können. Das Resultat ist das bislang umfangreichste Dokument der Gemeinsamen Kommission. Indem es weit reichende Übereinstimmungen festhält, stellt es die Frage, ob dieser Text im Zusammenhang mit den bereits vorliegenden Studien

> „den hinreichenden Konsens bildet, der unsere Kirchen befähigt, die immer dringender gewordenen, konkreten Schritte zur sichtbaren Einheit einzuleiten."[209]

5.2 Textkomposition

Beim vorliegenden Dokument handelt es sich um einen Bericht, der den theologischen Gesprächsstand in der Kommission widerspiegelt. Der Text hat stark lehrhafte Züge und bietet Partien mit eigenen systematischen Reflexionen, vor allem zur Ekklesiologie. Die unterschiedlichen Auffassungen werden nicht nur referiert und theologisch auf ihre bleibenden Unterschiede hin untersucht, sondern auf dieser Grundlage eingeordnet.

Der Text wird in fünf Schritten entfaltet:
1. „Rechtfertigung und Kirche" (Nr. 1-9)
2. „Der bleibende Ursprung der Kirche" (10-47)
3. „Die Kirche des dreieinigen Gottes" (48-106)
4. „Kirche als Empfängerin und Vermittlerin des Heils" (107-242)
5. „Sendung und Vollendung der Kirche" (243-308)

In der inhaltlichen Durchführung fällt die starke biblische Rückbindung auf, wie sie sich in den verschiedenen ökumenischen Dokumenten als zentrale Begründungsform bewährt hat. Auf diese Weise wird auch eine Einsicht umgesetzt, die erkenntnistheologisch in Nr. 38 in Anschlag gebracht wird. Hier heißt es unter Bezug auf den Malta-Bericht, dass die Kirche sich unter dem Evangelium als ihrem entscheidenden Kriterium sehe. Die Nr. 36 hatte bereits darauf hingewiesen, dass man damit vor dem *ekklesiologischen Hauptanliegen der Reformation* stehe. Das Thema des Berichts bestimmt also konsequent seine methodische Anlage.

---

209 Kirche und Rechtfertigung. Das Verständnis der Kirche im Licht der Rechtfertigungslehre, in: H. Meyer u.a. (Hrsg.), Dokumente wachsender Übereinstimmung. Sämtliche Berichte und Konsenstexte interkonfessioneller Gespräche auf Weltebene. Band 3: 1990-2001, Paderborn – Frankfurt a. M. 2003, 317-419; hier: 319. Im Folgenden mit Angabe der Textnummer zitiert.

Beim konkreten Befund kann man nicht immer den Eindruck einer *Steinbruch-Exegese* vermeiden: Zu disparat ist das Material, auf das sich die jeweiligen Passagen beziehen. Inhaltlich bleibt das hermeneutische Vermittlungsproblem damit auf der Tagesordnung, wenngleich eher indirekt.

Der diskursive Rahmen der Kommissionsarbeit bleibt erhalten, wenn der Text immer wieder die unterschiedlichen Perspektiven aneinander zu vermitteln versucht. Man geht aufeinander zu, wenn zuvor das jeweilige Proprium ins Spiel gebracht wurde. Häufig werden Zeichen wirklichen Verständnisses gesetzt. Im bereits erwähnten Textzusammenhang markiert die katholische Position in Nr. 37, dass sich das reformatorische Interesse mit einer eigenen Grundeinsicht deckt. Umgekehrt signalisiert die Nr. 39, dass auch für die reformatorische Theologie „das Evangelium zugleich durch die Sakramente vermittelt wird." Man hat es nicht einfach mit Zugeständnissen zu tun, sondern erlebt den Versuch, ernsthafte Übersetzungsarbeit auf der Basis eines wohlwollenden Verstehens zu leisten. Diese Ausgewogenheit ist ein methodisches Grundprinzip des Berichts mit erheblichem inhaltlichem Potenzial. Es ermöglicht Konsensformulierungen, die in den gegebenen Differenzen – z.B. im hoch sensiblen Themenkomplex der Amtstheologie – „eine grundlegende Übereinstimmung zwischen katholischer und lutherischer Lehre" (Nr. 40) zu formulieren erlauben. Insgesamt bewährt sich auch hier die Methode des differenzierten Konsenses aus der Lehrverurteilungsstudie. Das kann insofern nicht überraschen, als eine Reihe von Kommissionsmitgliedern bereits an ihr mitgearbeitet hatte. Im Übrigen ist der gesamte Textkorpus von allen Mitgliedern der Gemeinsamen Kommission angenommen worden.[210]

5.3 Theologischer Rahmen

Theologisch ist das Papier von zwei Perspektiven bestimmt:
1. vom Versuch, die Rechtfertigungslehre konsequent in eine Ekklesiologie zu übersetzen, die in allen Vollzügen der Kirche den Vorrang des Gnadenhandelns Gottes erkennen lässt und
2. von einer Koinonia/Communio-Ekklesiologie, die in ihrer trinitarischen Voraussetzung ein Modell von Einheit in Unterschiedenheit ermöglicht. Dabei muss die bereits gegebene Koinonia mit Gott als

---

210 Das gilt auch für Prof. Dr. Dorothea Wendebourg, die sich später gegen die Unterzeichnung der Gemeinsamen Erklärung zur Rechtfertigungslehre wandte.

Bedingung wie als Verpflichtung für die zu erreichende ökumenische Einheit aller Christen begriffen werden (vgl. Nr. 65).

Das erste, mit vier Textseiten kürzeste Kapitel dient als theologisches Vorwort. Textpragmatisch hat der Einstieg Signalwert: der Bericht beginnt mit einem gemeinsamen Bekenntnis von Katholiken und Lutheranern (1). Man glaubt

> „an den dreieinigen Gott, der den Sünder um Christi willen aus Gnade durch den Glauben rechtfertigt und in der Taufe zum Glied der Kirche macht. So verbinden Glaube und Taufe die Rechtfertigung und die Kirche".

Die Textkohärenz wird durch den Übergang der tragenden Substantive gewährleistet:

Glaube an Gott , Rechtfertigung > Taufe > Kirche.

Dieser Zusammenhang wird durch das Credo bestätigt: „Die Rechtfertigung des Sünders und die Kirche sind fundamentale Glaubensartikel." (4) Sie werden von einem noch fundamentaleren getragen: vom Glauben an Gott. Jeder weitere Glaubensartikel geht aus diesem Grundsatz hervor. Mit ihm bleibt auch die Rede von Rechtfertigung und Kirche letztlich Teil des Glaubens als Geheimnis. Die folgenden Bestimmungen bleiben in dieser theologischen Grunddifferenz zwischen Aussage und Gegenstand gehalten. Wie am Anfang des Textes die Rede vom *mysterium fidei* begegnet, so wird ihr vom Ende her die eschatologische Spannungsdifferenz entgegengehalten. Bis zur Vollendung bleibt die Offenbarung Gottes an ihre Verborgenheit geknüpft (307f.). Von daher sind alle weiteren Überlegungen auf das Bewusstsein eigener Vorläufigkeit verpflichtet.

Noch etwas erscheint in dieser theologischen Rahmenbestimmung aufschlussreich: Der Glaube an die Rechtfertigungsbotschaft wird als Herausforderung beschrieben (8f.). Sie bindet die Glaubenstheorie an die Orte ihrer praktischen Bewährung und erweitert damit den erkenntnistheoretischen Begründungszusammenhang. Die Zeugnissituation erhält ein besonderes Gewicht. Der Bericht weist damit auf etwas voraus, was sich zunehmend in den verschiedenen ökumenischen Texten der näheren Zukunft durchsetzen wird – ein besonderer Blick auf die handlungstheoretische Bewährungssituation des Glaubens. Hier deutet sich ein Paradigmenwechsel an.

> „Hier handelt es sich um eine der ‚stärksten' und ‚dichtesten' Passagen des gesamten Dokumentes. Sie ist richtungsweisend für die Zukunft der Ökumene, denn hier wird wenigstens substantiell und im Ansatz in den Blick genommen, wie sich das Verhältnis von Glaube und Theologie für diese Zukunft gestalten müsse: Nicht um eine ‚Konsens-

ökumene' im Rahmen und im Sinne einer intellektualistisch verengten Theologie kann es gehen! Nur eine Theologie, die ganzheitlich-reflektierender Ausdruck der Gaubenserfahrungen des Gottesvolkes ist, kann auch in ‚Sachen Ökumene' therapeutisch sein... Das ökumenische Problem heute liegt genau dort, wo auch das religiöse Problem liegt, nämlich wie es gelingen kann, das durch Christus vermittelte und im Christentum bezeugte Gottesbewußtsein so zu sagen, daß es Menschen verbindet und für sie verbindlich wird."[211]

5.4 Thematische Linien

5.4.1 Ekklesiologische Grundlegung (Kapitel 2)

Auf der Linie der gemeinsamen Grundeinsichten setzt auch das zweite Kapitel ein. Es fungiert als ekklesiologisches Übergangsstück. Hier werden tragende theologische Daten eingesetzt, wobei sie gelegentlich mit einer interessanten Note versehen sind. So wird die Gründung der Kirche in Christus referiert, indem sie an das Ganze des Christus-Geschehens rückgebunden bleibt (10). Danach gibt es nicht den einzelnen Stiftungsakt, nicht das Einzelereignis, sondern einen komplexen Prozess. Normativ bleibt Christus selbst. Man wählt eine dynamische, heilsgeschichtliche Perspektive, um den thematischen Zusammenhang verdeutlichen zu können: Kirche ist nichts Statisches, sondern ein Ereignis, in dem sich das tragende Christus-Ereignis vermittelt. Das Wirken Jesu schafft solches Heil – und um nichts Anderes geht es in der Kirche.

In der Verlängerung der heilsgeschichtlichen Linie liegt auch der wichtige Anschluss, dass die Erwählung Israels die bleibende Voraussetzung der Erwählung der Kirche sei (13; 52). Der Primat der Erwählungsgnade Gottes verdankt sich Israel und atl. Theologie (14).

> „Dass Gott Israel aus allen Völkern als sein Eigentumsvolk erwählt hat, ist nicht in seinen Vorzügen oder herausragenden Leistungen begründet." (15)

Diese entscheidende Bedingung ist Israel und Kirche gemeinsam. Ihre Konsequenz: eine Verantwortung für die anderen Völker. Erneut klingt das Motiv

---

211 H. Wagner, Kirche und Rechtfertigung. Zum Dokument aus der dritten Phase des katholisch-lutherischen Dialogs (1993), in: Cath(M) 48 (1994) 233-241; hier: 235.

der Bewährung des Glaubens an, das in anderem Zusammenhang die ökumenische Verantwortung für ein gemeinsames Glaubenszeugnis profiliert. Kirche und Ökumene sind kein Selbstzweck. Es geht um den Einsatz für die Menschen, vor allem für die „Heillosen" (22). Von daher wird immer wieder die Verpflichtung auf das Evangelium und das Lebenszeugnis Jesu eingespielt. Es erinnert an die Bedeutung der Kirche und ihrer Heilsbotschaft, aber auch zugleich daran, dass sie nicht selbst ist, wofür sie steht (25). Diese eschatologische Differenz zeichnet ein Bild von Kirche, das Raum für ihre geschichtlichen Entwicklungen, für die unterschiedlichen Interpretationen des Evangeliums, für die vielen Stile der Nachfolge lässt. Entscheidendes Kriterium: dass alle erkennen, wer Christus ist. Daher das christologische Grundwort für die Ökumene: *Alle sollen eins sein, damit die Welt glaubt, dass du mich gesandt hast* (Joh 17,21). Der Text bahnt hier ein Verständnis von Kirche an, das ökumenisch folgenreich werden könnte. Danach ist die Rechtfertigung allein durch den Glauben *für alle die Eingangstür in seine Kirche* (32). Alle weiteren ekklesiologischen Bestimmungen müssen demnach von dieser *regula fidei* her erschlossen werden. Das katholische Verständnis, wonach es neben der Rechtfertigung noch weitere, und zwar kirchlich benennbare kriteriologische Aspekte zu beachten gilt – z.B. das Amt in seiner apostolischen Tradition – wird an dieser Stelle inhaltlich ganz an die Rechtfertigungslehre gebunden. Das damit verbundene erkenntnistheologische Problem ist allerdings auf diese Weise nicht wirklich gelöst. Wie die Botschaft von der Rechtfertigung konkret ausgelegt wird, wer in Konfliktfällen entscheidet, was als evangeliumsgemäß und was zu Recht als christopraktisch gelten darf, bleibt offen. Dennoch wird an dieser Stelle ein ökumenisches Signal gesetzt.

Folgerichtig wird im Folgenden die apostolische Tradition angesprochen (44-47). Das geschieht erneut im Sinne der methodischen Grundanlage, die verschiedenen Interpretationsakzente aneinander zu vermitteln. In diesem Fall stimmt die evangelische Seite zu, dass die entfaltete christologische Grundsicht kirchlich vermittelt ist:

> „Dass Jesus Christus der ‚Grund' der Kirche ist (1 Kor 3,11) und die Kirche aus dem Evangelium von Christus lebt, konkretisiert sich darin, dass die von Christus berufenen Apostel ‚Grund' der Kirche sind (Eph 2,20). Sie sind das nicht aus sich selbst, sondern kraft des von ihnen empfangenen und von ihnen grundlegend bezeugten Evangeliums, das – in Wort und Sakrament weitergegeben – die Kirche schafft, erhält und regiert." (44)

Die apostolische Überlieferung erhält von daher als Vermittlungsform der Rechtfertigungsbotschaft ihrerseits kriteriellen Rang. Auch hier wird in aller Deutlichkeit – an einem heiklen Punkt – eine ökumenische Übereinkunft unter Wahrung der jeweiligen theologischen Akzentsetzungen formulierbar:

> „‚Apostolizität' ist wesentliches Attribut der Kirche und Kriterium par excellence ihres Glaubens, ihrer Verkündigung, ihrer Lehre und ihres Lebens." (47)

Die entscheidende Frage wird im Folgenden lauten, wie diese Apostolizität in konkreten kirchlichen Strukturen zu greifen ist.

5.4.2 Trinitarische Entfaltung: Kirche als Koinonia / Communio (Kapitel 3)

Ausgangspunkt der ekklesiologischen Einzelbestimmungen ist eine trinitätstheologische Besinnung. Kirche ist vom dreieinigen Gott als eine menschliche Realität geschaffen. Darin liegen ihre Bedeutung und ihr Anspruch, auch ihre Vollmacht – aber zugleich ihre Grenzen. Sie steht unter dem Evangelium und hat insofern weder Recht noch Anlass zu etwas wie „ekklesialer Anmaßung" (49). Als ein Zeichen des Heils steht sie vielmehr in diakonaler Verantwortung (58). Sie weist auf die Einheit aller Menschen hin, die gegeben und doch erst noch zu verwirklichen ist. Die verschiedenen Kirchen-Bilder markieren die unterschiedlichen Formen, in denen Kirche als ein solches Zeichen Gottes zu begreifen ist: als wanderndes Gottesvolk (51-55), als Leib Christi (56-58) und als Tempel des Heiligen Geistes (59-62). Hier wird eine sakramentale Sicht auf die Kirche vorbereitet, die auch die evangelisch-lutherische Theologie mitvollziehen kann (58, 62, 118-134). Dieser Zusammenhang wird auf die Weltbedeutung der Kirche geöffnet. Zeugnis und Bewährung erscheinen als Grundkategorien, auch wenn sie nicht immer ausdrücklich angesprochen werden.[212] Damit steht man vor einer impliziten Kriteriologie kirchlichen Handelns. Entsprechend müssen auch die ökumenischen Differenzen in diesem Verantwortungsraum bestimmt werden.

Das macht gerade die trinitarische Begründung der Kirche klar.

> „Als Koinonia ist sie primär nicht die Verbindung der Gläubigen untereinander, sondern zuerst und grundlegend die Koinonia der Gläubigen mit Gott, dem Dreieinigen, dessen innerstes Sein Koinonia ist." (65)

Diese Gemeinschaft ist eine theologische Gegebenheit, allerdings zugleich als „antizipatorische Wirklichkeit" (72). „Es gibt nur eine einzige Kirche

---

212 Vor diesem Hintergrund ist die immer wiederkehrende Rede vom *gemeinsamen Zeugnis* zu sehen.

Gottes" (80). Aber es gibt ebenso ihre geschichtlichen Trennungen. Der Bericht leitet an dieser Stelle zu einem ersten Problempunkt über: zum unterschiedlichen Verständnis von Ortskirche. Lutherisch ist die Ortsgemeinde die sichtbare Verwirklichung der einen Kirche, die in ihrer eigentlichen Gestalt unsichtbar bleibt. Mit anderen Worten:

> „Unsichtbar ist nicht die Versammlung als solche. Unsichtbar ist vielmehr, dass diese Versammlung wirklich Kirche ist, nämlich dass dieser sichtbare ‚Leib' der ‚Leib Christi' ist, dass im Wort und in den Sakramenten, die sie auf sichtbare Weise kennzeichnen, wirklich Gott handelt und dass ihre Amtsträger Diener des Heiligen Geistes sind." (140)

Zur Debatte steht die sichtbare Verwirklichung der Kirche. Evangelisch ist Kirche, wo das Evangelium richtig verkündet und die Sakramente dem Evangelium entsprechend gespendet werden (CA 7). Kirche ist zunächst Ortskirche. Aber die universalkirchliche Dimension wird auch evangelisch gesehen. Die Rede von der Kirchengemeinschaft aktualisiert dieses Verständnis. Kirche als Koinonia schließt drei communiale Dimensionen ein: Bekenntnis-, Kanzel- und Abendmahlsgemeinschaft sowie Amts- bzw. Dienstgemeinschaft (89). Damit werden zugleich ökumenische Zielvorstellungen benannt.

Katholisch ist die Kirche an den Bischof gebunden, der in apostolischer Sukzession steht und damit die korrekte *Traditio Christi* garantiert. Zugleich wird damit der Blick auf die Universalkirche gelenkt, die einen konstitutiven Zusammenhang von Einzel- und Gesamtkirche bildet. Dieser Abschnitt führt in eine ekklesiologische Auseinandersetzung, die seit dem 2. Vatikanischen Konzil innerhalb der katholischen Theologie schwelt.[213] Die katholischen Autoren beschreiben das Verhältnis von Gesamt- und Ortskirche als ein bleibendes Spannungsverhältnis. Im Sinne einer universalen Heilsperspektive hat die Universalkirche einen gewissen Vorrang; da sie aber nur als Ortskirche begegnet, gibt es gleichzeitig „immer eine Priorität der Ortskirchen vor der Gesamtkirche" (102; vgl. 95). Ökumenisch wichtig ist der – selbstverständliche! – Hinweis, dass die metaphorische Rede von der *Mutterkirche* auf keine Lokalkirche anzuwenden ist – auch nicht auf die römische (104).

Als gemeinsame Perspektive spricht der Bericht von einer Offenheit jeder Ortskirche für alle anderen Ortskirchen (105). Problematisch bleibt

---

213 Vgl. Kapitel 3 dieser Studie. Man kann die Ausführungen der Nr. 91-104 auch als einen versteckten Kommentar zum Communio-Text der Glaubenskongregation lesen. Hier wird eine Position entwickelt, die den Überlegungen Walter Kaspers näher steht als denen Joseph Ratzingers.

dabei der universalkirchliche Petrusdienst der katholischen Kirche. Zwar steht auch der Bischof von Rom in Gemeinschaft mit den Ortskirchen, doch ist er ihnen primatial übergeordnet. Beim gegenwärtigen Stand kann die Gemeinsame Kommission nur darauf setzen, dass sich die katholische Primatslehre im Horizont einer trinitarischen Communio-Ekklesiologie weiter entwickeln lässt (106). Der entsprechende Hinweis erscheint so mutig, wie er letztlich unkonkret bleibt.

5.4.3 Ekklesiologische Konkretionen (Kapitel 4 und 5)

In der trinitätstheologischen Grundlegung zeichneten sich bereits verschiedene Grundprobleme ab. U. a. wurde das Verhältnis von unsichtbarer und sichtbarer Kirche sowie die Relation von Orts- und Gesamtkirche thematisiert. Beide Aspekte bestimmen die Kirche als Koinonia. Bei der Frage nach der sichtbaren Kirche geht es um die Kennzeichnung der einen Kirche, also einer Einheit, die allen Trennungen voraus liegt. Bei der Frage nach der universalen Dimension der Kirche geht es um den konkreten Ort der Kirche.

Auf dieser Basis stellen sich die weiteren Fragen. Die Kirche ist eine Gemeinschaft im Heiligen Geist, in der sich Heil ereignet. Sie vermittelt Zeichen dieses Heils: die Sakramente. Fragen schließen sich an: Inwiefern ist die Kirche als Ort einer solchen Vermittlung selbst eine Heilsgemeinschaft, genauer: *eine Gemeinschaft der Heiligen* (108-117)? Ist die Kirche selbst als ein Heilszeichen und insofern als ein Sakrament zu begreifen (118-134)? Wie verhält sich die Rede von einer solchen Heiligkeit zur geschichtlichen Erfahrung, dass die Kirche zugleich eine *sündige Kirche* ist (148-165)? Auf dieser Basis wird „*die Bedeutung der Rechtfertigungslehre für das Verständnis von Kirche*" virulent (166-243).[214]

Im Durchgang der genannten Fragen kann das Dokument jeweils ein gemeinsames Grundverständnis herausarbeiten:

* Die Kirche ist insofern Gemeinschaft der Heiligen, als Gott selbst sie konstituiert, und zwar durch Wort *und* Sakrament (117). Offen bleibt die Umsetzung der gemeinsamen Überzeugung von einem allgemeinen Priestertum. Die Rede von der Gemeinschaft der Heiligen markiert eindeutig den Vorrang der Initiative Gottes: den Primat seiner Rechtfertigungsgnade, die diese Gemeinschaft erst schafft.

* Die Rede von der Kirche als Sakrament bleibt schwierig, weil sie die Verbindung von Kirche und Jesus Christus nicht immer angemessen als Spannungsverhältnis vermittelt. „Die lutherische Theologie weist somit darauf hin, dass die Bezeichnung der Kirche als ‚Sakrament'

---

214 So lautet die Überschrift von Kapitel 4.5 des Berichts.

nicht der Aussage widersprechen darf, dass die Kirche heilig und sündig zugleich ist." (129) Es muss klar werden, dass Christus der Kirche auch in ihren sakramentalen Vollzügen gegenüber steht. Daher verbietet sich auch die Rede von sakramentalen „Selbstvollzügen" der Kirche (128). Weil aber Gott wirklich in den Sakramenten handelt und Heil schafft, kann als gemeinsame Überzeugung formuliert werden, „dass die Kirche Werkzeug und Zeichen des Heils und in diesem Sinne auch ‚Sakrament' des Heils ist." (134)

* Die Kirche ist heilig, weil sie Gottes Kirche ist. Die Treue Gottes bewahrt diese Heiligkeit noch da, wo die Kirche sündigt. Diese Überzeugung führt bei Luther bis zur Spitzenaussage, dass die Kirche nicht irren, nämlich „nie definitiv von der Wahrheit abfallen" (152) könne. Katholisch wird dies insofern aufgenommen, als die Indefektibilität der Kirche nicht als Besitzstand begriffen werden dürfe. *Ecclesia semper reformanda est.* Kirche ist lebendige Überlieferung der Wahrheit und ein Interpretationsprozess, der auch eine dogmengeschichtliche Entwicklung einschließt. Lutherische Theologie sieht Probleme, „wo die von Gott geschenkte unzerstörbare Heiligkeit der Kirche und das von ihm der Kirche verheißene Bleiben in der Wahrheit in bestimmten kirchlichen Gegebenheiten derart definitiv festgelegt sind, dass diese der Möglichkeit kritischer Befragung entzogen scheinen." (160) Einen bleibenden Dissens markiert in diesem Rahmen das Infallibilitätsdogma (163), aber auch die Heiligsprechung (160). Hier stehen sich erkenntnistheologische Akzente gegenüber: auf der Treue und Zusage Gottes einerseits, auf der sündigen Gestalt der Kirche andererseits. Man steht vor Interpretationsentscheidungen, die das Dokument nicht mehr aufzulösen oder zu überbrücken vermag. Dennoch kann es einen Grundkonsens attestieren. Die Frage ist, wie weit er im Blick auf eine mögliche Kirchengemeinschaft tragen kann.

Die gemeinsamen Grundüberzeugungen konzentrieren sich in der Rechtfertigungslehre:

„Katholiken fragen, ob das lutherische Verständnis von Rechtfertigung nicht die Wirklichkeit der Kirche schmälere; Lutheraner fragen, ob das katholische Verständnis von Kirche nicht das Evangelium, wie die Rechtfertigungslehre es expliziert, verdunkle. Beide Anfragen sind nicht unbegründet, sollten sich aber weit gehend klären lassen, zumal im Neuen Testament von einem Gegensatz zwischen Evangelium und Kirche nichts zu finden ist." (167)

Der Sprachstil gibt an dieser Stelle bereits einen Ansatz vor: Das „fragen" erscheint vorsichtig und um Verständnis bemüht. Schroffe Schärfe fehlt. Der Lösungsübergang schließt sich dem an. Die Anfragen haben jeweils durchaus ein bestimmtes Recht, können aber aus der Perspektive des Evangeliums zurücktreten. Entsprechend lassen sich drei Grundüberzeugungen gemeinsam festhalten:

1. Das Rechtfertigungswort ist wesentlich extern, steht also nicht einfach der Kirche zu Gebote. Die Initiative liegt je bei Gott (170).
2. Das Evangelium schafft eine neue Wirklichkeit, es ist „Gottes schöpferisches Wort" (171). Die Konsequenz: die Kirche steht unter diesem schöpferischen Anspruch und wird von ihm normiert. Sie steht unter dem Evangelium – womit sich erkenntnistheoetische Folgen abzeichnen.
3. Dennoch hat die Kirche ihre eigenen, von Gott zugewiesenen Kompetenzen. Das Evangelium ist durch die konkrete geschichtliche Gestalt der Kirche vermittelt – in jener Kontinuität zwischen Botschaft und Verkündigung, die durch die Treue Gottes gewährleistet bleibt (172).

Was bleibt auf dieser Basis kontrovers? Vor allem die institutionelle Gestalt der Kirche und dabei noch einmal besonders das kirchliche Amt. Bereits in der Studie „Das geistliche Amt in der Kirche" hatte die Gemeinsame Kommission festgehalten, dass ein besonderes Amt in der Kirche unaufgebbar sei.[215] Diese Einsicht kann evangelisch so weit interpretiert werden, dass der Episkopat nichts bloß Nebensächliches oder historisch Zufälliges sei. Allerdings bietet kein Amt eine Garantie für eine evangeliumsgemäße Überlieferung. Daher kann im Vorhandensein eines Bischofsamts – zumal in formal beschriebener historischer Sukzession – kein unverzichtbares Kriterium von Kirchlichkeit gesehen werden.[216] Erkenntnistheologisch bleibt das Problem, wie über eine korrekte Auslegung des Evangeliums entschieden werden kann. Die katholische Ekklesiologie sieht in der göttlichen Institution der *successio apostolica* eine vom Geist verbürgte Wahrheitsinstanz in der Gemeinschaft der Bischöfe mit dem Papst. Angesichts des fehlenden Weiheamts in den lutherisch-evangelischen Kirchen sieht das Dokument zwei Gesprächsansätze: wenn erstens lutherisch dem Bischofsamt eine besondere Bedeutung zugesprochen wird und wenn zweitens katholischerseits das Kirchesein der lutherischen Kirchen nicht bestritten und zugestanden wird, dass im evangelischen Amt wesentliche Aspekte auch des katholischen Verständnisses begegnen.

215 Das geistliche Amt in der Kirche, Nr. 18. Im vorliegenden Bericht zitiert in Nr. 186.
216 Vgl. zur Problemstellung und zu möglichen (amts- und eucharistie)theologischen Konsequenzen H. Jorissen, Behindert die Amtsfrage die Einheit der Kirchen? Katholisches Plädoyer für die Anerkennung der reformatorischen Ämter, in: J. Brosseder / H.-G. Link (Hrsg.), Eucharistische Gastfreundschaft. Ein Plädoyer evangelischer und katholischer Theologen, Neukirchen-Vluyn 2003, 85-97; A. Quadt, Evangelische Ämter: gültig – Eucharistiegemeinschaft: möglich, Mainz 2001.

Damit werden bekannte Positionen rezipiert. Allerdings zeigt der konkrete Entscheidungsstand, dass hier weiterhin schwere Differenzen vorliegen, die von katholischer Seite faktisch eine Abendmahls- und Kirchengemeinschaft verhindern.

Trotzdem sind auch hier Gemeinsamkeiten unübersehbar. Sie betreffen gerade im gemeinsamen Problembewusstsein keine Nebensächlichkeiten. Und so wird auch von beiden Seiten die Notwendigkeit betont, dass es eine verbindliche kirchliche Lehre geben müsse. Das schließt u.a. auch Rechtsformen und –instanzen ein. Erneut bleiben die konkreten Regelungen strittig. Hier treffen sich die Gesprächspartner in einer doppelten Voraussetzung: im pastoralen Vorrang des Seelenheils und im theozentrischen Vorrang des Evangeliums. An diesem Punkt wird erneut die kriterielle Bedeutung der Rechtfertigungslehre deutlich.

> „Zusammenfassend kann gesagt werden, dass im Blick auf alle in diesem Kapitel… erörterten Fragenbereiche von einem grundsätzlichen Konflikt oder gar einem Gegensatz zwischen Rechtfertigung und Kirche nicht geredet werden kann, wie sehr auch immer die Rechtfertigungslehre darüber wacht, dass alle Institutionen der Kirche in ihrem Selbstverständnis und bei ihrer Ausübung dem Bleiben der Kirche in der Wahrheit des Evangeliums dienen, das allein im Heiligen Geist die Kirche schafft und erhält." (242)

Die folgenden Überlegungen knüpfen folgerichtig mit praktischem Augenmerk an. Wenn es einen derart grundlegenden Konsens gibt, muss er sich im Leben der Kirchen auswirken. Nicht zufällig wird auf die „Zeichen der Zeit" (247) verwiesen, die einen Handlungsappell an die Kirchen enthalten. Angesichts der sozialen, politischen und auch religiösen Probleme der Gegenwart ist ein gemeinsames Zeugnis gefordert. Diese Forderung muss wiederum mit erkenntnistheoretischem Gewicht jenen Argumenten konfrontiert werden, die eine anhaltende Trennung der Kirchen begründen. Dabei werden erneut die jeweils unterschiedlichen Auffassungen vom Weltauftrag der Kirchen zugunsten tragender Gemeinsamkeiten und vor allem im Interesse der gemeinsamen Evangelisierungsarbeit zurückzutreten haben (244-289).

In diesem Zusammenhang fügt der Bericht eine interessante Reflexion ein. Die Reich-Gottes-Arbeit der Kirchen verweist auf ihre eschatologische Vollendung. Das Reich Gottes lässt sich nicht einfach herstellen – es bleibt der Gnade Gottes überlassen. Hier wird ein starker theologischer Einspruch angemeldet und bewusst am Ende dieses Dokumentes eingesetzt. Das Wissen um die ausstehende Vollendung relativiert die bestehenden Unterschiede, und zwar nicht im Sinne eines *anything goes*, sondern theoretisch anspruchsvoll und grundsätzlich: im Wissen um „die Vorläufigkeit aller Worte und Zeichen, in denen das Heil vermittelt wird" (307).

5.5 Theologischer Überhang

Als Ergebnis sind verschiedene Beobachtungen festzuhalten: Der Bericht kann in den Grundsatzfragen allgemeine, z. T. sogar konkrete Übereinstimmungen formulieren. Die zentralen Probleme, vor allem im Rahmen der Amtsproblematik, bleiben, ohne dass hier theologische Lösungsperspektiven markiert werden konnten. Damit zeichnet sich aber ein Doppeltes ab – und eben das konnte der Bericht herausarbeiten: Viele theologische Differenzen hängen vom gewählten Interpretationsrahmen ab. Von daher erhält die Entscheidung für ein Paradigma zentrales Gewicht. Zugleich stellt sich die Frage, wer eine solche Entscheidung zu treffen und zu vertreten hat. Man steht vor der unvermeidlichen und theologisch legitimen Machtfrage in kirchlichen Interpretations- und Entscheidungsprozessen. Der Bericht gibt dabei eine wichtige Fragerichtung an: Lassen sich angesichts der tragenden Gemeinsamkeiten die bestehenden Differenzen in einem weiter gesteckten Verständnis von kirchlichen Verbindlichkeiten und vom ekklesiologisch Unaufgebbarem nicht anders bestimmen? Macht nicht gerade die Rechtfertigungslehre darauf aufmerksam, dass jede Form kirchlicher Regelung dem unverrechenbaren Gnadenspruch Gottes auszusetzen ist – ohne dass darum auf verbindliche Normen grundsätzlich verzichtet werden muss? Stattdessen wäre eine bleibende Unterbrechung allen kirchlichen Sprechens und Handelns durch das Gesetz der maior dissimilitudo und durch eine Theologie im Angesicht des eschatologischen Vorbehalts einzubeziehen – ganz in dem Sinne, wie der vorliegende Bericht ausklingt.

6. Die Enzyklika „Ut unum sint" (1995)

Als einer der bedeutendsten ökumenischen Texte der vergangenen Jahre darf die Enzyklika „Ut unum sint" gelten.[217] Zunächst weil hier im Zusammenhang der großen Enzykliken eine ökumenische Standortbestimmung des Woytila-Pontifikats vorliegt. Dann aber auch aufgrund der thematischen *Form* und der inhaltlichen Anregungen. Der Papst spricht über die historischen Belastungen seines Dienstes und lädt offen zum Nachdenken über dessen Gestalt ein – ohne freilich eigene primatstheologische Ansprüche aufzugeben (Vgl. Nr. 88-96). Gerade in dieser Spannung ist dieser Text als ein aufregendes ökumenisches Dokument rezipiert worden.

6.1 Der theologische Ort der Enzyklika[218]

Der Text ist einfach strukturiert. In einem ersten Teil wird „die ökumenische Verpflichtung der katholischen Kirche" (Nr. 5-40) festgelegt, in einem zweiten Schritt werden die bisherigen ökumenischen Ergebnisse angesprochen („Früchte des Dialogs", Nr. 41-76), um von dort aus Perspektiven zu bezeichnen („Quanta est nobis via?", Nr. 77-99). Die Enzyklika schließt mit einer knappen Ermahnung (Nr. 100-103), die dem pastoralen Grundton entspricht. Sie verweist damit auf die Einführung zurück (Nr. 1-4), die gleichfalls kurz gefasst ist, allerdings den theologischen Ort des Schreibens angibt.

Ausdrücklich wird er als *pastoral* gekennzeichnet (Nr. 3). Der Papst stellt die Enzyklika damit in die Tradition des 2. Vatikanischen Konzils mit seinem sehr emphatischen Verständnis von Pastoral. In der pastoralen Herausforderung kann die Kirche erst zu ihrem (dogmatischen) Glaubensverständnis finden. Der Vermittlungsort selbst wird als *locus theologicus*

---

217 Der Text liegt vor als Nr. 121 der *Verlautbarungen des Apostolischen Stuhls*, hrsg. von der DBK, Bonn 1995. Im Folgenden mit Nr. zitiert im Text.

218 Einen konzentrierten theologischen Überblick liefert G. L. Müller, Die Ökumene-Enzyklika Papst Johannes Paul II. „Ut unum sint". Theologische Perspektiven, in: Cath(M) 50 (1996) 289-298; vgl. a. L. Lies, Einige Bemerkungen zur Enzyklika „Ut unum sint", in: ZKTh 120 (1998) 1-33.

begriffen.[219] Die Einführung macht dies deutlich. Ausdrücklich ist von den „Zeichen der Zeit" (Nr. 3) die Rede, die für die Suche nach der kirchlichen Einheit unverzichtbar sind. Diese Einheit ist im Anspruch der geschichtlichen Situation zu entwickeln. Das schließt aber ein, dass ökumenische Konzepte und wohl auch die jeweiligen kirchlichen Erwartungshaltungen nicht einfach feststehen können. Sie bleiben rezeptiv offen, also veränderungsfähig und übersetzungsbestimmt. Ansonsten käme den *Zeichen der Zeit* nur der Charakter einer Kulisse, nicht der einer wirklichen Herausforderung zu. Dass es sich jedoch um eine solche handelt, markiert die Verbindung mit der *Identität der Kirche (Nr. 3):*

> „Die Erfahrungen, die die Suche nach der Einheit in diesen Jahren erlebt hat und weiter erlebt, erleuchten sie noch tiefer über ihre Identität und ihre Sendung in der Geschichte." (Nr. 3)

Die Kirche erfährt also im gemeinsamen Ringen um die Interpretation des Evangeliums immer wieder auch vom ökumenischen Gesprächspartner, wer sie selbst sei. Die Identität der Kirche wird damit dialogisch erschlossen. Sie lebt aus einem wesentlichen Außenbezug, und genau darin sieht der Papst den erkenntnistheoretischen Einsatzpunkt der Ökumene: in der Glaubensverantwortung nach außen hin. Er ist martyriologisch bestimmt, und zwar in doppelter Hinsicht. Zum einen spricht der Papst in der 1. Person, d.h. er schreibt aus einer unmittelbaren Verbindung mit seinem Thema heraus, er verifiziert es biographisch und macht die ökumenische Sache perspektivisch zur eigenen (vgl. Nr. 1). Zugleich bindet er diese Redesituation an die geschichtliche Bezeugungssituation der frühen Märtyrer zurück. Vom *Kollosseum* aus – und nicht zufällig entwickelt der Autor seine Gedanken von Rom her – geht der Blick in die Gegenwart. Die Christen – und also die Ökumene – stehen in einer vergleichbaren konfessorischen Situation:

> „Wenn sie gegen das Bestreben der Welt, das Geheimnis der Erlösung zu entleeren, wahrhaftig und wirksam ankämpfen wollen, müssen sie *gemeinsam dieselbe Wahrheit über das Kreuz bekennen.*" (Nr. 1)

Das Kreuz sperrt indes jeden ekklesialen Triumphalismus. Das Kreuz wird zur Verpflichtung, die eigenen und die gemeinsamen Geschichten von Kreuz und Leid ökumenisch zu bedenken. Ökumene wird von daher in einen Schulddiskurs eingeschrieben. Entsprechend benennt der Papst die verschiedenen Momente, die an der Trennung der Christenheit mitgewirkt haben:

---

219 Vgl. zu diesem Interpretationsansatz H.-J. Sander, nicht ausweichen. Die prekäre Lage der Kirche, Würzburg 2002.

„Doch außer den Divergenzen in den Lehrmeinungen, die gelöst werden müssen, können die Christen die Last *uralter*, aus der Vergangenheit ererbter *Verständnislosigkeit*, gegenseitiger *Missverständnisse* und *Vorurteile* nicht verringern. Erschwert wird diese Situation nicht selten durch *Unbeweglichkeit, Gleichgültigkeit* und eine *unzureichende Kenntnis voneinander*. Das Engagement für die Ökumene muß sich daher auf die Umkehr der Herzen und auf das Gebet stützen, was auch zur *notwendigen Läuterung der geschichtlichen Erinnerung* führen wird." (Nr. 2)

Solche Schuld ist immer auch eine der katholischen Kirche in ihren Gliedern (Nr. 3). Sie verweist auf den notwendigen Konnex von Wahrheit und Barmherzigkeit (Nr. 2) – was nach konkreten ökumenischen Konsequenzen fragen lässt: Welche Zeichen sind aus dem Geist einer solchen ökumenischen Barmherzigkeit gefordert, etwa mit Blick auf die konfessionsverschiedenen Ehen?[220]

Zugleich wird die sonderbare Ausstattung der Petrusdienstes sichtbar. Petrus ist der schwache Nachfolger – der aber gerade so in seinem Christusbekenntnis zum Fels werden kann, weil er auf den eigentlichen Fels verweist: auf den Herrn Jesus Christus. Hier deutet sich bereits an, dass der Petrusdienst verweisenden Charakter hat, dass er ein *Zeichen* bleibt, das nicht in sich selbst begründet ist und also seinerseits aus einer prekären Identität heraus theologisch lebt:

„Gerade in der menschlichen Schwachheit des Petrus wird vollständig offenkundig, dass der Papst völlig von der Gnade und vom Gebet des Herrn abhängt, um dieses besondere Amt in der Kirche erfüllen zu können". (Nr. 4)

Diese theologische Ortsangabe der Enzyklika liefert den Maßstab der nachfolgenden Überlegungen; sie gibt nicht zuletzt einen ökumenischen Ton ekklesialer Bescheidenheit – bei allem amtstheologischen Selbstbewusstsein – vor.

6.2 Der ökumenische Zuschnitt der Enzyklika

So selbstverständlich die Enzyklika eine umfassende Einheit der Christen als Zielperspektive benennt, so genau begründet sie diese. Zunächst einmal anthropologisch: „Die Einheit der ganzen zerrissenen Menschheit ist Got-

---

220 Vgl. zur grundsätzlichen Orientierung S. Hell, Konfessionsverschiedene Ehe. Vom Problemfall zum verbindenden Modell, Freiburg u.a. 1998.

tes Wille" (Nr. 6). Ökumene wird in einem sehr umfassend soteriologisch angesetzt. Die Zerrissenheit, von der Johannes Paul II. spricht, muss umfassend begriffen werden. Damit wird zugleich die Dringlichkeit des gesamtchristlich verantworteten Evangeliums deutlich. Ökumene steht unter Handlungsdruck. Das bedeutet für die Kirche, dass sie um einer besseren Kommunizierbarkeit und also um der Menschen willen auf eine Einheit verpflichtet ist, die aus unterschiedlichen Gründen mit unterschiedlichen Akteuren schuldhaft verspielt wurde.

Dabei setzt der Papst die Bestimmungen des 2. Vatikanischen Konzils immer wieder als Orientierung ein. Schuld tragen auch Vertreter der römisch-katholischen Kirche an den Trennungen. Aber die römische Kirche muss weiterhin als die wahre Kirche Christi angesehen werden. Hier eröffnet sich ein signifikanter Spannungsraum. Die Enzyklika spricht in Nr. 10 mit LG 8 davon „daß außerhalb ihres Gefüges vielfältige Elemente der Heiligung und der Wahrheit zu finden sind, die als der Kirche Christi eigene Gaben auf die katholische Einheit hindrängen." Der Außenblick wird in eine starke Innenperspektive integriert. Den anderen Interpretationen des Christlichen kommt in dieser Formulierung keine Bedeutung zu, auf die die katholische Identität angewiesen wäre. Auf dieser Linie liegt auch, dass in der vorherigen Nr. 9 LG 14 angesprochen wird. Der unmittelbare Zitatzusammenhang geht auf die katholischen Funktoren *Glaubensbekenntnis, Sakramente* und *hierarchische Leitung*, letztere aus einem grundlegend *communialen* Bezug heraus verstanden. Allerdings werden damit zugleich die Aussagen über die Heilsnotwendigkeit der Kirche dem vorliegenden Abschnitt als Subtext unterlegt. Doch auch hier sind Spannungen eingezogen, die ein offeneres Verständnis von Kirche im Blick auf den ökumenischen Partner erlauben. LG 14 hält fest, dass „diese pilgernde Kirche zum Heile notwendig sei", verzichtet aber auf eine eindeutige Identifizierung mit der katholischen Kirche, die gemeint ist. Wenn dann 14,2 auf die *volle* (plene) Eingliederung in die Kirche verweist, schließt dies eine differenzierte Form der Kirchenzugehörigkeit ein, denn „so wird implizit ein ‚unvollkommenes' oder ‚unvollständiges' Eingegliedertsein in die Kirche zugegeben."[221] Die starke Identitätsfassung wird in einen Differenzraum anderer christlicher Deutungen und ekklesialer Modelle verschoben, die darum nicht heilsirrelevant sind. Mit anderen Worten: Ihnen muss eine positive Bedeutung zukommen. Dem entspricht von der Denkform her die Architektur des Kapitels. In LG 13 werden nämlich die Teilkirchen thematisiert, „die sich eigener Überlieferungen erfreuen, unbeschadet des Primats des Stuhles Petri". Es handelt sich um einen legitimen Pluralismus im Rahmen der einen Communio. Sie

---

221 A. Grillmeier, Kommentar zu *Lumen Gentium* Kap. II, in: LThK ² XII, 176-209; hier: 199.

lassen sich nicht ohne weiteres wieder auf ein Einheitsmodell mit strengem Identitätsprofil zurückführen. Das Modell konludierender Interpretationen und Nachfolgestile ist damit als solches festzuhalten. Zugleich müssen die nachfolgenden Aussagen in diesem Licht gelesen werden. D.h. die Enzyklika profiliert an dieser Stelle zwar den Reichtum der anderen christlichen Gemeinschaften nicht, lässt ihm aber theoretischen Raum mit dem Bezug auf LG.

An anderer Stelle nutzt *Ut unum sint* dann diesen Spielraum:

* In Nr. 40 hält der Papst mit UR 12 fest, dass durch die verschiedenen Formen einer Zusammenarbeit der christlichen Gemeinschaften „das Antlitz Christi, des Gottesknechtes, … in hellerem Licht zutage" tritt.

* Nr. 48 betont, „daß die bei den anderen Christen vorhandenen Güter zur Auferbauung der Katholiken beitragen können".

* Nach Nr. 57 macht „der Austausch von Gaben zwischen den Kirchen in ihrer gegenseitigen Ergänzung… die Gemeinschaft fruchtbar."

Im angesprochenen Zusammenhang wird damit ein Doppeltes deutlich:

* Einerseits spricht die Enzyklika aus einer betont *dogmatischen* Perspektive heraus, die die pastorale Situation als erkenntnistheoretischen Ort nicht selber noch einmal thematisiert. Die eingestandenen Elemente von Schuld schlagen nicht darauf zurück, dass das Fehlen der anderen einen ekklesiologischen Mangel begründet. Die Charismen der anderen kirchlichen Gemeinschaften bleiben unterbestimmt. Dabei bindet der Papst die Notwendigkeit, die Wahrheit zu sagen (Nr. 18), zugleich an das Problem ihrer Aussagbarkeit zurück, denn die Lehre muss *verständlich* dargelegt werden (Nr. 19). Hier zeichnet sich die semiologische Wahrheitsproblematik ab, die nicht ohne weiteres zwischen Form und Inhalt unterscheiden lässt und vor allem die Aussage einer Wahrheit aus ihrem situativen Aussagewert heraus mitbestimmt. Jeder Aussageort unterwandert jede Zeichenwahrheit bereits differentiell.[222]

* Andererseits führt die Enzyklika den Subtext LG (8; 13; 14) behutsam einer differenztheologischen Lesbarkeit zu.[223] Dass in der katholischen Kirche „sämtliche Güter(n), mit denen Gott seine Kirche ausstatten möchte" (Nr. 11), enthalten sind, schließt danach durchaus ein, dass

---

222 Vgl. zur Begründung den fundamentalhermeneutischen und –theologischen Teil 1. Das entsprechende Problembewusstsein taucht in der Enzyklika mit dem Verweis auf die Notwendigkeit christlicher Inkulturationsmuster auf – bezeichnenderweise weiter unten in der zitierten Nr. 19.

223 Vgl. zur ökumenischen Relevanz von LG 8 P. Lüning, Das ekklesiologische Problem des „subsistit in" (LG 8) im heutigen ökumenischen Gespräch, in: Cath(M) 52 (1998) 1-23; G. Wenz, „Est autem…" Lumen Gentium 8 und die Kirchenartikel der Confessio Augustana, in: Cath(M) 52 (1998) 24-43.

die anderen kirchlichen Gemeinschaften einen eigenen Reichtum auch für die katholische Kirche besitzen. Die entsprechende Verwiesenheit ist dabei ganz offensichtlich nichts Nebensächliches, sonst hätte das „sämtlich" für sich stehen bleiben können. Natürlich geht es an dieser Stelle um die ekklesiologisch tragenden Konzepte. Wenn gerade in ihrem Zusammenhang aber textarchitektonisch eine Öffnung für den spirituellen und also auch theologischen Reichtum der anderen zu beobachten ist, darf dies als eigene erkenntnistheoretische Aussage betrachtet werden[224]:

> „Die Elemente dieser bereits gegebenen Kirche existieren in ihrer ganzen Fülle in der katholischen Kirche und noch nicht in dieser Fülle in den anderen Gemeinschaften, wo gewisse Aspekte des christlichen Geheimnisses bisweilen sogar wirkungsvoller zutage treten." (Nr. 14)

Dies ist noch einmal von anderer Seite gegenzulesen. Der Papst verortet Ökumene martyriologisch und führt diesen Gedanken mit einem anderen Konzept weiter aus: dem der *Pilgerschaft* (Nr. 24). Sie ist ekklesiologisch bestimmt, betrifft aber auch den Petrusdienst. Der Papst ist danach derjenige, der zu den anderen kirchlichen Gemeinschaften pilgert, der wörtlich *aufbricht* (Nr. 25). Die tragende Metapher stammt aus einem Bildfeld, das ökumenisch bedeutsam erscheint. Rom als Ort des Petrus ist selbst ein traditionelles Hauptziel von Pilgerfahrten. Aus diesem Zentrum setzt sich mit dem Papst die Kirche selbst in Bewegung. Sie geht nach außen, und zwar dezidiert im Rahmen von Pastoralbesuchen mit dem Ziel der Begegnung mit den Vertretern der anderen Konfessionen. Die biographischen Notizen der Enzyklika halten dies eindringlich fest (Nr. 24f.). Das Motiv der christlichen Pilgerschaft transportiert vor diesem Hintergrund mehrere Aspekte: die Bitte um Heilung und Hilfe, z.T. auch in schwierigen Entscheidungssituationen, darüber hinaus die Buße.[225] Indem der Papst dieses theologisch aufgeladene Konzept einsetzt, öffnet er sich dem christlichen Außenanspruch. Der dialogische Begründungsansatz der Enzyklika unterstreicht dies theoretisch:

> „Der Dialog ist ein unerläßlicher Durchgang auf dem Weg *zur Selbsterfüllung des Menschen*, des *Individuums* wie auch *jeder menschlichen Gemeinschaft*." (Nr. 28)

---

224 In diesem Zusammenhang ist noch einmal daran zu erinnern, dass mit LG 8 und seinem *subsistit* eine differenztheologische Brücke aus einem starren katholischen Identitätsprinzip herausführt.
225 Vgl. B. Kötting, Art. Wallfahrt, in: LThK², 941-946.

Wenn mit Nr. 11 ekklesiologisch vorab festzustehen schien, was aus katholischer Sicht ökumenisch kommuniziert werden kann, so ergibt sich mit der weiteren Anlage des Textes eine veränderte Perspektive. Ökumene wird als wirklicher *Austausch* gedacht (Nr. 28). Das schließt auch für den Papst ganz selbstverständlich reziproke Gesprächsverhältnisse ein – und ein Absehen von jedem Übermaß an kirchlichem Identitätsinteresse:

> „Man muß von einer Position des Gegeneinander und des Konflikts auf eine Ebene gelangen, auf der man sich gegenseitig als *Partner* anerkennt. Wenn der Dialog aufgenommen wird, *muß jede Seite bei ihrem Gesprächspartner einen Willen zur Versöhnung und zur Einheit in der Wahrheit annehmen.* Um das alles zu verwirklichen, muß das zur Schau getragene Sich-Gegeneinander-Stellen ein Ende haben. Nur auf diese Weise wird der Dialog die Spaltung überwinden helfen und die Einheit näherbringen können." (Nr. 29)

Das kirchliche (und näherhin das *pontifikale*[226]) Selbstbewusstsein wird in der Tonart ekklesiologischer Demut begleitet. Freilich werden keine konkreten Konsequenzen sichtbar. Was bedeutet es, wenn man

> „korrekt, aufrichtig und verständlich ist und sich gleichzeitig sowohl die geistigen Kategorien wie die konkrete geschichtliche Erfahrung des anderen vergegenwärtigt"? (Nr. 36)

Wenn es hier keine Unterschiede gäbe, keinen Deutungsraum, müsste diese Spannung nicht erwähnt werden. Mit anderen Worten: Es bleibt bei einer differentiellen Anlage von Interpretationen, die nicht einfach auf die katholische Identität zu verpflichten ist. Dem entspricht auch die Unterscheidung von Form und Inhalt, mit der sich die Enzyklika an die Hermeneutik der Lehrverurteilungsstudie anschließen lässt (vgl. Nr. 38). Freilich stellt sich hier nur verschärft die Frage, ob nicht jedes Zeichen einen neuen Abstand zum Gemeinten austrägt – und wo dann wiederum kriteriell die Grenzen des christlich legitimen Interpretierens zu ziehen sind. Ein zentrales Hintergrundproblem der Enzyklika wird damit zum Thema: die Ökumene als ein – nicht zuletzt primatstheologischer – Machtdiskurs. Der Papst weiß dies sehr genau. Das wird an der Art deutlich, mit der er sich – in der ersten Person und so auf eine bestimmte Weise biographisch profiliert und zugleich im Anspruch des Amtes zurückgenommen – in den Text einführt. Es wird dann explizit in der Frage nach der ökumenischen Widerständigkeit des Petrusdienstes (Vgl. Nr. 88-96). Die behutsame Sensibilität, mit der hier gesprochen wird, ist als eine eigene Form des ökumenischen Denkens ernst zu nehmen.

---

226 Vgl. die etymologische Konnotation (*Brückenbauer*).

6.3 Die historische Konfiguration der Enzyklika

Das zweite Kapitel („Die Früchte des Dialogs") benennt verschiedene ökumenische Entwicklungsschritte. Damit wird ein Erwartungsbogen gespannt, der die Suche nach weiteren Handlungsoptionen anleitet. Die Basis stellt eine *„wiederentdeckte Brüderlichkeit"* (Überschrift Nr. 41). Sie verändert die Auffassung vom anderen bis in die Sprechweise hinein. So werde die Bezeichnung „getrennte Brüder" durch tauftheologisch präzisierte Titel ersetzt, die das grundlegend Gemeinsame stärker betonten. Der Papst nennt hier „andere Christen", „andere Getaufte" bzw. „Christen der anderen Gemeinschaften" (Nr. 41). Freilich markiert das *ökumenische Direktorium* in seiner Ausdrucksweise sehr deutlich einen bleibenden Abstand zu den „Kirchen und kirchliche(n) Gemeinschaften, die nicht in voller Gemeinschaft mit der katholischen Kirche stehen."[227] Immerhin tritt zugleich der Aspekt der Gemeinschaft in den Blick. Er wird noch einmal tauftheologisch ausgetragen:

> „Das *Direktorium zur Ausführung der Prinzipien und Normen über den Ökumenismus* wünscht eine gegenseitige offizielle Anerkennung der Taufen. Das geht weit über einen ökumenischen Höflichkeitsakt hinaus und stellt eine ekklesiologische Grundaussage dar." (Nr. 42)

Diese Gemeinschaft ist in der einen Taufe von vielen weiteren Aspekten bestimmt. Die Enzyklika erwähnt die *„Solidarität im Dienst an der Menschheit"* (Nr. 43), *„Übereinstimmungen im Wort Gottes und im Gottesdienst"* (Nr. 44-46) und erkennt in diesem Zusammenhang noch einmal ausdrücklich an, „daß die bei den anderen Christen vorhandenen Güter zur Auferbauung der Katholiken beitragen können" (Nr. 48).

Im Folgenden werden die bestehenden Kontakte mit den verschiedenen kirchlichen Traditionen beschrieben und die Fortschritte festgehalten. Im Blick auf die orientalischen Kirchen wird der Pluralismus ekklesialer Stile auf der Grundlage der apostolischen Sukzession und der gemeinsamen Eucharistie besonders gewürdigt (Nr. 50). Zugleich wird damit die Grenze zu den anderen Bekenntnistraditionen gezogen. Dabei kommt den orthodoxen Kirchen eine besondere Bedeutung zu. Der Papst konstatiert hier eine erhebliche Nähe. Mehrfach spricht er die Aufhebung des Kirchenbanns durch das Ökumenische Patriarchat von Konstantinopel und den Heiligen Stuhl vom 7.12.1965 an (Nr. 42, 52). Die entsprechenden positiven Ergebnisse beziehen sich jedoch vor allem auf persönliche Kontakte und Zeichen – die theologischen, zumal die ekklesiologischen Probleme bleiben an dieser

---

227   AAS 85 (1993) 1040.

Stelle außen vor. Genau das ist aber wiederum als ökumenische Regie zu lesen: Dem gelebten Miteinander kommt hier eine eigene Bedeutung zu. Nicht zuletzt deshalb betont die Enzyklika immer wieder den Rang des gemeinsamen Gebets.

Deutlicher werden die inhaltlichen Differenzen mit den Kirchen der Reformation. Bezogen auf das Kirchen-, Sakraments- und Weiheverständnis bleiben klare Unterschiede (Nr. 67). Sie korrelieren mit z.t. abweichenden Auslegungen der Heiligen Schrift (Nr. 68) und der ihr zugeordneten Auffassung von Tradition und Lehramt. Die theologischen Lehrgespräche der Gegenwart haben hier

> „unverhoffte Aussichten auf eine Lösung entworfen, und zugleich hat man begriffen, wie notwendig die tiefere Ergründung mancher Themen wäre." (Nr. 69)

Mit dieser Feststellung ist die *Möglichkeit* weiterer Klärungen vorausgesetzt. Das bedeutet aber auch, dass der gegebene Interpretationsstand strukturell über sich hinausweist. Erneut wird damit die ökumenische Praxis verbunden. Besonders eindrucksvoll spielt der Papst hier wieder eine biographische Szene ein. Während seiner skandinavischen Pastoralreise im Juni 1989

> „präsentierten sich die lutherischen Bischöfe dem Zelebranten. Sie wollten mit einer einvernehmlichen Geste ihren sehnlichen Wunsch nach Erreichung des Zeitpunktes bekunden, an dem wir, Katholiken und Lutheraner, an derselben Eucharistie werden teilnehmen können, und sie wollten den Segen des Zelebranten empfangen. Voll Liebe habe ich sie gesegnet." (Nr. 72)

Hier drängt sich die Frage auf, welchen – in einem erweiterten Sinn *sakramentalen* – Rang ein solches Zeichen hat. Und weiter, ob nicht in besonderen Situationen als ein prophetisches Zeichen eine barmherzige Ausnahme möglich erscheinen könnte. Dies könnte gerade vor dem Hintergrund einer Aufwertung der ökumenischen Praxis mit durchaus erkenntnistheoretischem, weil erkenntnis*konstitutivem* Rang eine Option darstellen.

6.4 Die perspektivische Ausrichtung der Enzyklika

Diese Perspektive spielt auch bei der Zukunftsbestimmung der Enzyklika eine Rolle. Vor dem Hintergrund der ökumenischen Fortschritte steht man vor der Herausforderung, die nächsten Schritte angehen zu müssen. Dafür wählt der Papst zunächst einen theoretischen Ausgangspunkt, bindet ihn aber wieder an lebensweltlichen Grund zurück. Man müsse eine „bessere gegenseitige Kenntnis" (Nr. 77) des anderen erreichen, und zwar gerade mit lehrmäßigem Akzent. In einem soll aber die „effektive Zunahme des Gemeinschaftsgefühls" (Nr. 77) weiter gestärkt werden. Die Abfolge dieser beiden Blickrichtungen ist kennzeichnend: zuerst eine Aufarbeitung in Fragen theologischer Wahrheitsdifferenzen, dann die Betonung des gemeinsam gelebten und so verantworteten Glaubens. Das eigentliche fundamentaltheologische Problem der Enzyklika liegt nun darin, dass dieser Zusammenhang nicht als solcher reflektiert und mit erkenntnistheoretischen Konsequenzen ausgeführt wird.

Ähnlich unterbestimmt bleibt auch die Zuordnung „einer gewissen Grundeinheit in der Lehre" (Nr. 78) und der „vollen Gemeinschaft in der einen, heiligen, katholischen und apostolischen Kirche" (Nr. 78). Für einen Moment könnte es so erscheinen, als würde hier noch einmal bloße Rückkehr-Ökumene betrieben. In Nr. 86 heißt es etwa:

> „Die Konstitution *Lumen Gentium* schreibt in einer Grundsatzaussage, die das Dekret *Unitatis redintegratio* aufgreift, daß die einzige Kirche Christi in der katholischen Kirche fortbesteht. Das Dekret über den Ökumenismus unterstreicht die Gegenwart der Fülle (*plenitudo*) der Heilsmittel in ihr. Die volle Einheit wird dann Wirklichkeit werden, wenn alle an der Fülle der Heilsmittel teilhaben werden, die Christus seiner Kirche anvertraut hat."

Mit der Schlussnummer (103) übernimmt Johannes Paul II. dann in gezielter Rollenprosa eine Mahnung des Apostels Paulus, die im gegebenen ökumenischen Kontext scharf wird:

> „(K)ehrt zur Ordnung zurück, laßt euch ermahnen, seid eines Sinnes, und lebt in Frieden! Dann wird der Gott der Liebe und des Friedens mit euch sein" (2 Kor 13,11).

Der Weg der Wahrheit scheint damit auf die katholische Selbstauffassung festgelegt zu sein. Der Papst listet die entsprechenden Themenfelder auf, die zur weiteren Klärung anstehen (Nr. 79): Schrift und Tradition, Lehramt, Sakramente, zumal Eucharistietheologie und Weiheamt, schließlich die Mariologie. Außerdem müsse geklärt werden, wie die bisherigen Gesprächsergebnisse rezipiert werden können. Aus katholischer Sicht muss dem Lehramt die letzte Entscheidung zukommen. Hier ist es wichtig, dass im selben Zug die Gemeinschaft von Bischöfen und Papst hervorgehoben wird.

Im Übrigen wird noch einmal eindringlich der Vorrang der Wahrheitsfrage festgelegt, weil es nur auf dem Fundament einer tragfähigen Wahrheitsübereinkunft zu dauerfähigen Lösungen kommen könne. Deshalb

„halten uns die Klarheit und die Klugheit des Glaubens an, die falsche Irenik und die Nichtbeachtung der Normen der Kirche zu vermeiden." (Nr. 79)

Allerdings ist dann der Nachsatz von Bedeutung. Der Papst stellt sich entschieden gegen ökumenische Gleichgültigkeit, gegen „vorgefaßten Widerstand" (Nr. 79) und Pessimismus. Und ein weiterer Aspekt ist aufschlussreich. War zuvor von der Rolle des Lehramts die Rede, so wird nun an entscheidender Stelle von den „Forderungen der geoffenbarten Wahrheit" (Nr. 79) gesprochen – ein deutlicher ökumenischer Fingerzeig. Darüber hinaus wird mit ihm greifbar, dass es sich um einen Interpretationsprozess handelt, der dann auch katholisch Entwicklungsräume erschließt. Sie werden unter dem Stichwort eines „Dialog(s) der Bekehrung" (Nr. 82) aufgerufen:

„In diesem Dialog, der sich vor Gott vollzieht, muß jeder nach dem eigenen Unrecht suchen, seine Schuld bekennen und sich in die Hände dessen begeben, der der Fürsprecher beim Vater ist, Jesus Christus." (Nr. 82)

Umkehr wird zur konkreten Gestalt von Veränderung – und sie kann nicht äußerlich bleiben. Es geht um das Bekenntnis in seiner pragmatischen und theoretischen Konsistenz.

Ganz auf dieser Linie bewegt sich der Text im Folgenden. Die theoretische Perspektive wird martyriologisch reformuliert. Hier zeigen sich Muster eines gemeinsamen Glaubens im Zeugnis der Nachfolge. Es gibt eine Art von gemeinsamem *Martyriologium* (Nr. 84) – und das wiederum hat für die Frage nach der Gemeinsamkeit des Glaubens erhebliche Folgen:

„Wenn man für den Glauben zu sterben vermag, beweist das, daß man das Ziel auch dann erreichen kann, wenn es sich um andere Formen desselben Anspruchs handelt. Ich habe bereits mit Freude festgestellt, daß die zwar unvollkommene, aber real gegebene Gemeinschaft in vielen Bereichen des kirchlichen Lebens bewahrt wird und wächst. Ich glaube nun, daß sie darin schon vollkommen ist, was wir als den Gipfel des Gnadenlebens betrachten, den *Märtyrertod*, die intensivste Gemeinschaft, die es mit Christus geben kann, der sein Blut vergießt und durch dieses Opfer jene, die einst in der Ferne waren, in die Nähe kommen läßt (vgl. *Eph* 2, 13)." (Nr. 84)

Angesichts der höchsten Wertschätzung, die dieser Papst den Heiligen beimisst, muss diese Beobachtung einen eigenen ökumenischen Rang beanspruchen. Hier ist nämlich etwas von der eschatologischen Wirklichkeit der Kirche realisiert – und zwar in einer Gemeinschaft der Heiligen, die aus den verschiedenen christlichen Bekenntnisgemeinschaften stammen. Wenn dies aber so gesehen werden darf, dann muss weitergefragt werden: Ist der entsprechende Glaubensgrund nicht bereits so stark, ist er nicht von solch entscheidender Qualität, dass die Gemeinschaft der christlichen Nachfolgeentwürfe als Heilszeichen und Heilswirklichkeit einen profilierteren sakramentalen Zuschnitt erhalten kann?

Die Enzyklika gibt deutlich zu erkennen, dass sie an Aufbrüchen interessiert ist – und sie macht dies am sensiblen Punkt des Petrusdienstes deutlich. Entsprechend sind die vordergründigen Aspekte einer katholisierenden Einheitsvorstellung kritisch justiert. Zunächst bittet der Papst mit Paul VI. um Verzeihung für all das, was aus der Schuldgeschichte ihres Amtes heraus die Beziehungen unter den Christen belastet oder sogar beschädigt hat (Nr. 88). Die Machtperspektive wird darüber hinaus sehr deutlich an eine Ohnmachtsgestalt gebunden und für eine veränderte Deutung geöffnet (Nr. 94). So hält der Papst im Durchgang der verschiedenen Schriftbelege fest:

„Es ist gerade so, als würde vor dem Hintergrund der menschlichen Schwachheit des Petrus voll offenkundig werden, daß sein besonderes Amt in der Kirche vollständig seinen Ursprung aus der Gnade hat". (Nr. 91)

Damit verbindet sich die Hoffnung,

„eine Form der Primatsausübung zu finden, die zwar keineswegs auf das Wesentliche ihrer Sendung verzichtet, sich aber einer neuen Situation öffnet." (Nr. 95)

Johannes Paul II. übernimmt an dieser Stelle eine Bitte, die aus anderen christlichen Gemeinschaften an ihn herangetragen wird und markiert sie als Problem im katholischen Innenraum. Auch hier sieht der Papst diskursiven Spielraum – nur deshalb kann er dazu einladen,

„über dieses Thema mit mir einen brüderlichen, geduldigen Dialog aufzunehmen" (Nr. 96)[228]

---

228 U. Kühn, Gesamtkirchlicher Petrusdienst? Evangelische Überlegungen, in: US 53 (1998) 30-39. Kühn erkennt in der ntl. Petrusgestalt die typologische Gestaltung eines kirchlich wichtigen Petrusdienstes (35). In der gegebenen römisch-katholischen Gestalt erscheint er allerdings evangelisch inakzeptabel. Stattdessen wäre nach Kühn eher an die Rolle eines „primus inter pares" auf der Basis der Entwicklungen des ersten Jahrtausends zu denken. Damit ließe sich das orthodoxe Modell eines „Vorsitzes in der Liebe" verbinden (38f.). Im Sinne einer ökumenischen Verständigung fordert Kühn auch von evangelischer Seite, „keine Berührungsängste vor einem Nachdenken in dieser Richtung" (39) zu haben. Gemeinsam müsse man den Mut aufbringen, „über gewisse eigene Schatten zu springen" (39). – Vgl. weiterhin J. Modesto, Primat und Ökumene. Konkrete Vorschläge für eine angemessene Stellung des Papstes innerhalb einer konfessionsübergreifenden Universalkirche, in: KNA/ÖKI 40

6.5 Zur theologischen Einordnung der Enzyklika

Wie so oft schließen sich hieran keine konkreten Erwägungen an.[229] Aber es wird eine Richtung eingeschlagen. Die Enzyklika konstituiert einen Raum des ökumenischen Diskurses, der aus katholischer Sicht nicht vorab definiert ist. Er kann sich in einem martyriologisch und damit auch theologisch erschlossenen Raum kirchlicher Gemeinsamkeit entwickeln. Damit kommt der gemeinsam gelebten Glaubensverantwortung ein wahrheitstheoretischer Rang zu. Hier deutet die Enzyklika die Möglichkeit – und vielleicht auch die Notwendigkeit – an, von einem anderen Ausgangspunkt die Ökumene der Zukunft zu betreiben: mit dem Richtwert legitimer Differenzen, die sich theologisch nicht einfachhin abgleichen lassen, die aber auch in den konkreten kirchlichen Praktiken nicht zugedeckt werden müssen, sondern gerade

(7.10. 2003) – Thema der Woche, 1-12. – Besonders in den USA, aber auch über sie hinaus ist eine lebhafte Debatte um den Primat entstanden, die z. T. auf Thesen des ehemaligen Erzbischofs von Los Angeles, John R. Quinn, und seine Oxford-Rede „The Claims of the Papacy and the Costly Call to Unity" vom 29.6.1996 zurückgeht. Vgl. J. R. Quinn, The Reform of the Papacy. New York 1999. Vgl. weiterhin M. J. Buckley, Papal Primacy and the Episcopate, New York 1998; Ph. Zagano / T. Tilly, The Exercise of the Primacy, New York 1998; R. Shaw, Papal Primacy in the Third Millenium, Huntington 2000; A. Jones, New Catholics for a New Country, Allen 2001. Vgl. den Bericht von F. Oertel, Selbstbewusste Vorstöße. Diskussion über Primat und Kollegialität in den USA, in: HK 55 (2001) 443-448. – Vgl. weiterhin S. Hell / L. Lies (Hrsg.), Papstamt. Hoffnung, Chance, Ärgernis. Ökumenische Diskussion in einer globalisierten Welt, Innsbruck 2000; P. Weß / U. H. J. Körtner / G. Larentzakis (Hrsg.), Papstamt jenseits von Hierarchie und Demokratie. Ökumenische Suche nach einem bibelgemäßen Petrusdienst (Studien zur systematischen Theologie und Ethik 35), Münster 2003.

229 Das sieht im ökumenischen Gespräch z.T. durchaus anders aus. So unterbreitet aus methodistischer Sicht Geoffrey Wainwright (A Primatial Unity in a Synodical and Conciliar Context, in: One in Christ 38 (2003), Nr. 4, 3-25) „in response to Pope John Paul's invitation to ‚a patient and fraternal dialogue‘ on primacy as a universal ministry of Christian unity" (19) verschiedene persönlich gehaltene Vorschläge zu einem ökumenisch verantwortbaren Petrusdienst. Er bejaht einen – kommunial gehaltenen – bischöflichen Leitungsdienst, der auch Lehrfragen betreffen kann, und entwickelt ihn als „perichoretic and peripatetic episcopate" (18). Danach gibt es differenzierte, zugleich aber kombinierte, überlappende Aufgaben. Das Leitungsamt kann abwechselnd besetzt werden. Es ist von der inhaltlichen wie formalen Aufgabe bestimmt, im Dienst des Evangeliums unterwegs zu sein. Dieser theologische Ansatz setzt sich in der funktionalen Interpretation dieses Amtes durch. – Zur weiteren ökumenischen Diskussion vgl. C. E. Braaten / R. W. Jenson (Hrsg.), Church Unity and the Papal Office. An Ecumenical Dialogue John Pauls II`s Encyclical *Ut unum sint* (That All May Be One), Gran Rapids, Michigan / Cambridge, U. K. 2001.

als solche kommunikative – und insofern auch *sakramentale* – Chancen für ein gemeinsames Glaubenszeugnis eröffnen können. Wenn dies so entscheidend ist, wenn es sich in der christlichen Einheitssuche „um einen der Imperative der Liebe (handelt – GMH), der ohne Abstriche erfüllt werden muß" (Nr. 99), dann stellt sich in ökumenischer Sicht noch einmal neu die Frage nach einer *Hierarchie der Wahrheiten.*

Damit ergeben sich Verschiebungen, die die katholische Kirche und Theologie im 20. Jahrhundert z.T. dramatisch vollzogen hat. Dementsprechend muss diese Enzyklika von einem anderen Ort, von ihrem unausgesprochen Gegenpol her gegengelesen werden: mit den Vorgaben von „Mortalium animos", der anderen „Ökumene-Enzyklika" des 20. Jahrhunderts. Pius XI. stellte sich mit diesem Schreiben zwischen alle Versuche eines ökumenischen Aufbruchs. Seine Enzyklika „bedeutete eine offizielle Abqualifizierung und Diskreditierung aller ökumenischen Bemühungen schlechthin."[230] Das Gegenüber dieser beiden päpstlichen Lehrschreiben macht deutlich, welches Entwicklungspotenzial sich auch noch dort römisch-katholisch hält, wo in einem konkreten geschichtlichen Augenblick eine bestimmte Glaubensüberzeugung als unabänderliche Wahrheitsgestalt einleuchtet und als Wissensmacht eingerichtet wird.[231]

Veränderung aber wird unumgänglich, wo Einheit nicht als Rückkehr begriffen werden kann. In diese Richtung zielt die Kritik von Karl-Josef Kuschel, der auch in *Ut unum sint* die Hoffnung auf ein römisch-katholisches Einheitsmodell als Triebkraft entdeckt.[232] Sein Plädoyer für ökumenischen Einfallsreichtum, für den Mut zum Bruch mit dem gegebenen ekklesiologischen Rahmen unterschätzt allerdings zweierlei: den bereits vollzogenen Schritt aus einem Paradigma enger Katholizität heraus; d.h. er übersieht den *Ansatz* in der formalen Anlage dieses Textes. Und er überhört, damit zusammenhängend, die theologische Sprachnot, die sich in diesem Dokument äußert. Nicht zufällig wechselt der Papst die Sprachebenen (argumentierend, narrativ) und die literarischen Formen (theologisch-sachlich, biographisch) – und zwar gerade an heiklen Punkten wie etwa der Interkommunion. Das ist kennzeichnend. Die theologischen Spannungen, die sich zwischen dem Willen zur Ökumene und dem gleichzeitigen Fehlen einer angemessenen

---

230 K.-J. Kuschel, Sind die Kirchenspaltungen überwindbar? Eine kritische Analyse der Ökumene-Enzyklika ‚Ut unum sint' aus katholischer Sicht, in: B. J. Hilberath / J. Moltmann (Hrsg.), Ökumene – wohin?, 71-86; hier: 72.

231 Eine entsprechende Perspektive, etwa im Anschluss an Michel Foucault, ist in den ökumenischen Diskursen bislang nicht konsequent ausgebildet worden: Wie werden bestimmte konfessionelle Identitäten als Wissensmächte und als pastorale Dispositive herausgebildet – und was bedeutet dies für eine mögliche ökumenische Entwicklung?

232 Vgl. K.-J. Kuschel, Sind die Kirchenspaltungen überwindbar?, 78; 81.

theologischen Denkform aufbauen, werden so in den Text selbst eingetragen. Die Enzyklika reicht tendenziell über sich hinaus – und kann genau das nicht mehr material fassen.[233] Sie verfügt nicht über die Konzepte für eine Lösung, die sie will, und es ist erstaunlich, wie sich hier jene Ohnmacht des Amtes wiederfindet, die den Petrusdienst in der Interpretation dieses Papstes so genau charakterisiert. Nicht zuletzt darin liegt die Bedeutung der Enzyklika: in der Sprechform. Sie aktiviert Muster einer Spannungshermeneutik, die dazu anleiten kann, ökumenisch anders – und sicher auch produktiver als diese Enzyklika – mit Differenzen umzugehen. Alle berechtigte Kritik an den verschiedenen ökumenischen Fehlmustern, am Ungesagten und am nicht radikal genug Betriebenen, muss sich ihrerseits an einer solch kritischen Hermeneutik der Differenz messen lassen, weil sie dem anderen in seiner positionalen Ohnmacht vielleicht am ehesten gerecht zu werden verspricht.[234]

Freilich entlässt dies nicht aus der Verpflichtung, auf Konkretionen zu dringen. Sie erscheinen zumal aus der formalen Anlage und der inhaltlichen Selbstverpflichtung dieser Enzyklika durchaus möglich. Jürgen Moltmann deutet eine Möglichkeit an, die sich aus der pastoralen Not heraus ergibt und sich insofern signifikant mit diesem Text verbindet. Moltmann spricht von katholisch-evangelischen Paaren, die erst zum Tisch des Herrn treten wollten, wenn die Einheit verwirklicht wäre. Es ist eine Situation, die in ihrer Unmittelbarkeit und in ihrem kirchlichen Außendruck derjenigen ähnelt, von der Johannes Paul II. berichtete (Nr. 72):

„Ist es wirklich so, daß Christus einlädt, dann dürfen wir ihn nicht länger warten lassen, jedenfalls nicht so lange, bis wir alle ökumenischen Probleme gelöst haben. Das wäre eine Vertröstung auf unbestimmte Zeit oder auf seine Parusie."[235]

Die Frage, die sich mit diesem kritischen Hinweis verbindet, bleibt auch mit dieser Enzyklika. Genauer: Sie wird mit ihr – zumal katholisch – eindringlicher formulierbar.

---

233 Der methodistische Bischof W. Klaiber spricht in seinem sehr wohlwollenden Kommentar (W. Klaiber, Ut unum sint. Die Enzyklika Papst Johannes Paul II. und ihr ökumenischer Kontext, in: ÖR 46 (1997) 35-56) von den grundlegenden Spannungen dieses Textes, die sich vor allem im ökumenischen Gesprächswillen einerseits und dem ekklesiologischen Anspruch andererseits zeigen, „die einzige Kirche zu sein, die Kirche in ihrer ganzen ihr von Gott zugedachten Fülle" (52). Vgl. die katholische Antwort von H. J. Urban, Ut unum sint. Anmerkungen zum Referat von Bischof Walter Klaiber, in: ÖR 46 (1997) 57-62.
234 Vgl. hierzu Derridas Konzept der Dekonstruktion als Gerechtigkeit (Kapitel 1).
235 J. Moltmann, Ökumene im Zeitalter der Globalisierung. Die Enzyklika ‚Ut unum sint' in evangelischer Sicht, in: B. J. Hilberath / J. Moltmann (Hrsg.), Ökumene – wohin?, 87-97; hier: 94.

7. ZWISCHEN REVOLUTION UND RESIGNATION: DIE GEMEINSAME ERKLÄRUNG ÜBER DIE RECHTFERTIGUNGSLEHRE (1999)

7.1 Der Streit um die GE: Identitätsprobleme

Kaum eine theologische Diskussion der vergangenen Jahre fand ein vergleichbares Interesse in einer so breiten Öffentlichkeit. Kaum eine wurde so erbittert forciert. Ging es in den Debatten um die Schwangerschaftskonfliktberatung und die neuen Biotechnologien immerhin noch um gesellschaftsrelevante Themen, an dem sich kulturkämpferische Ambitionen entwickeln konnten, so bemühte die Auseinandersetzung um die Unterzeichnung der „Gemeinsamen Erklärung über die Rechtfertigungslehre" ein theologisches Konzept, das bis in die Gemeinden hinein fremd erschien.

Dennoch berührte die Frage. Dennoch produzierte sie Artikelserien und Leserbriefkolonnen und ein neues Kapitel theologischer Rechtfertigungsliteratur. Nicht zuletzt die FAZ inszenierte das Thema als Probestück kirchlicher Identitäten. Damit war aber zugleich eine bestimmte hermeneutische Perspektive dem Diskurs angetragen. Die möglichen Folgen einer rechtswirksamen Übereinkunft rissen den ökumenischen Prozess aus aller Unverbindlichkeit. Seitdem sind konkrete Schritte auf eine Kirchengemeinschaft zu nicht mehr auszuschließen. Und genau darin sieht etwa Peter Neuner die „tiefste Ursache für die(se) Kritik an der GE".[236] Denn eine handlungsfähige Ökumene verlangt eine Revision eigener Tradition, eine Veränderung *in* und *von* Kontinuität. Sie kann für alle Beteiligten nicht weniger schmerzhaft ausfallen als jede traditionsverarbeitende Traditionsverschiebung der Christentumsgeschichte. Katholisch ist die letzte und eine der eingreifendsten in Gestalt des 2. Vatikanischen Konzils bald vierzig Jahre her und wirkt trotzdem noch wie eine Gegenwart, die provoziert und also anders ist als andere Gegenwart mit schnelleren Verfallsdaten. Weil es auch hier um die eigene Identität ging und geht.

---

236 P. Neuner, Mißklänge im ökumenischen Dialog. Zur neuen Diskussion um die Rechtfertigungslehre, in: StZ 123 (1998) 651-662; hier: 659. Die Auseinandersetzung um die GE ist dokumentiert in 24 Heften der epd-Dokumentation („Streit um die Rechtfertigungslehre") Nr. 38/97 – Nr. 52a/99.

In dieser Hinsicht stellt sich der jüngste Rechtfertigungsstreit auch als eine z.T. polemische Identitätsbestimmung dar.[237] Bedient wird dabei eine philosophisch-theologische Identitätslogik, wie sie im 1. Kapitel skizziert wurde. Die ihr konfrontierten Herausforderungen einer Hermeneutik der Differenz gelten gerade auch im Blick auf jene theologischen Hauptwörter, zu denen „Rechtfertigung" ökumenisch übereinkommend zählt. Damit ergibt sich das Desiderat, von hier aus den theologischen Topos Rechtfertigung anders bestimmen zu können.

7.2 Die Voraussetzungen der GE

Die GE ist auf der Grundlage breiter ökumenischer Bemühungen zustande gekommen.[238] Die systematische Arbeit von Hans Küng zur Rechtfertigungstheologie Karl Barths[239], die historischen Forschungen Hubert Jedins haben hier paradigmatische Bedeutung.[240] Die ökumenischen Begegnungen, die offiziellen Lehrgespräche seit dem Abschluss des 2. Vatikanischen Konzils und nicht zuletzt die verschiedenen offiziellen kirchlichen Stellungnahmen – z.B. zur Lehrverurteilungsstudie[241] – gehören unabdingbar zum Text, wie er offiziell unterschrieben wurde.

Damit steht man vor einer entscheidenden Voraussetzung für das Verständnis der Erklärung. Einem Text von elf Druckseiten ist ein Quellenapparat von sieben Seiten zugeordnet. In seinem Grundsatzreferat zur Bedeutung der GE hat Karl Lehmann vor der DBK darauf hingewiesen, dass das vorliegende Textformat bewusst knapp gehalten worden sei, um es überhaupt rezipieren zu können.

---

237 Vgl. das Themenheft 3 „Rechtfertigung – Diskussion ohne Folgen?" von US 55 (2000) mit dem noch einmal besonders profilierten Schwerpunkt „Rechtfertigung und Identität".

238 Zur Geschichte der GE vgl. D. Wendebourg, Zur Entstehungsgeschichte der ‚Gemeinsamen Erklärung', in: ZThK 95 (1998 – Beiheft 10) 140-206; H. Wagner, Die Rechtfertigungsproblematik im ökumenischen Dialog. Vom Malta-Papier bis zur Gemeinsamen Erklärung, in: B. J. Hilberath / W. Pannenberg (Hrsg.), Zur Zukunft der Ökumene, 58-69; A. Birmelé, Kirchengemeinschaft. Ökumenische Fortschritte und methodologische Konsequenzen. Übers. u. hrsg. im Auftrag des Konfessionskundlichen Instituts des Evangelischen Bundes in Bensheim (Studien zur systematischen Theologie und Ethik 38), Münster 2003, 1-166.

239 H. Küng, Rechtfertigung. Die Lehre Karl Barths und eine katholische Besinnung (1957), München ²1986.

240 H. Jedin, Geschichte des Konzils von Trient. 4 Bde., Freiburg u.a. 1949-1975.

241 Vgl. Kapitel 2.6 dieses Buchs.

„Der Text ist darum sehr verletzlich und braucht gutwillige Interpreten, die vor echten Problemen nicht die Augen zu verschließen brauchen, aber dennoch ein Minimum an Sympathie für das schwierige Unternehmen mitbringen sollten. Man darf jedoch auf der anderen Seite die verborgene Stärke dieses knappen Dokumentes nicht unterschätzen. Im Anhang wurde nämlich… aus verschiedenen lutherisch-katholischen Dialogen auf Quellen zurückgegriffen, die zum Teil recht umfangreich sind und nachhaltig die knappen Aussagen der Erklärung durch viele Zitate und Verweise stützen."[242]

Die kritische Rezeption hat sich am Erkenntnisstand messen zu lassen, der in den entsprechenden Dialogpapieren festgehalten wurde, die z. T. eigens in der Nr. 3 der GE aufgeführt werden. Damit unterlegt sich die GE umfangreiches historisches wie systematisches Argumentationsmaterial als Subtext.[243] Darüber hinaus transportiert sie eine weitere methodische Voraussetzung: Der Text basiert auf den Analyseverfahren eines differenzierten Konsenses, der das jeweilige theologische Problem unter dem Gesichtspunkt angeht, inwiefern die unterschiedlichen Ansatzpunkte der Gesprächspartner sich so miteinander vermitteln lassen, dass sie zwar nicht zu identen Auffassungen und Formeln führen, einander aber auch nicht unvereinbar gegenüber stehen. Nur mit der Bereitschaft, die GE unter diesen Voraussetzungen zu prüfen, wird man den selbst gesteckten Zielen und den entsprechenden Argumentationsverfahren gerecht. Alles Andere läuft auf eine ökumenische Generalkritik hinaus, die möglich erscheint, ihrerseits aber mit starken Argumenten für einen ins Unabsehbare verlängerten Konfessionalismus arbeiten müsste.

7.3 Textaufbau und thematische Linien

Dem Dokument ist eine Präambel vorgeschaltet (1-7), die eingangs den Stellenwert der Rechtfertigungslehre für die Kirchenspaltung des 16. Jh. bestimmt und an den ökumenischen Gesprächsfortschritt seit dem Beginn der offiziellen Lehrgespräche erinnert. Auf dieser Basis sei es

242 K. Lehmann, Einig im Verständnis der Rechtfertigungsbotschaft? Erfahrungen und Lehren im Blick auf die gegenwärtige ökumenische Situation. Eröffnungsreferat bei der Herbstvollversammlung der Deutschen Bischofskonferenz, hrsg. v. Sekretariat d. Dt. Bischofskonferenz, Bonn 1998, 7-34; hier: 8f.
243 Das wird ausdrücklich in Nr. 6 gesagt.

„an der Zeit, Bilanz zu ziehen und die Ergebnisse der Dialoge über die Rechtfertigung in einer Weise zusammenzufassen, die unsere Kirchen in der gebotenen Präzision und Kürze über den Gesamtertrag dieses Dialogs informiert und es ihnen zugleich ermöglicht, sich verbindlich dazu zu äußern." (4)

Genau das geschieht mit der Unterzeichnung der GE und des darin entfalteten Grundkonsenses. Er übernimmt vier Voraussetzungen:

1. Der Konsens ist nicht total und schließt nicht alles ein – er bezieht sich auf Grundwahrheiten.
2. Die Trennungsgeschichte wird damit nicht einfach aus dem Gedächtnis getilgt – die damaligen Auseinandersetzungen werden in ihrem jeweiligen Recht gesehen.
3. Damit werden auch die dogmatischen Implikationen der gegenseitigen Lehrverwerfungen nicht getilgt.
4. Die theologische Entwicklung, die sich im Laufe der Geschichte durch neue Methoden und Wissensformen vollzieht, verlangt und ermöglicht neue Stellungnahmen zu alten Problemen.

In diesem Sinn lassen die folgenden Ausführungen einen differenzierten Umgang mit der eigenen Geschichte zu.

Das erste Kapitel (8-12) skizziert die „Biblische Rechtfertigungsbotschaft" als normative Vorgabe jener Problemgeschichte, in der das gemeinsame Verständnis von Rechtfertigung entwickelt wird. Der Vorrang des Gnadenhandelns Gottes wird ebenso klar festgehalten wie der des „sola fide". Zugleich wird aber auch das notwendige Leben nach dem Evangelium betont (12). Behutsam koppelt man die unterschiedlichen Akzente aneinander. Für dieses Verfahren wird bereits eine biblische Einsicht notiert: dass nämlich das Evangelium von der Rechtfertigung des Sünders durch Gott im Glauben an Jesus Christus sehr vielfältig und „in verschiedener Weise dargestellt" werde (8). Dieser sprachliche Pluralismus ermöglicht und verlangt auch gegenwärtig konludierende theologische Stile, wenn es um die Vermittlung der Rechtfertigungslehre geht.

Erst auf dieser Grundlage wird in einem knappen zweiten Kapitel mit nur einer Nummer (13) die Aufgabe der GE umrissen.

1. Der klassische Streit um die Rechtfertigung ist theologisch soweit aufgearbeitet, dass sich unter veränderten Lebens- und Denkbedingungen eine gemeinsame Verständigung formulieren lässt.
2. Die wechselseitigen Lehrverurteilungen lassen sich in der Weise korrigieren, dass sie den gegenwärtigen Gesprächspartner nicht mehr treffen.

Diese doppelte Zielbestimmung wird mit den beiden folgenden Kapiteln angegangen. Das dritte Kapitel (14-18) bietet eine programmatische Skizze an, eine Art Magna Charta ökumenischer Rechtfertigungstheologie. Sie bildet den bleibenden Bezugspunkt jeder weiteren Diskussion. Dabei werden immer wieder Wendungen wie „unser gemeinsamer Glaube" (15) oder „gemeinsam sind wir der Überzeugung" (17) gebraucht. Die Wiederholung aktualisiert sprachpragmatisch, was in der Sache geboten wird. Als ein weiteres Signal müssen die *sola*-Formulierungen gesehen werden. „Allein aus Gnade" (15), „allein durch Christus" (16) und – in der Sache noch einmal passgenau zum „sola gratia" – „allein der vergebenden und neuschaffenden Barmherzigkeit Gottes" wegen (17) geschieht Rechtfertigung. Es ist diese Gnade Gottes, die aber auch das Handeln des Menschen einfordert (15). Die Erkenntnis- und Heilsordnung wird damit eingehalten, die Notwendigkeit des Tuns aber in diesen Gesamtprozess integriert, sodass damit ein wesentliches Anliegen der katholischen Seite gewahrt wird. Dabei gilt eine Maxime, die exemplarisch die Frage nach dem Stellenwert der Rechtfertigungslehre regelt.[244] Man formuliert eine gemeinsam tragfähige Definition. In diesem Fall beinhaltet sie, dass die Rechtfertigungslehre „ein unverzichtbares Kriterium" (18) im gesamten kirchlichen Denken, Lehren und Leben sei. Die unterschiedlichen Schwerpunkte und Aussageinteressen werden nun so miteinander verbunden, dass keine Seite mit der eigenen positiven Aussage verneint, was die andere Seite meint. Im konkreten Fall heißt das:

„Wenn Lutheraner die einzigartige Bedeutung dieses Kriteriums betonen, verneinen sie nicht den Zusammenhang und die Bedeutung aller

---

244 P. Lüning bestimmt, der kriteriellen Fragestellung noch vorgeordnet, das Verhältnis von Kirche und Rechtfertigung dialektisch und reformuliert es mit den Konzepten Rechtfertigung und Sammlung in Gestalt eines Bundes – womit der unverzichtbare Bezug auf Israel eingespielt wäre, den die GE nicht angemessen aktiviert. Nach Lüning handelt es sich um *ein* Geschehen, das jedoch differenziert aufzufassen ist. Den Primat behält die Rechtfertigungstat Gottes. „Wenn daher die Rechtfertigung sachlogisch einem eigenen, unableitbaren göttlichen Setzungsakt der Kirche vorausgeht bzw. vorausgehen muss, wobei sich die personale Existenz des Einzelnen in der Kirche der göttlichen Rechtfertigung verdankt, und zugleich die Kirche in ihrem worthaften und sakramentalen Verkündigungshandeln medial dem Rechtfertigungsgeschehen zuzuordnen ist, sind folglich beide Vorgänge innerhalb des einen göttlichen Handlungsgeschehens dialektisch aufeinander bezogen, ohne sachlich identisch zu sein." (P. Lüning, Rechtfertigung und Kirche. Welche theologisch-dogmatischen Imperative können mit Notwendigkeit aus der Rechtfertigungslehre gefolgert werden?, in: Cath(M) 54 (2000) 251-262; hier: 258.) Das Kriterium der Rechtfertigung ist damit nicht aus dem kirchlichen Vermittlungszusammenhang zu lösen. Es herrscht ein Verhältnis nach der Art des chalkedonensischen *Ungetrennt und Unvermischt*. Die Rechtfertigungslehre fungiert als ekklesiologisches Korrektiv, das aber wiederum nicht unabhängig von seiner kirchlichen Verortung eingesetzt werden kann (vgl. ebd., 261).

Glaubenswahrheiten. Wenn Katholiken sich von mehreren Kriterien in die Pflicht genommen sehen, verneinen sie nicht die besondere Funktion der Rechtfertigungsbotschaft." (18)

Methodisch wie inhaltlich können die einzelnen Problematisierungen im vierten Kapitel (19-39), das die „Entfaltung des gemeinsamen Verständnisses" bietet, darauf aufbauen. Faktisch handelt es sich um das thematische Kernstück, das auch am umfangreichsten gearbeitet ist. Sieben klassische Problemfälle werden jeweils äußerst präzise diskutiert. Vor allem für diese Partien ist der Quellenanhang vorgesehen. Erneut spricht das Textarrangement für seine inhaltliche Ausrichtung. Jeder Punkt wird in drei Abschnitten behandelt. Am Anfang steht das gemeinsame Bekenntnis. Es trägt die bleibenden inhaltlichen Differenzen, die keinen Grunddissens begründen. Vielmehr werden sie gerade im bleibenden Unterschied als eine gemeinsame Möglichkeit zur Entfaltung der Rechtfertigungslehre unter verschiedenen Gesichtspunkten begriffen.

Im Einzelnen werden folgende Aspekte angesprochen:

1. „Unvermögen und Sünde des Menschen angesichts der Rechtfertigung" (19-21). Das Prinzip des *sola gratia* wird gleichsam als Textinitial axiomatisch eingesetzt und gemeinsam bestätigt.

2. „Rechtfertigung als Sündenvergebung und Gerechtmachung" (22-24). Zwei Aspekte kennzeichnen den Vorgang der Rechtfertigung: Gott rechnet dem Menschen, der sich im Glauben radikal auf Jesus Christus bezieht, seine Sünden nicht an und „wirkt in ihm tätige Liebe" (22).

3. „Rechtfertigung durch Glauben und aus Gnade" (25-27). Werke bestätigen das neue Leben des gerechtfertigten Menschen; sie gehören zur inneren Logik eines Vorgangs, der aus Sicht des Menschen ganz von seinem Glauben abhängt und aus der Sicht Gottes allein an seine vorhergehende Gnade gebunden bleibt.

4. „Das Sündersein des Gerechtfertigten" (28-30). In der Taufe wird der Mensch wirklich neu geschaffen. Zugleich aber bleibt er anfechtbar und ist insofern immer auf Gottes Gnade angewiesen. Hier bleibt ein Unterschied in der Bewertung der Konkupiszenz. Katholisch ist sie nicht bereits Sünde; lutherisch weist das *simul iustus et peccator* darauf hin, dass der Mensch auch als Gerechtfertigter faktisch immer Sünder bleibt.

5. „Gesetz und Evangelium" (31-33). Der Mensch wird ohne Werke des Gesetzes gerechtfertigt. Dennoch behalten die Gebote Gottes ihre ethische Bindungskraft, allerdings unter der Maßgabe, dass im Evangelium der entscheidende Heilsweg eröffnet ist und das Heil nicht verdient werden kann.

6. „Heilsgewißheit" (43-36). Im Glauben an die Treue Gottes darf sich

der Gläubige auf die Heilszusage Gottes verlassen, ohne sich darum bereits seiner eigenen Zukunft sicher sein zu können.

7. „Die guten Werke des Gerechtfertigten" (37-39). Die guten Werke sind eine innere Konsequenz des Lebens aus dem Glauben an die Rechtfertigungsgnade Gottes. Weil es nicht irrelevant ist, wie man lebt, sind die Werke auf jene eschatologische Vollendung hingeordnet, die mit verschiedenen biblischen Bildern als „Lohn im Himmel verheißen ist" (38). Zugleich sprengt dieser Lohn die Verdienstlogik eines *do ut des*, weil Gottes Gnade menschlich unverfügbar bleibt und also nicht durch das eigene Verhalten in einer Art Heilsautomatismus erzwungen werden kann.

Mit den skizzierten Ergebnissen leitet die GE im fünften Kapitel (40-44) zu den Konsequenzen dieses Konsenses über. Danach bleiben Unterschiede, die jedoch kontextbestimmt sind und keine wechselseitige Verurteilung mehr erfordern – im Gegenteil. Mit der rechtskräftigen Unterschrift der Vertreter des Lutherischen Weltbundes und der römisch-katholischen Kirche werden die alten Verwerfungen zwar nicht aufgehoben. Sie behalten vielmehr die Bedeutung einer kritischen Rückfrage. Wohl aber wird ausdrücklich festgehalten, dass die jeweiligen Verurteilungen den heutigen Partner nicht treffen (41). Die bleibenden kirchentrennenden Differenzen in anderen Fragen sollen auf der Basis der GE in der Hoffnung diskutiert werden, „zu jener sichtbaren Einheit weiterzuführen, die der Wille Christi ist." (44)

Im Textapparat erscheinen nach diesem Schlusssatz noch die erwähnten Quellen, eine „Gemeinsame offizielle Feststellung des Lutherischen Weltbundes und der Katholischen Kirche" sowie ein „Annex zur Gemeinsamen offiziellen Feststellung". Die beiden letzteren Anhänge reagieren auf die verschiedenen Anfragen und Einwände.[245] Sie präzisieren einige Ausführungen der GE[246], bestätigen sie aber inhaltlich voll. Zugleich suchen sie Bedenken zu zerstreuen. So wird in der „Gemeinsamen offiziellen Feststellung" abschließend eigens festgehalten:

> „Durch diesen Akt der Unterzeichnung bestätigen die Katholische Kirche und der Lutherische Weltbund die Gemeinsame Erklärung zur Rechtfertigungslehre in ihrer Gesamtheit."

245 Vgl. dazu Kapitel 7.6.
246 Anders schätzt dies I. U. Dalferth ein, der wesentliche Akzentverschiebungen sieht: ders., Einheit in Verschiedenheit. Ein neues ökumenisches Dokument zur Rechtfertigungslehre, in: NZZ v. 8.6.99. So auch E. Jüngel, Ein wichtiger Schritt. Durch einen ‚Anhang' haben Katholiken und Lutheraner ihre umstrittene ‚Gemeinsame Erklärung' verbessert, in: DS v. 4.6.99. Rein formal fällt allerdings bereits auf, dass einzelne Aussagen der GE im Annex aufgegriffen und erklärt werden – immer im direkten Bezug. Keine einzige Aussage der GE wird negiert oder überholt.

7.4 Differenzhermeneutische Analyse: Exemplarische Denk- und Sprachmuster der GE

Das ökumenische Leitmotiv der „versöhnten Verschiedenheit" stellt einen theologischen Rahmen, in dem unterschiedliche Perspektiven, Wissensformen und Sprachmuster so miteinander in Kontakt treten können, dass sich keine unmittelbaren Gegensätze und Widersprüche ergeben. Im Spannungsfeld dieser Hermeneutik ist die GE aufzufassen. Genau diesen Rahmen steckt sie selbst ab. In ihrer Präambel spricht sie davon, dass „nicht alles" in ihr enthalten sei, was in den Kirchen über die Rechtfertigung gelehrt werde (5). Festgehalten wird ein „Konsens in Grundwahrheiten" (5). Damit wird bereits ein grundsätzlicher hermeneutischer Spielraum eröffnet. Für einen solchen Konsens, der immerhin auf eine zukünftige Aufhebung der Kirchenspaltung abzielt, werden bleibende Differenzen im Rechtfertigungsverständnis nicht ausgeschlossen. Diese Differenzen haben einen doppelten Akzent:

* Sie lassen sich eventuell im Zuge gemeinsamer hermeneutischer Anstrengungen einmal auflösen, insofern „unseren Kirchen in der Gegenwart neue Einsichten zuwachsen" (Nr. 7).
* Sie sind Ausdruck eines theologischen Pluralismus, dessen Legitimität mit der Kirchentrennung zwar in Frage steht, jedoch angesichts der Vielfalt theologischer Sprechformen von Rechtfertigung neu zu überprüfen ist (vgl. Nr. 8).
* Ein positives Verständnis von Differenz artikuliert denn auch die Nr. 14 der GE. In der Einleitung zum „gemeinsamen Verständnis der Rechtfertigung" betont sie, dass der erreichte Konsens mit den „unterschiedlichen Entfaltungen in den Einzelaussagen... vereinbar" sei.

Karl Lehmann greift von daher das Wort vom „differenzierten Konsens"[247] auf und unterscheidet diesen von einem „totalen Konsens", der letztlich „die Unterwerfung des einen Partners unter den anderen bedeuten"[248] würde. Lehmann wählt damit einen hermeneutischen Ansatz als Dialogregel, der an die postmoderne Kritik des identitätslogischen Denkens erinnert.[249] Die Parallele reicht noch weiter. Lehmann begründet die sachlichen Differenzen nämlich auch sprachphilosophisch:

> „Wer einen Unterschied zwischen Sache und Sprache leugnet oder sich einer solchen Differenz verweigert, kann im Grunde keinen ökumenischen Dialog führen."[250]

---

247 K. Lehmann, Einig im Verständnis der Rechtfertigungsbotschaft?, 19.
248 Ebd., 16.
249 Vgl. die hermeneutische Grundlegung in Kap. 1.
250 K. Lehmann, Einig im Verständnis der Rechtfertigungsbotschaft?, 17.

Diese Hermeneutik des Unterschieds ist nun aber auch inhaltlich durchzuführen. Als ein entscheidendes Muster, als durchgängiges Problem der GE erweist sich dabei das Verhältnis von Gnade und Freiheit. Es konzentriert sich in der Frage nach der menschlichen Mitwirkung.

Die gemeinsame theologische Rahmenbestimmung setzt voraus, dass das Heil des Menschen nicht ohne die Gnade Gottes zu erlangen sei. Entsprechend wird der Christusgläubige „unabhängig von Werken des Gesetzes" (Röm 3,28; vgl. Nr. 31) gerechtfertigt. Sein Heil muss er sich schenken lassen; andernfalls drohte die Unverfügbarkeit Gottes beeinträchtigt zu werden. Umgekehrt steht aber auch die Freiheit des Menschen auf dem Spiel. So wenig sie absolut ist, sondern eben verdankte und gebundene Freiheit, so wenig kann sie aber auch schöpfungstheologisch beschnitten werden. Dies aus mehreren Gründen:

* Anthropologisch: Die ebenbildliche Würde des Menschen schließt einen verantwortlichen Handlungsauftrag ein.
* Theologisch: Im jüdisch-christlichen Gottesbild erscheint der Mensch als heilsgeschichtlicher Partner Gottes.
* Christologisch: In Jesus Christus sind Gottheit und Menschheit miteinander versöhnt.

Das aber verschärft die Problematik: Wie verhalten sich Freiheit des Menschen und seine Verwiesenheit auf die ungeschuldete Gnade Gottes konkret heilsgeschichtlich zueinander? Die entsprechenden rechtfertigungstheologischen Konzepte heißen „Glaube" (4.3), „Gesetz und Evangelium" (4.5) sowie „gute Werke" (4.7). Sie thematisieren letztlich die Kardinalfrage nach der menschlichen Mitwirkung.

Immer wieder taucht diese Vokabel auf. Sie bestimmt auf weite Teile das Dokument. Differenzhermeneutisch unternimmt es den Versuch, die beiden genannten perspektivischen Einsatzpunkte aneinander zu vermitteln. Dabei wird offenbarungstheologisch festgehalten, was ‚sola fide' und ‚solus Christus' meinen. Gott wendet sich dem Menschen aus freien Stücken zu, und zwar in seinem Sohn. Nur so wird der Mensch aus der Geschichte seiner Schuldverstrickung erlöst. Nur in der bedingungslosen Übereignung des Glaubens an ihn wird er von seinem Egoismus befreit. Damit lässt sich aber auch beschreiben, inwiefern der Mensch Anteil an seinem Schicksal hat. Seine Freiheitswürde verlangt nach Entscheidung, und die Entscheidung bedarf verwirklichender Tat. Darin wird eine Mitwirkung deutlich, die indes niemals die Souveränität Gottes erreicht.

Dieses soteriologische Verhältnis ist zugleich ein erkenntnistheologisches, insofern hier die Beziehung von Handlungssubjekt und -objekt betroffen ist. Die GE interpretiert dies in einer Weise, die strukturlogisch an das Chalcedonense erinnert:

„Wenn der Mensch an Christus im Glauben teilhat, rechnet ihm Gott seine Sünde nicht an und wirkt in ihm tätige Liebe durch den Heiligen Geist." (22)

Hier wird eine eigentümliche Verhältnisbestimmung von menschlicher Freiheit und göttlicher Gnade getroffen:

1. Der Mensch bezieht sich im Glauben auf Christus. Damit wird eine freie, jedoch nicht *absolut* unabhängige Handlung gekennzeichnet, weil Glaube niemals Zwang ist; der Mensch könnte sich auch Christus und damit Gott versagen (vgl. Nr. 21).

2. Durch diesen Glaubensakt hat der Mensch Anteil an Christus, und genau das ist der entscheidende Grund, warum sich Gott dem Menschen nicht verweigert; warum er sich ihm in derselben Weise zuwendet wie Jesus; warum er ihn aus dem Tod rettet.

3. Letztlich ist es diese Christusförmigkeit also, die über das Heil entscheidet. Sie ist nur im radikalen Bezug auf ihn denkbar – und dieser Bezug ist Glauben im Sinne eines „Alles-auf-eine-Karte-Setzens", eines Absehens-von-sich-selbst, einer Verwandlung des ‚homo incurvatus in se ipse'.

4. Zugleich verlangt solche Christusförmigkeit nach einem entsprechenden Lebensstil. Diese „tätige Liebe" wirkt Gott im Menschen „durch den Heiligen Geist" (Nr. 22).

5. Damit wird endgültig das Gnade-Freiheit-Verhältnis prekär. Der Glaube ist Freiheitstat und zugleich Gnadengeschenk. Diese Beziehung lässt sich weder erkenntnistheoretisch noch soteriologisch auflösen.

6. Das Zueinander von Gott und Mensch ist aber letztlich im Gott-Menschen Jesus Christus abgebildet. Im Sinne des Chalkedonense heißt das: Hier gilt analog das „ungetrennt und unvermischt" und damit eine differenztheologische Perspektive.[251]

Dieser Befund ist nun von erheblicher ökumenischer Brisanz. Auf seiner Basis wird nämlich der Versuch der GE einsichtig, den verschiedenen perspektivischen Ausrichtungen ihr Recht zu verschaffen. Sie lassen sich nach dem christologisch-differenzhermeneutischen Modell nicht einfach gegeneinander ausspielen, sondern bewahren das Wahrheitsrecht jedes Ansatzes, der seine perspektivische Ergänzung nicht ausschließt, obwohl er sie mit den eigenen theoretischen Mitteln nicht gleichermaßen angemessen ins Licht zu setzen vermag.

Eine ekklesiologische Konsequenz solcher Hermeneutik lautet, dass in der Gemeinschaft der auf Christus Getauften der Glaube an Gott als dem je Anderen, als dem je Größeren, als dem immer nur in je größerer Unähn-

---

251 Vgl. zur christologischen Differenz-Grammatik Kapitel 1.8 dieser Studie.

lichkeit zu erkennenden auch einen je anderen Akzent tragen kann – und auf eine gewisse Weise sogar muss. Jeder Bekenntnisrahmen umschließt Differenzen. Nur in ihnen entwickelt sich eine Glaubensidentität, die in ihrem ganzen theologisch-kirchlichen Spektrum der je größeren und menschlich auch je anderen Wahrheit Gottes Ausdruck zu verleihen sucht.

7.5 Anders glauben – dem Anderen glauben: Theologische Stile und Perspektiven

Dieser theologische Akzent auf dem Denken des Anderen bedeutet zusammenfassend im Blick auf die Rechtfertigungsfrage:

1. Unter den genannten hermeneutischen Bedingungen sind die theologischen Ausgleichsversuche der GE nicht einfach als Kompromisse abzutun. Vielmehr übersetzen sie eine theologische Grundwahrheit als logisches Spannungsgefüge.
2. Artikuliert werden nicht bloße Sprachprobleme, sondern wirkliche theologische Akzentsetzungen in Modellen.
3. Das differenzhermeneutische Modell beseitigt auf dieser Interpretationslinie nicht alle Schwierigkeiten. Im Gegenteil: Bleibende Sachdifferenzen werden als solche genauer markierbar. Um den anthropologischen Ansatz etwa ist bibeltheologisch zu ringen.
4. Indes ist die entscheidende Frage, <u>wie</u> man mit einer solchen Differenz umgeht. Ob man ihr z.B. auch einen heuristischen Wert auf dem Weg zur Wahrheit in der Wahrheit beimisst, die wir doch immer auch vor uns haben. Solche Differenz könnte auch als Identitätsfunktor auf ökumenischen Emmausgängen erscheinen: mit dem noch unerkannten Christus in der Mitte. Auf dieser Linie unterstreicht die GE, dass

„die verbleibenden Unterschiede in der Sprache, der theologischen Ausgestaltung und der Akzentsetzung des Rechtfertigungsverständnisses tragbar sind. Deshalb sind die lutherische und die römisch-katholische Entfaltung des Rechtfertigungsglaubens in ihrer Verschiedenheit offen aufeinander hin und heben den Konsens in den Grundwahrheiten nicht wieder auf." (Nr. 40)

Die konkrete Unverrechenbarkeit des Verhältnisses von Gnade und Freiheit erlaubt es, ein Plädoyer für mehr Differenzbereitschaft zu halten. Es orientiert sich am Leitmotiv dieses Kapitels: „Anders glauben – dem Anderen glauben".

* *Anders glauben*: mit unterschiedlichen Ausgangspunkten, zusammenspielenden Deutungen, die theo-logischen Spannungen austragenden Konzepten;
* *dem Anderen glauben*: mit hermeneutisch gutem Willen, der die eigene wie die andere Deutung als Interpretationsleistung anerkennt, die in Differenzen spielt, die eine Identität in Differenz annimmt, ohne *indifferent* zu werden;
* *dem glauben, dem man nur je anders glauben kann*: den man nicht ausloten kann; vor dem unser Sprechen *zugleich* analog gelingt *und* durchzustreichen ist: als ein eschatologisch gerichtetes Sprechen mit der theo-logischen Zielperspektive auch hier des ausstehenden Gerichts und der Rechtfertigung.

Hier ist immer neu an das zu erinnern, was Gerhard Sauter in seinem Vorschlag zur „Rechtfertigungsregel als theologischer Dialogregel"[252] festhält:

„Gott nimmt sich unser wahrhaftig an – aber dies geschieht anders, als wir uns die Anerkennung unser selbst vorstellen und wünschen mögen."

Darin gründet eine ökumenische Bereitschaft zur Unterscheidung der Geister, d.h. aber auch zur Anerkennung von Differenzen, die auch, aber nicht nur Ausdruck sündiger Trennung sein können; in denen fundamentaltheologisch zunächst nach dem unabgeltbaren Recht von Perspektiven zu suchen ist, die der Wahrheit Gottes die Ehre zu geben suchen. Im Bewusstsein, dass sich diese Wahrheit nicht einfach unseren Konzepten fügt, dass sie nicht identitätslogisch auf den Begriff zu bringen ist. Das verlangt von allen Dialogpartnern, den risikoreichen Wegcharakter des Glaubens ernst zu nehmen. In diesem Sinne appelliert Erwin Dirscherl:

„Vertrauen wir doch auf das Wirken des einen Heiligen Geistes, der kein Geist der Uniformität und Identität, sondern eben der Vielfalt ist. Lassen wir es im Vertrauen auf diese Geisteskraft doch zu, daß das geheimnisvolle Wirken Gottes am Menschen nie auf nur eine Weise zur Sprache gebracht werden kann. Davon legt diese Erklärung Zeugnis ab, und sie weiß selbst um jene Fragen, die noch weiter zu diskutieren sind."[253]

252 G. Sauter, Die Rechtfertigungslehre als theologische Dialogregel. Lehrentwicklung als Problemgeschichte?, in: ÖR 48 (1999) 275-295. Das folgende Zitat ebd., 293.
253 E. Dirscherl, Einheit in der Vielfalt. Nochmals: Ja zur Gemeinsamen katholisch-lutherischen Erklärung zur Rechtfertigungslehre, in: CiG (Nr. 20/1998) 165 f.; hier: 166.

7.6 Rezeptionsprozesse

Die GE hat einen sehr breiten Rezeptionsprozess erlebt, der bereits die Text-
entstehung maßgeblich beeinflusste und nach Vorlage des Textvorschlags
noch dazu führte, die „Gemeinsame offizielle Feststellung" (GOF) und einen
weiteren Annex anzufügen.[254] Die Diskussion wurde in verschiedenen Zei-
tungen weit in die Öffentlichkeit getragen – mit immer wieder polemischen
Zuspitzungen und auch Verzerrungen.[255] Einige Stimmen gingen so weit,
dass sie noch nachträglich die Unterzeichung der GE in ihrer rechtlichen
Bindung bezweifelten und sie auf diese Weise zu unterminieren suchten. So
behauptete die FAZ-Redakteurin Heike Schmoll, die GE sei für den Vatikan
bedeutungslos, weil nicht unterschrieben. Lediglich die Feststellung sei ge-
gengezeichnet worden.[256] Selbst die Antwort von Kardinal Kasper, dass diese Einschätzung „abwegig" sei, konnte diese Diskussion nicht beenden.[257]

Demgegenüber wird man das Faktum der offiziellen Unterschrift und
Rezeption festhalten dürfen. Der Papst hat die GE als Meilenstein bezeichnet und Kardinal Kasper hat dies in seiner Funktion als Präsident des Einheitssekretariats mehrfach bestätigt.[258] Die Unterschrift wird z.B. auch vom
eher kritischen Kommentator Ingolf U. Dalferth nicht bezweifelt. Im Gegenteil impliziert sie einen kirchenpolitisch und ekklesiologisch bedeutsa-
men Vorgang, denn „deutlich wird dem LWB als Signatarpartner der katholischen Kirche ein Status eingeräumt, der ihn de facto als Kirche erscheinen

---

254 Zur Textgenese vgl. O. H. Pesch, Die „Gemeinsame Erklärung zur Rechtfertigungslehre". Entstehung – Inhalt – Bedeutung – Konsequenzen: Vortrag in der
Karl Rahner Akademie Köln v. 13.1.98 (Manuskript). – Zum zwischenzeitli-
chen Rezeptionsstand vgl. G. L. Müller, Doch kein Konsens in der Rechtfertigungslehre? Zur Diskussion über „Die Gemeinsame Erklärung", in: Cath(M)
52 (1998) 81-94; U. Ruh, Umstrittener Konsens. Die Diskussion über die Erklärung zur Rechtfertigungslehre, in: HK 3/1998, 132-136. – Zum Abstim-
mungsverhalten der zum LWB gehörenden Kirchen vgl. H. Schütte, Ökumene und „Anti-Ökumene". Unsachliche Kritik am Rechtfertigungskonsens, in:
KNA-ÖKI 35 (2.9.03) 21-23. Schütte spricht von einem „magnus consensus"
(21). – Zur Relevanz der Rechtfertigungstheologie nach der Unterzeichnung
der GE vgl. W. Härle / P. Neuner (Hrsg.), Im Licht der Gnade Gottes. Zur Gegenwartsbedeutung der Rechtfertigungsbotschaft. Gemeinsames Symposion
des Evangelisch- und Katholisch-Theologischen Fakultätentages Lutherstadt
Wittenberg, Oktober 2002, Münster 2004.
255 Vgl. H. Schütte, Ökumene und „Anti-Ökumene".
256 FAZ v. 27.7.03. Andre Birmelé wertet die gesamte Berichterstattung von
Schmoll im Umfeld der Debatte um die GE als „Medienmanipulation" (A.
Birmelé, Kirchengemeinschaft, 96f. [Anm. 15]).
257 Vgl. den Beitrag von D. Wendebourg in der FAZ vom 19.8.03.
258 Vgl. H. Schütte, Ökumene und „Anti-Ökumene", 23.

lässt."[259] Die späteren Ausführungen der Erklärung der Glaubenskongregation DI konterkarieren diese Einschätzung zwar[260], ohne sich jedoch auf diesen sprachpragmatischen Anerkennungsakt zu beziehen. Hier bleiben katholischerseits Fragen.

Sie leiten zur inhaltlichen Diskussion der GE über. Exemplarisch und vielleicht am heftigsten wurde sie in einem Votum von 160 evangelischen Hochschullehrern artikuliert.[261] In einem eindringlichen abschließenden Appell forderten die Unterzeichner dazu auf, die GE in der gegebenen Form abzulehnen. Zumindest müsse klar gesagt werden, dass es sich nicht um den beanspruchten „Konsens in Grundwahrheiten der Rechtfertigungslehre" handle (VII). Was wurde beanstandet? Vor allem dies: Die Rechtfertigungslehre bilde das Zentrum der evangelischen Interpretation des Evangeliums. Es müsse dementsprechend zur Geltung gebracht werden. Das schließe Konsequenzen für die gegenseitige Anerkennung der Kirchen und ihrer Ämter ein (I). Im Einzelnen sei über folgende Aspekte kein Konsens erzielt worden:

* dass die Überzeugung von der Rechtfertigung *sola gratia* allein von Gott abhänge und auf der Seite des Sünders *sola fide* geschehe;
* dass der Glaube die Heilsgewissheit einschließe;
* über die Frage, ob und inwiefern der Gerechtfertigte Sünder sei;
* über den Stellenwert der guten Werke;
* dass die Rechtfertigungslehre der entscheidende Maßstab für die Kirche sei (II).[262]

Unzureichend bleibe weiterhin die Verhältnisbestimmung von Gesetz und Evangelium sowie die Einordnung des AT. Darüber hinaus werden verschiedene Bedenken hinsichtlich der möglichen Folgen der GE geäußert, u.a. dass die GE „zur Auslegungsnorm für die lutherischen Bekenntnisschrif-

---

259 I. U. Dalferth, Einheit in Verschiedenheit. – Ähnlich schätzt dies O. Schuegraf (Der einen Kirche Gestalt geben. Ekklesiologie in den Dokumenten der bilateralen Konsensökumene (JThF 3), Münster 2001, 268f.) ein, der zu erwägen gibt, „ob nicht der Umgang beider Kirchen und die ökumenische Gesprächsgrundlage *par cum pari* bereits jetzt in vielen Bereichen *de facto* zu einer Art Anerkennung der ekklesialen Wirklichkeit der lutherischen Kirchen geführt hat."

260 Vgl. das Kapitel zu DI in diesem Buch.

261 Dokumentiert in: DS v. 6.2.98. Zitiert mit Angabe der römischen Nr. im Text.

262 Vgl. E. Jüngel, Um Gottes willen – Klarheit! Kritische Bemerkungen zur Verharmlosung der kriteriologischen Funktion des Rechtfertigungsartikels – aus Anlaß einer ökumenischen ‚Gemeinsamen Erklärung zur Rechtfertigungslehre', in: ZThK 94 (1997) 394-406. Vgl. zum Gesamtthema der Rechtfertigungslehre die systematische Studie von Jüngel: Das Evangelium von der Rechtfertigung des Gottlosen als Zentrum des christlichen Glaubens. Eine theologische Studie in ökumenischer Absicht, Tübingen 1999.

ten" werden könne (III) und dass die bestehenden Kirchengemeinschaften – auch der Leuenberger Konkordie – vor einer Zerreißprobe stünden (IV). Außerdem fehlen im Sinne dieses Votums die erkennbaren ekklesiologischen Konsequenzen im Zusammenleben der Kirchen (V). Man fürchtet eine katholisch initiierte Rückkehr-Ökumene und „die Integration auch der evangelischen Amtsträger in das Gefüge der römisch-katholischen Hierarchie" (V). Wenn nur auf dieser Linie Abendmahlsgemeinschaft möglich erscheine, müsse im Gegenzug daran erinnert werden, dass bereits jetzt schon von evangelischer Seite eine Einladung zum gemeinsamen Herrenmahl ausgesprochen sei (VI).

Diesem Votum entsprechen Bedenken auf katholischer Seite, die in einer Stellungnahme vom 25.6.98 geäußert wurden und sich vor allem auf die unterschiedliche Anthropologie (Nr. 22 und 29), den Sündenbegriff (Nr. 29) sowie die Frage nach den guten Werken (Nr. 19 und 21) bezogen.[263] In der Sache sprach man damit Problemzonen an, die auch vom genannten Votum kritisch indiziert wurden. Darüber hinaus wurde die Frage nach der Repräsentanz des LWB als unterzeichnendem Gegenüber aufgeworfen. Dieser Aspekt und die fehlende Bereitschaft, von der evangelischen Seite als Kirche zu sprechen, lösten erneut eine Welle der Kritik, z. T. der Bestürzung und Empörung aus. Dabei wurde übersehen, dass der Grundkonsens ausdrücklich bestätigt wurde. Dass Kardinal Ratzinger dies in einem Leserbrief an die FAZ noch einmal eigens klar stellte, muss als besonderer Vorgang ernst genommen werden und zeigt die hohe Bedeutung an, die der Vatikan der Unterzeichnung der GE zumaß.[264] Das wiederum ist relevant für die später aufgeworfene Frage, inwiefern Rom die GE wirklich unterzeichnet und rezipiert habe.

Vor diesem Hintergrund müssen die GOF und der Annex zur GE gelesen werden. Alle wesentlichen Fragen werden auf diesem dreiseitigen Dokument angesprochen. In wesentlichen Zügen ist es offenbar von Heinz Schütte entworfen. In einem Treffen zwischen ihm, Kardinal Ratzinger, dem bayerischen Landesbischof Johannes Hanselmann sowie dem evangelischen Theologen Joachim Track konnte ein Konsens formuliert werden.[265]

---

263 Vgl. zur theologischen Einschätzung der römisch-katholischen Antwort Ch. Schwöbel, Konsens in Grundwahrheiten? Kritische Anfragen an die ‚Gemeinsame Erklärung', in: B. J. Hilberath / W. Pannenberg (Hrsg.), Zur Zukunft der Ökumene, 110-128; besonders 114-128.

264 J. Ratzinger, ‚Präzisierungen' zu einer ‚Erklärung' des Heiligen Stuhls. Leserbrief in der FAZ v. 14.7.98.

265 Vgl. J. Track, Ein guter Grund. Erklärung zur Rechtfertigungslehre unterschriftsreif, in: EK 32 (1999), H. 7, 42-44; W. Schöpsdau, Rechtfertigung: Von der ‚Antwort der katholischen Kirche' zur ‚Gemeinsamen offiziellen Feststellung', in: MdKI 50 (1999) 91-95.

Dem wurde erneut ein Positionspapier evangelischer Hochschullehrer ent-gegengestellt, das die GOF samt Annex als unzureichend ablehnte und wei-terhin vor der Unterzeichnung der GE warnte.[266] Daneben lagen seit Anfang Juni 1999 die Kommentare zweier bedeutender Kritiker der GE vor, die nun im Annex einen entscheidenden Fortschritt sahen. Eberhard Jüngel und Ingolf U. Dalferth registrierten in den entscheidenden Kritikpunkten nicht nur eine Annäherung der Positionen, sondern eine faktische Aufnahme des evangelischen Rechtfertigungsverständnisses.[267] So bilanziert Jüngel,

> „dass ein ‚Konsens in Grundwahrheiten der Rechtfertigungslehre‘ – wohlgemerkt nicht: in allen! – besteht… Diese weitergehende Erklä-rung ist der eigentliche Gewinn, der es denn auch erlaubt, unmissver-ständlich klarzustellen, ‚dass die früheren (also: alle!) gegenseitigen Lehrverurteilungen die Lehre der Dialogpartner, wie sie in der Ge-meinsamen Erklärung dargelegt wird, nicht treffen.‘“[268]

Exemplarisch betonen Jüngel wie Dalferth, der Annex mache klar, dass die Rechtfertigung allein durch den Glauben geschehe. Damit steht man sicherlich vor dem Leitmotiv bereits der GE. Und so referiert der Annex auf die entsprechenden Passagen. Wie in der GE geht es auch in ihm darum, den jeweiligen Perspektiven ein bleibendes Recht zu geben, ohne dass sie sich ausschließen. So wird von der Konkupiszenz gesagt, dass dieses Kon-zept evangelisch und katholisch unterschiedlich gebraucht werde. Sie sei das „Einfallstor der Sünde“, wobei die Sünde einen „personalen Charakter“ behalte. Dem katholischen Verständnis wird damit ebenso entsprochen wie der evangelischen Auffassung, dass auch der gerechtfertigte Mensch Sün-der bleibt. Bemerkenswert erscheint in diesem Zusammenhang die Schwie-rigkeit klarer Positionsbestimmungen auch im internen Bereich. Dalferth setzt die Rede von der Konkupiszenz als „Einfallstor der Sünde“ für die evangelische Seite als selbstverständlich voraus, während Jüngel sie gera-de lutherisch für erklärungsbedürftig hält. Dieser nebensächliche Vorgang macht deutlich, dass unterschiedliche Interpretations- und Sprachmuster gerade in diesem Fragekomplex unvermeidlich erscheinen, weil das Ganze dieser komplexen Wahrheit nicht ganz zu sagen ist und mit der Rechtfer-tigungsfrage zugleich Gott selbst als das Geheimnis unseres Lebens zum Thema wird.[269]

266 FAZ v. 25.9.99.
267 Vgl. E. Jüngel, Ein wichtiger Schritt; I. U. Dalferth, Einheit in Verschieden-heit.
268 E. Jüngel, Ein wichtiger Schritt.
269 In seinem abschließenden Bericht hält der ÖAK zum Problemzusammenhang der Konkupiszenz-Lehre fest: „Die evangelische Seite behauptet nicht, was die katholische Seite strikt ablehnt, die katholische Seite verneint nicht, was

Von daher ist am ehesten dem Vorschlag von Michael Root zu folgen, der empfiehlt, die verbleibenden Unterschiede als Positionen unterschiedlicher theologischer Schulen zu begreifen.[270] Eine solche Rezeption der GE, die in ihren Folgen freilich gerade nach ihrer feierlichen Unterzeichnung aussteht, wäre vielleicht noch keine veritable Revolution – sie würde aber jeder ökumenischen Resignation widerstehen.

die evangelische besonders herausstellt. Die in der Beschreibung der ‚Sündigkeit' der Konkupiszenz offenkundig bestehenden Unterschiede sind deshalb auf gar keinen Fall von kirchentrennendem Charakter. Sie können ohne Harmonisierung nebeneinander in Geltung bleiben und zur Beschreibung des spannungsvollen Christenlebens dienen." Gerecht und Sünder zugleich? Abschließender Bericht. Ökumenischer Arbeitskreis evangelischer und katholischer Theologen, in: Th. Schneider / G. Wenz (Hrsg.), Gerecht und Sünder zugleich? Ökumenische Klärungen (Dialog der Kirchen 11), Freiburg – Göttingen 2001, 400-456; hier: 449f.

270 M. Root, Beyond the Joint Declaration on the Doctrine of Justification. The Shape of Continuing Discussion on Justification, in: P. Walter / K. Krämer / G. Augustin (Hrsg.), Kirche in ökumenischer Perspektive, 354-367.

8. KATHOLISCHER ZWISCHENRUF: DIE ERKLÄRUNG „DOMINUS IESUS" DER GLAUBENSKONGREGATION (2000)

8.1 Allgemeine Einleitung

Die Auseinandersetzungen um den vorliegenden Text gehören zu den heftigsten, in jedem Fall den kämpferischsten ökumenischen Debatten der letzten Jahre. Exemplarisch kritisiert der Vorstand der Deutschen Sektion der Europäischen Gesellschaft für Katholische Theologie,

> „daß Form, Diktion und Zeitpunkt der Veröffentlichung weithin jene Sensibilität im Umgang mit den betroffenen Gesprächspartnern vermissen lassen, die nichts mit falscher Höflichkeit zu tun hat, vielmehr für eine realistische und differenzierte Sicht der Problemlage und die Entwicklung von tragfähigen Lösungsperspektiven unverzichtbar ist... In der Sache problematisch ist aber vor allem, daß in der Erklärung der römischen Glaubenskongregation, entgegen den eigenen Aussagen, nicht nur „einige Glaubenswahrheiten wieder vorgelegt und erklärt werden" (Nr. 23), sondern theologische Auffassungen zum Tragen kommen und offensichtlich mit Lehrautorität ausgestattet werden sollen, die zentrale Aussagen des II. Vatikanischen Konzils einseitig und restriktiv im Sinne eines das Erste Vatikanum weithin bestimmenden zentralistischen und absolutistischen Kirchenbildes interpretierend aufgreifen... Wir kommen nicht umhin, darin der ureigensten Tradition, die verbal freilich um so entschiedener in Anspruch genommen wird, geradezu widersprechende Tendenzen zur Ideologisierung und fundamentalistischen Überfremdung des Glaubens zu erkennen."[271]

Nicht minder scharf fiel die Reaktion des Präfekten der Glaubenskongregation aus:

> „Dieses Vokabular, in dem die Begriffe Fundamentalismus, römischer Zentralismus und Absolutismus, Rückfall hinter das Zweite Vatikanum

---

271 Abgedruckt in: A. Franz (Hrsg.), Was ist heute noch katholisch? Zum Streit um die innere Einheit und Vielfalt der Kirche (QD 192), Freiburg u.a. 2001, 314f.; hier: 314.

nie fehlen dürfen, kann ich nun wirklich seit langem auswendig. Ich brauche gar nicht auf die Nachrichten zu warten, ich könnte solche Verlautbarungen sofort selbst formulieren, weil sie sich ganz unabhängig vom Inhalt jedesmal wiederholen."[272]

Obwohl schon früh einzelne Kommentatoren versuchten, den sachlichen Zusammenhang der Erklärung herzustellen, setzte sich bis in die gegenwärtige Rezeption eine theologische Polemik durch – nicht zuletzt jenseits der offiziell publizierten Stellungnahmen. DI hat einen Ort besetzt, der – sicherlich mit anderem Gewicht – an die folgenschwerere Enzyklika „Humanum vitae" erinnert. Der Text selbst ist längst vergessen; er lebt fort als Ausdruck lehramtlicher Entschlossenheit in einem historischen Augenblick. Vielleicht nicht ohne Bedacht hat auch die Glaubenskongregation ihre Erklärung zu einem Zeitpunkt lanciert, an dem sich wieder eine starke Aufbruchsstimmung breit machte: diesmal eine ökumenische.

Damit ist DI in einem erweiterten zeitlichen Kontext zu lesen. Das Dokument ist bereits durch den äußeren Umstand sensibel bestimmt, dass es an einer Zeitenwende steht. Das Jahr 2000 wurde zumal kirchlich symbolisch aufgeladen. Insofern bezieht sich dieser Text auf ein anderes lehramtliches Schreiben dieses Heiligen Jahres: auf das Schuldbekenntnis des Papstes vom 12. März. Hier wird dem Präfekten der Glaubenskongregation ein *Bekenntnis der Schuld im Dienst der Wahrheit* zugemutet. DI erscheint demgegenüber wie die gewollte Erinnerung daran, dass es im Sinne derselben Vergebungsbitte eine unerlässliche Wahrheitsansage weiterhin geben müsse.

Die Glaubenskongregation sieht diese Notwendigkeit angesichts eines pluralistischen Relativismus als maßgeblichem Zeichen der Zeit. Es wird in doppelter Hinsicht im Text wirksam: religionstheologisch und ökumenisch. Der religionstheologische Referenztext ist in einem weiteren Sinn die Pluralistische Religionstheologie, in einem engeren ein Werk, das 1997 erschien und von der Glaubenskongregation beanstandet wurde.[273] Hans Waldenfels hält als einer der ersten Kommentatoren dieses Zusammenhangs fest:

„Die wahre Stoßrichtung von *Dominus Iesus* aber wurde dann am 26. Februar 2001 durch eine *Notificatio* derselben Glaubenskongregation unterstrichen, die anlässlich des von Jacques Dupuis verfassten Bu-

---

272 J. Ratzinger, „Es scheint mir absurd, was unsere lutherischen Freunde jetzt wollen." Die Pluralität der Bekenntnisse relativiert nicht den Anspruch des Wahren: Joseph Kardinal Ratzinger antwortet seinen Kritikern, in: FAZ v. 22.9.2000 (Nr. 221), 51f.; hier: 51.

273 Vgl. H. Waldenfels, Unterwegs zu einer christlichen Theologie des religiösen Pluralismus. Anmerkungen zum „Fall Dupuis", in: StZ 217 (1999) 567-610.

ches „Toward a Christian Theology of Religious Pluralism" (Mary-knoll/N.Y. 1997) erschien."[274]

Das Thema ist die Bedeutung Jesu Christi im Kontext eines unaufhebba-ren religiösen Pluralismus. Die Sorge geht nach innen, dass hier aus einer faktischen Relativität ein theologischer Relativismus prinzipientheoretisch festgeschrieben werden könnte. Die Erklärung ist also aus einer Situation heraus entstanden, die auf einen institutionellen und inhaltlichen Identitäts-diskurs verweist.[275]

Auf dieser Basis zeichnet sich auch jene ekklesiologische Frage ab, die den ökumenischen Teil der Erklärung bestimmt. Und damit ergeben sich zwei weitere Bezugstexte: zeitnah die *Gemeinsame Erklärung über die Rechtfer-tigungslehre*, die im Jahr zuvor unterschrieben worden war, und weiterrei-chend die Enzyklika *Ut unum sint* aus dem Jahr 1995. An den beiden Texten ist dann aber auch dieses Dokument zu messen: im Blick auf
* die hermeneutische Anlage,
* die sprachliche Performanz,
* die materialen Aussagen.

8.2 Aufbau, Themenstellung, zentrale Aussagen

DI wird in sechs Schritten entwickelt. Es geht nach einer allgemeinen Ein-leitung (Nr. 1-4) zunächst um eine offenbarungstheologische Grundlegung („I. Fülle und Endgültigkeit der Offenbarung Jesu Christi", Nr. 5-8), um von hier aus die soteriologische Perspektive einzuführen, die dann im Fol-genden das Gespräch mit den anderen Religionen bzw. den anderen christ-lichen Gemeinschaften qualifizieren soll („II. Der Fleischgewordene Logos und der Heilige Geist im Heilswerk", Nr. 9-12). In diesem Rahmen wird das christologische Kriterium eingeführt, an dem sich der Zugang zum Heil

---

274 H. Waldenfels, Christus und die Religionen, Regensburg 2002, 11. – Diesen Zusammenhang deutet auch H. –M. Barth an: Domine Iesu!, in: M. J. Rainer (Red.), „Dominus Iesus". Anstößige Wahrheit oder anstößige Kirche? Doku-mente, Hintergründe, Standpunkte und Folgerungen, Münster u.a. ²2001, 256-259; hier: 256.

275 Darauf weist auch P. Hünermann in seiner Kontextzeichnung hin, ohne aller-dings den Identitätsdiskurs im Sinne einer Wissensform zu kennzeichnen: vgl. P. Hünermann, Theologische Reflexionen zu einem umstrittenen römischen Lehrdokument, in: A. Franz (Hrsg.), Was ist heute noch katholisch? 65-86; hier: 72.

entscheidet („III. Einzigkeit und Universalität des Heilsmysteriums Jesu Christi", Nr. 13-15). Mit diesem kompakten offenbarungstheologischen Programm kann die Erklärung zu einer ekklesiologischen Zuspitzung überleiten. Die katholische Kirche ist danach als der Ort des Heilsmysteriums zu betrachten („IV. Einzigkeit und Einheit der Kirche", Nr. 16-17). Die Auseinandersetzung mit dem religiösen Pluralismus nimmt hier eine andere Gestalt an. Noch immer im Rahmen eines kritischen Pluralismus-Diskurses geht es fortan vor allem um die *ökumenische* Herausforderung. Sie wird durch diese Überleitung auf ein agonales Feld gezogen. Damit zeichnet sich erneut eine identitätsförmige Selbst- und Fremdbestimmung ab. Mit dem nächsten Abschnitt bestimmt der Text die katholische Kirche über einen Reich-Gottes-Bezug, der in bleibender Unterschiedenheit zugleich ein hohes Maß an Zusammenhang herstellt („V. Kirche, Reich Gottes und Reich Christi", Nr. 18-19). Der letzte Schritt erscheint danach als Konsequenz: Heil wird im Blick auf die anderen kirchlichen Gemeinschaften und zumal die anderen Religionen immer von der Kirche her zu denken sein. Die Kirche ist *heilsnotwendig* („VI. Die Kirche und die Religionen im Hinblick auf das Heil", Nr. 20-22). Der Schluss (Nr. 23) gibt dem noch einmal apostolischen Grund qua Zitat und lehramtlich-apostolischem Anspruch, sodass sich der Text hier mit seinem Ausgangspunkt zusammenschließt.

Dieser inhaltliche Aufbau ist noch einmal als solcher festzuhalten, um seine deduktive Konsequenz bestimmen, aber zugleich die Frage nach der präjudizierenden Geltung der Einzelschritte freilegen zu können:

Offenbarung in Christus
 > Offenbarung und Heil
  > Heilsnotwendigkeit Christi
   > Konnex: Christus und Kirche
    > Es gibt nur die eine wahre Kirche
     > Christi Gegenwart in der einen wahren Kirche
      > Heilsnotwendigkeit der Kirche

Damit ist eine Logik vorgegeben, die an dieser Stelle nicht im religionstheologischen Zusammenhang zu diskutieren ist, ökumenisch aber erhebliche Sprengkraft enthält. Dies macht bereits der Untertitel von DI deutlich. In einem Atemzug mit der Singularität Jesu Christi wird auch „die Einzigkeit und die Heilsuniversalität... der Kirche" apostrophiert. An dieser Stelle kündigt sich bereits das ökumenische Hauptproblem des Dokuments ab.

8.3 Der ekklesiologische Ansatz

Wie bereits angesprochen, wird dieser Ansatz aus der religionstheologischen Pluralismusproblematik heraus entwickelt. Ist das Christentum nur eine Religion unter vielen? Welche Bedeutung hat Jesus Christus – und zwar im Blick auf das Heil der Menschen? Wenn ihm eine einzigartige Mittlerrolle zukommt, betrifft dies auch die Kirche, die sich aus der Gegenwart seines Heiligen Geistes heraus begreift. Wo aber ist von Kirche zu sprechen? Wo ist sie so verwirklicht, dass zuverlässig von einer Vermittlung des Heils Christi gesprochen werden kann? In der Logik dieser Fragerichtung versucht DI eine Antwort. Das Erkenntnis leitende Interesse richtet sich dabei nicht unmittelbar auf eine polemische Abgrenzung gegenüber den anderen christlichen Gemeinschaften, sondern versucht eine präzise Ortsbestimmung. Sie nimmt deutliche Züge eines Identitätsdiskurses an, der notwendig wird, wo man gerade in seinem Proprium angefragt wird. Daher der definitorisch bestimmte Ton der Erklärung, daher ihre scharfen Bestimmungssätze, die nicht selten am Rande eines ökumenischen Affronts spielen.

Als kritische Voraussetzung ist hier zu übernehmen, dass die mit dem religionstheologischen Anlass verbundenen Fragen und z. T. durchaus die katholischen Antworten auch von evangelischer Seite gewürdigt werden. So hält Eberhard Jüngel fest:

> „Es ist der vatikanischen Erklärung *Dominus Iesus* hoch anzurechnen, daß sie in einer Zeit des jeden Wahrheitsanspruch relativierenden Pluralismus auf ihre Weise daran erinnert, daß der Wahrheitsanspruch des Evangeliums keine Kompromisse verträgt."[276]

Allerdings fährt Jüngel fort:

> „Die innerchristlichen Schwierigkeiten, die die vatikanische Erklärung hervorgerufen hat, beginnen erst bei den ekklesiologischen Darlegungen."[277]

Diese Ekklesiologie äußert sich zunächst formal: im Anspruch, die Wahrheit des Glaubens festlegen zu können. Daher die sich häufenden Normativsätze, eine bestimmte Aussage sei *als Wahrheit des katholischen Glaubens fest zu glauben*. Die entsprechende Wahrheit wird über einen Schriftnachweis und eine mehrfache Verankerung in der kirchlichen Überlieferung gesichert. Hier referiert das Lehramt immer wieder auf sich selbst und bestätigt

---

276 E. Jüngel, Paradoxe Ökumene, in: M. J. Rainer (Red.), „Dominus Iesus", 68-78; hier: 71.
277 Ebd., 73.

sich in der eigenen Geschichte, besonders aber in der Gestalt des gegenwärtigen Lehramts im Pontifikat Johannes Paul II. Dem entspricht die zitative Komposition des Textes. Indem er vor allem andere Aussagen übernimmt, schließt er sich an die Tradition an und dokumentiert den Anspruch, nichts Neues zu sagen, sondern das selbstverständliche Fundament lediglich in Erinnerung zu rufen.[278] Dies ist wiederum als ein ekklesiologischer Vorgang zu begreifen: Die Kirche reflektiert und bestimmt sich in dieser Diskursform selbst.

Inhaltlich argumentiert die Erklärung *christologisch*. Daraus resultiert neben dem Anspruch auf die Universalität auch der auf eine Singularität, weil „es nur eine einzige göttliche Heilsordnung gibt" (Nr. 12). Sie kann im Geist Jesu Christi auch in anderen Religionen anonym Räume erschließen, jedoch niemals als eine Ergänzung. Vielmehr ist jedes Heil auf seine christologische Vollgestalt verwiesen.

> „Es ist deshalb als Wahrheit des katholischen Glaubens *fest zu glauben*, dass der universale Heilswille des einen und dreifaltigen Gottes ein für allemal im Mysterium der Inkarnation, des Todes und der Auferstehung des Sohnes Gottes angeboten und Wirklichkeit geworden ist." (Nr. 14)

Unter dieser Voraussetzung ergibt sich die besondere Bedeutung der Kirche Jesu Christi. Sie ist der Ort der gültigen Christus-Vermittlung. Und

> „(d)er protestantische Zorn verwandelt sich... in kritische Zustimmung, soweit es um den Kontext geht, in dem jene schlechterdings inakzeptablen Alleinvertretungsansprüche der römisch-katholischen Kirche auftauchen."[279]

Wogegen richtet sich der Zorn genau? Zunächst einmal wird der christologische Ansatz in diesem Papier konsequent eng geführt – was ausdrücklich protestantischerseits goutiert wird. Die heilsgeschichtliche Qualifizierung der Einzigkeit Christi leitet zu einer entsprechenden soteriologischen Bestimmung der Kirche über. Unter diesen Voraussetzungen ist die Kirche dann auch nicht soziologisch angemessen erfasst, sondern ein *„Heilsmysterium"* (Nr. 16). Der Grund: Christus selbst ist in ihr gegenwärtig. Kirche wird sakramental begriffen. Damit wird eine spezifische Begründungsbasis geschaffen. Nur wo die sakramentale Gestalt der Kirche erhalten ist, kann

278 Vgl. zu diesem Selbstverständnis I. U. Dalferth, Römische Realisten oder die Kunst zu warten, in: M. J. Rainer (Red.), „Dominus Iesus", 221-228; 222, besonders Anm. 2 und 3.

279 E. Jüngel, Quo vadis ecclesia? Kritische Bemerkungen zu zwei neuen Texten der römischen Kongregation für die Glaubenslehre, in: M. J. Rainer (Red.), „Dominus Iesus", 59-67; hier: 61

Kirche im vollen Sinn sein. Schließlich bilden Christus und Kirche „zusammen den einzigen ‚ganzen Christus‘." (Nr. 16) Die Konsequenz:

„Deshalb muss in Verbindung mit der Einzigkeit und der Universalität der Heilsmittlerschaft Jesu Christi die Einzigkeit der von ihm gestifteten Kirche als Wahrheit des katholischen Glaubens *fest geglaubt* werden. Wie es nur einen einzigen Christus gibt, so gibt es nur einen einzigen Leib Christi, eine einzige Braut Christi" (Nr. 16)

Dies ließe sich durchaus noch mit Artikel 7 der CA vereinbaren:

„Es wird auch gelehrt, daß allezeit die eine, heilige, christliche Kirche sein und bleiben muß. Sie ist die Versammlung aller Gläubigen, bei denen das Evangelium rein gepredigt und die heiligen Sakramente dem Evangelium gemäß gereicht werden."

Das Kirchenverständnis ist damit an die Sakramente gebunden, wenngleich nicht im strengen Sinn selbst sakramental. Vielmehr existiert die Kirche in „von den Menschen eingesetzten kirchlichen Ordnungen" (CA 7).[280] Die Unterscheidung von verborgener Kirche und in den Ordnungen dieser Welt sichtbarer Kirche schließt ein Verständnis ein, das an den zentralen göttlichen Institutionen des Predigtamts und der Sakramentenverwaltung festhält, zugleich aber die geschichtliche Wandelbarkeit stärker betont.[281] Die konkret existierende Kirche wird nur in unterschiedlichen Interpretationen sichtbar. Das schließt einen grundlegenden kirchlichen Pluralismus ein. Das ist jedoch noch einmal kritisch zu justieren:

„Es gibt für Luther nicht mehrere Kirchen, sondern nur *eine* Gemeinschaft der Heiligen… Diese Kirche ist heilig, weil geheiligt durch den Herrn. Sie ist *katholisch* oder ‚allgemein‘."[282]

---

280 Vgl. exemplarisch unter ausdrücklichem Bezug auf die Ekklesiologie des Vaticanum II evangelischerseits W. Pannenberg, Systematische Theologie III, Göttingen 1993, 56: „In der geschichtlichen Gestalt der Kirche tritt das göttliche Heilsmysterium nur gebrochen in Erscheinung… Trotz der Gebrochenheit, mit der das auf das Gottesreich zielende Heilsmysterium Gottes im Leben der Kirche zur Erscheinung kommt, ist die Kirche von Jesus Christus, der in Person das göttliche Heilsmysterium ist, nicht dadurch unterschieden, daß sie nur dessen Zeichen wäre." Hier wird die Spannung greifbar, die Kirche als Heilsmysterium und also sakramental begriffen ausmacht.
281 Vgl. den EKD-Text „Kirchengemeinschaft nach evangelischem Verständnis. Ein Votum zum geordneten Miteinander bekenntnisverschiedener Kirchen": EKD-Texte 69, hrsg. v. Kirchenamt der EKD, Hannover 2001, 6f.
282 P. Hünermann, Kirche und Amt, in: J. Feiner / L. Vischer (Hrsg.), Neues Glaubensbuch. Der gemeinsame christliche Glaube, Freiburg u.a. ⁹1973, 620-631; hier: 622.

Jede strenge Identifizierung der wahren Kirche in der Geschichte verbietet sich damit. Gegen dieses Verständnis wendet sich, mindestens implizit, der nächste Argumentationsschritt von DI. Er läuft auf eine scharfe Abgrenzung hinaus und fordert in seinen Konsequenzen den eigentlichen Widerspruch heraus. Erneut in Form einer Glaubensverpflichtung wird festgehalten, dass es eine nicht nur theologische, sondern gerade auch historische Identität der *katholischen* Kirche mit der genannten einzigen Kirche Christi gebe. Damit ist im Sinne des Dokuments logisch gegeben, dass diese einzige Kirche nur als katholische existieren kann. Sie ist in der apostolischen Sukzession begründet. DI fügt hier (Nr. 16) das „subsistit" aus LG 8 ein.[283] Allerdings wird es identitätslogisch eingeebnet:

> „Mit dem Ausdruck *,subsistit in'* wollte das Zweite Vatikanische Konzil zwei Lehrsätze miteinander in Einklang bringen: auf der einen Seite, dass die Kirche trotz der Spaltungen der Christen voll nur in der katholischen Kirche weiter besteht, und auf der anderen Seite, ,dass außerhalb ihres sichtbaren Gefüges vielfältige Elemente der Heiligung und der Wahrheit zu finden sind', nämlich in den Kirchen und kirchlichen Gemeinschaften, die nicht in voller Gemeinschaft mit der katholischen Kirche stehen."

Demgegenüber hielt der Kommentar des späteren Kardinals Aloys Grillmeier in nuanciert anderer Richtung fest:

> „Es wird auch nicht mehr ein absolutes, exklusives Identitätsurteil ausgesprochen, etwa in dem Sinne: Die Kirche Christi ,ist' die katholische Kirche. Damit wird nicht eine Unklarheit über die Erkennbarkeit der Kirche Christi geschaffen. Es wird nur einer konkreten Wirklichkeit Rechnung getragen, nämlich der Tatsache, ,daß außerhalb ihres (= der katholischen Kirche) Gefüges vielfältige Elemente der Heiligung und der Wahrheit zu finden sind'. Es ist zu beachten, daß ,Wahrheit' erst im Laufe der Diskussion hinzugefügt worden ist. Die eine wahre Kirche Christi existiert also. Sie ist erkennbar und in ihrer Weise auch sichtbar... Aber ,Kirchlichkeit' fällt nicht einfachhin mit der der katholischen Kirche zusammen, weil auch kirchliche Elemente der Heiligung und der Wahrheit außerhalb zu finden sind."[284]

Von entscheidender Bedeutung ist der Hinweis auf die spätere Hinzufügung, dass es Elemente der *Wahrheit* auch in den „nicht-katholischen

---

283 „Diese Kirche, in dieser Welt als Gesellschaft verfasst und geordnet, ist verwirklicht in [*subsistit in*] der katholischen Kirche, die vom Nachfolger Petri und von den Bischöfen in Gemeinschaft mit ihm geleitet wird."
284 A. Grillmeier, Kommentar zu Lumen Gentium I, in: LThK² 175.

Kirchen" gibt. Grillmeier spricht zunächst einmal ausdrücklich in diesem Kommentarzusammenhang von *Kirchen*. Das ist als konsequenter Sachausdruck zu nehmen. Wenn LG 8 ein exklusives Identitätsurteil aufhebt, darf auch von anderen Kirchen gesprochen werden – was im Übrigen auch DI Nr. 16 macht. Weiterhin wird vom Konzil selbst der entscheidende Wahrheitsbezug – schließlich ist nach LG 8 mit 1 Tim 3,15 die Kirche die „Säule und Feste der Wahrheit" – auch in den anderen christlichen Kirchen hergestellt.

Diese unterschiedliche Perspektivengebung erscheint wiederum für den Folgesatz der zitierten Nr. 16 aus DI relevant. Hier wird UR Nr. 3 eingearbeitet:

> „Bezüglich dieser Kirchen und kirchlichen Gemeinschaften ist festzuhalten, dass ‚deren Wirksamkeit sich von der der katholischen Kirche anvertrauten Fülle der Gnade und Wahrheit herleitet'."

Dieser Satz bekommt unterschiedliches Gewicht, je nachdem ob man vorher eine vollständige Identität der wahren Kirche Christi mit der katholischen Kirche behauptet oder den Differenzraum des „subsistit" ausgeleuchtet hat. Im ersten Fall leitet sich nämlich die Wahrheits- und Gnadenfülle von der katholischen Kirche insofern her, als Fülle und katholische Kirche identifiziert werden.[285] Im anderen Fall muss man den Akzent auf der Fülle selbst setzen: Sie ist der katholischen Kirche „anvertraut". Von DI unbeachtet, zumindest aber nicht weiter kommentiert, begegnet auch hier ein Differenzeintrag. Die Fülle ist *nicht unmittelbar* in der katholischen Kirche. Erst der volle Besitz macht etwas zum Identitätsaspekt. *Concredere* bezeichnet indes einen Vorgang des Übergebens – und markiert so einen Abstand, der in diesem Fall zumal in eschatologischer Konnotation mitzulesen ist.

---

285 Auf dieser Linie bewegt sich die Anm. 56 von *„Dominus Iesus"*: „Der authentischen Bezeugung des Konzilstextes widerspricht deshalb die Interpretation jener, die von der Formel ‚subsistit in' die Meinung ableiten, daß die einzige Kirche Christi auch in anderen christlichen Kirchen verwirklicht sein könnte." Im Hintergrund steht die Auseinandersetzung mit Leonardo Boff [Sekretariat der Deutschen Bischofskonferenz (Hrsg.), Notifikation der Kongregation für die Glaubenslehre zu dem Buch „Kirche: Charisma und Macht, Versuch einer militanten Ekklesiologie" (Verlautbarungen des Apostolischen Stuhls Nr. 67), Bonn 1985]. E. Jüngel hält dem entgegen, dass sich erhebliche terminologische Schwierigkeiten ergeben, wenn in diesem Zusammenhang das „subsistit" von vornherein auf die Existenz in einer bestimmten Form eingeschränkt werde, wie es mit dem Zitat der *Notificatio* geschehe. „Philologisch, aber auch dogmengeschichtlich ist das abwegig. Denn nach der Terminologie der Alten Kirche ‚subsistiert' eben auch das göttliche Wesen, und zwar keineswegs nur in einer, sondern in drei Personen": E. Jüngel, Quo vadis ecclesia?, 60. Vgl. kritisch gegenüber dem dogmenhistorischen Befund J. Ratzinger, „Es scheint mir absurd, was unsere lutherischen Freunde jetzt wollen.", 34.

Die Feststellung solcher Differenzverhältnisse unterstützt eine in DI ausgesparte Passage aus UR 3. Hier werden die verschiedenen Elemente beschrieben, aus denen die Kirche konstituiert wird und die auch *außerhalb* zu finden sind. Das Konzil zieht daraus einen starken Schluss:

> „all dieses, das von Christus ausgeht und zu ihm hinführt, gehört rechtens zu der einzigen Kirche Christi."

Diese einzige Kirche Christi ist aber – anders als in DI – nicht einfachhin mit der katholischen Kirche zu identifizieren. Vielmehr *subsistiert* sie in der katholischen Kirche. Peter Knauer hat darauf aufmerksam gemacht, dass eine ausschließliche Subsistenz der Kirche in der römisch-katholischen schon von der Sprachlogik des Konzilstextes nicht in Frage komme. Die Kirche, die im Credo benannt wird, setzt LG 8,2 als geschichtliche Erscheinung voraus. Sie ist „in dieser Welt als Gesellschaft verfaßt und geordnet". Erst auf dieser Basis kommt in den Blick, dass sie in der katholischen Kirche subsistiere.

> „Die Kirche des Glaubensbekenntnisses ist also von vornherein ein Subjekt und gewinnt ihren Subjektcharakter nicht erst durch ihre Subsistenz in derjenigen katholischen Kirche, die in der Formulierung von LG 8,2 an zweiter Stelle genannt wird. Vielmehr ist die Kirche des Glaubensbekenntnisses einfach die Kirche schlechthin, die Kirche als solche gemeint."[286]

Damit ergibt sich eine bleibende Differenzierung. DI profiliert demgegenüber das Moment strikter Identität. Der Text betont daher eindringlich die Lehre von der *Plenitudo*. Die Kirche Christi sei „voll nur in der katholischen Kirche" zu finden. Hier tun sich sprachlich-logische Probleme auf. Mit dem Gebrauch des doppelt exklusiven „voll" und „nur" läuft diese Ekklesiologie auf eine ungebrochene Identifizierung hinaus, die das „subsistit" als Ersatz für das klarere „est" eben nicht vornimmt. Auf derselben Linie wird das hierarchische Gefälle von UR 3 aus dem Gesamtzusammenhang anders bestimmbar, als es im Zitat von DI Nr. 16 klingt.

Noch etwas ist in diesem Zusammenhang aufschlussreich: der Aufbau von UR 3 einerseits und DI andererseits. Das Ökumenismus-Dekret[287]

---

286 P. Knauer, Universalkirche, Einzelkirchen und Gesamtkirche, in: Orientierung 65 (2001) 3-6.
287 G. Wenz sieht insgesamt erhebliche Gewichtsverschiebungen in der Interpretation von UR durch DI. Das betrifft nicht zuletzt eine tauftheologische Umstellung in der Argumentation: „Von der Taufe ist in nachgeordneter Weise und insonderheit so die Rede, dass die Unvollkommenheit der durch sie begründeten Gemeinschaft akzentuiert wird. Am auffälligsten aber ist, dass die Hauptaussage nicht mehr auf das trotz zu registrierender Mängel gegebene eu-

spricht zunächst von den Spaltungen der einen und einzigen Kirche, die „oft nicht ohne Schuld der Menschen auf beiden Seiten" zustande kamen. Auf dieser Basis wird die grundlegende Taufgemeinschaft dargestellt. Sie ist soteriologisch entscheidend, insofern die Christen in den anderen Kirchen „durch den Glauben in der Taufe gerechtfertigt und Christus eingegliedert sind." Es folgen Anmerkungen zur Bedeutung dieser Kirchen. Erst unter dieser Voraussetzung kommen die ekklesiologischen „Mängel" in den Blick und mit ihnen die *Plenitudo* der katholischen Kirche.[288]

Demgegenüber funktioniert das zentrale ekklesiologisch-ökumenische Kapitel IV von DI textarchitektonisch anders. Die gekennzeichnete christologische Engführung spart den Hinweis auf die Taufrechtfertigung aus und schlägt damit einen anderen Ton an. Ausgangspunkt ist nicht diese tragende Gemeinsamkeit, sondern jenes ekklesiologische Defizit, das von UR nur nachgeordnet angeführt wird. Man hat es hier mit unterschiedlichen kirchlichen *Wissensformen* zu tun: DI schafft eine ekklesiologische Verfügungsmacht, mit der Heil in seiner kirchlichen Vermittlung konstituiert erscheint. Allerdings ist es *hierarchisch* gedacht. Wo es vorkommt, hängt es von der Wirksamkeit jener Heilsmittel ab, über die die katholische Kirche in ihrer hierarchischen Ordnung verfügt (Nr. 17). Die entsprechende soteriologische Wissensform gerinnt zur Verfügungsmacht.

Nun transportieren die belegenden Zitate der Erklärung bekanntes Lehrmaterial. Indes ist es neu platziert. Die Komposition verändert die Aussageform und mit ihr die deutlich bescheidenere ekklesiologische Wissensform des 2. Vatikanischen Konzils. Der Sprechakt selbst wird zum Inhalt. DI artikuliert ein Wissen der Kirche über sich selbst, das mit dem Anspruch auf objektives Wissen zugleich einen Machtdiskurs betreibt. Er wird über die Lehre vom päpstlichen Primat als dem wesentlichen Unterscheidungskriterium begründet, „den der Bischof von Rom nach Gottes Willen objektiv innehat und über die ganze Kirche ausübt." (Nr. 17)

Hier wird ausschließlich die primatiale Macht betont. „*Ut unum sint*" sprach von ihr gebrochen – mit ständiger Rücksicht auf die Ohnmachtsge-

---

charistische Bekenntnis der getrennten Kirchengemeinschaften und auf einen abschließenden Dialogimpuls, sondern auf die Befestigung eigener Identität durch Außenabgrenzung gerichtet ist." G. Wenz, Die bleibende Bedeutung des Konzils für die Ökumene der Gegenwart, in: G. Wassilowsky (Hrsg.) Zweites Vatikanum, 137-153; hier: 152.

288 J. Werbick (Der Anspruch auf ‚Vollständigkeit' als anti-realistische Abwehrstrategie, in: M. J. Rainer (Red.), „Dominus Iesus". Anstößige Wahrheit oder anstößige Kirche?, 134-143) weist darauf hin, dass über die Wissensform der Plenitudo-Ekklesiologie eine Mehr-Weniger-Fassung von Kirche in den ökumenischen Diskurs eindringe. Sie transportiere problematische, weil zur Abwertung nötigende Anteile.

stalt des Petrus, auf seine konstitutive Schwäche. DI sagt – selbstverständlich! – an keinem Punkt etwas Falsches, etwas gegen die Tradition oder über sie hinaus. Aber DI spricht vielleicht am deutlichsten, wo es nicht so spricht, wie das Konzil und in seiner Ökumene-Enzyklika auch Johannes Paul II. sprachen. Und das hat nichts mit falscher ökumenischer Rücksicht zu tun.

Sie wird verletzt, wo einerseits die prinzipiellen Gemeinsamkeiten unterbestimmt oder gar ausgeblendet werden, wo andererseits aber identitätsscharfe Definitionen wie die folgende getroffen werden:

> „Die kirchlichen Gemeinschaften hingegen, die den gültigen Episkopat und die ursprüngliche und vollständige Wirklichkeit des eucharistischen Mysteriums nicht bewahrt haben, sind nicht Kirchen im eigentlichen Sinn". (Nr. 17)

Hier ist an eine Forderung des Konzils zu erinnern, die – doppelt verankert – an keiner Stelle von DI begegnet:

> „Die Art und Weise der Formulierung des katholischen Glaubens darf keinerlei Hindernis bilden für den Dialog mit den Brüdern. Die gesamte Lehre muß klar vorgelegt werden… Zugleich muß aber der katholische Glaube tiefer und richtiger ausgedrückt werden auf eine Weise und in einer Sprache, die auch von den getrennten Brüdern wirklich verstanden werden kann." (UR 11)

Damit wird die *Sprachform* der Erklärung notwendig zum Thema.

8.4 Die Sprache der Erklärung

Selten wird ein lehramtliches Schreiben ausdrücklich in seiner sprachlichen Gestalt reflektiert. Für DI trifft dies unbedingt zu. Kritik adressiert sich nicht zuletzt in dieser Richtung.

Schon der Titel hat dabei Signalwirkung. Er greift 1 Kor 12,3 auf und wählt damit eine Kurzformel des Glaubens als Basissatz, an den sich alle weiteren Sätze anschließen. Textlinguistisch stellt er die zentrale Referenz-*identität* dar.[289] Sie lässt unterschiedliche Wiederaufnahmen zu. Als Textinitial verweist das „dominus" auf den folgenden Text und baut eine thematische Spannung auf. Es stellt sich die Frage, wie sich das Referenzwort im weiteren Text fortsetzt, welche Konsequenzen es hat und inwiefern es den

---

289 Vgl. K. Brinker, Linguistische Textanalyse. Eine Einführung in Grundbegriffe und Methoden, Berlin ²1988, 26-41.

gesamten Text bindet. Das bedeutet inhaltlich, dass gerade mit dem ersten Wort in einen Erwartungshorizont hinein formuliert wird. Die semantischen Substitutionen konkretisieren die entsprechende Bedeutung. Hier wird im Wortfeld *Herr* mit seinen Konnotationen ein *Machtdiskurs* eröffnet. Wenn der Text die christologische Dominante später ekklesiologisch integriert, ist dies unter diesem Gesichtspunkt zu lesen.

Der Titel übernimmt noch eine weitere Funktion. Er zitiert und unterlegt dem eigenen Text einen Subtext. 1 Kor 12,3 thematisiert den Wechsel vom Heiden zum Christen. Das bedeutet: Wenn über das religionstheologische Thema der Erklärung hinaus die ekklesiologischen Implikationen ökumenisch entfaltet werden, sprengt dies den Rahmen des Hintergrundzusammenhangs, in den sich dieser Text stellt. Theologisch gesprochen fragt sich, ob das Thema Kirche in diesem Kontext überhaupt anzusprechen ist. Textlinguistisch gesprochen, erscheint diese Verbindung als unangemessen. Dieses Problem verschärft sich, wenn man die Aussagetendenz des Zitatfeldes berücksichtigt. Paulus setzt nach dem Christus-Bekenntnis fort:

„Und keiner kann sagen: Jesus ist der Herr!, wenn er nicht aus dem Heiligen Geist redet." (1 Kor 12, 3b).

Dieser Textanschluss wird in DI nicht angemessen aufgenommen. Formal wie inhaltlich wird damit die Textkohärenz beschädigt und das Verstehen mindestens erschwert, wenn nicht grundlegend riskiert. Oder man muss an eine bewusste Textregie denken. Dann sperrt die paulinische Aussage geisttheologisch die katholische Ekklesiozentrik der Erklärung.

Hinzu kommt ein weiteres Ausschlussmuster des Textes. Das entsprechende Bekenntnis weist zurück auf das Messiasbekenntnis des Petrus. Insofern dem Papst in seiner Petrus-Repräsentanz als Thema und zugleich als lehramtliches Primärsubjekt eine besondere Rolle zukommt; insofern zumal im Sinne der kontextuellen Referenzen dieses Textes die päpstliche Ökumene-Enzyklika *Ut unum sint* besonders zu berücksichtigen ist – insofern ragt auch dieser Zusammenhang in den Textauftakt hinein. Umso schwerer wiegt, dass in DI jenes Sprechen der Schwachheit fehlt, das im Schuldbekenntnis des Papstes und der Selbstthematisierung seines Amtes nachdrücklich eingreift. Die Komposition des Textanfangs unterstützt eine Interpretationshypothese, die sich in der kritischen Rezeption, allerdings eher unausdrücklich gekennzeichnet, immer wieder findet: Es handle sich bei diesem Dokument um einen theologischen Identitätsdiskurs mit machtförmigen Zügen.[290]

290 Auf eine Verbindung der Identitäts- und der Machtproblematik weist auch B. J. Hilberath hin, der nicht bestreiten will, „(d)aß da vielleicht auch Machtfragen und Sorge um den Identitätsverlust mit hineinspielen": B. J. Hilberath

Dass das Lehramt aus einer Position der (Voll-)Macht heraus agiert, ist zunächst katholisch vorauszusetzen und in sich nicht problematisch. Allerdings fragt sich, wie diese Macht eingesetzt und ob sie ihrerseits kritisch reflektiert wird – etwa in der Art, wie dies mit den verschiedenen Fassungen eines konziliaren bzw. primatialen Schuldbekenntnisses in ökumenischer Absicht verschiedentlich geschehen ist. Natürlich kann ein Dokument von wenigen Seiten nicht alles leisten – dass es aber genau dies *nicht* tut, dass es hier einmal *nicht* zitativ weiterverweist, dass es sich diese Texte *nicht* als Subtexte unterlegt, spricht für sich.

Dabei besteht DI zu einem erheblichen Teil aus der Montage autoritativer Texte. Schrift, Tradition und lehramtliche Formeln skelettieren den Gedankengang. Autorität wird damit zum eigentlichen Subjekt der Erklärung. Zugleich stellt sie den Anspruchsrahmen. Dem entspricht der formale Ausdruck von Autorität wie der ausdrückliche Wortgebrauch (vgl. Nr. 23). Er spiegelt sich in der Häufung verschiedener Wendungen: „fest", „vor allem", „zu glauben". Die Glaubensimperative vermitteln eine definitorische Härte. Sie fungieren als sprachliche Reflexe einer theologischen Wissensform. Es geht um das Paradigma eines *sicheren Wissens*, das mit verschiedenen Sekuritätstechniken ausgestattet ist. Die explikative und nur z.T. argumentative Grundform der Themenentfaltung nimmt hier – noch einmal textlinguistisch analysiert, eine spezifische Realisationsform an. Es handelt sich um dekretierendes Sprechen.[291] Es begleitet den Text als synkenetischer Vorgang und bündelt das jeweilige Glaubenswissen – ganz ähnlich den didaktischen *Kurztexten* aus dem Weltkatechismus, der von diesen Einzelsätzen her zu lesen ist und ebenfalls das erforderliche Glaubenswissen komprimiert.

> „Ein solcher Leitsatz faßt die Argumentationen jeweils... zusammen und ist formal dadurch charakterisiert, daß jeweils eine theologische Qualifikation ausgegeben wird: firmiter tenendum, bzw. firmiter credendum, als Wahrheit des katholischen Glaubens fest zu glauben. Die Sätze sind so als Glaubenssätze gekennzeichnet. Dabei umschließen diese verschiedenen Formeln gewisse Nuancen: Der Ausdruck ‚firmiter tenendum' deutet darauf hin, daß es sich hier um eine Wahrheit handelt, die mit dem geoffenbarten Glauben zusammenhängt, bei der zweiten Formel ‚fest zu glauben', handelt es sich um die Bekräftigung einer Wahrheit, die zur Glaubenshinterlassenschaft gehört. Die dritte Formel: Eine Wahrheit als von Gott geoffenbart zu glauben, sagt: Es

---

/ R. Leicht, Wer ist die wahre Kirche? Ein neues Vatikanpapier sprengt die Ökumene, in: M. J. Rainer (Red.), „Dominus Iesus". Anstößige Wahrheit oder anstößige Kirche?, 286-302; hier: 298.

291 Vgl. zum analytischen Instrumentarium K. Brinker, Linguistische Textanalyse, 137.

handelt sich um eine Wahrheit, die zum geoffenbarten Glauben gehört und als solche formell definiert ist."[292]

Dies erlaubt eine genaue Zuordnung und dogmatische Regie.[293] Hier spricht eine Glaubens*behörde*: unpersönlich, mit juristischem Hintergrundanspruch, der axiomatisch bestätigt ist. So muss mitgelesen werden, dass jede Zuwiderhandlung gegen die entsprechenden Glaubensauflagen im Horizont von Kirchenstrafen steht.

In dieser Wissensform setzt sich eine Absolutheitsperspektive durch. Sie wird von Solitäransprüchen, Ausschlussperspektiven und Abgrenzungsmustern getragen. Wer nicht in der katholischen Kirche steht, dem fehlt in diesem ekklesiologischen und also soteriologisch relevanten Außerhalb etwas. Es handelt sich um einen *Defekt*. Er betrifft den Glauben und die Kirchlichkeit. In dieser Sprechform fehlt der Raum für die Rede von *differenziertem Konsens* und *versöhnter Verschiedenheit*. Der Wille zur Klarheit nimmt Züge von Unerbittlichkeit an.

8.5 Kritischer Ertrag

Formal steht die Sprachform, material die Ekklesiologie im Brennpunkt der ökumenischen Kritik. Der Vorsitzende der DBK, Bischof Karl Lehmann, wandte sich gegen „Form" und „Zeitpunkt" der Veröffentlichung.[294] Dass gerade angesichts der zeitlichen Nähe kein Bezug auf die *„Gemeinsame Erklärung über die Rechtfertigungslehre"* genommen wurde, erscheint als Mangel und wird von verschiedenen Kommentatoren als doppeltes Signal verstanden: als Absetzbewegung und vor allem als klares Indiz dafür, dass die Ergebnisse der GE keine wirkliche Bedeutung haben.

Auf der Basis dieses Dokuments hätten sich deutlich andere Akzentsetzungen nahe gelegt. Wenn in dieser – auch ekklesiologisch – wesentlichen Frage ein tragendes Grundverständnis geteilt wird, müsste vom christlichen Bekenntnispartner anders gesprochen werden. Und dass er als Partner begriffen wird, macht faktisch die Unterzeichnung der GE deutlich. Hinter diesen Stand kann man nur zurück, wenn der Status der Unterschrift angetastet würde. In dieser Hinsicht steht ein klares Zeichen der Rezeption an.

292 P. Hünermann, Theologische Reflexionen zu einem umstrittenen römischen Lehrdokument, 67.
293 Vgl. das Motu proprio „Ad tuendam fidem" vom 17.5.1998 (OR 31.6./1.7.98, 1; 4f.) und den lehrmäßigen Kommentar der Glaubenskongregation.
294 K. Lehmann, Wem gehört Jesus, Bischof Lehmann?, in: M. J. Rainer (Red.), „Dominus Iesus", 46-53; hier: 46.

Es erscheint in diesem Rahmen als unangemessen, die protestantischen Gemeinschaften in einem religionstheologischen Diskurs gleichsam einzuebnen. Im Sinne der starken christologischen Profilierung dieses Textes mit dem einschlägigen religionspluralistischen Problembewusstsein muss diese Verbindung einen Affront darstellen.

Darüber hinaus ließe sich dann auch die eigene kirchliche Identität offener fassen. Mit Karl Lehmann weist das interpretationsumkämpfte „subsistit" des Konzils

> „darauf hin, daß die katholische Kirche beansprucht, zwar selbst Kirche Jesu Christi zu sein, aber nicht ausschließlich."[295]

Das Konzil selbst lässt auf dieser Linie den Status der Reformationskirchen offen.[296] In einem späteren Selbstkommentar Kardinal Ratzingers klingt gleichfalls eine offenere Deutung an. Danach „ereignet sich Kirche" auch in den „aus der Reformation hervorgegangenen Gemeinschaften".[297] Allerdings übergeht auch diese Formel, dass in der Tradition des Lehramts bereits verschiedentlich ausdrücklich von „Kirchen" gesprochen wurde. Die *Gemeinsame Offizielle Feststellung* (GOF) des LWB und der katholischen Kirche geht nicht nur von einem partnerschaftlichen Gesprächsverhältnis aus, sondern redet selbstverständlich von den „lutherischen Kirchen".[298] Nicht zuletzt „Ut unum sint" benennt die „aus der Reformation hervorgegangenen Kirchen und Gemeinschaften" (Nr. 65).[299]

Damit ergeben sich Möglichkeiten, die DI bewusst nicht nutzt:

1. Die starke Betonung des Lehramts nimmt den Ernstfall der praktischen ökumenischen Herausforderung zurück. Es wird von konkreten Begegnungen abstrahiert, sodass der andere nicht als unmittelbarer Gesprächspartner in einem Dialog erscheint. Er wird thematisiert, ohne

---

295 Ebd., 49.
296 Vgl. J.-H. Tück, Abschied von der Rückkehr-Ökumene. Das II. Vaticanum und die ökumenische Öffnung der katholischen Kirche, in: H. Hoping (Hrsg.), Konfessionelle Identität und Kirchengemeinschaft. Mit einem bibliographischen Anhang zu „Dominus Iesus", Münster u.a. 2000, 11-52.
297 J. Ratzinger, „Es scheint mir absurd, was unsere lutherischen Freunde jetzt wollen.", 33.
298 Darauf weist Helmut Hoping hin: Unklare Verwandtschaftsverhältnisse, in: Reformierte Nachrichten v. 22.9.2000. Hoping hält die zitierte Nr. 17 von DI für einen „ökumenisch taktlosen wie theologisch in dieser Form unhaltbaren Satz" und führt fort: „Kirche tritt überall dort in Erscheinung, wo das Evangelium Christi verkündet und das Gedächtnis seines Todes und seiner Auferweckung gefeiert wird. Muss man dann nicht zugeben, dass die Kirche Christi auch in den nichtkatholischen Kirchen ‚gegenwärtig und wirksam' (DI 17) ist?"
299 Zu weiteren Belegstellen vgl. B. J. Hilberath, „Dominus Jesus" und die Texte des Zweiten Vatikanischen Konzils, in: M. J. Rainer (Red.), „Dominus Jesus". Anstößige Wahrheit oder anstößige Kirche?, 79-84; hier: 80.

Teil eines Gesprächs zu sein, in dem auf Verletzungen und Missverständnisse zu achten wäre.

2. Die Rede von der *Plenitudo* zieht sich leitmotivisch durch das Dokument. Demgegenüber tritt der Reichtum unterschiedlicher christlicher Stile in den Hintergrund. Mit Jürgen Werbick ist dann aber zu fragen, ob es sich hier nicht um eine „quantitative Logik" handle, die der Sache kaum angemessen sei.[300] Wer in der Fülle steht und zugleich über sie verfügt, dem mangelt nichts. Freilich hat das Vaticanum II deutlich gemacht, dass sich Kirche gerade über ihr Außen zu einem erneuerten Selbstverständnis entwickeln muss. Ohne die externen Ansprüche kann Kirche nicht sie selbst sein, weil sie in einen missionarischen Außenbezug gestellt ist. Damit verändert sich aber der Blick auf eine derartige Fassung von Fülle. Sie steht immer neu in den verschiedenen Vermittlungssituationen auf dem Spiel, weil sich der Christ dialogisch riskieren muss – und mit ihr die Kirche in einer Ekklesio-Logik der *Zeichen der Zeit*. Das bedeutet ökumenisch: Man darf

„die Definition dessen, was die Kirche im eigentlichen Sinn ausmacht, nicht zu einer katholischen Binnenangelegenheit machen. Was die Kirche als solche ausmacht – Verkündigung, Sakramentenspendung, bibelgemäßer Glaube, Diakonie, Solidarität mit denen, in denen nach Mt 25,31ff. Jesus selbst begegnet –, das geschieht in vielfacher Weise und in ekklesiologischer Dichte auch in anderen Kirchen. Und die katholische Kirche hat Anlaß zu der Frage, ob es in ‚Vollständigkeit' tatsächlich das katholische Kirche-sein über die Jahrhunderte hinweg bestimmt hat oder ob es nicht mitunter von den nichtkatholischen Kirchen neu in die Ökumene eingebracht wurde."[301]

3. Mit diesem Aspekt, der auf die Ekklesiologie des Konzils verweist, zeichnet sich eine weitere Problematik ab: Welche Texte werden wie rezipiert – und welche fallen weg? Das Konzil wie auch die Ökumene-Enzyklika des Papstes werden zitiert. Indes geben beide Texte Raum für Deutungsmöglichkeiten, die DI ökumenisch beschneidet. Autoritärer Definitionsgestus, machtbetontes Sprechen, Überlegenheitsformeln[302] – das kennzeichnet eine theologisch-kirchliche Wissensform, die von der ekklesialen Bescheidenheit des Konzils *in seiner Selbstgewissheit* deutlich unterschieden ist.

300 J. Werbick, Der Anspruch auf ‚Vollständigkeit' als anti-realistische Abwehrstrategie, 136. Vgl. Anm. 16.
301 J. Werbick, Der Anspruch auf ‚Vollständigkeit' als anti-realistische Abwehrstrategie, 139.
302 Vgl. die „Reaktion belgischer Theologen auf Dominus Iesus", in: M. J. Rainer (Red.), „Dominus Iesus". Anstößige Wahrheit oder anstößige Kirche?, 332f.

4. Theologisch bietet die Erklärung zu wenig eschatologische Demut. Hierin liegt ein wesentliches Motiv jener Hermeneutik der Differenz, die theologisch Identität zulässt, aber sie offener fasst. Sie ließe den Blick zu für die notwendig divergierenden Interpretationen des Christus-Ereignisses. Erst so kann über die theologischen Sachfragen im Detail diskutiert werden. Dazu muss aber das eigene Selbstverständnis einer Überprüfung offen stehen: einer auch kirchlichen Umkehr, wie sie die Kirchengeschichte immer wieder vollzogen und das letzte Konzil als Bestandteil seiner kirchlichen Eigensicht in die Lehre integriert hat.

5. Kardinal Ratzinger hat einen solchen Vorgang selbst festgehalten, als er eine ausdrückliche Kritik an der Ekklesiologie Pius XII. formulierte. Die These einer „Totaldeckung" von Kirche und römisch-katholischer Kirche – der sich sein eigener lehramtlicher Text wieder annähert, indem das „subsistit" enger verstanden wird – ist danach schlichtweg falsch.[303] Man erlebt hier den seltenen Vorgang einer lehramtlichen Kritik des Lehramts. Das damit erschlossene Feld geschichtlich offener Interpretationsverhältnisse sucht die Erklärung indes zu sperren. Sie geht damit hinter jene Entwicklungsschritte zurück, die sich mit und seit dem Konzil ergaben. In aller Klarheit wäre zu bestimmen, wie Ökumene über eine bloße Rückkehr der getrennten Brüder und Schwestern hinaus überhaupt denkbar sein solle. Dann aber ergäbe sich ein neues mögliches Konfliktfeld: das einer impliziten *synchronen* Kritik des Lehramts an sich selbst, nämlich mit dem Blick auf „Ut unum sint" und vor allem auf die verschiedenen ökumenischen Zeichenhandlungen Johannes Paul II. Damit aber wäre ein neues Kapitel theologischer Differenzhermeneutik aufgeschlagen.

8.6 Nachtrag: Die Note der Glaubenskongregation über den Ausdruck „Schwesterkirchen" (2000)

Als DI Anfang September 2000 veröffentlicht wurde, berichteten bereits einige Medien über einen weiteren Text, der mit der Erklärung in unmittelbarem Zusammenhang stehe.[304] Die angesprochene *Note* ging ursprünglich – mit dem Datum vom 30.6.2000 – an die Vorsitzenden der Bischofskon-

303 J. Ratzinger, „Es scheint mir absurd, was unsere lutherischen Freunde jetzt wollen.", 51.
304 Vgl. RNA / kipa vom 31.10.2000.

ferenzen und war für den internen Gebrauch bestimmt. Um Missverständnissen und Gerüchten entgegenzuwirken, wurde der Text veröffentlicht – wenngleich nicht amtlich in den *Acta Apostolicae Sedis*.[305]

Als Anlass des Schreibens werden Probleme bei der Verwendung des Terminus „Schwesterkirchen" genannt (Nr. 1). Die sich anschließenden Klarstellungen bestätigen den zeitlichen wie den inhaltlichen Konnex mit Dominus Iesus. Auch wenn DI nicht vordergründig ökumenisch ausgerichtet ist, belegt diese Note eine ekklesiologische Stoßrichtung, die direkt in das Gespräch der Konfessionen eingreift.

In einem begriffsgeschichtlichen Abriss skizziert die Note zunächst „Ursprung und Entwicklung des Ausdrucks" (Teil I, Nr. 2-8). Bedeutsam ist *einerseits* die Hervorhebung, dass der Ausdruck zwar ntl. nicht belegt sei, aber über seine altkirchliche Verwendung jedoch auch gegenwärtig berechtigterweise benutzt werde. Damit zeichnet sich ein dialogisches Gesprächsformat von Partikularkirchen auf derselben Ebene ab. *Andererseits* wird festgehalten, dass „kein Papst diese Gleichstellung der Patriarchalsitze anerkannte oder zustimmte, dass dem römischen Stuhl nur ein Ehrenprimat zuerkannt würde." (Nr. 3) Damit wird eine Distanz zur patriarchalen Kirchenauffassung des Ostens eingelegt. Die moderne Wiederaufnahme des Begriffs durch den orthodoxen Patriarchen von Konstantinopel, Athenagoras I., wird von daher dokumentiert, um sich zugleich von der entsprechenden Ekklesiologie abzuheben. Danach werde die Rede von den „Schwesterkirchen" seit dem 2. Vatikanischen Konzil auch von Paul VI. und Johannes Paul II. aufgegriffen, allerdings anders aufgeladen.

Die „Hinweise für die Verwendung des Ausdrucks" markieren dieses Verständnis im zweiten Teil der Note (Nr. 9-12). Es wird argumentationsstrategisch in mehreren Schritten entfaltet:
1. Als definitorische Basis wird vorausgesetzt, dass Schwesterkirchen „ausschließlich Teilkirchen (oder Teilkirchenverbände, wie etwa Patriarchate oder Kirchenprovinzen)" sind (Nr. 10). Im Sinne der tragenden Metapher ist „die universale, eine, heilige, katholische und apostolische Kirche nicht Schwester, sondern *Mutter* aller Teilkirchen". (Nr. 10) Zur Begründung referiert die Note nur auf einen Text der eigenen Behörde.[306] Die Begriffssetzung rekurriert demgegenüber auf UR 14.

---

305 Die Note wurde nach Auskunft des Begleitschreibens von Kardinal Ratzinger in der Audienz vom 9.6.2000 ausdrücklich von Papst Johannes Paul II. „gutgeheißen", sodass „deren Aussagen deshalb als verbindlich anzusehen sind". Hier ist an die verschiedenen Verbindlichkeitsgrade lehramtlichen Sprechens zu erinnern.

306 Vgl. Anm. 8: dort der Verweis auf das Schreiben *Communionis notio* vom 28.5.1992, Nr. 9 (AAS 85 [1993] 843f.). Es ist an dieser argumentationsstra-

Dabei ist zu beachten, wie das Konzil von den Partikular- oder Lokalkirchen im ostkirchlichen Zusammenhang spricht. Es seien gerade die Orientalen, die sich um jene geschwisterlichen Beziehungen bemühten, „quae inter Ecclesias locales, ut inter sorores, vigere debent." Das „ut" bestätigt ausdrücklich den metaphorischen Charakter der Rede von Schwestern, die als vergleichender Bezugspunkt für das Verhältnis von partikularen, und das heißt immer auch: konkret *lokalen* Kirchen heranzuziehen ist. Das schließt unmittelbar ein, dass sich mit dem metaphorischen Gebrauch keine allegorische Ausdeutung bzw. Ausdehnung des Bildkonzepts anschließen muss. Die Rede von einer Mutterkirche ist von daher möglich, aber nicht zwingend. Sie muss im Zusammenhang und von ihm her justiert werden. Zunächst sind hier nur geschwisterliche Beziehungen im Blick, die UR 14 ausdrücklich positiv aufgreift.

Das bestätigt sich mit der Aufnahme des lokalkirchlichen Motivs. UR 14 erwähnt den Reichtum der Kirchen des Orients, aus denen die Kirche des Westens immer wieder geschöpft habe. Der rhetorische Parallelismus weist auf einen inhaltlichen Bezug hin: *Ecclesia Orientis* und *Ecclesia Occidentis* begegnen sich auf derselben Ebene, ganz im Sinne der Schwestern-Metapher. Wenn ein besonderer Vorzug besteht, dann am ehesten für die Kirche des Ostens – schließlich haben die entscheidenden ökumenischen Konzilien in ihrem Bereich stattgefunden. Darüber hinaus hält das Konzil an einem Pluralismus der lokalkirchlichen Entwicklungen fest, der ganz offensichtlich den genannten Reichtum ermöglichte, so sehr er mit den späteren Trennungen zusammenhängt.

„Das von den Aposteln überkommene Erbe aber ist in verschiedenen Formen auf verschiedene Weise übernommen, und daher schon von Anfang an in der Kirche hier und dort verschieden ausgelegt worden, wobei auch die Verschiedenheit der Mentalität und der Lebensverhältnisse eine Rolle spielten." (UR 14)

In Bezug auf die Schismen vermeidet das Konzil jede einseitige Schuldzuschreibung. Auch dies bestätigt eine *kollegiale* Ekklesiologie, die der ganzen Auffassung von theologischer Struktur und pastoraler Ordnung der Kirche auf dem Vaticanum II entspricht.

Schließlich unterstützt auch die Interpretation Roms und des Papstes diesen Ansatz. Im Rahmen einer „brüderlichen Gemeinschaft" kam dem Römischen Stuhl „mit allgemeiner Zustimmung eine Führungsrolle" (UR 14) zu.

tegisch tragenden Stelle auffallend, dass es sich bei allen anderen *primären* Belegtexten um Konzilsdokumente oder päpstliche Schreiben handelt.

„Das Dekret hütet sich hier vor einer ungeschichtlichen Projizierung späterer Begriffe und einer späteren Praxis in der Leitung der Kirche durch den römischen Bischof… Daß dabei nicht an eine zentralistische Leitung gedacht ist, zeigen zwei Aussagen im Text. Einmal die Beifügung ‚wenn Streitigkeiten über Glaube oder Disziplin unter ihnen entstanden‘: es handelt sich also um ein gelegentliches Eingreifen des römischen Bischofsamts, … also um eine subsidiäre Funktion… Der zweite Hinweis im Text ist gegeben mit der Hervorhebung der Patriarchalkirche im gleichen Abschnitt, womit die Eigenständigkeit und relative Selbständigkeit der Patriarchate angedeutet werden, die dann in Artikel 16 noch deutlicher zur Geltung gebracht werden.“[307]

Indem sich die Note der Glaubenskongregation auf UR 14 bezieht, ordnet sie die eigene Deutung des Konzepts „Schwesterkirchen“ der Auffassung des Konzils zu. Das bedeutet für den vorliegenden Fall, dass eine implizite Kriteriologie der folgenden Aussagen mitgegeben wird. Inhaltlich ist festzuhalten, dass das Konzil ein deutlich *communial ausgerichtetes Beziehungsmuster aktiviert.*

2. In einem zweiten Schritt werden zwei Aussagen getroffen, die aneinander zu vermitteln sein werden. Die römische Teilkirche kann Schwesterkirche anderer Partikularkirchen sein, während dies für die katholische Kirche nicht gilt (Nr. 11). Letztlich gibt es nur eine Kirche – logisch im Sinne der Nr. 10 muss dies die Kirche des Glaubensbekenntnisses sein. Von daher stellt sich die Frage, ob und wo sie geschichtlich existiere.

3. Die Antwort auf diese Frage wird auf mehreren Ebenen gegeben. Zunächst durch die Rede von der katholischen Kirche, die durchaus im streng konfessionellen Sinn begriffen wird und die Identifizierung mit der römisch-katholischen Kirche betreibt. Dies wird unterstützt durch die bereits angeführte historische Auskunft, kein Papst habe einer Gleichstellung der verschiedenen Patriarchate zugestimmt. Konsequent fordert die Note

„die Verwendung von Formulierungen wie ‚unsere beiden Kirchen‘ zu vermeiden, weil sie – wenn angewandt auf die katholische Kirche und das Gesamt der orthodoxen Kirchen (oder einer orthodoxen Kirche) – unterstellen, dass es einen Plural nicht nur auf der Ebene der Teilkirchen, sondern auch auf der Ebene der im Credo bekannten einen, heiligen, katholischen und apostolischen Kirche gibt, deren tatsächliche Existenz dadurch verdunkelt wird.“ (Nr. 11)

---

307 J. Feiner, Kommentar zur *Unitatis redintegratio,* in: LThK² 13, 40-126; hier: 96.

Diese Aussage wird ergänzt um den Hinweis, dass mit „Schwester-kirchen" nur die Kirchen bzw. kirchlichen Gemeinschaften gemeint sein könnten, „die den gültigen Episkopat und die gültige Eucharistie bewahrt haben." (Nr. 12)

Mit diesen Ausführungen werden die ökumenischen Passagen von DI auf-gegriffen und unter anderen Vorzeichen eingesetzt und bestätigt. Erneut erscheint aber problematisch, wie der faktische Bezug auf das Konzil, be-sonders auf das Ökumenismus-Dekret, theologisch hergestellt wird. Die differenzierte Sicht auf die partikular- und also lokalkirchlichen Traditionen als Interpretationen des Christentums wird zurückgeschraubt. Erneut wird eine ungebrochene Identität zwischen der Kirche des Glaubensbekenntnis-ses und der römisch-katholischen Kirche textpragmatisch vollzogen. Sie wird theologisch eher eingefügt als begründet; argumentative Schritte ver-lieren sich in zitativen Bezügen, die – wie mit Blick auf UR gezeigt – den thetischen Anklang jedenfalls *so* nicht decken. Problematisch erscheint da-mit besonders der Verzicht auf jene theologischen Muster einer ökumeni-schen Differenzhermeneutik, die den kirchlichen Perspektiven Raum lässt und sie in ein produktives Gesprächsverhältnis zur römisch-katholischen Kirche setzten könnte. Dass das partikularkirchliche Element in Bezug auf die Kirche von Rom in Nr. 11 angesprochen wird, wenngleich in anderer Verlaufsrichtung, könnte einen Fingerzeig geben: in der Koordinierung von universalkirchlicher Verankerung und lokalkirchlicher Konkretion. Die Kir-che Roms ist als wahrhaft katholische apostolisch begründet und notwen-digerweise geschichtlich partikular *institutionalisiert* – und gerade so noch einmal in universalkirchlicher Hinsicht verantwortlich bezogen. Der eigene Wahrheitsanspruch wäre von einer solchen Verbindung beider Motive kei-nesfalls beschädigt – aber er ließe Raum für schwesterkirchliche Dialoge. Sie wären durchaus im Rahmen einer primatialen Ordnung anzusiedeln, wie sie UR 14 rekonstruiert.

178

9. Das Ökumene-Papier „Communio Sanctorum" der Bilateralen Arbeitsgruppe der DBK und der VELKD (2000)

9.1 Zusammenhang und ökumenisches Anliegen

Als Ergebnis eines ekklesiologischen Lehrgesprächs gab die zweite Bilaterale Arbeitsgruppe der DBK und der VELKD im Januar 2000 ihre Studie zum Thema „Communio Sanctorum – Die Kirche als Gemeinschaft der Heiligen" heraus.[308] Sie versteht sich als Fortsetzung und Präzisierung der ersten Arbeitsphase, näherhin des 1984 veröffentlichten Dokuments „Kirchengemeinschaft in Wort und Sakrament".[309] In verschiedenen Stellungnahmen wurde es seitens der VELKD und der DBK positiv rezipiert.[310] Die Ergebnisse konnten im Zuge der Lehrverurteilungsstudie und ihrer kirchlichen Diskussion bestätigt werden. So hat die Kirchenleitung der VELKD ihre Verurteilungspraxis eindeutig verändert.[311]

Auf dieser Basis wurde die zweite Arbeitsgruppe eingerichtet. Ihr Auftrag: Klärungen über die anstehenden ekklesiologischen Probleme wie das Grundverständnis von Kirche, das Amt, aber auch über Anschlussfragen.[312] Die Arbeitsgruppe wählte als hermeneutischen Rahmen das theologische Modell der „Communio Sanctorum". Damit ist vor allem eine angemessene biblische Verständigungsbasis gegeben. Darüber hinaus wird das ekklesiologische Leitmotiv des 2. Vatikanischen Konzils aufgegriffen und zugleich das entscheidende Spannungsfeld von *sichtbarer und unsichtbarer Kir-*

---

308 Paderborn ²2003. Im Folgenden als CS zitiert.
309 Paderborn/Hannover 1984.
310 Vgl. Texte aus der VELKD Nr. 36; Arbeitshilfen der DBK Nr. 59.
311 „In der Folge des Dokumentes „Kirchengemeinschaft in Wort und Sakrament" hat die Kirchenleitung der VELKD festgestellt, daß die reformatorischen Verwerfungen der Messe als ‚Greuel' und des Papstes als ‚Antichrist' die Lehre der katholischen Kirche nach ihrem gegenwärtigen Stand und die an ihr orientierte Praxis nicht treffen. Diese Feststellung hat ihren Niederschlag bereits in der Ausgabe der lutherischen Bekenntnisschriften für die Gemeinde gefunden." (CS 9f.)
312 CS nennt Kirchenrecht, Marien- und Heiligenverehrung: ebd., S. 10.

che aktiviert. Von Anfang an zeichnet sich das Zueinander von kirchlicher Konkretion und eschatologischer Vollendung ab. Außerdem lässt sich eine trinitarische Begründungsperspektive einspielen, wie sie zuvor bereits der Bericht der Gemeinsamen Römisch-katholischen/Evangelisch-lutherischen Kommission „Kirche und Rechtfertigung. Das Verständnis der Kirche im Licht der Rechtfertigungslehre" von 1993 skizziert und die sich als Argumentationsgrundlage bewährt hat.[313]

Ausdrücklich wählt der Text einen differenztheologischen Ansatz, der sich methodisch an die Lehrverurteilungsstudie rückbinden lässt. Die entscheidende Frage in der Behandlung der theologischen Divergenzpunkte lautet,

> „wie Aussagen der jeweils eigenen Lehrtradition in ein positives Verhältnis zur Position des Partners gebracht werden können. Wir konnten Gemeinsamkeiten feststellen, die die in ‚Kirchengemeinschaft in Wort und Sakrament' gefundenen nicht nur bestätigen, sondern auch über diese hinausführen. Dabei ist aber auch deutlich geworden, daß wir an manche Themen in unterschiedlicher Weise heranzugehen gewohnt sind."[314]

Es geht also um Gemeinsamkeiten, die sich gerade in abweichenden Denk- und Sprachformen zeigen. In den Differenzen erweist sich die Möglichkeit, durch andere Formen und Formeln eine komplex geteilte Lebenspraxis *im* bereits unterschiedlich gemeinsamen Glauben noch weiter zu verdeutlichen.

> „Unter methodologischem Gesichtspunkt ist die Arbeitsgruppe nach den neueren Grundsätzen ökumenischer Hermeneutik vorgegangen. Diesen liegt die Erkenntnis zugrunde, daß die angestrebte Einheit im Glauben nicht Einheitlichkeit bedeutet, sondern eine Vielfalt, in der verbleibenden Unterschieden keine kirchentrennende Kraft zukommt. Entsprechend ist das Ziel des Dialogs nicht ein Konsens im Sinne einer Deckungsgleichheit, sondern ein ‚differenzierter Konsens'".[315]

Dieser Konsens schließt Differenzspielräume ausdrücklich ein. Auf dem Weg zu ihm betritt das Dokument nach eigener Auskunft „Neuland", indem es vor allem drei Bereiche diskutiert:

---

313 Vgl. Dokumente wachsender Übereinstimmung III, Paderborn 2003, 317-419; besonders: 340-353. Diesen Text scheint die Arbeitsgruppe hier nicht im Blick gehabt zu haben – jedenfalls verweist sie nicht ausdrücklich auf ihn. Umso aufschlussreicher erscheint es, dass diese ökumenisch-ekklesiologische Deutungskategorie herausgestrichen wird. (Auf „Kirche und Rechtfertigung" wird freilich im weiteren Verlauf des Textes verschiedentlich referiert.)
314 CS S. 10.
315 CS S. 12.

* „das Zusammenwirken der Bezeugungsinstanzen beim Finden und Verkünden der Wahrheit des Evangeliums: Heilige Schrift, Tradition, Glaubenssinn der Gläubigen bzw. Priestertum aller Gläubigen, kirchliches Lehramt, Theologie";[316]
* den Petrusdienst (in Aufnahme der Einladung des Papstes aus „Ut unum sint“);
* die Frage nach der eschatologischen *communio sanctorum* (mit den Anschlussdiskursen über Maria, den Gebetsbezug für die Verstorbenen bzw. auf die Heiligen).

9.2 Aufbau und theologische Grundlinien

In acht Schritten entwickelt der Text eine ökumenische Ekklesiologie mit dem Leitmotiv einer Gemeinschaft der Heiligen.

9.2.1 Der Bekenntnisrahmen

Insofern es sich um eine Formulierung aus dem apostolischen Glaubensbekenntnis handelt, setzt das Dokument konsequent mit einer Reflexion auf die Rede von der *communio sanctorum* in der Bekenntnisüberlieferung der Kirche ein (Kapitel I, Nr. 1-7). Wer an Jesus Christus glaubt, ist Teil einer Gemeinschaft der Heiligen, weil sich der Heilige Geist im Glauben selbst durchsetzt und eine Gemeinschaft: die Kirche bildet. Zugleich wird die Notwendigkeit der *Glaubensgemeinschaft* damit betont. Nur in der Kommunikation mit anderen kann man glauben, weil man den Glauben von anderen Menschen vermittelt bekommt. Diese Gemeinschaft ist eschatologisch ausgerichtet und zugleich geschichtlich konkret. Als solche ist sie ein Geheimnis in dieser Wirklichkeit, das über sie hinausragt. Immer wieder macht der Text darauf aufmerksam, dass unser Erkennen – paulinisch gesprochen (1 Kor 13,9) – nur Stückwerk sei (Nr. 6). Damit ist die Erkenntnis der Kirche im *genitivus subiectivus und im genitivus obiectivus* vorbehaltlich. Dieser erkenntnistheologische Ansatz hat ökumenische Konsequenzen. Er öffnet sich für unterschiedliche theoretische und praktische Erkenntnisstile der *communio sanctorum*.

316 CS, S. 11

9.2.2 Der Schriftbefund

Das zweite Kapitel greift über den kirchlichen Bekenntnisrahmen auf das Zeugnis der Schrift zurück (II, Nr. 8-22: „Die Kirche nach dem Zeugnis der Heiligen Schrift"). Mit dieser Textkonstruktion wird bereits eine erkenntnistheologisch relevante ökumenische Entscheidung getroffen. Die verschiedenen Bezeugungsinstanzen, um die es inhaltlich geht, werden hier aneinander vermittelt. Das geschieht so, dass durch die theologische Umordnung des ursprünglichen Gefüges der innere Zusammenhang von kirchlichem Bekenntnis und Schriftbezug besonders betont wird. Die Schrift fungiert damit als *norma normans*, die Tradition der Kirche behält aber ihr spezifisches Gewicht. In dieser Textanlage vermitteln sich die Akzentsetzungen der evangelisch-lutherischen und der römisch-katholischen Tradition aneinander.[317]

Das Kapitel stellt die biblischen Grundlagen bereit und zeigt die unterschiedlichen Tendenzen auf, mit denen die Evangelisten und Paulus die Gemeinschaft der Heiligen entfalten. Wichtig ist dabei, dass die eucharistische Konstitution der Kirche eigens erwähnt wird (Nr. 17). Damit gewinnt die ökumenische Dringlichkeit eines gemeinsamen Herrenmahls Kontur. Weiterhin fällt auf, wie stark die apostolische Dimension gemacht und wie sie auf eine Theologie des Amtes hin ausgerichtet wird:

> „Grundlegend für den Aufbau der Kirche ist das *Apostelamt*. Da die Apostel vom Herrn selbst berufen und gesandt sind, haben sie eine außerordentliche Autorität. Sie tragen Sorge für die Verkündigung des Evangeliums in Wort und Sakrament und für die Gemeinden, die daraus erwachsen. Die Kirche der nachapostolischen Zeit bleibt auf die Überlieferung der Apostel angewiesen. Es bildet sich ein Leitungsamt heraus, das an der Autorität der Apostel teilhat und für die angemessene Weitergabe der apostolischen Tradition sorgt. In diesem Rückbezug auf die Apostel ist es selbst *apostolisch*. So dient das apostolische Amt der Kontinuität und Identität und damit der Einheit der Kirche." (Nr. 19)

9.2.3 Communiale Koordinaten

Die Entfaltung der communialen Struktur der Kirche schließt sich an diese Bestimmungen an (Kapitel III: „Gemeinschaft der Heiligen in der Liebe des dreifaltigen Gottes", Nr. 23-34). Überlegungen zur altkirchlichen Interpretation der apostolischen Überlieferung könnten sich an dieser Stelle an-

---

317 Das wird inhaltlich durch Kapitel IV mit den Nr. 42-73 ausgeführt.

schließen. Aber hier fehlt ein Hinweis auf die unterschiedlichen ortskirchlichen Traditionen mit ihren je eigenen apostolischen Berufungsmustern und Autoritätserweisen. Stattdessen wird der Akzent auf die Gemeinschaft der Glaubenden gelegt (Nr. 23) – vor allem auf eine johanneische Einheitsreflexion. Die theologische Perspektive dominiert damit die historische. Das hängt mit einer Grundentscheidung des Dokuments zusammen, das grundsätzlich aus einer streng theologischen Begründungsperspektive kirchliche Einheit zu denken versucht.

Das Einheitsmodell wird im Rahmen der Communio-Ekklesiologie vorgestellt (Nr. 24). Verschiedene ntl. Metaphern illustrieren die Dimensionen von Kirche: als wanderndes Volk Gottes (Nr. 26-28), als Leib und als Braut Christi (Nr. 29-31), als Tempel des Heiligen Geistes (Nr. 32-34). Hier wäre es interessant, mit dem Bildgrund zugleich die unterschiedliche Dynamik des jeweiligen Kirchenkonzepts zu erfassen. Im Bild ist eine bestimmte Wissensform der Kirche aufgefasst; sie hat eher geschichtlich-dynamischen (Volk), eher hierarchischen (Leib, auch. Braut) bzw. eher statischen Charakter. Inwiefern sich die communiale Gestalt hier je unterschiedlich artikulieren lässt, könnte zur Frage nach der aktuellen Interpretation von Kirche überleiten. Immerhin zeichnet sich so bereits ab, dass die Rede von der *communio* nur konkret und also auch traditionskritisch sein kann.

9.2.4 Ekklesiologische Begründungsperspektiven: Wort und Sakrament

Das erste inhaltlich tragende Kapitel wird unter dem Titel „Gemeinschaft der Heiligen durch Wort und Sakrament" (IV, Nr. 35-89) vorgelegt. Nach einer allgemeineren und durchweg konsensuellen Grundlegung wird ökumenisch unsicherer Boden betreten. Zunächst wurde geklärt, was die Gemeinschaft der Heiligen im Sinne der Kirche (I) und der Schrift (II) bedeutet. Daran schlossen sich Überlegungen zum theologischen, d.h. zum trinitarischen Ort der Kirche an (III). Sie ist im Heiligen Geist begründet und insofern eine Liebesgemeinschaft. Der vierte Schritt erläutert nun, wie die entsprechende Gemeinschaft zustande kommt und wodurch sie erhalten bleibt. Das geschieht durch die doppelte, einander zugeordnete Vermittlung des Geistes in Gestalt von Wort und Sakrament.

Die entscheidende Frage lautet demnach: Wie genau aktualisiert sich der Geist Christi in seiner Kirche als jener Gemeinschaft der Heiligen, die er bestimmt und in der er sich lebendig setzt? Diese Gegenwart ist an das Wort gebunden, das Christus selbst ist, und zugleich an die Zeichen, die sich mit dem Wort Gottes als seiner Selbstvergegenwärtigung verbinden.

„Weil die Kirche vom Wort und von den Sakramenten lebt, ist sie selbst worthaft und zugleich sakramental geprägt." (Nr. 37)

Diese Feststellung öffnet sich einerseits dem katholischen Verständnis von Kirche als einem *Ursakrament*, verzichtet andererseits aber auf eine direkte Identifizierung der Kirche als sakramental. In dieser Spannung erlaubt der Text eine wechselseitige Öffnung der Perspektiven aufeinander. Mit diesem differenzhermeneutischen Verfahren wird auch die brisante Frage nach den kirchlichen Bezeugungsinstanzen thematisiert.

Die Gegenwart des Geistes Christi in seiner Kirche ist alles Andere als eindeutig. Das hat fundamentaltheologischen Grund. Die Offenbarung geschieht als Vermittlung, eben weil sie geschichtlich wird. Das bedeutet:

„Die Offenbarung wird durch das bezeugende Wort übermittelt." (Nr. 32)

In dieser Form markiert sie den Lebensgrund der Kirche. Sie hat diesem Grund zu entsprechen, indem sie ihn authentisch vermittelt. Das geschieht wiederum in einem komplexen Vermittlungsprozess. Das Dokument hält den Konsens der Kirchen fest,

„daß hierbei verschiedene Erkenntnis- und Bezeugungsinstanzen zusammenwirken müssen:
– die Heilige Schrift,
– die Überlieferung des Glaubens (*Tradition*),
– das Zeugnis des ganzen Volkes Gottes *(Glaubenssinn der Gläubigen)*,
– das kirchliche Amt *(Lehramt)*,
– die Theologie." (Nr. 45)

Die Schrift „bezeugt" (Nr. 48) die Offenbarung als Wort Gottes. Ökumenisch bedeutsam erscheint hier, dass der unausweichliche Interpretationsraum im Offenbarungsgeschehen selbst angesetzt wird. Damit lässt sich an die besondere Bedeutung der Tradition als kirchliches Interpretationsgeschehen und auch des Lehramts als einer authentisch beauftragten Auslegungsmacht im Rahmen der römisch-katholischen Kirche anschließen. Das wird dadurch unterstützt, dass die Entstehung der Schrift, zumal im Zusammenhang der Kanonbildung, selbst als ein kirchlicher Vorgang begriffen wird.

„Letzter Grund der Verbindlichkeit des Kanons ist die Autorität des Wortes Gottes, das die Kirche in diesen Schriften vernimmt." (Nr. 49)

Daran schließt sich eine Hermeneutik der doppelten Kritik an. Die Bibel ist „Buch der Kirche" (Nr. 50). Das bedeutet:

„Die Bibel darf niemals isoliert, sondern sie muß immer auch im Zusammenhang der Glaubens- und Zeugnisgemeinschaft der Kirche befragt werden. Diese muß wiederum an der Heiligen Schrift selber gemessen werden." (Nr. 50)

Der Tradition kommt damit eine entscheidende Rolle zu. Es wird auch evangelischerseits anerkannt, dass es keinen Zugang zur Schrift ohne ihre kritische Mediatisierung geben kann. Umgekehrt ist katholisch gleichermaßen deutlich, dass die Schrift den bleibenden Maßstab jeder Auslegungspraxis stellt (Nr. 53). Die Tradition ist konstitutiv, weil die Kirche als ganze eine Interpretations- und insofern eine Traditionsgemeinschaft bildet. Sie ist als solche an die besondere Instanz des Lehramts gekoppelt, aber nicht auf seine Auslegungspraxis zu beschränken. Es gibt den wiederum kritischen Glaubenssinn des ganzen Gottesvolkes wie des einzelnen Gläubigen in seinem Gewissensanspruch. Es gibt die „verbindliche(n) apostolische(n) Botschaft" (Nr. 52), aber auch die abweichenden kirchlichen und biographischen Übersetzungen des Evangeliums.

Aber welche Interpretation hat ihr Recht? Wie kann sich das gezeichnete Verhältnis von Schrift und Tradition gegen Fehlentwicklungen, Missverständnisse und inakzeptable Deutungen versichern? In diesem Horizont steht das kirchliche Lehramt als weitere Bezeugungsinstanz des Evangeliums. Die CS setzt für beide Konfessionen voraus, dass ein solches Lehramt legitimerweise als Korrektiv existiert. Als Konsens hält das Dokument weiterhin die geisttheologische Grundüberzeugung fest, dass die Kirche im Ganzen nicht aus der Wahrheit fallen kann, so sehr sie in konkreten Situationen zugleich sündige und irrende Kirche sein könne. Diese Interpretation lässt sich mit der katholischen Fassung von primatialer Unfehlbarkeit verbinden: Inerranz wird nur für ganz bestimmte Entscheidungen reserviert.

Problematischer ist, dass das authentische Lehramt an die Bischöfe in der Gemeinschaft mit dem Papst gebunden ist, wobei er auch unabhängig vom Bischofskollegium letztinstanzlich lehren kann. Für die evangelisch-lutherische Tradition spielen die verschiedenen Lehrinstanzen eine besondere Rolle. Außerdem wird die Rezeptionsnotwendigkeit von Lehrentscheidungen höher veranschlagt. Die Selbstauslegungskraft der Schrift steht einem stärker juristisch formalisierten Ansatz gegenüber, wobei es bereits einen erheblichen Unterschied ausmacht, dass die Unfehlbarkeit mit dem Vaticanum I formal als Glaubenssubjekt und material als Glaubensobjekt gefasst wird.

„Als gangbarer Weg im Umgang mit den Unterschieden erscheint die Entschärfung der Gegensätze, so daß sie nicht mehr kirchentrennend sind. Dabei wäre von der Selbstauslegungskraft des Wortes Gottes auszugehen, die in modifizierter Form auch Inhalt des katholischen

Glaubens ist. *Katholischerseits* müßte in Theorie und Praxis gezeigt werden, daß auch das authentische und unter bestimmten Umständen irrtumslose Lehramt ein Instrument Gottes ist, das unter der Leitung des Heiligen Geistes der Durchsetzung seiner Wahrheit in der Kirche dient und somit nicht gegen die Selbstauslegungskraft der Heiligen Schrift steht. Wenn es *lutherischerseits* möglich ist, diese katholische Auffassung als der Selbstauslegungskraft *(Autopistie)* des Wortes Gottes nicht entgegengesetzt zu verstehen, eröffnen sich weitere Verständigungsmöglichkeiten."[318]

Diese Überlegungen werden mit der fünften Bezeugungsinstanz, der wissenschaftlichen Theologie, noch einmal an eine entscheidende Perspektive rückgebunden: dass jedes Wissen christlich gebrochen und eschatologisch vorläufig bleibt. Diese Einsicht in die unaufhebbare Differenz, die sich zwischen kirchliches Lehren und die letztlich weder lebenspraktisch noch theoretisch je adäquat fassbare Wahrheit des Evangeliums schiebt, wird in einer Hermeneutik tragender Differenzen festgeschrieben. Dazu zählen die menschliche Fehlbarkeit sowie die situative Kontingenz von Entscheidungen und Perspektiven, die wiederum eine unaufhebbare Pluralität der Ansichten einschließt.

Auf dieser Basis arbeiten die Bezeugungsinstanzen zusammen. Dass dies nie konfliktfrei geschieht, macht auf einen weiteren Differenzraum aufmerksam, der aber nicht mehr systematisch bedacht wird: auf die wissenskonstitutive Bedeutung von kirchlicher Macht.[319]

Die Kirche lebt vom Wort und vom Sakrament gleichermaßen. Als *communio* ist sie durch beide Momente begründet. Die Gemeinschaft der Heiligen verweist auf die Präsenz des Heiligen in der Kirche selbst. Sie wird in den verschiedenen Heilszeichen wirksam. Die Sakramente vermitteln in dieser Hinsicht den, der sie spendet: Jesus Christus. Seine Selbstmitteilung adressiert sich an die Menschen, und das bedeutet für die Kirche: Sie steht unter dem entsprechenden Dienstanspruch. Das heißt wiederum ekklesiologisch: Sie verfügt nicht über sie.

Auf der Grundlage dieser Einsicht sind dann die historischen Entfaltungen der Sakramente zu betrachten. CS kann einerseits die katholische Entwicklung hin zu sieben Sakramenten anerkennen (Nr. 80), verweist aber andererseits darauf, dass die Siebenzahl eine symbolische Konfiguration darstellt und es auch katholisch jene Unterscheidung der *sacramenta minora et maiora* gibt, die mit der evangelischen Sakramentsordnung korreliert. Darüber hinaus lassen sich dann umgekehrt die verschiedenen Zeichen-

---

318 CS Nr. 68
319 Vgl. als Hinweis in diese Richtung CS Nr. 73.

handlungen in der evangelischen Kirche in einer sakramentalen Dimension deuten. Auf der Linie der Lehrverurteilungsstudie zeichnet sich somit eine erhebliche Gemeinsamkeit ab, die in den bleibenden Differenzen keinen kirchentrennenden Charakter mehr haben muss. In diesem Sinne spricht CS von einem „differenzierten Sakramentsbegriff":[320]

> „1. Taufe und Abendmahl sind in ihrer grundlegenden Bedeutung für die Heilszueignung und die Gliedschaft am Leibe Christi hervorgehoben. 2. Die weiteren gottesdienstlichen Handlungen, die in der römisch-katholischen Kirche als Sakramente gelten, und die entsprechenden liturgischen Handlungen in der lutherischen Kirche sind auf Taufe und Abendmahl hingeordnet."[321]

Die katholische Rede von der Kirche als einem Sakrament kann im Zuge eines derart differenzoffenen Konzepts gleichfalls ökumenisch neu verstanden werden. CS macht darauf aufmerksam, dass die Kirche sich in ihren sakramentalen Vollzügen diakonal verstehen muss und insofern selbst Züge von Sakramentalität annimmt.[322] Dem entspricht die Feststellung des Zweiten Vaticanums, dass die Kirche in Christus „gleichsam das Sakrament, d.h. Zeichen und Werkzeug für die innige Vereinigung mit Gott wie für die Einheit der ganzen Menschheit" sei.[323] Es handelt sich also um keinen identifizierenden Satz, sondern um einen metaphorischen. Solange diese Spannung zum Ausdruck kommt und klar bleibt, dass die heilige Kirche zugleich sündige Kirche ist, kann sich ein gemeinsames Verständnis ergeben.[324]

9.2.5 Der Horizont der Rechtfertigungstheologie

Der fünfte Schritt greift das Thema der Heiligung auf. Die Gemeinschaft der Heiligen lebt aus der Rechtfertigungsgnade Gottes (Kapitel V: „Gemeinschaft der aus der Gnade Geheiligten", Nr. 90-122). Hier werden faktisch die Ergebnisse der GE übernommen.[325] Das Fazit wird dabei noch einmal ausdrücklich im Blick auf die ehemaligen Lehrverwerfungen festgehalten:

> „Diese gegenseitigen Verurteilungen haben nach dem Urteil unserer beiden Kirchen heute ihre kirchentrennende Wirkung verloren."[326]

320 CS Nr. 85.
321 CS Nr. 84.
322 Vgl. CS Nr. 89, Punkt 4.
323 LG 1; zitiert in CS Nr. 87.
324 Vgl. CS Nr. 88, 89.
325 Vgl. CS Nr. 110.
326 CS Nr. 92.

9.2.6 Das Problem der Kirchenverfassung – die Ämterfrage

Mit dem nächsten Kapitel („VI. Gemeinschaft der zum Dienst Berufenen", Nr. 123-200) wird dann das eigentliche ökumenische Minenfeld betreten. Es geht um die amtstheologische Ordnung der Kirche und also um die ekklesiologische Konzeption insgesamt. Der Gedanke einer *communio sanctorum* bietet dafür das tragende Bild und auch den Haftpunkt für ein gemeinsames Grundverständnis. Die konkreten Ableitungen lassen sich darüber jedoch nicht allgemein verbindlich ermitteln. Das Modell ist in dieser Hinsicht interpretativ offen, aber zugleich vage.

Dennoch lassen sich Eckpunkte vom ntl. Material her angeben. Zunächst impliziert das Communio-Motiv eine grundlegende Gemeinsamkeit. Der Gemeinschaftscharakter der Kirche ist jeder hierarchischen oder funktionalen Auffächerung vorgeordnet. Durch die Taufe ist jeder Christ geistbegabt und zur Nachfolge, also auch zum Dienst in und an der Gemeinschaft berufen. In diesem Sinne, gestützt durch 1 Petr 2,5.9, muss von einem allgemeinen Priestertum aller Gläubigen gesprochen werden. Getauft auf Jesus Christus, steht jede/r in der Verantwortung, das dreifache Amt Christi – Priester, König, Prophet – auszuüben, sprich: in den unterschiedlichen Zeugnisdimensionen das Evangelium zu leben.

Dieser Zusammenhang wurde im Laufe der Kirchen- und Theologiegeschichte je nach situativen Erfordernissen und dem herrschenden Zeitgeist aufgelöst, verschoben, anders akzentuiert. So konnte die Rede vom allgemeinen Priestertum zum konfessionellen Unterscheidungsmerkmal werden. Erst das Vaticanum II hat auf katholischer Seite wieder unverkennbar diese Grundgemeinsamkeit ins Gedächtnis gerufen.

> „Heute können wir diese ‚wahre Gleichheit in der allen Gläubigen gemeinsamen Würde' gemeinsam aussagen." (Nr. 129)[327]

Eine zweite tragende Einsicht teilen sich beide Konfessionen: dass es in diesem Rahmen den Raum für besondere Dienstämter gibt. Die Einrichtung eines Amtes ist als Ausdifferenzierung des allgemeinen Priestertums legitim, solange es diakonal angelegt und nicht als Machtposition entfaltet wird und solange darüber hinaus klar bleibt, dass dieses Amt das gemeinsame Priestertum nicht einseitig überlagert. Erneut bezieht sich CS auf die Überlegungen der LV und übernimmt sie in Gestalt einer positiven Stellungnahme der VELKD als Ausgangspunkt der weiteren Verständigungsbemühungen:

> „Während die Verkündigung des Evangeliums untereinander Sache aller Christen ist, setzt die Verkündigung in der Öffentlichkeit der Kirche

---

327 Das Zitat im Zitat: LG 32.

– d. h. die öffentliche mündliche Verkündigung und die Verwaltung der ihrem Wesen nach öffentlichen Sakramente Taufe und Abendmahl – voraus, daß ein Christ zu diesem Dienst im Auftrag Christi von der Kirche berufen, gesegnet und gesandt wird, was in der Ordination geschieht."[328]

Auf diese Weise stellt sich CS in eine starke Traditionslinie. Zugleich gibt der Text damit zu verstehen, dass er auf dieser Linie weiterarbeiten will. Im Sinne eines differenzierten Konsenses hält das Dokument fest, dass das Amt gerade nicht zur Verfügung steht, dass Verkündigung und Sakramentenverwaltung nicht beliebig sind. Daher die kirchliche Beauftragung, die in ihrem Dienstcharakter verdeutlicht, dass auch die kirchliche Sendung an den Herrn der Kirche und an sein „Amt" rückgebunden ist.

Das bestätigt der nächste gedankliche Schritt. Die besonderen Ämter und Dienstaufgaben entwickeln sich historisch und theologisch aus dem Apostelamt, das wiederum ganz auf die Person Jesu Christi verpflichtet ist: Jesus hat beauftragt, und in diesem Auftrag geht es um die Vermittlung seines Evangeliums *in seinem Geist*. Die institutionellen Formen dieses Apostolats haben sich im Laufe der Kirchengeschichte verändert. Aber

„(d)as Apostelamt wird zum Urbild des Amtes für die Kirche. Daher kommt in der frühen Kirche, aber elementar auch schon im Neuen Testament, der Gedanke der apostolischen Nachfolge *(successio apostolica)* zum Tragen". (Nr. 142)

In diesem Rahmen zeigt sich jedoch zugleich von Anfang an

„das Bild einer gewissen, für die weitere Entwicklung offenen Vielfalt. In den unterschiedlichen Situationen und unter den unterschiedlichen Bedingungen verwirklichen sich die eine Sendung und der eine Dienst." (Nr. 140)

Identität und Differenz, Kontinuität in wechselnden Konstellationen und sich verändernden kirchlichen Auslegungen dieses Amtscharakters lassen sich von dieser Rekonstruktion her offen legen. Die jeweiligen konfessionellen Traditionsmuster erscheinen zumindest prinzipiell anschlussfähig.

Im altkirchlichen Lebensprinzip der *Communio* steht eine solche Kontaktstelle zur Verfügung. Die Kirche operiert als Gemeinschaft vor Ort und organisiert sich als „Netz einzelner Ortskirchen" (Nr. 145). CS hält hier sehr klar fest, dass dem Bischof eine besondere Bedeutung als Garant der kirchlichen Einheit zufällt. Die apostolische Tradition kristallisiert sich in

---

328 Zitiert nach CS 132, Anm. 109: Stellungnahme der VELKD zu LV: Amt, 1.c, in: LViG, S. 142.

seiner Person und Funktion. Die Communio wird in vielfältigen Beziehungsmustern wirksam und baut ein kommunikatives Spannungsfeld auf, das zunächst keine einseitigen Hierarchisierungen kennt (Nr. 145). Mit kritischem Blick auf die weitere Entwicklung hält CS fest:

> „Auch wenn in späteren Jahrhunderten, insbesondere im Westen, organisatorische und zentralisierende Tendenzen die communiale Vielfalt eingegrenzt haben, bleibt die *communio* der bischöflich geleiteten Kirchen die grundlegende Seins- und Rechtsgestalt der Kirche." (Nr. 145)

Für die Gegenwart hebt CS eine neue Vitalisierung dieser communialen Verfassung hervor. Entsprechend haben sich die Beziehungen zwischen den Kirchen auf einer solchen Ebene der Zusammenarbeit und der gegenseitigen Wertschätzung entwickelt: sichere Zeichen einer wiederaufgenommenen communialen Verbindung. Sie schließt freilich Differenzen ein. Das betrifft vor allem den zentralen Bestimmungsort von Kirche. Lutherisch ist die Kirche primär die Gottesdienstgemeinde vor Ort. Katholisch wird dieses Verständnis mitgetragen, aber vor allem als „Einheit der Ortsgemeinden unter einem Bischof" (Nr. 150) begriffen. Sie ist im Sinne des 2. Vatikanischen Konzils zusammengefasst im Bischofskollegium mit dem Papst an seiner Spitze. Auch hier spielt die *communio* eine entscheidende Rolle. Evangelisch wie katholisch ist sie Ausdruck des gemeinsamen Glaubens. Die Perspektive auf die Kirche unterscheidet sich freilich, und mit dem abweichenden Ansatzpunkt ergeben sich entsprechend auseinanderscherende Konsequenzen für die praktische Fassung von Kirche. Das bedeutet,

> „daß das lutherisch/katholische Gespräch über die Kirche in der gemeinsamen Vorstellung der Kirche als *communio* eine Basis hat, aber die klassische Kontroversfrage nach der episkopalen und primatialen Struktur der Kirche aufnehmen muß." (Nr. 151)

Von daher gilt dem Petrusdienst der folgende Abschnitt.[329] Welche Aufmerksamkeit ihm geschenkt wird, belegt bereits der Umfang dieses Unterkapi-

---

329 W. Klausnitzer, Eine römisch-katholische Stellungnahme zu den Aussagen über den „Petrusdienst" in „Communio Sanctorum", in: ÖR 51 (2002) 225-234, weist darauf hin, dass das Amt des Papstes nur „eine mögliche Form des biblischen Petrusdienstes" darstellt (230). Angesichts der katholischen Verbindung mit dem Bischof von Rom plädiert Klausnitzer entschieden für ein communiales Modell des Papsttums (ebd.). Zur weiteren Diskussion vgl. Johann-Adam-Möhler-Institut (Hrsg.), Das Papstamt – Anspruch und Widerspruch. Zum Stand des ökumenischen Dialogs über das Papstamt, Münster 1996; W. Klausnitzer, Der Primat des Bischofs von Rom. Entwicklung – Dogma – Ökumenische Zukunft, Freiburg u.a. 2004.

tels (4., Nr. 153-200). Es handelt sich um ein Hauptstück des Textes. Das Petrusamt wird über seine geschichtliche Bedeutung und seinen Einheitsdienst eingeführt und auch gewürdigt. Zugleich wird die konstitutionell unverzichtbare Fassung für die katholische Ekklesiologie der konfessionellen Kritik ausgesetzt. Unaufgeregt, aber entschieden und unmissverständlich wird der Konfliktherd aufgezeigt. Der Stil lässt jedoch Gesprächsraum; der Ton dringt nicht auf polemische Abgrenzung. Dazu passt, dass in knappem Aufriss der ökumenische Dialog zum päpstlichen Primat skizziert wird. Er wird getragen von der Einsicht, dass ein Einheitsdienst an der ganzen Kirche notwendig sei. Damit wird jedes Gespräch zumindest auf eine Minimalbasis gestellt. Sie wird erweitert um ntl. Reflexionen. Deren Fazit:

> „Die neutestamentlichen Aussagen über Petrus zeigen: Die frühe Kirche hat mit der Gestalt des Petrus Funktionen eines Lehr- und Hirtendienstes verbunden, die sich auf die Gesamtheit der Gemeinden beziehen und in besonderem Maße ihrer Einheit dienen. Darin liegt die gegenwärtige Herausforderung, im ökumenischen Miteinander ganz neu über einen gesamtkirchlichen ‚Petrusdienst' nachzudenken." (Nr. 163)

Eine historische Relecture schließt sich daran an. Der Petrusdienst wird in seinen verschiedenen Entwicklungsphasen aus dem entscheidenden Problemzusammenhang heraus begriffen, dass die Kirche auf „Fixpunkte der Einheit" (Nr. 167) angewiesen ist. Das Papsttum dient als solcher Identitätsgarant. Er sichert und stabilisiert das *depositum fidei*, muss aber auch in seinen Krisenmomenten als eine kirchliche Infragestellung gesehen werden. Das wird deutlich mit dem Abendländischen Schisma. Hier zeigt sich, dass Papst und Bischöfe, ja die ganze Kirche nur in ihrem communialen Zusammenhang lebensfähig sind.

Neben diesen Krisenfällen sind aus dem Duktus der Primatsentwicklung heraus folgende Aspekte in eine systematische Reflexion einzubeziehen:

* Im Zuge der kirchlichen Identitätsbildung kommt dem römischen Bischof seit dem 2. Jh. eine besondere Bedeutung zu.
* Allmählich überlagert das Personalprinzip den apostolischen Ortsbezug. Der römische Bischof übernimmt kirchenrechtliche Aufgaben; ihm kommt in seiner apostolischen Autorität eine reale Macht zu.
* Sie ist gedeckt durch das Ansehen in kritischen Glaubensfragen und zumal in offenen Konfliktfällen.
* Seit dem Mittelalter schwindet die Ausstrahlungskraft eines communialen Kirchenverständnisses. Mit der Zentralmetapher des „Leibes Christi" wird einem hierarchischen Kirchenbild zugearbeitet.
* „Gleichwohl kommt es zu keinem Zeitpunkt zu einem geschlossenen Papalsystem in der Kirche." (Nr. 171)

* In der Krise des großen Schismas mit mehreren Päpsten schafft sich die Kirche einen communalen Ausweg in Form des Konziliarismus.

* Es bleiben auch nach der Restabilisierung des Papsttums „Gegengewichte" zu einem päpstlichen Absolutismus. (Nr. 173)

* Mit dem Vaticanum II wird der päpstliche Primat in seinem vollen Umfang bestätigt, zugleich aber an ein communiales Kirchenbild vermittelt. Hier bleibt eine Spannung bestehen. Der *gerechte Austausch* beider Perspektiven bildet seitdem einen ekklesiologischen Überhang.

Erst vor diesem Hintergrund wird die reformatorische Kritik am Papsttum eingeführt. Die formale Anlage des Textes muss damit erneut als materiale Aussage begriffen werden. Dem katholischen Partner wird die Möglichkeit gegeben, das gewachsene Verständnis im historischen Durchgang aus heutiger Sicht zu rekonstruieren – und eine entsprechende Lesart durchzieht diese Passagen. Der wechselseitige Blick auf Verständnisschwierigkeiten bestimmt den Versuch, alte Einseitigkeiten und polemische Anlässe neu zu justieren.[330]

Die reformatorische Kritik problematisiert drei Aspekte:

1. Der Papst stehe über der Heiligen Schrift.
2. Die altkirchliche Ordnung einer apostolischen Communio werde hierarchisch einseitig auf den Bischof von Rom verengt.
3. Der Papst reklamiere auch einen weltlichen Machtanspruch für sich.

Zunächst einmal wird diese Kritik in einem besonderen Zusammenhang gesehen. Gerade mit der Auseinandersetzung um das Papsttum hat sich nämlich ein eigener kirchlicher Identitätsdiskurs entwickelt, der die entstehenden Bekenntnisse auf jeweils eine Seite festlegte und damit über eine lange Zeit zur dialogischen Unfähigkeit verurteilte. Umso schärfer stellt sich die Frage, wo sich gegenwärtig solche Barrieren verbergen.

Deshalb ist es besonders bemerkenswert, dass auch in diesem Zusammenhang Gegenperspektiven einbezogen werden: etwa dass Luther noch 1531 zu einer Einigung mit dem Papst bereit gewesen sei und dass Melanchthon aus Kompromissgründen sogar eine besondere Vorrangstellung des Papstes habe einräumen können.[331] Die jeweilige Position und auch ihre

---

330 Vgl. auf dieser Linie die bilanzierende Nr. 175, die der reformatorischen Kritik unmittelbar vorgeschaltet ist.

331 Nach W. Sparn liegt mit der Einschätzung Melanchthons „kein *zureichendes* Argument für einen gesamtkirchlichen Einheitsdienst" vor (W. Sparn, Viele Kirchen – ein Petrusdienst? Eine evangelische Stellungnahme zu „Communio Sanctorum", in: ÖR 51 (2002) 235-247; hier: 245) Für Sparn „erneuert CS im ,Petrusdienst' alle wesentlichen Anstöße der evangelischen Kirchen am Papstamt. Denn diese Kirchen sehen mit Joh 14,16f.,26 den ortsungebundenen und auch amtsunverfügbaren Heiligen Geist als Stellvertreter Christi auf Erden an." (245)

kirchliche Bekenntnisidentität wird damit nicht preisgegeben, jedoch für die Bedenken und Eigenheiten des Gesprächspartners geöffnet. Der gesamte Text ist auf diese Weise um Verständigung bemüht. So wird behutsam und klar zugleich gefragt,

> „ob es nicht auch andere legitime Formen des Dienstes an der universalen Einheit der Kirche geben könnte. Angesichts der Feststellung der Unfehlbarkeit des Papstes bei ‚ex-cathedra‘-Entscheidungen muß die evangelische Seite fragen, ob hier der nach ihrer Auffassung vom Evangelium her notwendige ‚Verbindlichkeitsvorbehalt‘ allen Lehrentscheidungen der Kirche gegenüber noch gewahrt wird, der in der Unverfügbarkeit und Letztverbindlichkeit des Evangeliums begründet ist." (Nr. 181)

In streng ekklesiologischer Hinsicht müsste darüber hinaus das Zueinander von Orts- und Universalkirche weniger zentralistisch gefasst werden. Um zuvor von einer wahren Kirchlichkeit wechselseitig sprechen zu können, wäre von Rom die Anerkennung des evangelischen Amtes zu fordern. Das verlangt die Bereitschaft, auch in der evangelischen Kirche die apostolische Tradition zu identifizieren. Damit wäre zugleich ein legitimer Pluralismus kirchlicher Formen zu übernehmen, der sich wiederum aus einer Aufwertung der partikularkirchlichen Ordnungen ergäbe. Als weiteres Motiv wird an die Bedeutung des allgemeinen Priestertums erinnert, das ein eigenes Amt nicht ausschließt, die Glaubensverantwortung aber gesamtkirchlich begreift. In einem solchen Rahmen wäre universalkirchlich sogar auch von lutherischer Seite

> „darüber nachzudenken, ob ein gesamtkirchlicher ‚Petrusdienst‘ angemessen, möglich oder gar notwendig ist. Seine Aufgabe wäre es, Sorge zu tragen für das Bleiben der universalen Kirche in der apostolischen Wahrheit sowie für die weltweite volle Gemeinschaft der Kirchen und ebenso, die Orts- und Regionalkirchen in Glaube und Dienst zu ermutigen". (Nr. 189)

Die evangelisch-lutherischen Kommissionsteilnehmer antworten damit auf die Einladung des Papstes aus *„Ut unum sint"*, den Petrusdienst noch einmal neu ökumenisch zu diskutieren.[332] In diesem Vorschlag wird das ka-

---

332 Vgl. den evangelischen Interpretationsvorschlag von R. Frieling, Gemeinschaft mit, nicht unter dem Papst. Ein evangelisches Votum zur Einheit der Kirche, in: ÖR 47 (1998) 202-215; vor allem 210-214. Frieling fordert den Verzicht auf eine „Anerkennung des Jurisdiktionsprimats und des Unfehlbarkeitsdogmas" (210). Auf dieser Basis lasse sich eine konziliare Gemeinschaft mit dem Papst vorstellen, die auch eine repräsentative Funktion des Papstes für die universale Christenheit einschließt – allerdings in Ausnahmefällen.

tholische Selbstverständnis zwar nicht voll rezipiert, jedoch kommt dem Papst danach eine pastorale und repräsentative Rolle zu, die ihn damit als integralen Bestandteil der Kirchenordnung interpretieren ließe.[333] Über die rechtliche Ausstattung werden freilich keine genaueren Angaben gemacht. In jedem Fall ist für die evangelische Seite allerdings unverzichtbar klar, dass es sich nicht um eine „zentralistische Rechtsgestalt" (Nr. 190) handeln könne. Das ergibt sich u.a. erkenntnistheologisch aus dem grundsätzlichen Vorrang der Heiligen Schrift. Freilich ist auch römisch-katholisch eindeutig, dass der Lehrprimat unmittelbar an die Schrift gebunden ist und nicht über sie hinausführen kann.[334] Die Nr. 198 hält fest, dass ein Papst, der nicht in der Treue zur apostolischen Überlieferung und der Heiligen Schrift lehrte, sein Amt verlöre.

Die bleibenden Fragen des Dokuments betreffen zum einen die römisch-katholische Selbsteinschätzung, dass der Petrusdienst korrekt aufgefasst und ausgestattet sei, zum anderen die Denkbarkeit einer besonders juristisch anderen Ausgestaltung dieses Amtes. Als Ansatzpunkte für die notwendigen weiteren Gespräche nennet CS vor allem die Rückbesinnung auf die communialen Traditionen in Geschichte und Gegenwart (Nr. 198-200). Jeder mögliche Zentralismus erfährt durch sie eine Kurskorrektur.

Die weitgehende Bereitschaft der Kommissionsmitglieder, an diesem vielleicht heikelsten Punkt aufeinander zuzugehen, ist als ökumenischer Fortschritt schon deshalb zu würdigen, weil Konzepte umrissen werden, mit denen der Petrusdienst einen gemeinsamen ekklesiologischen Ort finden könnte. Bei allem Widerspruch, der sich gerade hier entzündete, ist dieser Vorgang von exemplarischer Bedeutung.

---

333 I. Huber, Der lange Weg zu Communio Sanctorum, in: US 56 (2001) 45-49, hat darauf hingewiesen, dass im ursprünglichen Entwurf der Petrusdienst in seiner weltweiten Verantwortung als „sachgemäß" bezeichnet wurde. In der abschließenden Fassung wurde „das bestimmte ‚sachgemäß' in ‚gibt es keine grundsätzlichen Einwände' abgemildert." (47) Huber plädiert in der – nicht zuletzt durch die Seligsprechung Pius IX. – emotionalisierten Auseinandersetzung um das Papstamt für eine Konzentration auf die Sache, „(d)enn es geht in ‚Communio Sanctorum' um die Annäherung an einen Einheitsdienst und nicht um die mögliche Unterordnung von Lutheranern unter den Bischof von Rom." (47f.) Ähnlich äußert sich P. Gemeinhardt in seinem Kommentar zu „Dominus Iesus": Ökumene nach „Dominus Iesus"? Warum das Miteinander immer noch mit der Rechtfertigungslehre steht und fällt, in: US 56 (2001) 74-82; 80.

334 Vgl. LG 25.

9.2.7 Zur Eschatologie

Im siebten Schritt wird die Gemeinschaft der Heiligen als endzeitliche Communio entfaltet. Auf der Grundlage des gemeinsamen apostolischen Bekenntnisses und der Schrift sieht CS wesentliche Gemeinsamkeiten, vor allem im Auferstehungsglauben. In diesem Zusammenhang lässt sich auch über die strittige Vorstellung einer unsterblichen Seele eine verbindende Perspektive entwickeln (Nr. 210). Im Sinne der evangelischen Bedenken, damit könne an eine natürliche und also gleichsam zwingend notwendige Rettung des Menschen gedacht werden, betont die katholische Sicht, dass im Tod und über den Tod hinaus Leben ist:

> „Gemeinsam können wir heute sagen, daß der Übergang vom Tod zum Leben Gottes Schöpfertat ist." (Nr. 210)

Mit der Frage nach dem „Gebet für die Verstorbenen" greift CS eine klassische kontroverstheologische Figur auf. Man teilt die Einsicht, dass der Glaube an ein Leben nach dem Tod auch die Gemeinschaft der Glaubenden betreffen muss. In diesem Sinne wird das Gebet für sie zum Ausdruck einer Haltung, die die Toten nicht verloren gibt und sie als bleibenden Teil der eigenen Glaubensgemeinschaft und Lebenswirklichkeit sieht. Fraglich erscheinen aber die konkreten Formen, in die sich dieser Glaube z. T. umgesetzt hat. Der Ablassstreit gehört in diesen Zusammenhang. Hier werden „Mißverständnisse und auch Mißbräuche" (Nr. 224) eingeräumt – ohne dass sich hier noch einmal theologische Interpretationsversuche anschlössen. Eingehender wird stattdessen das Problem des Fegefeuers behandelt (Nr. 226-228). Die evangelische Nachdrücklichkeit, mit der an den Tod als wirkliches Lebensende erinnert wird, kann auch die katholische Theologie übernehmen. Trotzdem hat, wie bereits angesprochen, das Gebet für die Verstorbenen seinen Ort, „weil es vor Gott nicht an unsere Zeitvorstellungen gebunden ist." (Nr. 227) Der Sinn des Bittgebets schlechthin ist davon betroffen. Insofern seine Bedeutung ökumenisch nicht zur Disposition steht, behält es auch in diesem besonderen Fall sein Recht. Ein gemeinsames Bekenntnis kann deshalb auch hier formuliert werden:

> „Die Gemeinschaft in Christus, in die der Mensch berufen wird, bleibt auch in Tod und Gericht erhalten und wird dadurch vollendet, daß er durch den Schmerz über sein Versagen im irdischen Leben hindurch der Liebe Gottes die vollendete Antwort seiner Liebe geben kann. Daß dies geschehe, darum darf die Gemeinschaft der Glaubenden auf Erden auf Grund des allgenugsamen Opfers Christi Gott allezeit bitten. Dieses ihr Gebet ist wie die Verehrung der Heiligen liturgischer Ausdruck ihrer eschatologischen Hoffnung." (Nr. 228)

Die angesprochene Verehrung der Heiligen markiert den nächsten Fragehalt. Für die reformatorische Theologie des 16. Jh.s stand mit dem überbordenden Heiligenkult die singuläre Mittlerstellung Jesu Christi auf dem Spiel. Aber auch die CA ließ ein besonderes Heiligengedenken zu, wobei der gnadentheologische Gedanke dominierte. In den Heiligen kann man exemplarisch die Gnade Gottes erfahren, die jeden Menschen trifft, der ganz auf Gott setzt.[335] Für gegenwärtige Theologie ist gemeinsam klar, dass die Biographien von Heiligen als Nachfolgemodelle mit Musterwert anzusehen sind. Man kann sie deshalb besonders schätzen, emphatischer gesprochen: *verehren*. Aber entscheidend ist: „Gott allein kommt Anbetung *(latria, adoratio)* zu." (Nr. 238) Wenn man nun davon ausgeht, dass die Gemeinschaft der Heiligen und also der Kirche mit dem Tod nicht einfach abbricht, kann man in einem sehr präzisen Sinn – etwa mit Origines – davon sprechen,

> „daß die Heiligen im Himmel für uns eintreten in Erfüllung ihrer Nächstenliebe." (Nr. 240)
>
> „Die katholische Tradition zieht daraus die Schlußfolgerung, daß es möglich sei, die Heiligen um dieses Gebet zu bitten. Dabei gilt der Vorbehalt jeglichen Betens im Geist Christi: Der Wille Gottes soll in allem geschehen." (Nr. 241)

CS hält damit die einzigartige Stellung Christi fest und bindet die Heiligenverehrung christologisch wie ekklesiologisch zurück. Dies erlaubt unterschiedliche spirituelle Zugangsmöglichkeiten. Die bleibenden, auch traditions- und mentalitätsbedingten Interpretationsdifferenzen können jedoch nicht mehr für eine Begründung der Kirchentrennung theologisch herangezogen werden.[336]

Das Kapitel wird durch eine knappe mariologische Reflexion abgeschlossen. CS hält zunächst die besondere Bedeutung Marias in der Tradition fest. Sie wird durch den altkirchlichen Doppeltitel der Gottesgebärerin und der Jungfrau ausgedrückt, beide mit christologischer Sinnspitze. Erst die weiteren Konsequenzen dieser konfessionell verbindenden Aussagen werfen Probleme auf. Die mariologischen Dogmen der *Unbefleckten Empfängnis* und der *Aufnahme Mariens in den Himmel* werden wegen mangelnden Schriftbezugs evangelisch abgelehnt. Es fehle der hinreichende biblische Beleg. Für die katholische Theologie hat das erste Dogma den Sinn, die einzigartige Bedeutung Jesu Christi hervorzuheben. Mit ihm wird die menschliche Schuldgeschichte durchbrochen. Das wird bereits auf Maria bezogen. Indem sie durch die Gnade Gottes aus dem Schuldzusammenhang

---

335 Vgl. CS Nr. 232; CA XXI.
336 Zu den bleibenden Unterschieden in der Praxis vgl. CS Nr. 245-252. Genannt werden u.a. Wallfahrten, Heiligenkalender, Patronat, Reliquienverehrung.

herausgenommen wird, geschieht dies im Sinne des Dogmas *im Hinblick auf die Verdienste Jesu Christi.*

„Auch *evangelische* Christen können glauben, daß Gott Maria schon am Anfang ihrer irdischen Existenz... zum Werkzeug seiner Gnade bestimmt hat. Sie müssen dem Dogma von der Unbefleckten Empfängnis dann widersprechen, wenn Maria damit aus der schuldverhafteten Menschheit herausgelöst und auf eine Stufe mit dem sündenlosen Christus gestellt werden würde." (Nr. 261)

Eine derartig befürchtete Interpretation entspricht freilich nicht mit der römisch-katholischen Tradition. Ähnliches gilt für die leibliche Aufnahme Mariens in den Himmel. Von Maria glaubt die Kirche, dass Gott an ihr so gehandelt hat, wie wir es für jeden Christen erhoffen: gerettet zu werden als ganzer Mensch. Auch wenn Maria aufgrund unterschiedlich geprägter Frömmigkeitsformen eher „als Gestalt *zwischen* den Kirchen" (Nr. 263) anzusehen ist, muss die Mariologie mit den bezeichneten Deutungen keine unüberwindliche Barriere darstellen.

Die Bereitschaft, im Bewusstsein unabschaffbarer Interpretationen die produktive Kraft bleibender Differenzen anzuerkennen, sie aber genau darin als jeweils eigene Zugänge zu begreifen, sieht die bilaterale Arbeitsgruppe ausdrücklich als ökumenische Chance.[337]

9.3 „Cummunio Sanctorum" in der Diskussion

Am Ende des Textes fordert CS, dass sich die erzielten Resultate „in Lehre und Praxis unserer Kirchen bewähren" (Nr. 274) müssten. Dafür steht eine theologische Auseinandersetzung an. Sie ist in einem breiten kirchlichen Spektrum geschehen. Mehrere Theologische Fakultäten, die Kammer für Theologie der EKD, die DBK, eine Reihe von Bischöfen und Theologinnen haben sich zu Wort gemeldet. Im Folgenden werden einige Leitlinien der Rezeption nachgezogen. Sie spiegeln beispielhaft den ökumenischen Stand der Dinge wider: in seiner ganzen Widersprüchlichkeit. Diese Diskussion wird etwas eingehender nachgezeichnet, weil mit CS das zurzeit wohl weitestgehende ökumenische Positionspapier zwischen den evangelisch-lutherischen und römisch-katholischen Gesprächspartnern vorliegt.

---

337 Vgl. CS Nr. 272.

9.3.1 Die Stellungnahme der Erlanger Evangelisch-Theologischen Fakultät

Mit Datum vom 23.10.2001 legt die Erlanger Fakultät ihre Einschätzung von CS vor. Auf zwei Seiten wird ein differenziertes theologisches Urteil entwickelt, das dann mit ausführlichen Erläuterungen noch einmal eingehender begründet wird. Methodisch fällt auf, dass in zwei eigenen Nummern die Zustimmung zum Ansatz und zu wesentlichen inhaltlichen Aspekten signalisiert wird. Dies betrifft vor allem die Communio-Theologie mit ihren ekklesiologischen Implikationen, aber auch

> „die neuartige Konkretisierung des ‚allein durch die Schrift' im Zusammenhang der vielgestaltigen Bezeugungen des Wortes Gottes durch die Kirche (auch durch die Theologie) und die Betonung der eigenständigen Urteilsfähigkeit aller Gläubigen hierbei." (Nr. 2)

Dass Differenzen bleiben, markiert die Fakultät in der dritten Nummer, wobei sie es bereits als eine Leistung von CS anerkennt, dass solche Unterschiede nicht verschwiegen würden. Damit wird dem Text auch hermeneutisch jenes Niveau attestiert, das er inhaltlich durch seine Originalität bestätigt.

Im Einzelnen werden fünf Problemkreise angesprochen:
1. Das ntl. Bild des Petrus wird funktional überbeansprucht. Eine ungebrochene Kontinuität von Jüngerkreis und nachösterlicher Kirche im Sinne einer jesuanischen Stiftung erscheint problematisch.
2. Man sieht die Gefahr, dass zwar dem Titel nach die Schrift alle anderen Bezeugungsinstanzen binde, dass aber die konkrete Zuordnung von Lehramt und Schrift im Auslegungsprozess zu offen bleibe. Hier attestiert das Gutachten ein ökumenisches Kardinalproblem:

> „Dass in der kirchlichen Bindung, d.h. durch das bischöfliche *Lehramt*, definitiv bestimmt wird, ob Theologie schriftgemäß ist, kann ein evangelischer Theologe nicht akzeptieren."[338]

3. Die bischöfliche Verfassung der Kirche mit ihren amtstheologischen Implikationen und einer damit korrespondierenden sakramentalen Ekklesiologie bleibt problematisch. Zumal die Herleitung der hierarchischen Ämter *iure divino* wird als kirchentrennend betrachtet (Nr. 3).
4. Einen *starken Einwand* formuliert die Fakultät gegen die Bindung eines universalen Einheitsdienstes an den Bischof von Rom. Dass es ein solches Amt geben *müsse,* wird mit Verweis auf die Auffassung der Kirche als Ortskirche abgelehnt. Zugleich wird aber ein solcher Dienst nicht einfach ausgeschlossen.

---

338 S. 7 des Gutachtens: Nr. 4. (4) der Erläuterungen zu Punkt 3.

5. Er wäre aber konsequent in eine communiale Kirchenverfassung zu integrieren. Hier sehen die Autoren Fragen an das katholische Selbstverständnis.[339]

Vor diesem Hintergrund fordert das Gutachten zu einer weiteren Klärung ökumenischer Communio-Ekklesiologie auf. In ihrem Fazit betrachtet die Fakultät daher CS als „aus evangelischer Sicht und angesichts der gegebenen kirchenrechtlichen Situation *noch nicht zustimmungsfähig.*"[340] Sie möchte die eigenen Anmerkungen allerdings ausdrücklich als Klärungshilfen verstanden wissen, die im Zuge präzisierender, aber auch korrigierender Eingriffe das theologische Konzept kirchlich zu rezipieren erlauben. In diesem Zusammenhang wertet die Stellungnahme CS als eine „mutige ökumenische Fortschreibung des Kirchenverständnisses des Vaticanum II...; sie bedarf allerdings noch der Zustimmung durch das bischöfliche und päpstliche Lehramt, um ökumenisch wirksam werden zu können."[341] Im Zusammenhang mit den eigenen zustimmenden Aussagen wird man – bei aller Detailkritik – von einem „vernichtenden Ergebnis"[342] kaum sprechen können. Im Gegenteil: Auch aus dem Erlanger Gutachten wird ersichtlich, dass CS einen ökumenischen Fortschritt auf dem heiklen Feld der Ekklesiologie bereits erbracht hat und eine Grammatik weiterer Verständigungsversuche liefert.

9.3.2 Die Stellungnahme der Tübinger Evangelisch-Theologischen Fakultät

Die vorliegende Erklärung wurde vom Professorenkollegium der Fakultät am 6.2.2002 einstimmig angenommen.[343] Das Gutachten fällt ausgesprochen scharf aus und lehnt die Interpretations- bzw. Vermittlungsvorschläge von CS unmissverständlich ab.

Die Kritik konzentriert sich auf drei Kernbereiche: „Rechtfertigung und Kirche" (Gliederungspunkt A), „Hermeneutik, Kirchenverständnis und ökumenische Zielvorstellung" (B) sowie auf die „Einzelthemen Petrusdienst, Gebet für die Verstorbenen, Heiligen- und Marienverehrung" (C).[344]

---

339 Vgl. S. 10 des Gutachtens: Nr. 8. (2) der Erläuterungen zu Punkt 3.
340 S. 2.
341 Ebd.
342 So das Urteil von H. Schmoll, Wie Luther es wollte. Die Fakultätsgutachten aus Erlangen und Tübingen zum ökumenischen Papier „Communio Sanctorum", in: FAZ 13.4.02 (Nr. 86) 12.
343 Veröffentlicht in epd Nr. 11 (11.3.2002). Im Internet unter: www.uni-tuebingen.de/ev-theologie/) Im Folgenden im Text zitiert nach den Nummern.
344 Selbstverständlich können im Folgenden nur einzelne Aspekte mit Modellwert

Die Rechtfertigungslehre fungiert dabei als kritischer Transmitter für die einzelnen Probleme und orientiert insofern die gesamten Ausführungen. Die Stellungnahme ist sehr umfangreich und äußerst detailliert gearbeitet. Die Generallinie des Textes wird dabei immer wieder nachdrücklich markiert: In einzelnen Aspekten verdiene die Darstellung von CS durchaus Respekt und man könne ihr teilweise sogar zustimmen. Die ökumenischen Voten und Optionen erscheinen den Verfassern und mit ihnen den Unterzeichnern aus evangelischer Sicht allerdings grundsätzlich als inakzeptabel.

Das wird sowohl in methodischer als auch in inhaltlicher Hinsicht verdeutlicht. Der Hauptvorwurf: CS setze nahezu durchgängig beim katholischen Selbstverständnis an, d.h.

> „die römisch-katholische Position soll den evangelischen Partnern so nahegebracht werden, dass sie sie akzeptieren, an diesem und jenem Punkt auch übernehmen können. Das umgekehrte Ziel wird nicht verfochten". (Nr. 129)

Diese methodische Voraussetzung von CS impliziert tatsächlich ein diskursives Ungleichgewicht und kann auf eine Vorentscheidung in der Präsentation der strittigen Fragen hinauslaufen. Allerdings muss zugleich die Thematisierungsform beachtet werden. Es bleibt Raum für die wechselseitige Kritik und Ergänzungen aus dem jeweiligen konfessionellen Selbstverständnis heraus. D.h. die diskursive Strategie mit der Methode des differenzierten Konsenses und der faktische Einspruch, der immer wieder historisch wie theologisch an die Position des Partners gerichtet wird, schränkt die Reichweite dieses Vorbehalts ein. Außerdem muss von einem bestimmten Standpunkt aus das Gespräch einsetzen. In aller Konsequenz verlangt der Tübinger Vorwurf, dass die Studie gleichsam ein zweites Mal zu entwickeln wäre – diesmal von evangelischer Leitperspektive aus.

Auf weite Strecken wird darüber hinaus so vorgegangen, dass gemeinsame Grundlagen erarbeitet und auf dieser Basis die gegenseitigen Fragemotive entwickelt werden. Wenn das Papstamt ein ökumenisches Hauptproblem darstellt, kann es kaum verwundern, dass die katholische Position kritisch fokussiert wird. Im Textduktus wird weiterhin ein Wechsel der perspektivischen Anfänge vollzogen. Methodisch wird damit gleichsam beiden Seiten das erste Wort gegeben. Außerdem fragt sich, ob in der Sache wirklich die evangelischen Grundpositionen ausfallen.

analysiert werden. Viele wichtige Anregungen müssen zwangsläufig ausgeblendet werden. Allein die Auseinandersetzung mit der Stellungnahme müsste den Umfang eines großen Kapitels annehmen und würde den Rahmen dieser Studie sprengen.

Für die Tübinger Autoren droht sich nun dieses Verfahren ekklesiologisch dort besonders bedenklich niederzuschlagen, wo das Lehr- und Leitungsamt der katholischen Kirche für die evangelische Seite erschlossen werden soll. Formal wie material scheint sich hier eine Ein- und Unterordnung der evangelischen Position abzuzeichnen. Es gibt dafür theologische Gründe. Vor allem die Rechtfertigungslehre werde zwar dem Wortlaut nach durchaus zutreffend aufgenommen, setze sich aber nicht als Struktur gebendes Prinzip ekklesiologisch durch (Nr. 3). Reformatorisch sei „das Verständnis der Kirche dem der Rechtfertigung nachgeordnet" (Nr. 6). CS schließe sich demgegenüber an das katholische Verständnis von Rechtfertigung an, das der Kirche die Schlüsselrolle (und –gewalt) zuweise.[345] Das wiederum habe ernste Konsequenzen. Die wesentlichen reformatorischen Anliegen des *sola fide, sola gratia, sola scriptura* liefen ohne die notwendigen Anschlussbestimmungen ins Leere.

> „Zusammenfassend gesagt: Der Ausfall aller entscheidenden reformatorischen Einsichten führt zu Fehlbestimmungen des Ursprungs der Kirche. Daraus ergeben sich aber auch die Fehlbestimmungen der Sendung der Kirche, ihrer Lebensgestalt und ihres Wesens." (Nr. 48)

Das schlägt exemplarisch bei der Bestimmung des Ursprungs der Kirche durch. Im Sinne der Tübinger Evangelisch-Theologischen Fakultät setzt CS die Kirche als eine Größe vor dem Glauben voraus (Nr. 42). Mehr noch:

> „Es zeigt sich nämlich, dass für CS die Kirche nicht nur dem Glauben, sondern auch schon der Offenbarung vorausgeht. In CS 44 heißt es nämlich ausdrücklich: ‚Die Kirche ist… Adressat der Offenbarung und gleichzeitig Trägerin ihrer universalen Vermittlung'. D.h., als Adressat des Offenbarungsgeschehens ist sie schon vor ihm da." (Nr. 43)

In der Kritik geht es um die Verhältnisbestimmung des Ursprungs von Kirche und Glaube. Die Nr. 37 von CS spricht im gegebenen Kontext von der Kirche als dem Raum, in dem der Mensch faktisch Gott begegnen kann. Das meint nicht, dass die Kirche diesen Glauben an Gott vorbei bewirkt. Es beschränkt auch nicht die unverfügbare Gnade Gottes, die im Geist wirkt, wo und wie sie will. Vor allem ist dieser Zusammenhang nicht auf die geistgewirkte Entstehung der Kirche bezogen. Der Kommentar stellt hier einen anderen Zusammenhang her. Das bestätigt auch die zitierte Nr. 44 von CS, die den – für die katholische Theologie selbstverständlich *absurden* – Schluss stützen soll, die Kirche sei der Offenbarung vorgeordnet. Im Üb-

---

345 Mit dieser Interpretation wird ein wichtiger Punkt im Streit um die GE wieder aufgegriffen und das erzielte Verständnis, auf das sich CS ausdrücklich bezieht (vgl. CS 110), faktisch in Frage gestellt.

rigen schließt diese Aussage auch einige kritische Fortsetzungen ein – etwa wenn es um die Zuordnung von Schrift, Tradition und Kirche als Interpretationsgemeinschaft des Wortes Gottes geht. Zunächst aber ist CS 44 aus dem Zusammenhang zu bestimmen. Das entsprechende Kapitel (1.2) thematisiert mit seiner Überschrift die „Bezeugung der Offenbarung in der Kirche". Der Titel bindet als Kohärenzprinzip des Textes die folgenden Aussagen. In aller Deutlichkeit wird die Verpflichtung der Kirche auf die Offenbarung betont. Sie steht in ihrem Zeugnis unter der Pflicht, das Evangelium wahrheitsgetreu zu verkünden. Dabei muss sie dieses Zeugnis zugleich einem eschatologischen Vorbehalt unterstellen. Das verlangt zweierlei:

1. Die Kirche muss sich permanent dessen bewusst sein, dass „ihr Erkennen und Bezeugen der Wahrheit Stückwerk bleibt" (Nr. 44).
2. Sie muss „immer wieder neu in die Wahrheit hineingeführt werden". (Nr. 44)

Diese Doppelbestimmung hat erhebliche Konsequenzen für die Beurteilung aller ekklesiologischen Aussagen von CS. Man steht hier vor einer erkenntnistheologischen Grundvoraussetzung, die in allen Einzelüberlegungen als kritisches Begleitmuster mitzulesen ist. Mit anderen Worten: Sie muss analog so behandelt werden, wie es die Durchschlagskraft der reformatorischen *sola*-Bestimmungen verlangt. Ein Beispiel, das für viele andere gilt. Wenn die vorliegende Stellungnahme CS und letztlich der katholischen Kirche vorwirft, mit den Ausführungen zu den Heiligen und besonders zu Maria beanspruche das Lehramt, „das Jüngste Gericht vorwegzunehmen" (160), dann wird hier nicht nur polemisch das Selbstverständnis des Gesprächspartners entstellt, sondern auch die erkenntnistheologische Pointe verkannt. Jede theologische Aussage, auch die mit höchstem Anspruch dogmatisch approbierte, sieht sich in ihrer kirchlichen Glaubensgewissheit, die auf die Zusagetreue Gottes setzt (wie dies im Übrigen auch die evangelische Kirche tut), zugleich immer dem Gericht Gottes unterstellt. Jede dogmatische Proposition hat einen Hoffnungsindex. In diesem kritischen Rahmen bleibt der Glaube das, was er ist: zukunftgerichteter Glaube und kein Wissen, also auch keine idente Feststellung des Geglaubten als das vorweg ereignete Gericht, sodass die Kirche – klassisch gesprochen – die Funktion Jesu Christi in der Parusie übernähme.

Die skizzierte Polemik weist nun systematisch auf die Interpretation der Kirche und damit auf ein entsprechendes polemisches Interpretationsstück zurück. CS 44 macht im Zusammenhang deutlich, dass die Kirche vom Wort Gottes lebt (Nr. 43) und sich solange, aber eben auch nur solange in der Wahrheit gehalten weiß, wie sie sich „immer wieder zu ihr zurückrufen lässt" (CS 44). Die Kirche ist dabei mit CS 9 eine Lebensgemeinschaft, die von Gott selbst berufen und also geschaffen wurde:

„In der Sendung Jesu als des Messias Israels bestätigt Gott seine Treue zu seinem Volk und konstituiert es zugleich neu aus Juden und Heiden im Horizont der eschatologischen Heilsverheißung für alle Völker."

In Jesus Christus offenbart sich Gott selbst (CS 40). Darin ist der christliche Glaube und also die Kirche als Glaubensgemeinschaft begründet (CS 41). Aber wie wird dieser Glaube durch die Zeiten und Räume überliefert? CS sieht einen unmittelbaren Zusammenhang zwischen der Gemeinschaft, die Jesus als der Offenbarer Gottes mit seinen Jüngern lebt, und der nicht ausschließlich, aber doch wesentlich an diesen Nachfolgekreis gebundenen Glaubensgemeinschaft, die nach Tod und Auferweckung Jesu die Offenbarung Gottes in Jesus Christus weiter tradiert. Dieser Glaube ist gebunden an das Wirken des Heiligen Geistes. Die Kirche versteht sich als dieser Lebensraum des Geistes – und nur in diesem theologischen Bezugsrahmen wird verständlich, was CS 44 meint und die entsprechende Tübinger Kritik beanstandet: dass die Kirche im Geist den Glauben vermittelt. An sie adressiert sich die Offenbarung insofern, als sie aus dem ursprünglichen Offenbarungsgeschehen und seiner geistgetragenen Aufnahme und Übersetzung – als *Schrift* ein kirchlicher Prozess und kirchlich kanonisiert – hervorgeht.

Dieser Vorgang ist wiederum nicht einfach historisch zu rekonstruieren, und die Anfragen an die Kontinuitätsformen von Jüngerkreis und sich allmählich entwickelnder Kirche in bestimmten Identitätsformen sind durchaus berechtigt. Es geht aber vielmehr um den Tradierungsprozess selbst. Kirche ist dieser Raum der Überlieferung und Bewahrung des Evangeliums – und zugleich steht ihr dieses Evangelium als der entscheidende Maßstab nicht nur gegenüber, sondern ist ihr vorgeordnet. Dieses Spannungsgefüge, das ekklesiologisch an die chalkedonensische Christologie erinnert[346], wird mit CS 44 beansprucht, wenn die Kirche als Adressat und Trägerin der Offenbarung gekennzeichnet wird. Wobei auch hier die Nachsätze entscheidendes Gewicht behalten:

1. Die Kirche vermittelt den Glauben. Sie ist der Ort, an dem der Einzelne zum Glauben findet, weil er auf Vermittlung basiert. Niemand gelangt nur durch sich selbst zum Glauben:

   „Damit wir zu diesem Glauben kommen, hat Gott das Predigtamt eingesetzt, das Evangelium und die Sakramente gegeben. Durch diese Mittel gibt Gott den Heiligen Geist, der bei denen, die das Evangelium hören, den Glauben schafft, wo und wann er will." (CA V)

2. Die Kirche hat „ihre Vollmacht aber nicht von sich selbst, sondern vom Wort Gottes, das sie verkündigt."

---

346 Vgl. M. Kehl, Die Kirche, 133f.

Auf dieser Grundlage verändern sich die Gewichte. Wobei nach wie vor das zentrale hermeneutische Problem einer Verhältnisbestimmung von Schrift und Tradition ansteht.

Damit ist ein weiteres kritisches Hauptmotiv benannt. Das Tübinger Gutachten bemängelt zunächst ganz grundsätzlich den Umgang von CS mit der Schrift (Nr. 15-25).[347] Eine Reihe von Bezügen und Zitaten werden als unklar, zusammenhanglos oder gar als falsch nachgewiesen – wobei sich Schnitzer wie der Verweis auf Hebr 5,31 (CS 28) eingeschlichen haben, eine Stelle, die es nicht gibt.

> „Der tiefste, grundsätzliche Mangel des Textes CS in seinem Umgang mit der Schrift besteht darin, dass die Schrift nicht dazu dient, theologische Aussagen von ihr her zu entwickeln, sondern dass sie sekundär zur Begründung von bereits gepflogenen und vertretenen Aussagen herangezogen wird." (Nr. 25)

Diese Gefahr besteht. Biblische Hinweise im Rahmen einer theologischen Argumentation verknüpfen sich mit der Schrift, integrieren sie damit allerdings in einen gegebenen Kontext. Allerdings erweist sich dieser Umgang mit der Schrift solange als legitim und z.T. auch als unumgänglich, wie die entsprechende Schriftaussage nicht beliebig aus ihrem Zusammenhang gelöst wird. Gezielt stellt CS von daher immer wieder die Aussagen der verschiedenen biblischen Traditionen den eigenen Ausführungen voran. Zugleich verbindet CS sie fortlaufend miteinander. Der gelegentlich undeutliche Bezug wäre durch einen eigenen Kommentar noch zu präzisieren, freilich würde dies das Textformat sprengen. Letztlich stünde man vor exegetischen Einzeldiskussionen. Angesichts der wissenschaftlichen Diskussion erscheint damit aber nahezu jeder systematisch-theologische Bezug auf die Schrift als anfechtbar. Für die Beurteilung von CS ist demgegenüber entscheidend, dass die Schrift als Offenbarungsquelle das zentrale systematische Integral bildet.

Damit wird gleichzeitig eine Aussage über die Verhältnisbestimmung von Schrift und Tradition getroffen, die ekklesiologische Folgen bis hin zur Diskussion um das Amt und den Petrusdienst im Besonderen hat. Die Schrift ist selbst ein Traditions- und damit Auslegungsprozess. Sie liegt einerseits der Kirche als Interpretationsgemeinschaft normativ zugrunde, andererseits

---

347 Demgegenüber erklärt K.-W. Niebuhr nach gründlicher Prüfung des Schriftbefunds, dass die verschiedenen Aussagen von CS zur Kirche als Communio im Wesentlichen – mit kritischen Nachfragen und gelegentlichem Differenzierungsbedarf – korrekt erscheinen (K.-W. Niebuhr, Biblisch-theologische Grundlagen des Communio-Begriffs im Zusammenhang der Ekklesiologie mit besonderem Bezug auf „Communio Sanctorum", in: Kerygma und Dogma 50 (2004) 90-125; besonders 111-114.)

aber steht sie niemals deutungssicher bereit. Daher drängt sich die Frage nach einer lehrmäßigen Entscheidungsinstanz in Auslegungskonflikten auf. Die Bedeutung der Schriftauslegung des Einzelnen, an die sein Gewissen bindet, wird damit nicht preisgegeben, sondern kriteriell rückgebunden. Im Sinne der Tübinger Rekonstruktion von CS

> „ist die Normativität der Schrift für die römisch-katholische Seite aber eine solche, die nie als kritische Instanz gegen alle anderen zur Geltung gebracht werden könnte. Vielmehr ist es das bestimmten Amtsträgern der Kirche anvertraute unfehlbare Lehramt, das darüber entscheidet, wie die Schrift als Norm zu gelten hat." (Nr. 74)

CS bezeichnet indes die Heilige Schrift als „die letzte Norm des Glaubens" (CS 48) und stellt sich damit klar gegen das unterstellte Programm. Sie macht aber auch auf die Notwendigkeit aufmerksam, dass die Schrift gedeutet werden muss. Die Kirche als eine solche Traditions- und Interpretationsgemeinschaft „muß wiederum an der Heiligen Schrift selber gemessen werden." (CS 50) Aus diesem hermeneutischen Zirkel gibt es erkenntnistheologisch keinen Ausweg. Noch im Bewusstsein von „Fehlentwicklungen" (CS 55) erklärt CS daher in gemeinsamer Verantwortung der Gesprächspartner,

> „daß die Tradition eine Norm ist, die von der normativen Heiligen Schrift bestätigt werden muß". (CS 54)

Im Lichte dieser ekklesiologischen Erkenntnistheorie sind die gesamten Aussagen über das Lehramt und den Petrusdienst zu lesen. Der dynamische Rückbezug auf die Schrift kritisiert jede lehramtliche Aussage. Die Definition päpstlicher und gesamtkirchlicher Unfehlbarkeit in einem eng beschriebenen Geltungsbereich sieht CS dabei in der Intention,

> „den Papst an Glauben und Verkündigung der Gesamtkirche zu binden, ihn aber für den Konfliktfall als Letztinstanz für das Bleiben der Kirche in der Wahrheit herauszustellen." (CS 173)

Diese Aufgabe kann nur

> „in der absoluten Treue zum apostolischen Glauben *(Heilige Schrift)* ausgeübt werden, dergestalt, daß ein Papst, der diese Treue nicht wahrte, eo ipso seines Amtes verlustig ginge." (CS 198)

Hier wird ein kritisches Prinzip eingeführt, das die gebundene Offenheit im kirchlichen Auslegungsprozess der Schrift kennzeichnet. Es gibt einen Garantiebedarf, ein Sicherheitsbedürfnis im Zweifelsfall konfligierender Schriftinterpretation – aber es existiert kein absolut tragfähiges System dafür. Auch die Feststellung eines lehramtlichen Verstoßes gegen die Schrift ist interpretativ gesteuert und entscheidungsgebunden. Dass CS eine solche Kritikinstanz auch gegen den Papst ins Spiel bringt, läuft auf jene Selbstdurchsetzungskraft der Schrift im Heiligen Geist hinaus, die von evangelischer Seite so stark betont wird. Auf diese Weise wird die Dynamik der kirchlichen Interpretationsverhältnisse in einer bleibenden Offenheit und nicht zuletzt in eschatologischer Vorläufigkeit festgeschrieben. Von einer einseitigen Betonung oder gar einer faktischen Überordnung des Lehramts über die Heilige Schrift, wie sie die Stellungnahme der Tübinger Fakultät moniert, kann keine Rede sein.

Damit steht aber die Veranlagung dieser Kritik zur Diskussion. Die vorliegende Stellungnahme weist – über berechtigte Einzelanfragen hinaus – auf ein identitätslogisches Interesse zurück, auf einen Abgrenzungsbedarf der Konfessionen. Indes argumentiert CS gerade an den neuralgischen Punkten so, dass mit einem vorgeordneten Interesse an einer ökumenischen Verständigung andere Lektüren möglich erschienen. Damit wird aber auch deutlich, dass an der entsprechenden Bereitschaft möglicherweise vorab zu arbeiten wäre. Die z.T. polemischen Verzerrungen, die sich in der Tübinger Stellungnahme finden, taugen zum exemplarischen Frageanlass.

9.3.3 Die Kammer für Theologie der EKD

Das abschließende Urteil dieser Stellungnahme lehnt eine kirchliche Rezeption der Konsensergebnisse von CS unmissverständlich ab (Nr. 11). Dieses Statement aus dem Jahr 2002 kann angesichts des zuvor publizierten Votums der Kammer zur „Kirchengemeinschaft nach evangelischem Verständnis" nicht überraschen.[348]

Neben positiven Wertungen einzelner Aspekte von CS arbeitet dieser Text schärfer die bleibenden Gegensätze heraus, die sich hinter den verschiedenen Konsensformulierungen halten. Dabei ist bemerkenswert, dass die Verfasser eine katholische Vereinnahmung fürchten. Die evangelische Seite habe sich „zu weitgehend – auf die Bedingungen eingelassen…, die von der römisch-katholischen Seite für die volle ‚Gemeinschaft der Heiligen' als notwendig erachtet werden." (Nr. 3.1.) Die katholische Perspektive überlagere allenthalben die evangelische. Unumwunden wird ein identitätslogisches Interesse eingeführt, das dementsprechend auf die Beurteilung der Einzelergebnisse zurückschlagen muss. Im Vordergrund steht damit nicht die Suche nach einer differenzfähigen, aber zugleich konsensoffenen Lösung. Demgegenüber hält Wolfgang Thönissen in einem Kommentar fest, dass die theologischen Optionen von CS „Angebote an die jeweils andere

---

348 Vgl. Kapitel 9 dieses Buches.

Seite, zugleich aber auch Zumutungen für die eigene Seite" darstellten.[349] Damit wird eine ökumenische Grundbereitschaft herausgefordert, die eigene Position infrage stellen zu lassen. Hermeneutisch wählt die Kammer für Theologie der EKD einen anderen Ausgangspunkt, der deshalb selbstverständlich nicht als illegitim abzulehnen ist, jedoch für ein theologisches Grundkonzept steht und spezifische Konsequenzen zieht. Ähnliches lässt sich in der theologischen Auseinandersetzung um dieses und andere Konsenspapiere immer wieder feststellen. Eine Auskunft über die zugrunde liegende fundamentaltheologische Hermeneutik erscheint vor diesem Hintergrund umso dringlicher.

Inhaltlich adressiert sich die Kritik breit gefächert an verschiedene Teilaspekte. Grundsätzlich steht die Ekklesiologie zur Diskussion. Die Nr. 12 von CS spricht – unter Bezug auf die (deutero)paulinische Theologie – „von der Kirche als Zeichen und Trägerin des göttlichen Heils für die Welt." Die Stellungnahme sieht in der Rede von der „Trägerin" eine „priesterliche Mittlerinstanz" (Nr. 4.) katholisch signifikant bestätigt. Zuvor hält CS freilich fest, dass die Orts- und die Universalkirche „in ihren Gliedern und in ihrer Gesamtheit zum Zeugnis für die Heilsmacht Gottes in der Welt" (Nr. 12) werde. Die gezeichnete Engführung auf ein amtstheologisches Verständnis bietet sich hier nicht an. Auch die sich anschließende Kritik an CS Nr. 37 funktioniert auf ähnliche Weise. Hier wird die Kirche als Raum begriffen, „in dem Gott durch Wort und Sakramente den Menschen begegnet und sie zum Glauben führt". Die Kammer fürchtet, dass damit die Kirche als unabhängige Größe gleichsam ontologisch vorgestellt werde. Dieser Eindruck kann freilich nur entstehen, wenn – wie geschehen – der zweite Satzteil fehlt. Gott führt die Menschen zum Glauben. Der „Ereignischarakter der Kirche" (Nr. 4.) wird ausdrücklich festgehalten und CA 7 zustimmend zitiert. Zugleich wird deutlich, dass die Kirche durch Wort und Sakrament konstituiert ist – sie *lebt* von ihnen und ist nur in diesem Sinne selbst *sakramental* zu begreifen. Die Kirche existiert nicht unabhängig von ihren Lebensvollzügen, sondern in ihnen. Daher hält CS Nr. 2 eingangs fest, „daß der Heilige Geist das Lebensprinzip der einen heiligen Kirche ist." Analog müsste auch hier der Vorwurf greifen, dass die Kirche unabhängig vom Geist, gleichsam vor ihm existiere – was unsinnig erscheint.

Der kritische Vorgang macht an dieser Stelle sehr präzise kenntlich, wie man durch die Zuspitzung einzelner Aussagen eine andere Lektüre erzwingen kann. Mit der Bereitschaft zum Austrag theologischer Unterschiede, die nicht den Ausschluss der jeweiligen Markierung, des deutenden Interesses, der spirituellen Absicht beinhalten muss, würde ein anderer Lesevorgang möglich.

---

349 W. Thönissen, Kommentar zu: Communio Sanctorum. Die Kirche als Gemeinschaft der Heiligen, in: http//:www.moehlerinstitut.de/fs03arg.htm.

Scharfe Kritik übt die Kammer an der Interpretation des Lehramts:

„(N)ach römischer Lehre ist der Geist so an jenes authentische und u. U. irrtumslose Lehramt gebunden, dass dadurch die sichere und richtige Weitergabe der Wahrheit gewährleistet ist. Kann, ja darf von evangelischer Seite eine derartige Entschärfung gewollt sein, durch die ein Lebensnerv ihres Glaubens empfindlich verletzt wird? Nein!" (Nr. 5.)

Zunächst fällt hier die Sprache auf. Bereits zuvor wurde eine „Unterwerfung unter das römische Verständnis des Lehramts" (Nr. 5.) beanstandet. Die Macht-Metaphorik mit ihren verschiedenen Konnotationen spricht für sich. Das klare Nein wirkt als unwiderrufliche Bestätigung einer Ablehnung, die im Ausrufezeichen suggestiv wird. Der Text lädt sich damit polemisch auf – und in der Frontstellung gehen die notwendigen topographischen Feinheiten verloren. So wird die katholische Infallibilitätslehre entscheidend verkürzt. Es fehlen Hinweise auf die besonderen Bedingungen. Man vermisst den Blick für die tragende Bindung an die Heilige Schrift und vor allem die geisttheologische Einschränkung, dass der Papst keine zusätzliche Inspiration empfängt. Der Geist bleibt *unverfügbar*, wie es die Kammer evangelisch für unverzichtbar hält. Mit einem anderen theologischen Messplan wäre ein anderer ökumenischer Zugang vorstellbar.

Die weiteren Anfragen beziehen sich u. a. auf die Bedeutung der Tradition und ihre Beziehung zur Heiligen Schrift in ihrer Selbstauslegungskraft und bleibenden Überordnung; auf die Theologie als Bezeugungsinstanz; auf die apostolische Konstitution der Kirche und in diesem Zuge auf die Ausführungen zum Petrusdienst, der – z. T. beißend ironisch (Nr. 9.) – für die evangelische Kirche ausgeschlossen wird. Agonale Züge prägen den Text auch hier. So wird mit Verweis auf CS Nr. 131 angeführt, dass es neben der Rechtfertigungsgnade eine besondere Amtsgnade gebe, die faktisch gegen das allgemeine Priestertum gerichtet sei. Der Sinn dieser Passage in CS zielt freilich in eine andere Richtung, als es der Kommentar nahe legt. Es geht nämlich eben nicht um einen wesentlichen Rangunterschied qua Amt, denn

„(d)ie Rechtfertigungsgnade ist für alle Christen gleich. Wenn von einer Amtsgnade gesprochen wird, dann handelt es sich hierbei um die Berufung und Begnadung für den Dienst an Wort und Sakrament."

Eine solche besondere Gnade ist im Rahmen der Charismenlehre zu begreifen. Sie beschneidet das allgemeine Priestertum nicht, sondern lässt von der spezifischen Berufung der einzelnen Christin sprechen und wird funktional eingegliedert als „eines der *Mittel*, durch die Christus seine Kirche unablässig aufbaut und leitet."[350] Die Deutung des Kommentars ist auch hier sprechend.

350 CS Nr. 131 zitiert hier den Katholischen Weltkatechismus Nr. 1547.

9.3.4 Die Stellungnahme der DBK

In eine ganz andere Richtung weist das Urteil der DBK, das in einem zwanzigseitigen Gutachten vom 11.3.2003 vorliegt.[351] Die methodische Anlage und die ökumenische Ausrichtung von CS werden ausdrücklich gutgeheißen und weitestgehend übernommen (4). Die DBK liest CS als eine Bestätigung und Weiterentwicklung der Communio-Ekklesiologie des 2. Vatikanischen Konzils. Die Wahl dieses theologischen Rahmens würdigt die DBK bereits als „einen großen Fortschritt in der Ökumene". (1) Damit stellt sich die eigene Rezeption unter einen verständigungsorientierten, weil communial verpflichteten Anspruch. Von daher begrüßt die Stellungnahme mehrfach, dass die jeweiligen theologischen Interessen ausgewogen zur Sprache kommen. Nur auf dieser Basis kann CS leisten, was der Studie vorschwebte: unter veränderten thematischen Voraussetzungen und mit anderen Leitmotiven kontroverstheologische Grundfragen neu zu entwickeln. Hier sieht die DBK erhebliche Verdienste.[352]

Im Einzelnen kann die DBK an vielen, ja den meisten Punkten CS so zustimmen, dass die katholische Position getroffen sei und sich zugleich ein gemeinsames Verständnis mit der evangelischen Gesprächsseite abzeichne. Besonderes Augenmerk richtet der Kommentar auf die ekklesiologischen Artikel. Zumal der Konnex von Schrift und Tradition, den CS als wechselseitige Beziehung ausführt, findet hohe Zustimmung:

> „Es ist… sachgerecht, dass die Heilige Schrift, wie sie in ‚Communio Sanctorum' zur Sprache kommt, nicht vom Lebenszusammenhang der Kirche isoliert, sondern mitten in ihn hineingestellt wird, wo sie ihre normierende und orientierende Kraft entfaltet. Von einer ‚Selbstdurchsetzung' der Heiligen Schrift können wir in dem von der Arbeitsgruppe genannten Sinne sprechen, dass der Heilige Geist, dessen Inspiration sich die Schrift verdankt, derselbe ist, der deren Anerkennung und rechten Gebrauch in der Kirche wirkt." (4)

Mit dem Nachsatz wird die Methode des differenzierten Konsenses auch für die eigene Stellungnahme eingesetzt, denn die evangelische Interpretationslinie wird mit der katholischen so vermittelt, dass im Unterschied keine Trennung warten muss. Beide theologischen Muster lassen sich vielmehr – pneumatologisch – ergänzen.

---

351 „Feld ökumenischer Gemeinsamkeiten erweitert". Stellungnahme der Deutschen Bischofskonferenz zur Studie „Communio Sanctorum", in: KNA Dok. Nr. 4 (8.4.2003); im Folgenden mit Seitenzahlen im Text zitiert.
352 Vgl. S. 2.

Diese geisttheologische Interpretation wird im Folgenden verlängert. Mit der sensiblen Zuordnung von Schrift und Tradition steht nämlich auch deren amtstheologische Ausführung zur Debatte. Als apostolische Überlieferung muss sie geisttheologisch begriffen werden, weil sie „unter der Verheißung der vom Geist erschlossenen Wahrheitserkenntnis und –bezeugung" (5) steht. Die Schrift richtet die Tradition aus, ist aber doch vom selben Geist getragen, der sich in der apostolischen Interpretationsgewähr der Kirche durch die Zeiten als ihr Lebensprinzip erweist. In diesem Zug muss dann auch die besondere Bedeutung des Lehramts gesehen werden. Auch hier sieht die DBK eine wesentliche Übereinstimmung mit den Lektüren, die CS vorschlägt. Allerdings ergibt sich auch Fragebedarf. Wie ist die apostolische Sukzession präzise zu fassen (8)? Welche Bedeutung hat ein Amt der Leitung in der evangelischen Kirche und mit welchen Mitteln kann es agieren? Das Verständnis der Kirche im Ganzen muss im Sinne dieser Stellungnahme bedacht werden. Hier sieht die DBK ökumenischen Spielraum, zeigt sich aber auch reserviert gegenüber den evangelischen Rezeptionsmöglichkeiten, etwa wenn es um das Reden von einer sakramentalen Kirche geht.

„‚Communio Sanctorum' sieht die Kirche mit dem Neuen Testament als ‚Zeichen und Trägerin' des Heiles (CS 12), als Subjekt der Bezeugung, die das Wort Gottes hört und es lehrt, wie es ihr vom Heiligen Geist eingegeben wird (CS 42-45). Das ist der für eine ökumenische Hermeneutik entscheidende Punkt... Es bleibt zu klären, ob sich die evangelische Theologie diese Sicht ganz zu eigen machen kann" (10).

Kritische Arbeit an der eigenen Tradition, wie sie sich von hier her nahe legt, leistet zumindest ansatzweise auch die DBK. Einerseits beharrt sie auf der apostolischen Sukzession des dreigliedrigen Amtes, andererseits kann sie in diesem Horizont zugleich mit CS anerkennen, „dass sich in der neutestamentlichen Zeit zunächst in unterschiedlichen Formen Leitungsstrukturen herausgebildet haben." (14) Erneut wird dies im Übrigen geisttheologisch angebunden. Allerdings fehlen Konsequenzen. Trotzdem wird damit nicht nur ein irenischer Ton angeschlagen, sondern ein Licht auf unterschiedliche, herausforderungsbezogene Entwicklungen in der Auffassung von apostolischer Tradition und entsprechendem Amt geworfen.

Die Anlage der Stellungnahme markiert klar, dass weitere Gespräche anstehen. CS wird als bedeutender Schritt auf dem Weg zu einer wirklichen Kirchengemeinschaft betrachtet, die unter dem Kennwort der altkirchlichen Koinonia als ökumenische Zielvorgabe firmiert (15). Bemerkenswert ist dabei, dass an keinem Punkt ausdrücklicher Dissens zu den Ausführungen von CS festgehalten wird. Damit darf man von katholischer Seite aus CS als einen gültigen Referenzrahmen aufgreifen, wenn es um weitere Detailfragen geht. Einige davon benennt die DBK selbst: Weiterführender Überlegungen bedarf es zu den Themenbereichen Apostolizität der Kirche, Lehramt, Weihe-amt, Petrusdienst und ekklesiologisch grundsätzlich auf dieser amtstheologi-schen Linie zum sakramentalen Kirchenverständnis. Dass weiterer Entwick-lungsraum gesehen wird und konkrete Anschlussschritte gewollt sind, macht die abschließende Bereitschaft zur weiteren Mitarbeit unmissverständlich deutlich (20). Für die DBK sind selbst mit den weitgehenden theologischen Interpretationsvorschlägen von CS die ökumenischen Möglichkeiten noch nicht erschöpft – und bereits dieses eher implizite Zeichen ist als ökumeni-scher Schritt auf dem Weg zu begreifen, weil damit die Notwendigkeit zur Neubestimmung auch der eigenen Tradition gesetzt wird. Dass in diesem Zusammenhang kein Widerspruch gegen die Aufwertung der wissenschaft-lichen Theologie als Bezeugungsinstanz formuliert wird, darf gerade in die-sem Zusammenhang als Innovationsbereitschaft gewertet werden.

9.3.5 Die Stellungnahme der Münchener Evangelisch-Theologischen Fakultät

Bei diesem Text handelt es sich um einen Kommentar, den eine dreiköpfige Kommission des Professoriums der Fakultät ausgearbeitet hat. Mit Gunther Wenz ist ein Mitglied zugleich im Verfasserkreis von CS aufgeführt – was einerseits zu beißender Ironie geführt hat[353], andererseits kritische Anfragen in dieser Stellungnahme nicht ausschloss. Darüber hinaus hat der Lehrkör-per der Fakultät das vorliegende Gutachten einstimmig übernommen.[354]

Inhaltlich sieht es mit CS an vielen Punkten Möglichkeiten einer ökume-nisch tragfähigen Verständigung. Aus evangelischer Sicht muss als Grund-lage jeder weiteren Einschätzung das Urteil angesehen werden, dass die evangelischen Kerngehalte angemessen aufgenommen seien:

> „Die Wendungen ‚solus Christus', ‚sola gratia' und ‚sola fide' und ihre Gehalte werden ebenso entschieden zur Geltung gebracht wie die ek-klesiologischen Implikationen der erreichten Gemeinsamkeiten in der Rechtfertigungslehre, die ihre Bedeutung nicht nur als Teilstück der christlichen Glaubenslehre, sondern darüber hinaus als kritischer Maß-stab für Verkündigung und Praxis der Kirche und für ihre Weltsendung überhaupt habe (vgl. 117ff.)."[355]

Auf dieser Basis schließen sich verschiedene kritische Anmerkungen, Er-gänzungen oder auch Fragen an:

353 Vgl. H. Schmoll, Wie Luther es wollte, 12.
354 Sitzung vom 25.10.01.
355 Nr. 6 der Stellungnahme. Im Folgenden im Text mit Nr. zitiert.

1. Es bedürfe einer genaueren Bestimmung, was unter einem „Wachsen im Konsens" (CS 269) zu verstehen sei. Nachdrücklich wird an die römisch-katholische Seite appelliert, eine eucharistische Gastfreundschaft mindestens für konfessionsverschiedene Familien zuzulassen. (Nr. 5,6)
2. Problematisch bleibt das sakramentale Verständnis von Kirche (Nr. 8). Präzisionsbedarf sieht das Votum besonders in der Frage, wie sich der Konnex denken lasse, dass Kirche die Sakramente verwaltet, also empfängt, zugleich aber selbst als ein Ursakrament zu begreifen sein soll. Hier droht eine sakramentale Überhöhung, die CS nicht will, die sie aber mit den gegebenen theologischen Begriffen auch nicht eindeutig ausräumt.
3. Ekklesiologisch fraglich bleibe auch die Zuordnung der Bezeugungsinstanzen. Evangelisch ist die Heilige Schrift allem übergeordnet – allerdings muss sie im Zueinander ihrer geistgewirkten Selbstauslegung und ihrer traditionsgebundenen Auslegung interpretiert werden. Wie die Schrift authentisch gedeutet werden kann, welche Entscheidungsprozesse und –institutionen wie auftreten, das bildet einen Frageüberhang. Nicht zuletzt die Bedeutung des kirchlichen – und katholisch mithin infalliblen – Lehramts müsse eingehender diskutiert werden (Nr. 10; 12).
4. Davon ist auch die Rolle eines möglichen universalen Petrusdienstes betroffen. Das Gutachten wendet sich gegen eine Identifizierung dieses Dienstes mit dem römischen Primat (Nr. 15) und beansprucht eine ntl. wie historisch nachweisbare Differenz zwischen der Sonderstellung des Petrus und dem späteren Papstamt. Von daher erscheint es den Verfassern als nicht zwingend, „(d)aß ein universalkirchlicher Einheitsdienst, über dessen mögliche Struktur und Gestalt nachzudenken auch lutherischer Ekklesiologie aufgetragen ist, mit der Gestalt des Apostels Petrus in Verbindung gebracht und daher Petrusdienst genannt werden kann" (Nr. 15). Zugleich wird eine Sonderstellung des Petrus anerkannt, die durchaus eine gesamtkirchliche Bedeutung und ein entsprechendes Amt „präfiguriert" (Nr. 15). Seine Fassung heute, vor allem mit der Wahrung der ortskirchlichen Eigenverantwortung und der kollegial-synodalen Verfassungselemente, müsse in diesem Spannungsraum weiter geklärt werden (Nr. 16)

Mit diesen Fragen sieht die Münchener Fakultät die Chance, sich mit den theologischen Optionen von CS im eigenen konfessionellen Diskursrahmen weiterzuentwickeln. Vor allem aber stellen die gebotenen Formeln von CS bereits eine Gemeinsamkeit dar, die pastorale Konsequenzen nicht nur ermöglicht, sondern verlangt:

„Wie viel Übereinstimmung brauchen wir zur versöhnten Verschiedenheit in kirchlicher Gemeinschaft unter Gewährung gegenseitiger eucharistischer Gastfreundschaft?" (Nr. 21)

Ganz offensichtlich sind die Elementarbedingungen im Sinne dieses Gutachtens mit CS erfüllt.

9.3.6 Der Kommentar des Münchener Zentrums für ökumenische Forschung

Diese Stellungnahme wurde im Rahmen eines Doktorandenseminars erarbeitet.[356] Sie beurteilt CS grundsätzlich sehr positiv und erkennt „einen wichtigen Beitrag zur wachsenden Übereinstimmung der Kirchen in Grundfragen."[357] Die Anfragen beziehen sich vor allem auf Präzisierungen, die an verschiedenen Stellen erforderlich erscheinen, ohne allerdings den theologischen Argumentationsduktus entscheidend zu verändern. Im Gegenteil: der Kommentar legt eher nahe, dass in der vorgeschlagenen Richtung weiterzudenken sei. Das betrifft vor allem folgende Problemkreise:

* Theologie des Amts: Der Dienstcharakter des Amtes solle stärker betont werden. Die neuere katholische Theologie liefere dafür Anhaltspunkte, insofern sie sich von einem sakramental eng geführten Amtsverständnis distanziere.

* In diesem Zusammenhang spreche CS das gemeinsame Priestertum aller Gläubigen zwar an. Allerdings wären konkrete Schlussfolgerungen zu ziehen. So müsse geklärt werden, welche Bedeutung ein allgemeines Priestertum im Zusammenspiel der kirchlichen Bezeugungsinstanzen habe.

* Einen konstruktiven Schritt weiter geht der Kommentar gerade amtstheologisch. Er favorisiert ein Modell, nach dem „die Fülle des Amtes dem Priester bereits in der Priesterweihe, wenngleich in rechtlich gebundener Form, übertragen wird".[358] Das betreffe auch die Kompetenz zur Weihe. Auf dieser Grundlage lasse sich die apostolische Sukzession auch evangelisch annehmen.

356 Neben Peter Neuner (römisch-katholisch) und Theodor Nikolaou (orthodox) äußert sich erneut Gunther Wenz (evangelisch-lutherisch) verantwortlich im theologischen Zusammenhang von CS: zunächst als Mitglied der Bilateralen Arbeitsgruppe (1988-1995), dann im Rahmen des Münchener Fakultätsgutachtens und nun in diesem Rahmen.

357 Text in: Münchener Zentrum für ökumenische Forschung, Kommentar zu „Communio Sanctorum, in: http//:www.oekumene.uni-muenchen.de. [Auch in: US 52 (2002) 61-83.]

358 Ebd., Kap. III.

* Aus orthodoxer Sicht wird daran erinnert, dass die successio apostolica durch die Ortskirchen verbürgt sei. Im Sinne dieses Ansatzes wird von orthodoxer Seite verschiedentlich an den besonderen Rang des synodalen Elements erinnert, das in CS – wohl auch aufgrund der anderen Gesprächssituation – nicht hinreichend in den Blick komme.

* Wenn die Heilige Schrift als entscheidendes ekklesiologisches und erkenntnistheologisches Moment immer wieder deutlich bestimmt wird, so muss auch hier zugleich nach ihrem konkreten Stellenwert in Konfliktsituationen gefragt werden. Wie ist etwa die Bindung des infalliblen – zumal päpstlichen – Lehramts in diesem Fall zu denken?

* Der universale Einheitsdienst sei orthodox wie evangelisch als möglich, aber keinesfalls als notwendig anzusehen. Außerdem sei er nicht selbstverständlich erstens an den Petrusdienst und zweitens an den römischen Stuhl zu binden. Wie in der Ausgestaltung des kirchlichen Amtes überhaupt so sei auch hier historischer Spielraum gegeben. In jedem Fall müssten die ortskirchlichen und synodalen Strukturen der Kirche als *communio* erhalten bleiben. Hier bleibe erneut Klärungsbedarf im Rahmen rechtlicher Verbindlichkeiten. Wie diese Perspektive katholisch zu rezipieren sei, wenn auch für CS der Petrusdienst „zu den wesentlichen und daher unaufgebbaren Strukturen der Kirche" gehöre (CS 193), bleibe offen.

9.3.7 Theologische Schlussbetrachtung

Im Gesamtzusammenhang macht dieser Kommentar deutlich, dass von CS wichtige Impulse ausgehen, die zu weiterer Klärung anhalten, hinter die man aber nicht mehr zurück kann, ohne ökumenische Spielräume zu vergeben. Bei aller Kritik begegnen immer wieder entsprechende Hinweise in den verschiedenen Stellungnahmen.

Ausdrücklich übernimmt der Kommentar des Münchener Ökumenischen Zentrums dabei einen Hinweis von CS, der sich an die Diskussion des universalen Einheitsdienstes anschließt und von entscheidender Bedeutung für die gesamte Beurteilung des Dokuments erscheint. An dieser Stelle ist davon die Rede, dass eine Neuinterpretation des Primats in gemeinsam getragener ökumenischer Verantwortung nur möglich erscheine „als Umkehr und Bekehrung, als Neuanfang der universalen Gemeinschaft auf der Grundlage der gemeinsam prägenden Überlieferungen." (CS 199)[359] Gefordert ist der Mut zum theologischen Experiment, zum ungewohnten Blick. Der wiederum wird nur möglich, wo – aus dogmenhermeneutischen Gründen zumal

---

359 Vgl. Kommentar S. 15 (Kapitel IV)

katholisch – über die genauen Haftbarkeitsbedingungen der eigenen Tradition gesprochen wird. Was bedeutet es, dass nach CS der Papst an die Schrift als *norma normans* gebunden bleibt? Was impliziert die Reflexion auf die exakten logischen Präsuppositionen und Kontextbedingungen infalliblen Sprechens? Im Rahmen einer differenztheoretisch zu unterfassenden dogmengeschichtlichen Hermeneutik stehen entscheidende Fragen an, die mit CS – wie gerade auch die Rezeptionsgeschichte der Studie zeigt – aufgeworfen werden, gerade weil interessante Vorschläge und immer wieder auch theologische Ansätze zur Selbstüberschreitung der eigenen Tradition begegnen.

Deutlich wurde allerdings auch, dass eine neue polemische Belastung der ökumenischen Gespräche droht. Sie hängt offensichtlich mit einer gleichermaßen verständlichen wie legitimen Schärfung des theologisch-kirchlichen Eigenprofils zusammen. Dabei wird die Wahrheitsfrage besonders hervorgehoben. Freilich müssen die jeweiligen Akteure konstatieren, dass es in der Deutung der Bibel und der Christentumsgeschichte unausweichlich zu auseinander scherenden Interpretationen kommt. Im Namen der Wahrheit auf die eine Wahrheits*form* zu setzen, wird mindestens ökumenisch zum Abschied von jeder Hoffnung auf eine – gleich wie geartete – handlungsfähige Kircheneinheit.

In postmodernen Zeiten mit Verschiebungen in der religiösen Landschaft und vor allem angesichts einer westeuropäisch sich vollziehenden Marginalisierung des Christentums erscheinen konfessionelle Identitätsdiskurse so attraktiv wie riskant.[360] Das Überleben von Religionen ist an ihre Transformationsfähigkeit gebunden. In dieser Hinsicht steht ökumenisch die Bereitschaft zu einem gemeinsam verantworteten Zeugnis an, das die Offenheit für benachbarte christliche Sprachen und Stile umsetzt. Identitätsbeharren droht demgegenüber weitere kommunikative Hemmnisse zu errichten. Mit der Bereitschaft, sich auf die theologischen Konfessionsunterschiede einzulassen (was noch kein Argument in der Sache ist), geht zunehmend das Verständnis für's Christliche überhaupt verloren (und dies erscheint sehr wohl als ein Argument für eine ökumenische Wiedergewinnung kirchlicher Sprachfähigkeit). Im gegebenen Zusammenhang der Auseinandersetzung um CS hält dies zur Aufmerksamkeit für die theologisch eingerichteten Sperren an.

360 Vgl. G. M. Hoff, Identität am Rande.

10. DAS VOTUM DER EKD „KIRCHENGEMEINSCHAFT NACH EVANGELISCHEM VERSTÄNDNIS" (2001)

10.1 Zum Kontext

Die Synode der Evangelischen Kirche in Deutschland diskutierte am 9. November 2000 die Ökumene als Schwerpunktthema. Ihre Grundaussage lautete:

> „Wir sind überzeugt: Es ist Zeit für mehr ökumenische Gemeinschaft."[361]

Die anstehende „Suche nach sichtbarer Gemeinschaft"[362] wurde in den Zusammenhang der verschiedenen ökumenischen Ereignisse und Texte gestellt, die sich zeitnah verbanden: vor allem die *Gemeinsame Erklärung über die Rechtfertigungslehre*, die Erklärung der Glaubenskongregation DI und die Note über die *„Schwesterkirchen"* derselben Kongregation. Einerseits wurde mit der GE eine verbindliche theologische Grundlage geschaffen, andererseits werden damit die bleibenden Unterschiede im Kirchenverständnis umso konturschärfer sichtbar. Mit spürbarer Enttäuschung hält die Synode fest:

> „In den vatikanischen Verlautbarungen vom September 2000 über die Vorrangstellung der römisch-katholischen Kirche und die Weigerung, evangelische Kirchen als ‚Schwesterkirchen' anzuerkennen, sehen wir einen deutlichen Rückschlag bei den Bemühungen um mehr ökumenische Gemeinschaft. Wir halten die dort dargelegten Ansprüche für ‚römisch', aber nicht für ‚katholisch' im biblischen Sinne und in der Tradition des gemeinsamen altkirchlichen Glaubensbekenntnisses."[363]

---

361 EKD-Texte 69, Kirchengemeinschaft nach evangelischem Verständnis. Ein Votum zum geordneten Miteinander bekenntnisverschiedener Kirchen. Anhang: Eins in Christus – Kirchen unterwegs zu mehr Gemeinschaft. Kundgebung der 9. Synode der EKD auf ihrer 5. Tagung, November 2000, Hannover 2001, 16.
362 Ebd.
363 Ebd.

Die gegebenen Texte zwingen die Synode in einen Identitätsdiskurs, der in deutlicher Abgrenzung Linien der Selbst- und der Fremdbestimmung zieht. Sie stellt die Frage nach der Möglichkeit jener ökumenischen Gemeinschaft, um die weiterhin gerungen werden soll. Im Rahmen der bekannten ökumenischen Absichts- und z. T. auch von Konsenserklärungen scheint ein Durchbruch kaum erzielbar. Von daher hat die Synode die „Kammer für Theologie" gebeten, auf der Basis des evangelischen Kirchenverständnisses eine Grundlagenreflexion in ökumenischer Absicht zu entwerfen. Das ausgearbeitete Votum wurde dann vom Rat der EKD am 7./8. September 2001 übernommen. Seine genaue Aufgabe formuliert der damalige EKD-Ratsvorsitzende Manfred Kock im Vorwort des Dokuments:

> „Die Frage ist, auf welchem Wege und mit welchen Mitteln mehr ökumenische Gemeinschaft zu erreichen ist. In der Vergangenheit hat die Bemühung im Vordergrund gestanden, sich nacheinander den kontroversen Einzelthemen zuzuwenden und dabei mit der Methode des ‚differenzierten Konsenses' die Übereinstimmung im Grundlegenden und Wesentlichen zu verbreitern. Dieses Vorgehen behält seine Bedeutung. Aber mit Recht ist in zunehmendem Maße die Frage gestellt worden, ob die Wurzel aller Differenzen und Gegensätze in Einzelfragen nicht eine unterschiedliche ökumenische Zielvorstellung ist. "[364]

Zwei Schritte setzt dieser knappe Umriss. Er führt über den Ansatz bei einem *differenzierten Konsens* hinaus, weil sich unter seinen Voraussetzungen zu wenig ökumenischer Spielraum für ein konkretes Zusammenwachsen der Kirchen eröffnete. Daher wird die ökumenische Zielbestimmung selbst zum Thema. Interessant erscheint, dass ein Modell aus dem innerreformatorischen Erfahrungsraum herangezogen wird:

> „Nach welcher Einheit der Kirche Jesu Christi streben wir? Was verstehen wir unter der ‚sichtbaren Einheit' der Kirche? Im Bereich der reformatorischen Kirchen ist für die Beantwortung dieser Fragen das theologische Konzept der Kirchengemeinschaft, wie es in der Leuenberger Kirchengemeinschaft praktiziert wird, von zentraler Bedeutung."[365]

Das eigene kirchliche Profil wird auf diesem Weg gestärkt. Ein evangelisches Identitätsmuster steht – das ist ohne Wertung festzustellen – einem katholischen entgegen, wie es mit den beiden Septembertexten 2000 eingeschärft wurde. Den gegebenen Differenzen ordnet Kock schon am Anfang eine Bestimmung zu, die den katholisch-evangelischen Spannungsraum seit DI *ausmisst:*

364 Ebd., 3.
365 Ebd.

„Evangelische Kirchen erkennen Gottes Wirken auch in anderen Kirchen."[366]

Diese Aussage legt durch die Betonung *„evangelische* Kirchen" einen inhaltlichen Gegensatz nahe – zumal mit Blick auf das ökumenische Textumfeld. Unabhängig davon, inwieweit ein solcher Gegensatz wirklich besteht, wird vorsichtig ein erster Akzent gesetzt.

10.2 Der ekklesiologische Entwurf

Das Votum greift ihn auf. Es spricht ausdrücklich in den Zusammenhang hinein, den die Glaubenskongregation mit ihren Texten hergestellt hat. Hierzu gehört auch die GE. Interessant ist, wie sie eingeführt wird: unter dem Vorzeichen analoger theologisch-kirchlicher Differenzen. Sie „nötigen zu einer Klarstellung des evangelischen Verständnisses von Kirchengemeinschaft."[367] Das Verb bringt die Situation auf den Punkt – es drückt Dringlichkeit aus. Die *Klarstellung* richtet sich nach innen wie außen. Damit antwortet das Konzept auf die doppelte katholische Erklärung und beansprucht Unmissverständlichkeit sowie Autorität. Dass im ersten Textabsatz dann ein weiteres Mal davon die Rede ist, man sei zu einer *Präzisierung genötigt* und könne „auf solche Klarstellungen nicht verzichten" (5), macht einen identitätsgebundenen Sprechakt kenntlich. Er ist besonders *dringlich.*[368] Das schließt den Hinweis auf ein Versäumnis ein. Nun ist die Zeit, wieder Klartext zu sprechen – und dass man so sprechen muss, wird als reaktiv, als *genötigt*, ausgewiesen. Implizit reicht man damit die Verantwortung für diese Sprechform an eine andere Stelle weiter.

Der Zusammenhang mit DI wird darüber hinaus auch im theologischen Ansatzpunkt deutlich. „Das evangelische Verständnis der Kirche" (Kapitel I) setzt christologisch ein. Beinahe ironisch wirkt die Aufnahme des 1. Korintherbriefes, die mit dem Titel von DI spielt. DI zitierte 1 Kor 12, 3b: „Und keiner kann sagen: Jesus ist der Herr!, wenn er nicht aus dem Heiligen Geist redet." Das Votum führt 1 Kor 3,11 an: „Einen anderen Grund kann niemand legen als den, der gelegt ist, welcher ist Jesus Christus." Die kurze Exegese dieses Schriftworts bietet ein ekklesiologisches Konzept an, das der Logik von DI direkt entgegensteht:

---

366 Ebd.
367 Ebd., 5. Fortan mit Seitenzahlen im Text zitiert.
368 Vgl. den zweiten Absatz ebd.

218

„Die Kirche, die auf diesem Fundament erbaut ist, ist gut begründet." (5)

Mehr ist nicht gefordert. Der Christus-Bezug muss gewährleistet sein. Genau das garantiert die Kirchen-Definition von CA 7:

> „Sie ist die Versammlung aller Gläubigen, bei denen das Evangelium rein gepredigt und die heiligen Sakramente dem Evangelium gemäß gereicht werden."

Dies geschieht im Heiligen Geist. Wie er sich konkret vermittelt, in welchen kirchlichen Strukturen vom Wirken des Geistes zu sprechen und nach welchem Kriterium zu bemessen ist, dass das Evangelium richtig ausgelegt und gelebt wird – diese entscheidende Frage nach der kirchlichen Vermittlungsform bleibt in diesem Zusammenhang offen. Die Betonung des „freie(n) Handeln des dreieinigen Gottes" (6) erscheint demgegenüber eher wie ein erneuter Kontrapunkt zu einer amtstheologischen Engführung im Kirchenverständnis.

Kirche wird im Folgenden an die *Notae ecclesiae* gebunden. Verschiedene Voraussetzungen rahmen ihren theologischen Ort:

1. Die Kirche ist als Versammlung der Heiligen „dem weltlichen Blick verborgen" (6).
2. Trotzdem ist sie nicht einfach unsichtbar. Man kann ihr in der Schrift und in Gestalt der Sakramente begegnen.
3. In dieser Spannung muss die Kirche eine Ordnungsform erhalten: sie hat notwendigerweise einen institutionellen Aspekt.
4. Die Kirche trägt damit historisch kontingente Züge, in denen sich die bleibenden Grundstrukturen von Evangelium und Sakrament aktualisieren.
5. Demzufolge gibt es durchaus das kirchliche Amt, und es ist göttliche Institution. „Die Ausgestaltung dieses Amtes ist jedoch wandelbar. Das gilt ebenso für alle Elemente einer Ordnung der Kirche Jesu Christi" (7).

Dieser Ansatz erlaubt es, von der einen, heiligen, apostolischen und katholischen Kirche in ihren unterschiedlichen Gestalten zu sprechen:

> „Sie ist als universale Gemeinschaft aller Glaubenden immer die Kirche bestimmter Menschen in bestimmten Ländern und Gebieten. Sie existiert notwendig in Gestalt von einzelnen Gemeinden, die die primäre Verwirklichung der katholischen Kirche sind." (7f.)

Die Universalkirche bleibt als solche verborgen, tritt aber partikular in Erscheinung. Von daher ist auch die Einheit der Kirche je schon gegeben – allerdings muss sie geschichtlich immer weiter entfaltet werden. Sie hat deutlicher zu bezeugen, was sie begründet und was insofern bereits wirklich ist. Es gibt damit keine privilegierte Kontinuität zwischen im Geist verborgener und in der Welt zugleich gegebener Kirche. Die Rede von der *congregatio sanctorum* hebt sich dabei vom Konzept der *communio sanctorum* ab und betont einen Ordnungsbezug, der sich von einem sakramentalen Kirchenverständnis unterscheidet. Indirekt wird hier die kritische Distanz zum gleichnamigen Dokument der Bilateralen Arbeitsgruppe von DBK und VELKD markiert.

Zugleich macht das Format der unsichtbaren Kirche klar, dass sich diese konkrete Kirchenordnung eschatologisch überholt. Damit ist die transzendente Haftung der Kirche verbürgt. Wenn die Kirche unter diesem Gesichtspunkt betrachtet wird, rückt der historische Abstand zwischen Begründung im Geist und aktueller geschichtlicher Gestalt in den Vordergrund. Die Identität der Sendung in jener *traditio*, die gleichfalls vom Geist getragen bleibt, verblasst demgegenüber. Erstens handelt es sich um eine kontingente Interpretation von Kirche, zweitens steht deren Vollgestalt endzeitlich aus.

Die tragenden Spannungsverhältnisse von transzendenter Begründung und immanenter Verwirklichung werden damit faktisch so verschoben, dass die Kontinuität zwischen in der Welt verborgener und in der Welt gegebener *communio sanctorum* in den Hintergrund tritt. Sie wäre römisch-katholisch indes im gleichen Maß auch innerhalb der geschichtlichen Formation der Kirche anzusetzen. Der katholische Blick sucht nach der Identität in der geschichtlichen Kontinuität, wie sie sich in allen Differenzen, sprich: Verfehlungen und kulturbedingten Sonderformen, entwickelt hat. Der unterschiedliche erkenntnistheologische Einsatzpunkt koordiniert die ekklesiologischen Interpretationsverschiebungen.

Die angestrebte Bezeugung der Einheit kann von daher evangelisch im Modell einer Kirchengemeinschaft grundsätzlich legitimer und insofern auch gleichberechtigter Kirchen geschehen. Kirchengemeinschaft umfasst bekenntnisgleiche und –verschiedene Gemeinschaften. Sie sind zu Recht verbunden, solange sie die Bedingungen von CA 7 erfüllen und sich in diesem Rahmen gegenseitig anerkennen, d.h. sich auch im kirchlichen Selbstvollzug für den Partner öffnen. Das entscheidende Modell liefert die Leuenberger Konkordie von 1973. Ein gemeinsames Verständnis des Evangeliums von der Rechtfertigung des Sünders – mit seinen sakramententheologischen Implikationen –

> „schließt die ‚gegenseitige Anerkennung der Ordination und die Ermöglichung der Interzelebration‘ ein. So ist Kirchengemeinschaft im Sinne der Leuenberger Konkordie Kanzel- und Abendmahlsgemeinschaft." (10)

10.3 Die ökumenische Perspektive

Das Votum skizziert nun in äußerst knappen Strichen den ökumenischen Gesprächsstand, wobei für den jeweiligen Dialog die hermeneutischen Möglichkeiten des Leuenberger Modells den Horizont stellen. Vor allem aber werden die jeweiligen Identitätsmuster aufgerufen.

Der Absatz 2.3, der „(d)ie Beziehung zur römisch-katholischen Kirche" (13) resümiert, zieht bereits eingangs eine klare Grenzlinie:

> „Offensichtlich ist die römisch-katholische Vorstellung von der sichtbaren vollen Einheit der Kirchen mit dem hier entwickelten Verständnis von Kirchengemeinschaft nicht kompatibel. Immerhin kann festgehalten werden, dass beide Seiten die Einheit des Leibes Christi und die Gemeinschaft der Kirchen in einem Verständnis des Glaubensgrundes verankert sehen, der in seiner Dynamik über die bisherige und künftige Lehre hinausgeht." (13)

Das sich anschließende „Immerhin" markiert sprachlich nur verstärkt den ökumenisch resignativen Unterton. Inhaltlich weist der Text darauf hin, dass die gemeinsame (christologische) Begründung eine Dimension hat, die über jedes gegebene Selbstverständnis hinausweist. Die eschatologische Ausrichtung lässt im Zusammenhang aber kaum erkennen, wie es konkret weitergehen könnte. Einige Problempunkte werden deshalb benannt: die Funktion der Kirche in ihrer (sakramentalen) Vermittlungsgestalt, die Einheitsvorstellungen, das ordinierte Amt und seine Zulassung für Frauen, die Primatsfrage, die Fassung apostolischer Sukzession und die Bedeutung kirchenrechtlicher Ordnungsfiguren. Die Diskussion dieser Punkte muss vor allem eins einschließen:

> „Es ist eine Verständigung darüber zu erstreben, dass für die Gemeinschaft der Kirchen nicht eine einzige, historisch gewachsene Form des kirchlichen Amtes zur Bedingung gemacht werden kann, sondern dass unterschiedliche Gestalten desselben möglich sind." (13)

Die Formulierung gibt eine deutliche Richtung vor. Statt eines diskursoffeneren „inwiefern" legt der Gebrauch des „dass" bereits vorab fest, dass eine Übereinkunft nur auf der Grundlage dieses – evangelischen – Verständnisses erfolgen kann. Man müsste auf die eigene Position nicht verzichten, wenn man an dieser Stelle jene – auch eschatologisch dynamisierte – Offenheit voraussetzte, auf die sich das Votum im selben Abschnitt bezieht und ohne die kein Dialog sinnvoll erscheint. Ob ein solcher gewollt ist, erscheint jedoch mit dem letzten Satz eher fraglich. Hier tauchen die genannten Probleme als „Sachverhalte" auf, „denen evangelischerseits widersprochen werden muss." (13) Der ökumenische Spielraum, z.B. im Sinne eines *differenzierten Konsenses* als Motor und Resultat eines Gesprächs*prozesses*, wird damit mindestens beschnitten. Dies legt auch die abschließende „ökumenische Zielsetzung" (15) nahe. In ihr geht es um eine Gemeinschaft von Kirchen,

> „die im Sinne der Bezeugung der einen, heiligen, katholischen und apostolischen Kirche die volle gegenseitige Anerkennung der Kirchen verwirklicht."

Hier fragt sich, inwieweit das Votum die Vorgabe der 9. Synode der EKD noch deckt, die auf eine „Überwindung der Trennung" dringt.[369]

10.4 Die kritische Rezeption

Nach der Veröffentlichung der vatikanischen Erklärung DI gab es einen regelrechten Aufschrei. Zwar wurde das „*Votum zum geordneten Miteinander bekenntnisverschiedener Kirchen*" von verschiedenen Kommentatoren als Antwort auf DI begriffen, aber die kritischen Reaktionen waren doch im Ton zurückhaltender. Dass auch von evangelischer Seite eine Identitätsbehauptung vorgenommen wird, kann vor dem Hintergrund von DI mit Verständnis rechnen. Immer wieder ist dies eindringlich gefordert worden – mit der größten publizistischen Lobby seitens der FAZ-Redakteurin Heike Schmoll.

Vielleicht am schärfsten äußerte sich Walter Kasper – gerade weil er sein Unbehagen an der Erklärung der Glaubenskongregation unmissverständlich zum Ausdruck gebracht hatte. Die Verschiebungen im ökumenischen Diskurs finden gerade zu dem Zeitpunkt statt, als man am ehesten mit weiteren Durchbrüchen, zumindest aber mit einer Intensivierung der Gesprächsbemühungen nach der Unterzeichnung der GE hätte rechnen sollen. Stattdessen folgen Schritte zurück. Man muss die eigene Position klären, vor allem aber gegen eine mögliche Übermächtigung durch den konfessionellen Partner schützen.

In seiner Stellungnahme hält Walter Kasper deshalb auch fest, dass es durchaus angebracht ist, die Verhandlungsbedingungen klar zu benennen. Man muss unrealistischen Erwartungen entgegentreten, wie sie etwa im Vorfeld des gemeinsamen Berliner Kirchentages aufkamen. Allerdings verlangt dies eine Auseinandersetzung mit den erreichten Ergebnissen. Sie

---

369 Eins in Christus – Kirchen unterwegs zu mehr Gemeinschaft, 17.

sind an einen Stil gebunden, den die verschiedenen ökumenischen Arbeitsgruppen entwickelt haben. Er hat eine ganze Reihe von Konsenspapieren ermöglicht. Angesichts der ökumenischen Tonverschärfung auch des Votums, angesichts des energisch gehaltenen *Widerspruchs* zu wesentlichen Konzepten der römisch-katholischen Kirche bilanziert Kasper:

> „Das ist so schroff, aber auch so undifferenziert und ohne Berücksichtigung von Dialogergebnissen gesagt, dass ‚Dominus Iesus' demgegenüber geradezu als ein freundlicher ökumenischer Text erscheint."[370]

An dieses Zitat lassen sich die verschiedenen kritischen Fragen anschließen, die z. T. bereits mit der ersten Rezeption adressiert werden. Zunächst einmal ist über das ökumenische Zielkonzept zu diskutieren. Kirchengemeinschaft besteht aus katholischer Sicht in der vollen Gemeinschaft von Kirchen, d.h. sie ist als Eucharistiegemeinschaft zu bestimmen. Dies verweist wiederum auf die entsprechenden amtstheologischen Implikationen. Zugleich muss aber ein differenziertes Modell von Gemeinschaft in den Blick genommen werden. Im Sinne des Konzils gibt es abgestufte Gemeinschaftsformen. Der *communio plena* ist eine *gewisse* Gemeinschaft zugeordnet, *etsi non perfecta* (UR 3). Wer an Christus glaubt und getauft ist, steht in dieser unvollkommenen Gemeinschaft mit der katholischen Kirche. Dieses Konzept wird dadurch verstärkt, dass es ein relevantes Außerhalb der katholischen Kirche gibt – mit *vielen und bedeutenden Elementen oder Gütern, aus denen insgesamt die Kirche erbaut wird und ihr Leben gewinnt* (UR 3). Damit erscheint die Feststellung der Nr. 2.3 des Votums zu undifferenziert, wonach die römisch-katholische Einheitsvorstellung mit dem evangelischen Modell einer Kirchengemeinschaft nicht vereinbar sei. Vielmehr müsste von gestuften Mustern einer Gemeinschaft unter Kirchen gesprochen werden. Sie erlauben unterschiedliche Beziehungen – und reichen katholisch so weit, dass es mit dem ökumenischen Direktorium auch besondere Regelungen im Raum der Eucharistiefeier gibt.

Entscheidend ist allerdings die gegebene Tonlage. Die eigene Position wird auf eine Weise selbstverständlich, dass diskursiver Austausch kaum mehr möglich erscheint. Identitätssätze unterschlagen, wie im gezeichneten Beispiel, notwendige, vor allem ökumenisch produktive Differenzierungen. So wird das komplexe Verhältnis von Universal- und Partikularkirche, wie es sich für die katholische Ekklesiologie seit dem Vaticanum II darstellt, in die eigenen Reflexionen nicht integriert. Ortskirchliche, weil stärker situa-

---

370 W. Kasper, ‚Es gibt noch viel zu tun', in: epd-Dokumentation 15/2002, 17 (Ein längerer Zitatverbund aus einem Vortrag auf dem Symposion ‚Perspektiven der Ökumene im 21. Jahrhundert', 1.-4.11.2001, Katholische Akademie in Berlin: www.kath.de/akademie/berlin/vortraege.)

tiv-pastoral bestimmte Perspektiven erlauben aber andere Gestaltungsformen von Gemeinschaft zwischen Kirchen.

Vor diesem Hintergrund sind konkrete Ausnahmen, Zeichenhandlungen und Aussagen des Papstes oder verschiedener Bischöfe zu beachten. Bischof Marc Ouellet hat als Sekretär des Einheitsrates am 4. August 2001 auf dem 10. Internationalen Kongress konfessionsverbindender Familien mehrere Aspekte hervorgehoben, die auf eine offenere Praxis kirchlicher Gemeinschaftsbildung hinweisen und insofern das vom Votum gezeichnete Bild in ein anderes Licht auch prinzipientheoretisch rücken[371]:

* Die Umsetzung der bestehenden Normen (CIC, Ökumenisches Direktorium) sei „noch nicht voll ausgeschöpft und in die Tat umgesetzt";
* die Regelungen seien „offen für eine nicht enge Auslegung";
* sie seien offener, als allgemein vermutet;
* der pastoralen Situation vor Ort komme für die Interpretation einer „schweren Notlage" entscheidendes Gewicht zu.

Die besondere Situation, vom Kirchenrecht als *gravis necessitas* (Can. 844 § 4 CIC) charakterisiert, führt zu einer pastoralen Hermeneutik, die wiederum eine sensiblere Deutung des Modells „Kirchengemeinschaft" zulässt. Die Ausnahme wird nämlich nur denkbar, wenn die Angehörigen einer bestimmten Kirche bzw. kirchlichen Gemeinschaft bereits in einer Verbindung zur katholischen Kirche stehen, die den Zutritt zur Eucharistiefeier als Sonderfall ermöglichen.[372] Kirchliche Gemeinschaft wird in konkreten Personen zur exemplarischen *pastoralen* Möglichkeit auch dann, wenn ekklesiologisch noch keine allgemeine Rechtsverbindlichkeit hergestellt werden kann.

Die Suche nach einer veränderten, differenzierteren Sichtweise unterlässt das Votum. Es führt mit seiner Darstellung die katholische Position so eng, dass sie sich mit ihrer Selbstauffassung nur bedingt deckt. Die bisherigen Ergebnisse der verschiedenen Dialog-Gespräche werden ausgeblendet und durch eine kontrastive Identitätsbildung nach dem Muster *Evangelisch*

371 http://www.aifw.org/confer/caif/ouellet-e.htm Für den entsprechenden Hinweis danke ich Dr. Johannes Becher, Berlin.
372 Einen deutlich weiter gehenden Vorschlag entwickelt S. Demel, Gemeinsam zum Tisch des Herrn? Ein theologisch-rechtliches Plädoyer zur Konkretisierung der „anderen schweren Notwendigkeit" des c. 844 § 4 CIC, in: StZ 128 (2003) 663-676; besonders 668f., wo die *necessitas* auch für den Innenraum der Gewissensentscheidung bei durchaus häufigeren Anlässen beansprucht werden kann. Verschiedene Ortskirchen, u.a. die Bischofkonferenzen von England und Wales, Irland und Schottland, von Südafrika und Kanada, haben hier großzügige Regelungen ermöglicht. – Vgl. auch K. Lehmann, Einheit der Kirche und Gemeinschaft im Herrenmahl. Zur neueren Diskussion um Eucharistie- und Kirchengemeinschaft, in: Th. Söding (Hrsg.), Eucharistie. Positionen katholischer Theologie, Regensburg 2002, 141-177.

– *Katholisch* überspielt. Dass die entsprechenden Identitätskonzepte im jeweiligen Binnenbereich theologisch unterschiedlich rezipiert werden, bleibt gleichfalls außen vor. Im Interesse an geradliniger Profilzeichnung übergeht das Votum auch das Angebot des Papstes aus *Ut unum sint*, über den Petrusdienst nachzudenken. Die durchaus gegebenen und sich prospektiv abzeichnenden ökumenischen Gesprächschancen finden keinen Raum. Dies liegt sicherlich auch daran, möglichst knapp formulieren zu sollen – freilich fragt sich dann, welche Funktion diese Textsorte erfüllt.

Dass es um Abgrenzung geht, darauf deutet nicht zuletzt das schneidende Urteil über einige römisch-katholische Vorstellungen hin, „denen evangelischerseits widersprochen werden muss". Über die sprachliche Schärfe und ihre positionelle Implikation hinaus, wonach ein Gespräch über diese Punkte kaum mehr angebracht erscheint, zeigt diese Passage, dass unter einem solchen Identitätskonzept auch die Darstellung der eigenen Position leidet. Johannes Oeldemann hat in einem luziden Kommentar darauf hingewiesen, dass sich die Formel vom Widerspruch in der gegebenen Form theologisch nur auf einen klaren Gegensatz zum Evangelium beziehen kann – anderenfalls müssten Interpretationsmöglichkeiten bleiben. D.h. man müsste davon sprechen, dass es hier (noch) keine Übereinstimmung gebe. Daraus ergeben sich aber ekklesiologische Konsequenzen:

> „Wenn das EKD-Papier hier nun Punkte, die im Wesentlichen mit der Ordnung des Amtes in der Kirche zusammenhängen, als Sachverhalte bezeichnet, denen evangelischerseits widersprochen werden muss, entsteht der Eindruck, dass diese Fragen nicht unter das ‚nec necesse est' von CA 7 fallen, also nicht in den Bereich gehören, in dem aus evangelischer Sicht keine Übereinstimmung notwendig ist, sondern zu den Fragen zählen, die unmittelbar die reine Predigt des Evangeliums und die evangeliumsgemäße Spendung der Sakramente betreffen. M.E. wäre es korrekt gewesen, zu sagen, dass die Notwendigkeit des päpstlichen Primats und die Ablehnung der Frauenordination dem evangelischen Kirchenverständnis nicht entsprechen. Wenn hier konstatiert wird, dass sie diesem widersprechen, hebt die evangelische Seite damit selbst Fragen der Struktur und Gestalt des Amtes auf eine Ebene, die den Grund der Kirche und nicht nur deren Gestalt betrifft."[373]

Die fehlende Gesprächsbereitschaft setzt sich an diesem entscheidenden Punkt in einer unterentwickelten Diskursivität des Votums um. Die Ebenen, auf denen sich theologischer Dissens abspielt, werden nicht angemessen

373 J. Oeldemann, Communio ecclesiarum. Zum Verständnis der Kirchengemeinschaft in evangelischer, katholischer und orthodoxer Sicht, in: KNA/ÖKI 22 (28.5.02).

bestimmt. Das betrifft auch das Verhältnis von sichtbarer und unsichtbarer Kirche. Damit wird der entscheidende Differenzraum betreten. Aus dem Duktus des Votums ergibt sich deutlich, dass es vor allem um die ekklesiologische Frage ökumenisch gehen muss. Von evangelischer Seite wird dabei festgehalten, dass

> „die Rechtfertigungslehre allein – weder in der Leuenberger Konkordie noch in der kirchlichen Wirklichkeit – zwar ein notwendiger aber nicht ein hinreichender Grund einer Ekklesiologie" ist.[374]

Damit stellt sich die Frage nach der konkreten Ordnung der Kirche und vor allem nach dem, was Kirche im Kern ausmacht. Aus katholischer Sicht besteht ein konstitutiver Zusammenhang von Schrift, Tradition und Amt – und zwar im Sinne eines geschichtlich begriffenen hermeneutischen Konnexes. Die Ausbildung des Kanons ist in diesem Prozess zu sehen und hat damit einerseits erkenntnistheoretisch grundsätzlichen Rang, ist aber zugleich erkenntnisgenetisch Teil eines verwickelten Entstehungsvorgangs, in dem die genannten Aspekte eine Rolle spielen und sich zugleich herausbilden.[375]

Dann aber muss auch das prekäre Verhältnis von sichtbarer und unsichtbarer Kirche in den Blick kommen. Gunther Wenz hat kritisch gegenüber dem Ansatz des Votums darauf hingewiesen,

> „dass nach Luther und den lutherischen Bekenntnisschriften die wahre Kirche zwar eine verborgene, nicht aber eine ihrem Wesen nach unsichtbare Größe darstellt. Wie der Geist des zur Rechten des Vaters Erhöhten nicht abgelöst werden kann von der österlichen Erscheinung des auferstandenen Gekreuzigten, so hängt das wahre Wesen der Kirche am manifesten Vollzug jener Zeichen, welche die Tradition notae ecclesiae nennt. Als ekklesiologisch entscheidend drängt sich von daher die Frage auf, wie es um die Möglichkeitsbedingungen der Erkenntnis der notae ecclesiae bestellt ist. Es ist ein nicht unerheblicher Mangel des Votums, dass es diese Frage nicht präzise beantwortet."[376]

Damit müsste aber noch einmal neu über die Sakramentalität der Kirche diskutiert werden. Zumindest als katholischer Gesprächsbeitrag ist die entsprechende Frage aufzugreifen – das Votum enthält sich hier. Damit hängt

---

374 D. Ritschl, Kommentar zum Votum der EKD zum geordneten Miteinander bekenntnisverschiedener Kirchen, in: epd-Dokumentation 15/2002, 31.

375 Vgl. H. Schütte, Kirchengemeinschaft – Vereinbare und unvereinbare Auffassungen, in: epd-Dokumentation 15/2002, 14-17; hier: 15.

376 G. Wenz, Kirchengemeinschaft nach evangelischem Verständnis, in: epd-Dokumentation 15/2002, 4-13; hier: 5. – Vgl. ders., Vom einen Wesen der Kirche. Aspekte evangelischer Ekklesiologie, in: P. Walter / K. Krämer / G. Augustin (Hrsg.), Kirche in ökumenischer Perspektive, 33-45.

aber die konkrete Ordnung im Verhältnis der Kirchen zusammen. Aus katholischer Sicht wird als Zielvorstellung eine – partikularkirchlich durchaus differenzierte – Einheit im Bekenntnis und im kirchlichen Vollzug vorgegeben. Das Modell einer Einheit bekenntnisverschiedener Kirchen, wie es das Votum anspricht, wirft die Frage auf, inwieweit es sich um eine wirkliche Einheit handelt, wie tragfähig sie ist und vor allem, wer über die entsprechende Einordnung befindet. Die notwendige Kriteriologie ist katholisch an den bezeichneten erkenntnisgenetischen Zusammenhang von Schrift, Tradition und Amt gebunden. Wenn Jesus Christus selbstverständlich als Grund der Kirche katholisch wie evangelisch bekannt wird, ist damit die Interpretationsproblematik nur verschärft vorgelegt. Aus erkenntnistheologischen Gründen muss demnach die Ekklesiologie im Zentrum der ökumenischen Gespräche stehen. Aber sie müssen als solche möglich sein. Das Identitätsparadigma von DI wie des Votums beeinträchtigen sowohl die Innendarstellung als auch die Außenwahrnehmung. Stattdessen ist ein Mut zur Beachtung und zum Ausdruck von Differenzen erfordert, die nicht wiederum einseitig auf die eigene Position reduziert werden.

„Dazu bedarf es erstens eines entwickelten Bewusstseins der eigenen konfessionellen Identität, welches die innere Differenziertheit des Eigenen nicht verdrängt, sondern zu integrieren und damit zu verhindern sucht, das Eigene durch den bloßen, lediglich externen Gegensatz zu Anderem zu bestimmen.

Es ist zweitens ebenso sehr ein differenziertes Verständnis der anderskonfessionellen Partnerkirchen erforderlich, welches frei ist von projektiven Identitätszwängen und den Partner von sich aus sein lässt, was er von sich aus ist und sein will."[377]

377 G. Wenz, Kirchengemeinschaft nach evangelischem Verständnis, 11.

11. Die europäische „Charta Oecumenica" (2001)

11.1 Zum Textrahmen

Auf der Grundlage der *Ökumenischen Versammlungen*, die 1989 in Basel und 1997 in Graz stattfanden, haben die *Konferenz Europäischer Kirchen* (KEK) und der *Rat der Europäischen Bischofskonferenzen* (CCEE) gemeinsam eine Grundsatzvereinbarung formuliert.[378] Diese „Charta Oecumenica" hält die prinzipielle Bereitschaft zur ökumenischen Zusammenarbeit fest. Zugleich markiert sie diesen Prozess als unumkehrbar. Zum theologischen Dialog wie zur pastoralen Kooperation gibt es keine Alternative.

Im Juli 1999 konnte der Entwurf der Charta an die jeweiligen Kirchen und die Bischofskonferenzen verschickt werden.[379] Er löste einen intensiven Diskussionsprozess aus, der schließlich zur Unterzeichnung der Charta im Zusammenhang der *Europäischen Ökumenischen Begegnung* in Straßburg am 22. April 2001 führte.[380] Als Repräsentanten unterschrieben die Präsidenten der KEK und des CCEE Metropolit Jéremie und Kardinal Vlk das Dokument. Erneut schloss sich ein breiter Rezeptionsprozess an.[381] Nach

378 In der CCEE sind 34 katholische Bischofskonferenzen, in der KEK 125 orthodoxe, reformatorische, freikirchliche und anglikanische Kirchen vereinigt.

379 Der Text samt Begleitschreiben, das interessante Informationen zur Hintergrundgeschichte der Charta gibt, findet sich auf der Homepage der CCEE: www.ccee.ch.

380 Angaben zur Textgeschichte und seiner Rezeption finden sich bei V. Ionita, Europa: eine neue Charta Oecumenica, in: US 54 (1999) 170-175; S. Numico, Die Charta Oecumenica und die aktuelle ökumenische Situation, in: US 58 (2003) 111-118. Vgl. zur Geschichte der Charta ausführlicher F. E. Anhelm, Eine „Charta Oecumenica" der Kirchen Europas, in: ÖR 48 (1999) 462-470; V. Ionita / S. Numico (Hrsg.), Die Charta Oecumenica. Ein Text, ein Prozess, eine Vision der Kirchen in Europa, Genf – St. Gallen 2003; darin besonders V. Ionita, Die Entstehung der Charta Oecumenica, 29-40. Vgl. G. Larentzakis, Europa ein menschliches Gesicht geben. Einige persönliche Gedanken zur *Charta Oecumenica* aus der Sicht eines orthodoxen Theologen, in: ÖR 52 (2003) 58-68.

381 Vgl. die Berichte von V. Ionita, Report on the Charta Oecumenica Process

Auskunft des CCEE-Generalsekretär Aldo Giordano habe kein anderes ökumenisches Dokument „so viel Interesse und Debatten hervorgerufen". Und KEK-Generalsekretär Keith Clements hielt fest:

> „Die Charta Oecumenica hat eindeutig dem ökumenischen Dialog und der wechselseitigen Verpflichtung der Kirchen in einer Reihe von Situationen neuen Auftrieb verliehen".[382]

Im Zusammenhang des Berliner Kirchentages am 30.05.2003 nahmen sechzehn Kirchen die „Charta Oecumenica" feierlich an. Zu den Unterzeichnern der Erklärung zählten neben dem Ratsvorsitzenden der EKD, Manfred Kock, und dem Vorsitzenden der DBK, Kardinal Karl Lehmann, auch die Spitzenvertreter der anglikanischen und orthodoxen Kirchen sowie der Freikirchen in Deutschland.

11.2 Zur Textintention

Die „Charta Oecumenica" entwickelt, im Sinne ihres Untertitels, „Leitlinien für die wachsende Zusammenarbeit unter den Kirchen in Europa." Sie zieht damit die Konsequenzen aus der Geschichte der Kirchenspaltungen, stellt sich aber zugleich in einen politischen Zusammenhang. Die Präambel des Textes verweist auf die „plurale Kultur" Europas, in der es darum geht, das christliche Menschenbild neu zu positionieren. Dies geschieht wiederum vor dem Hintergrund einer langen Geschichte der Kriege und der Gewalt, die sich bis in die europäische Gegenwart verlängert. Daher kommt einem gemeinsamen christlichen Zeugnis die Aufgabe zu, im Geist des Evangeliums *„Völker und Kulturen zu versöhnen".*[383] Zuvor ist ausdrücklich die Rede vom *„Bewusstsein unserer Schuld".* Der Anteil der Kirchen an den zahlreichen europäischen Konfliktgeschichten wird damit angesprochen. Umso nachdrücklicher ist an einer Aufarbeitung der kirchlichen Differenzen zu arbeiten.

---

from the CEC Perspective. CEC/CCEE Joint Committee, Bucharest, Romania 30.1.-2.2.03, und von S. Numico auf demselben Treffen (aus Sicht der CCEE).

382 Meldung Kipa v. 30.9.2002.

383 Zitiert aus der Präambel, die – kursiv gesetzt – ohne eigene Bezeichnung und ohne Zählung dem Text vorangestellt ist. Im Folgenden wird die Charta mit der Angabe der jeweiligen Textnummern zitiert. Im Druck liegt er vor in V. Ionita / S. Numico (Hrsg.), Die Charta Oecumenica, 7-17.

Schon hier wird deutlich, dass es sich bei dieser Charta um eine Grundsatzerklärung handelt, die als Verfassungsurkunde stark appellative Züge trägt. Auch in den verschiedenen Selbstverpflichtungen wird das deutlich. Es gibt keine formal festgeschriebenen Kontrollinstanzen, Formate zur Überprüfung der vereinbarten Aspekte oder eine Beschreibung von Folgen bei möglicher Zuwiderhandlung. Der Text fordert die Bereitschaft der unterzeichneten Kirchen, die christliche Ökumene voranzubringen. Dies ist von der Einsicht geleitet, dass man gerade im beschriebenen politischen und kulturellen Kontext Europas, und zumal eines politisch erweiterten, eines „neuen" Europas *„bei dem jetzigen Zustand nicht stehen bleiben"* dürfe.

Selbstverständlich gilt das vor allem aus theologischen Gründen. Das ökumenische Grundwort Joh 17,21 wird dementsprechend allen anderen Überlegungen vorgeordnet: „Alle sollen eins sein…, damit die Welt glaube…"! Die historisch-politischen Reflexionen werden auf dieser Basis angeschlossen. Sie lassen erkennen, dass den Kirchen bewusst ist, wie sehr sich das Europa des begonnenen 21. Jh. von seinen christlichen Wurzeln gelöst hat. Der Hinweis auf das christliche Menschenbild und das Eintreten *„für die Würde der menschlichen Person als Gottes Ebenbild"* markiert einen der wesentlichen Konfliktpunkte zwischen säkularen und christlichen Positionen, wie sie derzeit die relevanten Diskurse des politischen Europa bestimmen: von der Frage nach sozialer Gerechtigkeit in den ökonomischen Umbrüchen bis zu den biopolitischen Herausforderungen, die anstehen.

Dieser Vorgang hat erkenntnistheologischen Rang. Man lässt sich durch den Anspruch dieser Zeit ökumenisch herausfordern. Die gemeinsame Arbeit gewinnt daraus nicht nur eine besondere Dringlichkeit. Sie nimmt vielmehr im Sinne einer Hierarchie der pastoralen Wahrheiten und Notwendigkeiten eine Spitzenstellung ein. Daher wird auch die starke *„Verpflichtung zum Dialog und zur Zusammenarbeit"* festgeschrieben. Zwar hat sie *„keinen lehramtlich-dogmatischen oder kirchenrechtlich-gesetzlichen Charakter."*[384] Man will also nicht an den theologischen Grundsatzfragen arbeiten, die offen sind. Stattdessen wird die Praxis zum Ort der ökumenischen Positionsbestimmung – und auch das ist eine theologische Aussage. Nimmt man sie ernst, muss sie Folgen für die dogmatischen Bestimmungen haben. Auf der Linie des 2. Vatikanischen Konzils ist nämlich die Pastoral selbst ein dogmatischer Ort:

> „Die Verbindung von allgemeinen Glaubensstandpunkten und realen Lebensproblemen macht das aus, was das Konzil Pastoral genannt hat."[385]

---

384 In den offiziellen lehramtlichen Sprechweisen der katholischen Kirche taucht diese Textsorte auch nicht auf.
385 H.-J. Sander, Die pastorale Grammatik der Lehre – ein Wille zur Macht von

Auch wenn die Redeabsicht also nicht direkt dogmatisch bestimmt ist, wird sie es mittelbar durch ihre praktischen ökumenischen Zielbestimmungen, weil die Herausforderungen vor Ort eine Zusammenarbeit ermöglichen sollen, die doch niemals in einem theoriefreien Raum spielen.

11.3 Zur Textkomposition

Die Charta wird in drei Kapiteln mit mehreren eigenen Textnummern entfaltet. Einem Vorspann ist eine kleine Passage als Ausklang des Dokuments zugeordnet. In der Abfolge der Hauptstücke geht der Text vom gemeinsamen Glaubensbekenntnis aus („I. Wir glauben ‚die eine, heilige, katholische und apostolische Kirche') – womit nicht nur eine Art Minimalkonsens umrissen wird, sondern sich zugleich die Auffassung bestätigt, dass man die praktische Ökumene nicht ohne ihre theoretische Unterfassung betreiben kann.

Der zweite größere Abschnitt thematisiert die wachsenden ökumenischen Gemeinsamkeiten und zieht damit die Konsequenzen aus dem gemeinsamen Credo. Man muss an der basalen Glaubensgemeinschaft weiterarbeiten, um die kirchentrennenden Unterschiede überwinden zu können („II. Auf dem Weg zur sichtbaren Gemeinschaft der Kirchen in Europa").

Mit dem dritten Kapitel werden die konkreten ökumenischen Schritte aufgenommen und in die politischen Agenden des neuen Europa verlängert („III. Unsere gemeinsame Verantwortung in Europa. ‚Selig, die Frieden stiften, denn sie werden Kinder Gottes genannt werden' [Matthäus 5,9]"). Es fällt auf, dass mit der zunehmenden praktischen Konzentration auch der Textumfang zunimmt. Auf der material eher schmalen Basis des Glaubensbekenntnisses lassen sich erhebliche Folgeschritte aufbauen. Das Credo wird dabei in ökumenischer Verantwortung und von den Zeichen der Zeit her gelesen. Eine durchgängige Textstruktur verdeutlicht das: auf eine situationsbezogene Bestandsaufnahme folgt die jeweilige Selbstverpflichtung.

Zum genannten Fundament gehört auch die biblische Einordnung der einzelnen Textpartien. Jedem Abschnitt ist eine Schriftstelle vorgeordnet, mit der die folgenden Überlegungen einer eigenen Regie unterliegen. Erkenntnistheoretisch ist die Heilige Schrift der entscheidende Maßstab – womit indirekt das sensible Problem von Schrift und Tradition ökumenisch unverdächtig angesprochen wird. Vor diesem Hintergrund erfolgt auch die kommentarlose

Gottes Heil im Zeichen der Zeit, in: G. Wassilowsky (Hrsg.), Zweites Vatikanum, 185-206; hier: 201.

Reihung der klassischen *notae ecclesiae* – mit ausdrücklicher Nennung der *catholica*. Man verzichtet auf alternative Nennungen, z.b. auf das Attribut *christliche Kirche* als reformatorisches Supplement. Grigorios Larentzakis bemerkt dazu in seinem Kommentar zur Charta Oecumenica:

> „Der Begriff ‚Katholisch‘ ist kein späterer konfessioneller Begriff, der ausgrenzt, sondern der Begriff aus der gemeinsamen Zeit des Früh-christentums, der umfassend ist, der die qualitative Tiefe und quantita-tive Breite in Zeit und Raum des Mysteriums Ecclesiae zum Ausdruck bringt. Daher können dadurch sowohl die konfessionellen Ängste evangelischerseits, sie könnten etwa von der römisch-katholischen Kirche vereinnahmt werden, als auch die konfessionellen Übertreibun-gen katholischerseits, das Glaubensbekenntnis meinte mit ‚katholisch‘ etwa nur ihre wahre Kirche, bereinigt und überwunden werden."[386]

Die weite Vorstellung einer (altkirchlich begriffenen) Katholizität bestimmt. Dass die römisch-katholische Seite einer solchen Interpretation zustimmen konnte, ist theologisch bemerkenswert.

Weiterhin erscheint aufschlussreich, dass die Schriftzitate aus verschie-denen ntl. Traditionen stammen: aus dem *corpus paulinum*, aus der synop-tischen und aus der johanneischen Tradition. Damit wird der ökumenische Referenzrahmen bewusst umfassend gesetzt. Das ökumenische Anliegen erhält eine breite biblische Begründungsbasis.

11.4 Die inhaltliche Linienführung des Textes

Nach der Einleitung hält das **erste Hauptstück** die Grundüberzeugungen fest, die alle Unterzeichner teilen.[387] Das Schriftwort Eph 4,3-6 transportiert bereits eine wichtige inhaltliche Note. Im Zusammenhang dieser Paraklese geht es nicht nur um die verschiedenen Orts- und Teilkirchen. Vielmehr ist mit dem Bezug auf das Bekenntnis zum einen Herrn und den entspre-chenden Implikaten der einen Taufe etc. die Kirche als ganze, nämlich als Glaubensgemeinschaft im Blick.[388] Die verschieden Kirchen vor Ort, die

---

386 G. Larentzakis, Wir glauben „die eine, heilige, katholische und apostolische Kirche", in: V. Ionita / S. Numico (Hrsg.), Die Charta Oecumenica, 53-59; hier: 56.
387 Einen sehr konzentrierten ersten Kommentar hat G. Voss vorgelegt: Kommen-tierende Anmerkungen zur Charta Oecumenica der Kirchen in Europa, in: US 56 (2001) 186-207.
388 Vgl. J. Gnilka, Der Epheserbrief (HThK NT) Freiburg u.a. ⁴1990, 194.

unterschiedlichen konfessionellen Modelle werden auf die Notwendigkeit einer wirklichen Einheit im Glauben und im Leben verpflichtet. Im Übrigen bietet der Bezug auf den Epheserbrief eine weitere intertextuelle Voraussetzung an: den unmittelbaren Bezug von theologischer Begründungsperspektive und pastoraler Handlungsinitiative. Die praktische Betrachtung ist im Zitatzusammenhang sogar vorgeschaltet – was wiederum als eine erkenntnistheoretische Ortsbestimmung aufzugreifen ist.

Inhaltlich werden die Einheitsbestimmungen des Zitats durch den Bezug auf das Nizäno-Konstantinopolitanum aufgegriffen. Der trinitarische Glaube des ökumenischen Konzils fordert zu seiner ökumenischen Aktualisierung auf.

> „Weil wir mit diesem Credo ‚die eine, heilige, katholische und apostolische Kirche' bekennen, besteht unsere unerlässliche ökumenische Aufgabe darin, diese Einheit, die immer Gottes Gabe ist, sichtbar werden zu lassen." (Nr. 1)

An diese Vorgabe, die nicht noch weiter begründungspflichtig, sondern evident erscheint, schließt sich der Blick auf die bestehenden Differenzen an. An dieser Stelle markiert der Text, warum keine streng theologische Ökumene betrieben wird: Man weiß um „wesentliche Unterschiede" und benennt sie auch. Vor allem ekklesiologische Probleme stehen einer „sichtbare(n) Einheit" (Nr. 1) im Wege. Hier folgt bereits der erste wesentliche Imperativ:

> „Damit dürfen wir uns nicht abfinden."

Auch wenn man derzeit über keine theoretischen Optionen verfügt, muss man von der prinzipiellen Lösbarkeit dieser Probleme ausgehen. Ohne diese entscheidende Präsupposition des Textes verlöre er seine logische Anschlussfähigkeit. Wenn sich nun aber starke Handlungsanforderungen aus dieser Situation ergeben, ist von jetzt ab immer wieder kritisch zurückzufragen, welche theologischen Schritte damit zu verbinden sind. Was ist und wie weit reicht „alles uns Mögliche" (Nr. 1)?

An dieser Stelle wird ein entscheidender Fortschritt des Textes vorbereitet, der später mit der Nr. 4 und einer klaren Option für ein gemeinsames Handeln präzisiert wird: Was trennt, ist in theoretischer wie praktischer Hinsicht begründungspflichtig – nicht länger umgekehrt.

Aus der engen Verbindung von Glaube und Handeln ergeben sich die beiden Verpflichtungen, in die dieses Kapitel mündet: sich um eine gemeinsame Interpretation des Evangeliums zu bemühen und auf eine wirkliche Einheit im Glauben hinzuarbeiten. Sie verlangt nach einer tragfähigen und gelebten Einheit vor allem in den Wurzelsakramenten der – „gegenseitig anerkannten" – Taufe und der Gemeinschaft im Herrenmahl. Man kann sich also nicht mit einer Gemeinschaft der unsichtbaren und wahren Kirche im Geist Christi begnügen. [389]

Die „sichtbare Einheit" in beiden Sakramenten erscheint wiederum als Voraussetzung für eine Einheit „im gemeinsamen Zeugnis und Dienst." (Nr. 1) Mit dieser letzten Verpflichtung wird noch einmal der Bezug zur Situationsbeschreibung der Einleitung hergestellt. Man steht vor einem Leitmotiv des Dokuments. Angesichts der pluralistischen Kulturen Europas ist das gemeinsame Zeugnis der Christen notwendig. Das erste Kapitel entwickelt auf dieser Linie die Basis für jenen „verbindlichen Maßstab" und für eine „ökumenische Kultur des Dialogs und der Zusammenarbeit", die mit der Einleitung in Aussicht gestellt werden.

Das **zweite Hauptstück** wendet sich dem „Weg zur sichtbaren Gemeinschaft" zu. Das Schriftwort Joh 13, 35 hält den Grundzug der gesamten Charta fest. Es geht ihr um die Lebenskraft der Ökumene, um ihre praktische Bewährung. Daher sind die folgenden Nummern – mit Ausnahme des letzten Absatzes (12) – jeweils von Verben bestimmt: *verkündigen, aufeinander zugehen, gemeinsam handeln, beten, Dialoge fortsetzen, mitgestalten, versöhnen, Schöpfung bewahren, vertiefen, pflegen*. Das handlungsfähige Aktiv ergibt sich dabei aus dem grundsätzlicheren Passiv der gemeinsamen Berufung (Nr. 1).[390] Aus ihr erwachsen die performativen Sprechakte der Selbstverpflichtung.

Die erste Aufgabe besteht im Sinne der Charta darin, das Evangelium zu verkünden. Das verlangt eine zumindest kurze zeittheologische Reflexion. Die Nr. 2 knüpft an die Skizze der Einleitung an und präzisiert die Verkündigungssituation. Man steht heute in Europa vor verschiedenen Herausforderungen.

> „Angesichts vielfältiger Orientierungslosigkeit, der Entfremdung von christlichen Werten, aber auch mannigfacher Suche nach Sinn sind die Christinnen und Christen besonders herausgefordert, ihren Glauben zu bezeugen." (Nr. 2)

Der Glaube an das Evangelium ist nicht selbstverständlich. Gegen Gleichgültigkeit, Unverständnis und verschiedene Widerstände muss in einer möglichst umfassenden ökumenischen Allianz dieses Evangelium gemeinsam und einträchtig verkündet werden, um nicht vor zusätzliche Glaubwür-

---

389 Vgl. in diesem Zusammenhang weiterführend S. Hell / L. Lies (Hrsg.), Taufe und Eucharistiegemeinschaft. Ökumenische Perspektiven und Probleme, Innsbruck 2002.

390 Man kann darin auch ohne ausdrücklichen Bezug einen Reflex der grundlegenden Übereinkunft in der Rechtfertigungsfrage sehen. Das gnadentheologische Prä ist hier selbstverständlich übernommen.

digkeitsprobleme zu stehen. Der erste Verpflichtungssatz spricht dies offen an: man will sich in den pastoralen Agenden absprechen, um vor allem „schädliche Konkurrenz sowie die Gefahr neuer Spaltungen zu vermeiden" (Nr. 2). Diese Obligation enthält politischen Sprengstoff. Sie betrifft die Beziehungen der Groß- zu den Freikirchen ebenso wie etwa das Verhältnis der römisch-katholischen Kirche zur Orthodoxie. Das Recht auf die Einrichtung eigener kirchlicher Strukturen steht dem orthodoxen Verdacht entgegen, dass im eigenen Kernbereich eine katholische Proselytenmacherei betrieben werde. Als ökumenische Mindestanforderung wird eine offene Informationspolitik vereinbart. [391]

Offen wird auch ein anderer kritischer Punkt markiert, der wiederum vor allem den Kontakt zu kleineren christlichen Gemeinschaften betrifft, die mit einer stärkeren Mitgliederbindung nach innen ausgestattet sind. Hier wird ausdrücklich die Gewissensfreiheit der individuellen religiösen Entscheidung anerkannt.

Auf dieser Linie bringt die Nr. 3 die historische Perspektive ins Spiel. Besonders die gemeinsamen Schuldgeschichten müssen aufgearbeitet werden. Nicht zuletzt die politische Indienstnahme der Kirchen steht auf dem Programm einer kritischen Selbstreflexion. Die entsprechende Frage wird an dieser Stelle wohl vor allem von den Freikirchen adressiert, sodass sich ein wechselseitig kritisches Gefälle in diesem Kapitel ergibt. Unter dieser Voraussetzung bekommt dann die Wertschätzung eines legitimen christlichen Pluralismus ein stärkeres Gewicht. Der Akzent liegt zumal auf den spirituellen Traditionen. So richtig es ist, dass Ökumene die „Erneuerung der Herzen" (Nr. 3) einbezieht, so problematisch erscheint eine *Ökumene der Herzen* allerdings, wo sie die theologischen Differenzen nicht benennt oder auf die konkreten Konsequenzen verzichtet. [392] An diesem Punkt setzt die Kritik an der Charta ein. Schon mit den ersten Überlegungen zur ökumenischen Praxis wird deutlich, wo die Grenzen dieser Textsorte liegen. Sie bleibt bei letztlich vagen, wenngleich wichtigen Bestimmungen. Die grundsätzliche Bereitschaft, im Sinne der Überschrift von Nr. 3 *aufeinander zuzugehen*, ist aber ohne die Analyse der notwendigen Bedingungen

---

391 Eine sehr genaue Reflexion mit konkreten Handlungsvorschlägen bietet der Dialog zwischen Pfingstlern und der Römisch-Katholischen Kirche mit dem Abschlussbericht der vierten Phase des internationalen Dialogs „Evangelisation, Proselytismus und gemeinsames Zeugnis", in: H. Meyer u.a. (Hrsg.), Dokumente wachsender Übereinstimmung. Sämtliche Berichte und Konsenstexte interkonfessioneller Gespräche auf Weltebene. Band 3: 1990-2001, Paderborn – Frankfurt a. M. 2003, 602-638; besonders 618-631.
392 Vgl. zu diesem Problem G. M. Hoff, „Ökumene des Herzens"? Ökumenische Suchbewegungen zwischen Frömmigkeit und theologischer Resignation, in: Ökumenische Informationen Salzburg 19 (2004) 22f.

kaum zu haben. Was verlangt dieser Imperativ beispielsweise, wenn es um die Errichtung neuer katholischer Diözesen im Bereich der Orthodoxie geht?

An die Vereinbarung, „Vorurteile zu beseitigen, die Begegnung miteinander zu suchen und füreinander da zu sein" (Nr. 3), knüpft sich mit der nächsten Nummer

> „eine Selbstverpflichtung, die ein nahezu revolutionäres ökumenisches Lernen auslösen kann, wenn sie nicht nur mit Papier und Unterschrift, sondern in der kirchlichen Praxis umgesetzt wird... (D)as getrennte Handeln ist zu begründen und nicht wie bisher und immer noch das ausnahmsweise gemeinsame ökumenische Handeln."[393]

Wer die Charta unterzeichnet, legt sich auf eine grundsätzliche Zusammenarbeit fest. Sie verlangt, „auf allen Ebenen des kirchlichen Lebens gemeinsam zu handeln" (Nr. 4). Dabei sollen besonders die Positionen und Belange der jeweiligen christlichen Minorität berücksichtigt werden. Damit ist eine Sensibilität für die abweichenden Überzeugungen und konfessionellen Stile zu entwickeln. Dieser Aspekt beinhaltet das vielleicht stärkste Anforderungsprofil. Es setzt die Fähigkeit voraus, nicht nur die theologisch-kirchlichen Unterschiede benennen, sondern sie auch produktiv austragen zu können. Mit anderen Worten: ohne die eigene Überzeugung aufzugeben, dem anderen Lebensraum zu lassen. Implizit reicht diese Bestimmung sogar weiter. Wo man gemeinsam agiert, fördert man den anderen auch in seiner kirchlichen Existenz.

Allerdings gibt die Charta auch Grenzen vor. Einerseits beweist sie damit ökumenischen Realismus, andererseits droht sie das weitreichende Programm auch zu beschneiden. Man kann nur gemeinsam handeln,

> „wo die Voraussetzungen dafür gegeben sind und nicht Gründe des Glaubens oder größere Zweckmäßigkeit dem entgegenstehen" (Nr. 4).

Damit droht der starke Geltungsanspruch faktisch wieder zurückgenommen zu werden. Was nämlich unter den angesprochenen Voraussetzungen zu verstehen ist, bleibt – zumal *theologisch* – offen. Hier ist eine mutige Auslegungspraxis im Geist der Charta gefordert. Sie wird an der von Reinhard Frieling betonten Umkehrung der Begründungslasten zu messen sein: Ökumenisches Handeln ist selbstverständlich und vorrangig, konfessioneller Eigensinn ist demgegenüber eigens zu legitimieren.

---

393 R. Frieling, Evangelischer Bund und Charta Oecumenica. Leitlinien für die Zusammenarbeit der Kirchen in Europa, in: Amt und Gemeinde 54 (2003) 122-128; hier: 127.

Mit den beiden folgenden Schritten werden weitere Gemeinsamkeiten benannt. Das Gebet und der Dialog sind exemplarische ökumenische Handlungsfelder. Sie stehen vor einem klaren Zielhorizont: jener eucharistischen Gemeinschaft, deren Fehlen „ein besonders schmerzliches Zeichen für die Zerrissenheit unter vielen christlichen Kirchen ist" (Nr. 5). Die Verpflichtung, dieses Fernziel zu realisieren, ist ebenso so klar formuliert wie methodisch unbestimmt. Im Übrigen erscheint schon vorher die Bereitschaftserklärung zum gemeinsamen Gebet problematisch.

Dahinter stehen konkrete Schwierigkeiten, die orthodoxe Kirchen, allen voran die russisch-orthodoxe Kirche, mit einem gemeinsamen ökumenischen Gottesdienst haben. Um miteinander beten und Gottesdienst feiern zu können, ist ihrer Meinung nach Kirchengemeinschaft notwendig. Und diese ist derzeit noch nicht gegeben. Erinnert sei in diesem Zusammenhang an die Diskussion bezüglich einer Umstrukturierung des Ökumenischen Rates der Kirchen. Auch hier lauten die Einwände ähnlich: Man möge ‚konfessionelle' und ‚interkonfessionelle Andachten' halten, aber von einem ‚ökumenischen Gottesdienst' Abstand nehmen.

Trotzdem hält die Charta an diesem Auftrag fest. Damit wird seine besondere Bedeutung markiert, aber auch die Entschlossenheit deutlich, zwar ökumenisch Rücksichten zu nehmen, aber auch auf dem Weg gemeinsamen Betens und Handelns wirkliche Fortschritte zu erzielen. Dazu gehört der Austrag von Differenzen. Er wird allerdings eingebettet in eine programmatische Voraussetzung des gesamten Textes:

„Zum Dialog gibt es keine Alternative." (Nr. 6)

Die Arbeit am Konsens schließt den Blick auf Unterschiede ein. Sie können als „uns geschenkte und bereichernde Vielfalt" (Nr. 6) begriffen werden, haben aber immer wieder auch trennenden Charakter. Die Charta führt in diesem Zusammenhang „besondere geschichtliche Umstände und unterschiedliche kulturelle Prägungen" (Nr. 6) an. Methodisch stellt sie sich damit in die Tradition des *differenzierten Konsenses* der verschiedenen ökumenischen Dialoge. Entsprechend fordert sie dazu auf,

„zu prüfen, was zu den Dialogergebnissen kirchenamtlich verbindlich erklärt werden kann und soll" (Nr. 6).

Wichtig ist hier das Adverb „verbindlich". Damit wird eine Leseanweisung der Charta gegeben. Unverkennbar sucht sie nach solchen verbindlichen Fortschritten. Was im Rahmen dieser Textsorte unbestimmt bleibt, muss in der Praxis von diesem Interesse her angegangen werden. Dass sich hinter manchen offenen Formulierungen immer wieder die Bereitschaft zeigt, die bestehenden Probleme nicht zu umgehen, zeigt im Übrigen der zweite Verpflichtungssatz aus Nr. 6. Bei den angesprochenen ethischen Problemen, die dialogisch zu lösen seien, wird es sich um kontroverse Auffassungen z. B. zum Umgang mit wiederverheirateten Geschiedenen und homosexuellen Partnerschaften handeln.

Mit der dialogischen Selbstverpflichtung stellt sich eine entscheidende erkenntnistheologische Frage, die die Charta nur formal transportieren, nicht aber austragen kann: Welche Bekenntniswahrheit ist höher einzuschätzen – die Notwendigkeit der gelebten eucharistischen Einheit oder andere dogmatische Artikel, die diese Einheit theologisch verhindern? Der bloße Hinweis darauf, dass Abendmahlsgemeinschaft erst auf der Basis der geteilten Grundüberzeugungen z.b. mit Blick auf das Amt in der Kirche möglich sei, bietet keine erkenntnistheologische Lösung für die Zuordnung divergierender Glaubensüberzeugungen in einer *Hierarchie der Wahrheiten*.

Das **dritte Hauptstück** entwickelt Konsequenzen aus dem gemeinsam verantworteten Zeugnis der christlichen Kirchen. Das vorgeschaltete Schriftwort Mt 5,9 zeigt die politische Dimension dieses Auftrags an. Er bezieht sich zunächst vor allem auf Europa, nimmt aber zumal durch den Bezug auf die Weltreligionen einen globalen Charakter an.

Die Charta sieht Europa als „religiös und kulturell vorwiegend christlich geprägtes" (Nr. 7). Es handelt sich aber um keine triumphalistische Ausschlussgeschichte – der interreligiöse Bezug spricht auch hier ein. Ausdrücklich verweigert man sich jedem Eurozentrismus. Vor diesem Hintergrund stellt sich die Charta der eigenen Schuldgeschichte. Das christliche Europa ist eben nicht zuletzt missionarisch-kolonialistisch wesentlich expansiv veranlagt.[394] Dieses Motiv der Einleitung wird bewusst aufgegriffen, um zugleich die Rede von der bleibenden Bedeutung des Christentums für Europa zu justieren. Die Verfasser der Charta sind nämlich davon überzeugt,

> „dass das spirituelle Erbe des Christentums eine inspirierende Kraft zur Bereicherung Europas darstellt. Aufgrund unseres christlichen Glaubens setzen wir uns für ein humanes und soziales Europa ein, in dem die Menschenrechte und Grundwerte des Friedens, der Gerechtigkeit, der Freiheit, der Toleranz, der Partizipation und der Solidarität zur Geltung kommen." (Nr. 7)

Die christliche Ökumene hat damit einen doppelten europäischen Auftrag. Zunächst einmal ist an der Einheit des Kontinents zu arbeiten, was eine wirkliche Einheit der Christen und der christlichen Kirchen verlangt. Das wiederum hat politische Folgen. Man muss Europa so mitgestalten, dass die wesentlichen Werte des Evangeliums zum Aufbau einer gerechteren Welt

---

394 Vgl. J. Le Goff, Die Geburt Europas im Mittelalter, München 2004, 268.

– mit einer besonderen Option für die Armen! (Nr. 7) – anleiten. Angesichts derartiger Herausforderungen wird die christliche Einheit zu einem dramatischen Desiderat.

Die anschließenden Handlungsmuster unterstreichen das. Im Pluralismus der Kulturen und Religionen Europas muss man die „Völker und Kulturen Europas versöhnen" (Nr. 8). Der Pluralismus wird hier eigens als besonderer „Reichtum Europas" charakterisiert, der allerdings eigene Konflikte produziert hat. Das christliche Menschenbild verlangt den Einsatz für alle Menschen. In der Selbstverpflichtung wird eigens verlangt,

> „die Stellung und Gleichberechtigung der Frauen in allen Lebensbereichen zu stärken sowie die gerechte Gemeinschaft von Frauen und Männern in Kirche und Gesellschaft zu fördern." (Nr. 8)

Wie im Ganzen bleiben die notwendigen Konkretionen offen. Aber auch hier gilt: Man hat damit eine Kriteriologie kirchlichen Handelns. Die Entschlossenheit zur Umsetzung der Charta eignet sich besonders an diesem Punkt als ökumenischer Testfall.

Mit der Nr. 9 wird dann im Folgenden die ökologische Perspektive schöpfungstheologisch[395] aufgegriffen und ein ökumenischer Gebetstag für die Bewahrung der Schöpfung angeregt – ein Vorschlag, der bereits verschiedentlich realisiert wurde.[396] Die Nummern 10-12 thematisieren dann die große Ökumene der Religionen. Zunächst wird die Beziehung zum Judentum mit einem erneuten Schuldbekenntnis verbunden. Die Gespräche mit dem Islam seien zu vertiefen – wobei der Islam einen eigenen Abschnitt erhält, der seine besondere europäische Stellung betont. Über den Hinweis hinaus, dass Muslime schon seit Jahrhunderten in Europa leben (Nr. 11), hätte man die besonderen europäischen Anteile des Islam stärker profilieren können. Die anderen religiösen Traditionen werden, positiv konnotiert, im Zuge des spezifischen weltanschaulichen Pluralismus Europas benannt. Dass man hier keine Religion ausdrücklich benennt, lässt zumindest unbestimmten Raum auch für die subversiven religiösen Strömungen, die sich am Rande des christlichen Mainstreams und nicht selten durch ihn verfolgt in Europa entwickelt haben. Eher mit Blick auf den säkularisierten Atheismus und die verschiedenen Formen europäischer Religions- und Christentumskritik werden auch die religiösen *dissenters* berücksichtigt. Die Verfasser der Charta bekennen sich auch hier zum kritischen Dialog.

---

395 W. W. Müller weist in seinem Kommentar die Schöpfungstheologie als ein Leitmotiv der Charta aus: ders., Die Charta Oecumenica als Chance für die Christen und Christinnen in Europa?, in: Cath(M) 57 (2003) 1-12; hier: 5.

396 Vgl. S. Numico, Die Charta Oecumenica und die aktuelle ökumenische Situation.

„Dabei ist zu unterscheiden, mit welchen Gemeinschaften Dialoge und Begegnungen gesucht werden sollen und vor welchen aus christlicher Sicht zu warnen ist." (Nr. 12)

Als Kriterium dient – nach innen wie nach außen – die Achtung der Religions- und Gewissensfreiheit. Davon ist auch die Auseinandersetzung mit problematischen Praktiken in christlichen Gemeinschaften betroffen. Eine entsprechende Selbstverpflichtung stellt die konkrete ökumenische Zusammenarbeit auf veränderte Grundlagen.

Der Text endet mit einem christologischen Bekenntnis und dem Appell der verantwortlichen Erstunterzeichner zur möglichst umfassenden Annahme der Charta.

11.5 Zur theologischen Einordnung

Die *Charta Oecumenica* hat eine breite Rezeption gefunden. Kritische Stimmen fragten besonders nach der Verortung im konkreten ökumenischen Prozess. Die russisch-orthodoxe Kirche kritisierte u.a. in einer Erklärung, die Charta beinhalte eine Reihe von Vorstellungen und praktisch-theologischen Konzepten, die nicht hinreichend die Situation der ökumenischen Bewegung und des innerkirchlichen Dialogs berücksichtige.[397] Vor allem wurde aber immer wieder betont, dass mit dieser Charta zum ersten Mal überhaupt ein derartiger ökumenischer Wurf gewagt worden sei. Zwar fehlt – mit guten Gründen – eine präzisere theologische Bestimmung der bleibenden Differenzen. Andererseits erscheint es gerade auf dieser Grundlage möglich, sehr weitgehend zwischen den christlichen Denominationen zusammenzuarbeiten. Angesichts der bereits erzielten Erfolge der verschiedenen bilateralen Konsensgespräche, angesichts aber auch einer sich abzeichnenden theologischen Stagnation wählt die Charta einen erkenntnistheologisch aufschlussreichen Weg: Ökumene erlebt hier eine Art *practical turn*. Das meint nicht den Verzicht auf die theologische Grundlagenforschung und auf die historisch-systematische Reflexion der konfessionellen Dissense. Die Charta begreift aber das gemeinsame Beten und Handeln mindestens implizit als eine Voraussetzung dafür, dass es auch im theologischen Diskurs der Ökumene zu Veränderungen kommen kann. Insofern die Charta dies an die Lebensbedingungen der Christen in Europa bindet, markiert sie scharf die Notwendigkeit, sich durch neue Situationen herausfordern zu lassen. Wer

397 Vgl. RNA v. 23.4.2001.

sich ökumenisch darauf verpflichtet, angesichts der eigenen Verfehlungen in der europäischen Christentums- und Konfessionsgeschichte *umzukehren* und dies eigens in der Präambel einer ökumenischen Charta festhält, der stellt in Aussicht, dass radikale Änderungen nicht nur bevorstehen, sondern dass er gewillt ist, an ihnen zu arbeiten. Vor dem Hintergrund einer sich abzeichnenden europäischen Marginalisierung des Christentums ist die *Charta Oecumenica* bereits als ein solcher Schritt auf dem Weg anzusehen. Was an theologischer Auseinandersetzung und Detailarbeit weiterhin aussteht, wird sich an ihren *praktisch-theologischen* Vorgaben zu messen haben: an der Verpflichtung darauf, dass wir „bei dem jetzigen Zustand nicht stehen bleiben" dürfen.[398]

398 Nochmals mit einer Passage aus der Präambel.

12. DIE EUCHARISTIE-ENZYKLIKA „ECCLESIA DE EUCHARISTIA" (2003)

„Der Streit um das Abendmahl bricht in neuer Härte auf" titelte die Rheinische Post.[399] Die EKD „bedauert(e) die ‚schroffe Form' der Papst-Enzyklika zum Abendmahl" und lädt im Gegenzug alle getauften Christen zum Abendmahl ein.[400] Schon die erste Woche ihrer Rezeptionsgeschichte führte die Eucharistie-Enzyklika[401] offenbar in ökumenische Schwierigkeiten. Was sind die Gründe?

12.1 Zur Redesituation

Nach den z. T. scharfen Auseinandersetzungen um die Erklärung der Glaubenskongregation „Dominus Iesus"[402] musste für den Papst klar sein, dass er in sensibilisierte Verhältnisse hineinspricht. Zumal innerkatholisch mit den Kardinälen Ratzinger und Kasper nicht nur zu diesem Dokument abweichende Positionen, sondern auch unterschiedliche ekklesiologische Akzentsetzungen vertreten werden, die in einer eigenen Debatte publizistisch entwickelt wurden.[403] Sie haben wiederum eminentes Gewicht für den ökumenischen Hintergrunddiskurs, auf den sich die neue Enzyklika bezieht und sofort bezogen werden musste. Bereits ihre Adresse formuliert diesen ökumenischen Anspruch. Anders als etwa in „Fides et Ratio" spricht „Ecclesia de Eucharistia" „alle Christgläubigen" an.

399 Rheinische Post vom 26.4.03, 1.
400 Vgl. www.ekd.de vom 26.4.03
401 Sekretariat der Deutschen Bischofskonferenz (Hrsg.), Enzyklika *Ecclesia de Eucharistia* von Papst Johannes Paul II. an die Bischöfe, an die Priester und Diakone, an die gottgeweihten Personen und an alle Christgläubigen über die Eucharistie in ihrer Beziehung zur Kirche (Verlautbarungen des Apostolischen Stuhls 159), Bonn 2003. Im Folgenden mit Nummern im Text zitiert.
402 Vgl. M. J. Rainer (Red.), „Dominus Iesus".
403 Vgl. Kapitel 3.3 dieses Buches.

Dabei ist als kirchliches Faktum – ökumenisch relevant – festzuhalten, dass in der katholischen Kirchenleitung theologische Profile geschärft werden, die unterschiedliche ekklesiologische Folgerungen zulassen. Das wiederum ist deshalb bedeutsam, weil die gegenwärtigen Trennungsverhältnisse in Sachen Abendmahl von der Enzyklika unverkennbar ekklesiologisch rückgebunden werden. Damit steht sie indes nicht allein. Sie hält einen allgemeinen ökumenischen Konsens im Dissens fest, was wiederum für die Bestimmung des Dokuments aufschlussreich ist: Es handelt sich um eine Positionsbestimmung.

Das lässt sich in mehrfacher Hinsicht festmachen:

* Kardinal Lehmann hält in seiner Presseverlautbarung eigens fest, dass der Papst „damit nichts Neues" sage.[404] Er konstatiere die bekannte theologische Lehre. Das wird formal bereits dadurch deutlich, dass erhebliche Partien aus Zitaten und Anmerkungen bestehen, die den eigenen Text als Kommentar zur Tradition erscheinen lassen.

* Dieser Kommentar legt sich auf ein theologisches Erbe fest, das zugleich als eine Art Testament des Papstes und seines Pontifikats mitzulesen ist. Der Text steht gerade in seiner – für ein Lehrschreiben – ungewöhnlich biographisch gefärbten Fassung neben einem anderen Text, den Johannes Paul II. vor einiger Zeit veröffentlicht hat: seinem kleinen Gedichtzyklus.[405] Offen spricht er hier seinen Tod an. Das theologische Testament steht neben dem lyrischen und wird so zu beidem: zur Hinterlassenschaft wie zum Zeugnis (*testamen*).

* Mit dem Thema „Eucharistie" wird die Lebensgrundlage der Kirche thematisiert, denn „die Kirche lebt von der Eucharistie" (Nr. 1). Wie schon in seiner fundamentaltheologischen Enzyklika greift der Papst zumindest grundsätzlich auf eine kritische Zeitanalyse zurück, um die Bedeutung des Sakraments im Licht der Tradition zu erläutern und festzuschreiben. Der ausdrückliche Wille zur Bewahrung ergibt sich einerseits aus der elementaren Bedeutung der Eucharistie, andererseits aus konkreten Missständen. Die Enzyklika identifiziert sie in praktischen „Mißbräuche(n)" (Nr. 10), aber nicht zuletzt auch in einem „bedeutungsmindernde(n) Verständnis" (Nr. 10).

* An dieser Stelle werden mit dem Verweis auf den Opfercharakter der Eucharistie und die Amtsfrage ökumenische Problemzonen betreten. Klar tritt damit die ökumenische Reichweite des Dokuments in den Blick. Sie greift auch im letztlich ökumenisch relevanten Anliegen, im christlichen Kernbereich keine Diffusion, keine Beliebigkeit zuzulassen.

---

404 Presseverlautbarung des Vorsitzenden der DBK vom 17.4.03, Nr. 4.
405 Johannes Paul II., Römisches Triptychon. Meditationen, Freiburg 2003.

*   Das gilt in besonderer Weise für die Interpretationskategorie des Opfers. Mit ihr wird ein theologischer Schwerpunkt des Dokuments benannt. Indem er zwar nicht gegen den Mahlcharakter ausgespielt, wohl aber auf der Folie seiner einseitigen Rezeption profiliert wird, zeichnet sich eine weitere Stoßrichtung des Dokuments ab.

*   Dieses Interesse ist nicht von der spirituellen Aussageabsicht zu trennen. Gerade indem der Papst mit der Enzyklika sein traditionelles Gründonnerstag-Schreiben an die Priester ersetzt, unterstreicht er seine Intention, das „‚Staunen' über die Eucharistie... wiederzuerwecken" (Nr. 6). Es sind die Priester, die sich dieser Aufgabe besonders stellen müssen, weil und wenn sie Eucharistie feiern. Darin besteht zugleich die ökumenische Einladung, aus einer erneuerten geistlichen Perspektive heraus die bleibenden Probleme anzugehen. Ganz auf dieser Linie bezeichnet es denn auch der Catholica-Beauftragte der VELKD Landesbischof Johannes Friedrich als

> „verdienstvoll und anerkennenswert, dass sich Papst Johannes Paul II. in dieser Enzyklika der Eucharistie zuwendet. Damit wird die zentrale Bedeutung des Gottesdienstes für die Kirche auf eindrückliche Weise unterstrichen. Dem können wir grundsätzlich als evangelische Kirche nur freudig zustimmen."[406]

Die Enzyklika übernimmt mit diesem Komplex konvergierender Redeintentionen eine Aufgabe, die anders Eberhard Jüngel vor einiger Zeit formuliert hat. Vor dem Hintergrund einer weitgehenden Übereinkunft zwischen römisch-katholischer Kirche und lutherischen Kirchen in der Abendmahlslehre hält er fest:

> „Meines Erachtens wäre es bereits ein beachtlicher ökumenischer Erfolg, wenn man sich mit größtmöglicher Klarheit vor Augen führte, *wie schwierig* die Lage trotz aller ökumenischen Fortschritte noch immer ist."[407]

Nicht zuletzt im Horizont dieses Anspruchs ist die Enzyklika in ihrer Textarchitektur und den einzelnen Aussagen zu analysieren.

---

406   Stellungnahme vom 17.4.03 (www.velkd.de). Die kritischen Anfragen, die sich unmittelbar an diese Passage anschließen, sollen nicht unterschlagen werden, sondern werden an anderer Stelle dieses Beitrags berücksichtigt.

407   E. Jüngel, Credere in ecclesiam – Eine ökumenische Besinnung, in: ZThK 99 (2002) 177-195; ND in: P. Walter / K. Krämer / G. Augustin (Hrsg.), Kirche in ökumenischer Perspektive, 15-32; hier: 28.

12.2 Textanalyse

Der Text beginnt mit einer thetischen Feststellung. Dass die Kirche von der Eucharistie lebe, wird nicht näher begründet, sondern als unbezweifelbare „Wahrheit" (Nr. 1) gesetzt. Kirche – Eucharistie – Wahrheit: Damit sind Hauptmotive der Enzyklika in den ersten Hauptwörtern benannt. Sie werden mit einem weiteren Leitmotiv verbunden: dem „Mysterium". Die angemessene Haltung ihm gegenüber ist das bereits zitierte „Staunen" (Nr. 6). Der Papst will die Eucharistie aus dem Zusammenhang eines bloß sozial begriffenen Mahls lösen und so auf theologischen Grund zurückführen. Daher auch die starke Betonung des Opfers. Das Opfer ist wesentlich transzendent bestimmt. Religionsgeschichtlich bezeichnet es eine Grundform „kultischer Kontaktaufnahme zum übermenschlichen Bereich"[408], während das Mahl einen stärker immanenten Bezug aktiviert, eben den zwischenmenschlicher Gemeinschaft.

Ein weiterer Grundzug des Textes wird in Nr. 1 sichtbar: die Anbindung an die Hl. Schrift und an die Tradition. Sie geben allen Ausführungen das Fundament. Statt argumentativer Figuren werden immer wieder die entsprechenden Verweise eingearbeitet. Entscheidend ist dabei die Reihenfolge: zuerst das Schriftwort, dann der Traditionsbeleg. Der Papst greift ausdrücklich auf das Vaticanum II zurück und bestimmt damit eine Richtung, für die er biographisch steht und die sich auf jenen ausdrücklichen Willen zur Ökumene festlegt, den das Konzil artikuliert hat. Das Prooemium hat in dieser Hinsicht programmatischen Charakter. Es ist rhetorisch stilbewusst gebaut und übernimmt in seiner *Form* eine ökumenische Tendenz, die bei aller möglichen Kritik im Detail gleichsam als theologische Präsupposition ernst genommen werden muss.

Die Einleitung (Nr. 1-10) rekonstruiert im Folgenden die Einsetzung der Eucharistie im Zusammenhang des *Triduum paschale*. Der sprachliche Ductus wird zusehends meditativ, etwa wenn der Papst mit der Frage nach der Situation der Apostel beim Abendmahl einen Perspektivtausch vornimmt und den Leser in die Gleichzeitigkeit des Geschehens versetzt.[409] Dieser spirituelle Ton wirkt mystagogisch und übernimmt konsequent jene Theologie des Geheimnisses, in der sich Eucharistie und Kirche verbinden. Dies wird dadurch verstärkt, dass der Papst immer wieder den liturgischen

---

408 A. Quack, Art. Opfer I: Religionswissenschaftlich, in: H. Waldenfels (Hrsg.), Lexikon der Religionen. Phänomene, Geschichte, Ideen, Freiburg u.a. ²1995, 480-482; hier: 480.

409 „Haben die am Letzten Abendmahl teilnehmenden Apostel den Sinn jener Worte verstanden, die aus dem Munde Christi kamen? Vielleicht nicht." (Nr. 2)

Texten folgt und ihnen eine theologische Einführung in das Sakrament entnimmt. Das gilt besonders für den Ruf „Mysterium fidei!", mit dem das Thema zum Titel wird:

> „*Mysterium fidei!*'... In diesen oder ähnlichen Worten *offenbart* die Kirche, indem sie Christus im Geheimnis seiner Passion zeigt, *auch ihr eigenes Geheimnis: Ecclesia de Eucharistia.*" (Nr. 5).

In diesem Geheimnis liegt eine universale Ausdehnung, ein eucharistischer Heils-Inklusivismus. Nichts bleibt außen, jeder ist adressiert. Angesichts des Unfassbaren bleibt nur das Staunen. Und es muss besonders die „Spender der Eucharistie" (Nr. 5) ergreifen. Kaum merklich wird zur amtstheologischen Problematik übergeleitet. Der Vorgang ist charakteristisch. Aus der meditativen Besinnung lässt sich eine dogmatische Aussage gewinnen. Der Priester hat die Vollmacht des Amts, „die Konsekration zu vollziehen" (Nr. 5). Der Ton erinnert an eine juristische Definition und verweist auf die spätere Bestimmung der kirchenrechtlichen Implikationen für die Teilnahme an der Eucharistiefeier und das katholische Verbot einer ökumenischen Interkommunion.

Erneut ist es aufschlussreich, wie sich der Text im Stil verändert. Was Staunen bedeutet, macht der Papst biographisch fest (Nr. 7-8). Sein theologisches Testament wird zum „Glaubenszeugnis" (Nr. 59). Beinahe lyrisch führt Johannes Paul II. die Bilder vor, die er mit seinen Erinnerungen an verschiedene Eucharistiefeiern entwickelt. Er überführt sie in die liturgisch-poetische Form hymnischen Sprechens und bindet sie so wieder an sein Thema:

> „Ja, kosmisch! Denn auch dann, wenn man sie auf dem kleinen Altar einer Dorfkirche feiert, wird die Eucharistie immer, in einem gewissen Sinne, *auf dem Altar der Welt* zelebriert. Sie verbindet Himmel und Erde. Sie umfaßt und erfüllt alles Geschaffene. Der Sohn Gottes ist Mensch geworden, um dem, der alles aus dem Nichts geschaffen hat, alles Geschaffene in einem höchsten Akt des Lobes zurückzuerstatten. Und so erstattet er, der ewige Hohepriester, indem er mittels des Blutes seines Kreuzes in das ewige Heiligtum eintritt, dem Schöpfer und Vater die ganze erlöste Schöpfung zurück." (Nr. 8)[410]

---

410 Diese Passage erinnert an eine eucharistische Besinnung Teilhard de Chardins, die in ihrer kosmischen Perspektive in einen ähnlich hymnischen Überschwang einfällt: „Herr, da ich wieder einmal, nicht mehr in den Wäldern der Aisne, sondern in den Steppen Asiens, weder Brot, noch Wein, noch Altar habe, will ich mich über die Symbole bis zur reinen Majestät des Wirklichen erheben und Dir, als Dein Priester, auf dem Altar der ganzen Erde die Arbeit und die Mühsal der Welt darbringen. Die Sonne erhellt gerade dort hinten den

Die Steigerung der affektiven Intensität wird syntaktisch aufgenommen, die Sätze werden länger, sie forcieren den Gedanken. Das Staunen bezieht sich erneut auf das Geheimnis, und es liegt in der Verbindung von Profanem und Sakralem, das im Opfertausch erschlossen wird. Die verschiedenen Textübergänge funktionieren bereits in der Einleitung *formal* wie *material* konzentrisch.

Das folgende 1. Kapitel („Geheimnis des Glaubens", Nr. 11-20) greift diese Architektur auf. Die liturgische Proklamation des *Mysterium fidei* bezeichnet theologisch den Kerngedanken. Er konkretisiert sich eucharistie-theologisch in der genannten Akzentuierung des Opfers. Diese wird ihrerseits in einem Stück narrativer Theologie begründet: in den „dramatischen Umständen…, in denen die Eucharistie entstanden ist." (Nr. 11) Die Passion Jesu erinnert an seine Selbsthingabe. Sie ist als das Opfer seines Lebens zu begreifen. Das aber reklamiert nicht weniger als die „sakramentale Wieder-Vergegenwärtigung dieses Geschehens. Sie ist das Kreuzesopfer, das durch die Jahrhunderte fortdauert" (Nr. 11)

Dieser Nachsatz ist ökumenisch heikel. Er muss im Zusammenhang einer spirituellen Lektüre aufgefasst werden. Eindringlich meldet sich die Vorstellung von realer Gegenwart an, die der Papst immer wieder betont. Nicht sie bereitet Schwierigkeiten – im evangelisch-katholischen Gespräch herrscht an dieser Stelle eine grundlegende Übereinstimmung.[411] In den eucharistischen Zeichen aktualisiert sich *personale Präsenz*:

> äußersten Zipfel des ersten Aufgangs. Wieder einmal erwacht in dem sich bewegenden Feld ihrer Lichter die lebende Oberfläche der Erde, sie erzittert und beginnt ihre erschreckende Mühe. Ich lege auf meine Patene, mein Gott, die erwartete Ernte dieses neuen Bemühens. Ich gieße in meinen Kelch den Saft all der Früchte, die heute zermalmt werden. Mein Kelch und meine Patene sind die Tiefen einer Seele, die allen Kräften weit geöffnet ist, die in einem Augenblick sich von allen Punkten des Erdballs erheben und zum Geist konvergieren werden… Wie der Monist stürze ich mich kopfüber in die totale Einheit – aber die Einheit, die mich aufnimmt, ist so vollkommen, daß ich in ihr, da ich mich verliere, die letzte Vollendung meiner Individualität finden kann. Wie der Heide bete ich einen greifbaren Gott an. Ich berühre Ihn sogar, diesen Gott, durch die ganze Oberfläche und die ganze Tiefe der Welt, der Materie, in die ich hineingenommen bin. Doch, um Ihn zu fassen, wie ich möchte (einfach um Ihn weiter zu berühren), muß ich durch jeden Zugriff hindurch und über allen Zugriff hinaus immer weitergehen – ohne mich jemals in irgendetwas ausruhen zu können –, in jedem Augenblick von den Geschöpfen getragen und in jedem Augenblick über sie hinausgehend – in einem fortwährenden Empfangen und einer fortwährenden Loslösung." (T. de Chardin, Lobgesang des Alls, Freiburg [7]1981, 9-42; hier: 13; 25.)

411 Vgl. K. Lehmann / W. Pannenberg (Hrsg.), Lehrverurteilungen – kirchentrennend? Rechtfertigung, Sakramente und Amt im Zeitalter der Reformation und heute, Freiburg i. Br. 1986, 89-124.

„Sie ist insofern Realpräsenz Jesu Christi, als sie nicht vom gemeinsamen Akt des Essens und Trinkens getrennt werden kann. Damit wird zugleich deutlich, dass sich das evangelische Abendmahlsverständnis insoweit nicht von dem katholischen unterscheidet."[412]

Prekärer erscheint die Form der Vergegenwärtigung *als Opfer*. Hier drohen Missverständnisse im Sinne der reformatorischen Grundsorge, die Messe könnte die Einmaligkeit des Kreuzesopfers beschneiden. Die Enzyklika zitiert in diesem Zusammenhang den Weltkatechismus, und die Formulierung bleibt in der bezeichneten Sachfrage ihrerseits schwierig:

„Die Messe ist zugleich und untrennbar das Opfergedächtnis, *in welchem das Kreuzesopfer für immer fortlebt*" (Nr. 12).[413]

Zugleich beruft sich der Text auf eine Homilie des Johannes Chrysostomos, die in ihrer Spitzenaussage gleichfalls anstößig wirken könnte, in ihrer Ergänzung aber eine andere Richtung angibt:

„Wir opfern immer das gleiche Lamm, und nicht heute das eine und morgen ein anderes, sondern immer dasselbe. Aus diesem Grund ist das Opfer immer nur eines." (Nr. 12)[414]

Die Gegenwart des Opfers reproduziert das Geschehen nicht, sondern erinnert es auf eine Weise, die das Ereignis real setzt, es in seiner eigenen Wirklichkeit für die je andere Wirklichkeit der Eucharistie Feiernden wirklich erfahrbar macht. Anamnetische Realpräsenz nimmt der geschichtlichen Einmaligkeit des Kreuzestodes nichts. Ganz bewusst setzt der Papst nach:

„Die Messe macht das Opfer des Kreuzes gegenwärtig, sie fügt ihm nichts hinzu und vervielfältigt es auch nicht." (Nr. 12)

Dieser Anschluss markiert die Linie, auf der sich der gesamte Text bewegt. Er bemüht sich um die klare Benennung der eigenen Tradition, widerruft sie auch dort nicht, wo sie möglicherweise ökumenisch ambivalent erscheint, fügt sie aber immer wieder in einen ökumenischen Zusammenhang ein, der für eine positive Rezeption offen bleibt. Konkret heißt das hier: in der entsprechenden Anmerkung wird auf das Tridentinum referiert und seine Aussage in einer ökumenisch vertretbaren Deutung erschlossen.[415] Die En-

---

412 Das Abendmahl. Eine Orientierungshilfe zu Verständnis und Praxis des Abendmahls in der evangelischen Kirche. Vorgelegt vom Rat der EKD, Gütersloh 2003, 27f.
413 Katechismus der Katholischen Kirche, München 1993, Nr. 1382. Hervorhebung: G.M.H.
414 Zitat aus: *In Epistolam ad Hebraeos homiliae*, 17,3: PG 63, 131; im Text der Enzyklika Anm. 15.
415 Vgl. Nr. 12, Anm. 16. – An dieser Stelle ergibt sich – im Anschluss an einen

zyklika praktiziert damit eine gespannte Hermeneutik in der Vermittlung von Tradition und Gegenwart – und das wird sich noch in anderer Hinsicht zeigen. In diesen Spannungen kommt es zu Verbindungen, die sich nicht einseitig auflösen lassen: z.B. in der Weise, wie Opfer- und Mahlgedanke nebeneinander stehen, ohne theologisch wirklich integriert zu werden. Das hat Folgen.

Tatsächlich dominiert der Opfergedanke. Selbstverständlich ist auch vom Mahl die Rede[416], aber seltener und weniger prononciert. Ein theologischer Grund wurde bereits genannt: die Akzentuierung der Unverfügbarkeit im eucharistischen Geschehen, die mit einer *reductio in mysterium* einhergeht. Das hat wiederum eine ökumenische Konsequenz. Der Papst begründet theologisch, warum über das Abendmahl auch in ökumenischem Interesse nicht einfachhin nach einer ganz bestimmten Interessenlage bestimmt werden kann, die möglicherweise äußerliche Gesichtspunkte und Motive in den Vordergrund stellt.

Hinweis von H.-J. Sander – der systematisch theologische Arbeitsauftrag, die Interpretationskategorien Mahl und Opfer auf eine ökumenisch rezeptionsfähige Weise zu vermitteln. Sie konvergieren in der unausweichlichen Dramatik eines Geschehens, in dem ein Mensch sein Leben darangibt, um anderen Leben zu ermöglichen: ein anderes Leben, das auf Gott hin befreit (ist) und also Gemeinschaft mit Gott und zwischen den Menschen neu erschließt. Einen Hinweis in der Sache gibt U. H. J. Körtner (Sinn und Geschmack fürs Unendliche. Das Abendmahl aus der Sicht eines evangelischen Theologen, in: CiG 55 (2003) Ausg. vom 11.5.2003): „Schleiermacher hat in seiner theologischen Ethik zwischen wirksamem und darstellendem Handeln unterschieden. Wie der Gottesdienst insgesamt, so wären demnach auch die Sakramente als ein darstellendes Handeln zu charakterisieren, in dem ein Glaubensgehalt zur symbolischen Darstellung gelangt. Im Abendmahl wird das letzte Mahl Christi mit seinen Jüngern nachgestaltet, wobei das Brechen und der Verzehr des Brotes ebenso wie das gemeinschaftliche Trinken aus dem Kelch den Tod Christi als Heilsgeschehen symbolisieren. Vor allem in der ostkirchlichen Liturgie ist schon die Zubereitung der Elemente eine dramaturgische Inszenierung der Kreuzigung Christi. So kann man sagen, daß es sich bei den Sakramenten nicht nur um symbolische, sondern auch um dramaturgische Handlungen handelt, die einen ritualisierten, das heißt auf Wiederholung angelegten Ablauf besitzen. In den Sakramenten kommunizieren Menschen untereinander in ritueller Form und treten hierbei zugleich in Kommunikation mit Gott. Die als Sakramente bezeichneten Rituale sind nach christlichem Verständnis freilich nicht nur als darstellendes Handeln der Gemeinde, sondern als Handeln Gottes zugleich als ein wirksames Handeln – wir können auch sagen als realsymbolische Handlungen – zu deuten. In ihnen teilt Gott sich mit und gibt den teilnehmenden Personen Anteil an seiner Gnade. Ontologisch, also auf das Sein bezogen, betrachtet, handelt es sich um Gottes ‚mitgeteiltes Sein‘." An diese Dramatik ist theo-logisch zu erinnern. Sie setzt den ökumenischen Diskurs um die genannten brisanten Deutungsmuster auf ein anderes Gleis.

416 Vgl. Nr. 16: *„Die Eucharistie ist ein wahres Mahl"*.

Einen weiteren Aspekt liefert die Anbindung an die Tradition und zumal an das Vaticanum II. Bei aller Betonung einer communialen Ekklesiologie und damit auch des Mahlcharakters der Eucharistie, spricht das Konzil doch deutlich häufiger vom Opfer – programmatisch etwa in der ersten Nennung durch SC 2.

Möglicherweise spielt aber noch etwas eine Rolle. Johannes Paul II. hat in seinem Pontifikat, und zwar verstärkt in den letzten Jahren, das biographische Sprechen eines Papstes ermöglicht. Die Person verschwindet nicht mehr ganz in der Funktion, sondern beglaubigt sie. Sicherlich schlägt hier der personale Ansatz des philosophischen Theologen Karol Woytila zu Buche.[417] Vor diesem Hintergrund und im Zusammenhang mit den lebensgeschichtlichen Anschlüssen auch dieser Enzyklika muss der opfertheologische Akzent auf das biographisch begriffene Opfer verweisen, das der Papst im Akt und Dienst der Stellvertretung bringt – nicht zuletzt angesichts der Anforderungen und seiner gesundheitlichen Situation. Das aber reduziert nicht den theologischen Aussagegehalt, sondern motiviert ihn zusätzlich. Biographisches bezeichnet theologisch nichts Externes.

Die Enzyklika betont auf diesem Weg die Bedeutung der Geschichte. Wer Eucharistie feiert, ist zugleich in der Welt gefordert. In der Eucharistie erschließt sich eine neue Wirklichkeit, eine andere Ordnung, die in eschatologischer Gespanntheit Handlungsanforderungen an die Christen stellt:

„Es ist ihre Aufgabe, mit dem Licht des Evangeliums zum Aufbau einer Welt nach dem Maßstab des Menschen und im vollkommenen Einklang mit dem Plan Gottes beizutragen. Viele Probleme verdunkeln den Horizont unserer Zeit. Es mag genügen, an die Dringlichkeit zu denken, für den Frieden zu arbeiten, tragfähige Voraussetzungen der Gerechtigkeit und Solidarität in die Beziehungen zwischen den Völkern einzubringen und das menschliche Leben von der Empfängnis bis zu seinem natürlichen Ende zu verteidigen. Und was soll man von den tausend Widersprüchen einer ‚globalisierten‘ Welt halten, in der die Schwächsten, die Kleinsten und die Ärmsten scheinbar wenig zu erhoffen haben?" (Nr. 20)

Eminent ökumenisch klingt die Folgerung, die sich aus diesem eucharistisch begründeten Weltauftrag ergibt. Christlich ist jener Friede, jene Übereinkunft, jene Einheit verlangt, die das Abendmahl setzt und zugleich vorgibt:

„Der heilige Apostel Paulus wertet seinerseits die Teilnahme der christlichen Gemeinde am Herrenmahl als ‚unwürdig‘, wenn Spaltungen bestehen und sich die Gemeinde gegenüber den Armen gleichgültig verhält (vgl. 1 Kor, 17-22.27-34)." (Nr. 20)

417 Vgl. K. Woytila, Person und Tat, Freiburg-Basel-Wien 1981.

Eucharistische „Wandlung" ist persönlich wie kirchlich gefordert. Ihr Zielpunkt: Einheit im Zeugnis für die Welt und in der Reich-Gottes-Arbeit für die „Armen". An dieser entscheidenden Stelle bleibt jedoch offen, was solche Verwandlung konkret kirchlich, konkret ökumenisch bedeutet. Die eschatologische Spitze, die der Papst seinen Ausführungen in diesem Kontext gibt, droht die Dramatik der eigenen Problemstellung zu entschärfen, indem sie sie verschiebt. Es ist dabei gerade diese Passage, in der sich die eigentliche ökumenische Brisanz des Dokuments verbirgt.

Noch deutlicher wird sie mit den folgenden Kapiteln, die den Konnex von Ekklesiologie und Eucharistie darlegen.[418] Der Papst erinnert im Sinne des Vaticanums II an die geschichtliche Dynamik der Eucharistiefeier, daran, dass sie „die Mitte des Wachstumsprozesses der Kirche" (Nr. 21) sei. *Die Kirche lebt von der Eucharistie* – wie aber wird dann ein ökumenisches Zueinanderwachsen *ohne gemeinsames Abendmahl* theologisch vorstellbar?[419] Muss, wenn von einem Wachstumsprozess gesprochen wird, dies nicht beschreibbare Folgen gerade für die katholische Kirche beinhalten, die doch nach dem eigenen Verständnis als einzige in vollem Umfang korrekt die Eucharistie feiern kann?

In diesem Zusammenhang muss auf der Basis des exegetischen Befunds gerade zum zitierten 1 Kor entschieden festgehalten werden, dass für Paulus nicht die Kirchengemeinschaft Voraussetzung der Eucharistiegemeinschaft ist, sondern dass die Verhältnisse gerade umgekehrt liegen.[420] Das müsste entscheidende Folgen für eine Umstellung nicht nur der ekklesiologischen Ansatzbestimmung haben.

Im theologischen Konzept der Enzyklika konfligieren solange zwei Motive:
* einerseits das Insistieren auf dem wahrheitskonformen Verständnis der Eucharistie, das wiederum mit der wahren Kirchlichkeit und das heißt: mit dem korrekt – in der apostolischen Sukzession – bewahrten kirchlichen Weiheamt zusammenhängt;

---

418 Vgl. Kapitel II: „Die Eucharistie baut die Kirche auf" (Nr. 21-25); Kapitel III: „Die Apostolizität der Eucharistie und der Kirche" (Nr. 26-33); Kapitel IV: „Die Eucharistie und die kirchliche Gemeinschaft" (Nr. 34-46).

419 Vgl. O. H. Pesch, Gemeinschaft beim Herrenmahl? Probleme – Fragen – Chancen, in: E. Pulsfort / R. Hanusch (Hrsg.), Von der ‚Gemeinsamen Erklärung' zum ‚Gemeinsamen Herrenmahl'? Perspektiven der Ökumene im 21. Jahrhundert, Regensburg 2002, 155-175; zu möglichen Schritten vgl. ebd., 169-172. Pesch plädiert dafür, zur *„Herrenmahlsgemeinschaft in begrenzter und dafür vorbereiteter Situation zu ermutigen."* (170)

420 Detailliert weist dies nach M. Gielen, Mut zur Herrenmahlgemeinschaft. Ökumenische Impulse aus paulinischer Perspektive, in: BZ. NF 48 (2004) 104-113.

* andererseits der eucharistietheologische Hinweis auf die zentrale Bedeutung der Eucharistiefeier für das Werden und Bestehen von Kirche. Das muss dann aber auch erkenntnistheologisch ernst genommen werden: Wie kann es angesichts dieser konstitutiven Funktion der Eucharistie ohne sie zu einer kirchlich angemessen Wahrheitserkenntnis kommen?

Sicherlich handelt es sich hier nicht um ein bloßes Gegensatzpaar. In der konkreten theologisch-kirchlichen Situation bleibt es aber bei einer massiven Spannung. Sie hat u.a. fundamentaltheologische Gründe. Das Paradigma einer primär theoretisch begriffenen Erkenntnistheorie steht einem um seine praktische, handlungstheoretische Dimension erweiterten gegenüber.[421] Ökumenisch ist in diesem Zusammenhang eine Bemerkung von Kardinal Kasper zu bedenken, der für den Bruch der Kirchen und das weitere ökumenische Gespräch an die Verpflichtung auf die Wahrheit erinnert, aber zugleich festhält:

„Der Dialog in Liebe und Wahrheit wird in Zukunft noch mehr als bisher nicht nur ein akademischer Dialog, sondern ein Dialog des Lebens sein. Wir haben uns ja nicht in erster Linie auseinanderdiskutiert, sondern auseinandergelebt und uns dadurch am Ende nicht mehr verstanden."[422]

Der Papst verpflichtet auf eine klare Linie. Ohne die Sukzession, ohne das gültige Amt kann es keine Eucharistie geben (Nr. 28). Weil weder die Eucharistie noch das Amt einfach im Verfügungsraum der Gemeinde(n) liegen, darf man sich weder den Amtsträger geben noch einfach ohne ihn Eucharistie feiern (Nr. 29). Entsprechend bleibt die Kommuniongemeinschaft mit jenen kirchlichen Gemeinschaften verschlossen, in denen das Amt nicht korrekt bewahrt wurde.

Erneut greift hier das ökumenisch ausgleichende Prinzip der Enzyklika, solche Aussagen in einen positiven Kontext einzubetten. Nachdrücklich erinnert daher Nr. 30 an „bedeutsame Fortschritte und Annäherungen..., die uns auf eine Zukunft in voller Glaubensgemeinschaft hoffen lassen." Öku-

---

421 Vgl. exemplarisch E. Arens, Feuerprobe auf das Tun des Glaubens. Zum Ansatz einer theologischen Handlungstheorie, in: K. Müller, (Hrsg.), Fundamentaltheologie. Fluchtlinien und gegenwärtige Herausforderungen, Regensburg 1998, 59-76; K. Müller, Wieviel Vernunft braucht der Glaube? Erwägungen zur Begründungsproblematik, in: ebd., 77-100. Zur Grundlegung vgl. weiterhin ders. (Hrsg.), Gottesrede – Glaubenspraxis. Perspektiven theologischer Handlungstheorie, Darmstadt 1994.

422 W. Kasper, Ein Herr, ein Glaube, eine Taufe. Ökumenische Perspektiven der Zukunft, in: E. Pulsfort / R. Hanusch (Hrsg.), Von der ,Gemeinsamen Erklärung' zum ,Gemeinsamen Herrenmahl'?, 217-239; hier: 236.

menisch bestimmt ist auch die Sorge, dass ein vorzeitiges, theologisch nicht vollkommen verantwortetes Zusammengehen eher neue Probleme aufwerfen könnte:

> „Deshalb müssen die katholischen Gläubigen, wenn sie auch die religiösen Überzeugungen ihrer getrennten Brüder respektieren, sich von der Teilnahme an der Kommunion fernhalten, die in ihren Feiern ausgeteilt wird, um nicht einer Zweideutigkeit über die Natur der Eucharistie Vorschub zu leisten und es demzufolge zu unterlassen, die Wahrheit klar zu bezeugen. Dies würde zu einer Verzögerung des Weges zur vollen sichtbaren Einheit führen." (Nr. 30)

Der narrative Ansatz zur Erklärung der Eucharistie führt über die Erinnerung an das Einsetzungsgeschehen des letzten Abendmahls zur apostolischen Tradition. Die kirchliche Überlieferung bindet an das apostolische Amtsverständnis und an die Tradierung der Wahrheit des Geschehens. Unübersehbare Spannungen treten in den theologischen Konzepten auf:

* Einerseits Nr. 35: „Die Feier der Eucharistie aber kann nicht der Ausgangspunkt der Gemeinschaft sein, sie setzt diese vielmehr als existent voraus, um sie zu stärken und zur Vollkommenheit zu führen."
* Andererseits Nr. 40: „Die Eucharistie *schafft* Gemeinschaft und *erzieht zur Gemeinschaft.*"

Diese Aussagen sind gerade im Kontext der „Communio-Ekklesiologie" zu lesen, die von der Enzyklika ausdrücklich als Erbe des Zweiten Vatikanischen Konzils übernommen wird (Nr. 34). Wenn dann – sakramententheologisch *hierarchisch* gedacht[423] – die Eucharistie noch einmal „als Höhepunkt der Sakramente" (Nr. 34) gefeiert wird, muss die Möglichkeit einer gemeinsamen Abendmahlfeier *aller Christgläubigen*[424] nur umso dringlicher erscheinen. Dabei ist zunächst die Spannung aufzunehmen, die mit den Zitaten gekennzeichnet wurde. Eucharistie setzt eine Gemeinschaft voraus, und zwar als gültige Feier *die* Kirche, die die wahre Lehre und das Amt ordentlich bewahrt hat. Zugleich konstituiert die Eucharistiefeier diese Gemeinschaft erst. Ohne sie fehlt ihr Entscheidendes. Von daher ist sie ihr Fundament wie ihr Motor. Dieses dynamische Element nehmen beide Passagen auf: Eucharistie treibt zur Vervollkommnung an. Kirche befindet sich in Entwicklung. Besonders, weil in der Kirche jeder Christgläubige sich seiner Sünden bewusst sein muss und in der Eucharistie einen „fortwährende(n) Anspruch zur Bekehrung" (Nr. 37) erfährt. Dieser Anspruch hat ebenso

---

423 Hier fehlt eine tauftheologische Note. Ohnehin erscheint fragwürdig, die Sakramente derart zu hierarchisieren.
424 Vgl. die Adresse der Enzyklika.

wie das gemeinsam gebetete Schuldbekenntnis in dieser Form ekklesialen Rang. Die Kirche selbst betet als Subjekt das Schuldbekenntnis – und Johannes Paul II. hat in seinem großen Schuldbekenntnis dafür einen Maßstab gesetzt.[425] Die Frage lautet dann: Ist die Eucharistie nicht die entscheidende Kraftquelle zur Bekehrung? Ermöglicht nicht die Erfahrung des Glaubens in Gemeinschaft – bei allen Differenzen, die jede Gemeinschaft theoretisch wie praktisch austrägt – erst jene gemeinsame Umkehr zum lebendigen Gott, dessen Selbstgabe als Einladender eine Wirklichkeit bezeichnet, die sich uns in ihrer Gegebenheit entzieht?

„Angesichts dieses Geheimnisses der Liebe erfährt die menschliche Vernunft ihre ganze Begrenztheit." (Nr. 15) Dieser erkenntnistheologische Satz muss aus seiner Marginalisierung im Systeminteresse heraus zur hermeneutischen Feuerprobe reifen. Er spricht vom Geheimnis des Glaubens und markiert ein Stück Negativer Theologie an jener Stelle, die in äußerster *Positivität* von Gott nicht nur spricht, sondern ihn – in den eucharistischen Gaben – *begreifbar* macht. Diese Spannung ist einzusetzen. Sie ist auf den Grund der Gemeinschaft zu beziehen, die sich eucharistisch realisiert. Als *ein* Gemeinschaftsgrund muss das Christusbekenntnis aufgefasst werden. Die Enzyklika benennt dieses Kriterium in ihrer Adresse. Wenn Sünde strukturell Unglaube ist, wenn Glaube nur in Gemeinschaft möglich ist, wenn diese Glaubensgemeinschaft in der Eucharistie *wird*, sich erneuert und revitalisiert – muss die Eucharistiefeier dann nicht so weit geöffnet werden, dass wahre Glaubensgemeinschaft und Umkehr *ethisch* wie *konfessorisch* erst möglich werden?

Allerdings steht dieser Anforderung eine theologisch unabdingbare Wahrheitsforderung entgegen, und zwar explizit amtstheologisch. Erneut zeigt sich hier jene *juxtapositionelle Hermeneutik*[426], die schon für das Konzil kennzeichnend war. Die entscheidende Frage ist dann aber, wie man mit diesen Spannungsverhältnissen umgehen kann, wo sie sich theoretisch nicht auflösen lassen. Die Enzyklika spricht hier überaus klar:

„Da die Eucharistie die höchste sakramentale Darstellung der Gemeinschaft in der Kirche ist, verlangt sie, im *Kontext der Unversehrtheit auch der äußeren Bande der Gemeinschaft* gefeiert zu werden. In be-

425 Vgl. zum Text: http://www.vatican.va/news_services/liturgy/documents/ns_lit_doc_20000312_prayer-day-pardon_ge.html. Vgl. Internationale Theologische Kommission, Erinnern und Versöhnen. Die Kirche und die Verfehlungen in ihrer Vergangenheit, 3., erw. Aufl. Einsiedeln 2000.
426 Vgl. H. J. Pottmeyer, Vor einer neuen Phase der Rezeption des Vaticanum II. Zwanzig Jahre Hermeneutik des Konzils, in: ders. / G. Alberigo / J.-P. Jossua (Hrsg.), Die Rezeption des Zweiten Vatikanischen Konzils, Düsseldorf 1986, 47-65.

sonderer Weise ist sie ,die Vollendung des geistlichen Lebens und das Ziel aller Sakramente'; daher ist es erforderlich, daß die Bande der Gemeinschaft in den Sakramenten wirklich bestehen, besonders in der Taufe und in der Priesterweihe. Es ist nicht möglich, einer Person, die nicht getauft ist, oder die die unverkürzte Glaubenswahrheit über das eucharistische Geheimnis zurückweist, die Kommunion zu reichen. Christus ist die Wahrheit und legt Zeugnis von der Wahrheit ab (vgl. *Joh* 14,6; 18,37); das Sakrament seines Leibes und seines Blutes duldet keine falschen Vorspiegelungen." (Nr. 38)[427]

Wie sehr bleibt indes jeder Einzelne *christologisch*, weil *christopraktisch* hinter dieser Wahrheit zurück. Wie unterschiedlich wird Eucharistie theoretisch aufgefasst und praktisch gefeiert! Es gibt in dieser Hinsicht nur eine *prekäre Identität des Christlichen*.[428]

Zur Lösung der bezeichneten Spannung fehlen der Enzyklika – und mit ihr der Kirche – die theoretischen Mittel. Zumindest unter den gegebenen Voraussetzungen, auf die das Dokument erneut verpflichtet. Gerade angesichts der „Unmöglichkeit der gegenseitigen eucharistischen Teilnahme" (Nr. 44), auf die bereits seine ökumenische Enzyklika *Ut unum sint* (1995) hinweist, erneuert der Papst den Wunsch nach eucharistischer Einheit. Dieses ökumenische Signal erhält Konturen, insofern der Text auf mögliche Ausnahmen hinweist, die für die orientalischen Kirchen gelten. Zwar wird damit erneut das entscheidende Amts-Kriterium ins Spiel gebracht – zugleich aber auch die pastorale Notsituation aufgewertet.

Der Papst greift damit indirekt eine Unterscheidung auf, die Hans-Joachim Sander in der Ekklesiologie des Zweiten Vatikanischen Konzils grundgelegt sieht: Die Kirche wandelt sich von einer Religions- zu einer Pastoralgemeinschaft.[429] Kirche wird wesentlich durch die Zeichen der Zeit bestimmt, weil sie sich in ihnen nicht nur artikuliert, sondern gleichsam konstituiert. In der Religionsgemeinschaft zeigt sich ein anderes Paradigma: das machtvoller und –bewusster Sicherheit. Die Pastoralgemeinschaft wird aus dieser Sicherheit gerissen; sie wird Wüstenkirche:

„Durch das jüngste Konzil und mit dem Ende der modernen Sicherheiten wird entsprechend nichts anderes als die bedrängende Not ratifiziert, aus der heraus Kirche durch die Reich-Gottes-Stiftung Jesu, in der Glaubensmission des Paulus und mit dem Präsens Gottes lebt."[430]

---

427 Das Zitat im Zitat ebd. unter Anm. 78: Heiliger Thomas von Aquin, *Summa theologiae*, III, q. 73, a. 3c.

428 Vgl. G. M. Hoff, Die prekäre Identität des Christlichen.

429 Vgl. H.-J. Sander, nicht ausweichen. Die prekäre Lage der Kirche, Würzburg 2002.

430 Ebd., 118.

Das Paradigma sicherer Identität braucht die Enzyklika an verschiedenen Punkten.[431] Zugleich scheint sie zu spüren, dass in ihm die Lösungen verschlossen bleiben, ohne die jener ökumenische Durchbruch nicht zu erzielen ist, den auch sie mindestens tentativ will. Sie könnte dabei entschlossener auf eine Einsicht zurückgreifen, die *Ut unum sint* vorgibt. Danach muss über die konkrete Ausgestaltung des Petrusdienstes unter veränderten Bedingungen im Dienst der Einheit neu nachgedacht werden. Dieser Reflektionsprozess wird von der differenz- und pluralismusfreundlichen Maxime bestimmt, wonach „die Ausdrucksform der Wahrheit vielgestaltig sein kann."[432] Etwas davon transportiert die pastorale Öffnung der Eucharistiefeier im ökumenischen Kontakt mit den orientalischen Kirchen (Nr. 45f.).

Nimmt man einige ästhetisch-theologische Überlegungen des 5. Kapitels hinzu („Die Zierde der Eucharistiefeier", Nr. 47-52), so ergeben sich weitere Möglichkeiten für eine neue Justierung der bezeichneten ökumenischen Absage. Die Rede ist nämlich von einer „ebenso gesunden wie erforderlichen Inkulturation" (Nr. 51). Solche „Anpassung" ist „immer im Bewusstsein des unaussprechlichen Mysteriums vorzunehmen" (ebd.). Wahrheit ist nicht absolut, sondern geschichtlich. Jenseits von Beliebigkeit oder laschem Nachlassen muss unter diesen Vorzeichen der *Kairos* wahrgenommen werden, in dem möglicherweise jene *Verwandlung* auch der eigenen Gestalt notwendig wird, zu der sich die Kirche immer wieder hat bereit finden müssen. Das letzte Konzil mit seinen Bahn brechenden Aussagen zur Religionsfreiheit und zu den Weltreligionen liefert dafür das jüngste Beispiel.

431 Vgl. Nr. 15 das Insistieren auf dem *sicheren Charisma der Wahrheit;* Nr. 39 die Rede von der *sicheren Eucharistie.* Identität wird kirchlich durch das Amt, die rechte Lehre und die gültige Feier der Eucharistie bewahrt. Das Bewahren ist dabei selber ein identitätslogisches Muster. Die Herausforderung theologisch-kirchlicher Differenzen kann von dieser Basis aus nur defensiv angenommen werden. Letztlich müssen sie eliminiert oder integriert werden. Das verkürzt aber ihre Valenzen und die Unvermeidlichkeit differenten Interpretierens auch im dogmatischen Innenraum. Vgl. G.M. Hoff, Die prekäre Identität des Christlichen, 221ff.

432 Ut unum sint, Nr. 19. – Vgl. den Hinweis von LG Nr. 8 auf die *vielfältigen Elemente der Wahrheit.*

12.3 Zur ökumenischen Rezeption und theologischen Bewertung der Enzyklika

Mit den zuletzt gekennzeichneten Fragen wurde bereits die kritische Auseinandersetzung mit der Enzyklika angesprochen. Wie stellt sie sich ökumenisch dar? Besonders das 6. Kapitel („In der Schule Mariens. Die Eucharistie und Maria", Nr. 53-59) könnte anstößig wirken. Fremd erscheint die Aussage, dass Maria gewissermaßen „ihren eucharistischen Glauben bereits vor der Einsetzung der Eucharistie ausgeübt" (Nr. 55) habe. Insofern die Aussage inkarnationstheologisch rückgebunden wird, bleibt es aber bei einer christologischen Konzentration. Sie wird dann noch einmal spirituell übersetzt:

> „Es besteht… eine *tiefe Analogie* zwischen dem *fiat*, das Maria auf das Wort des Engels antwortete, und dem *Amen*, das jeder Gläubige ausspricht, wenn er den Leib des Herrn empfängt." (Nr. 55)

Maria wird damit glaubenstypologisch interpretiert – was ökumenisch nicht problematisch erscheinen *muss*. Und mit Maria wird noch einmal die politische, die weltliche Brisanz des Sakraments aufgerufen.

> „Jedes Mal, wenn sich uns der Sohn Gottes in der ‚Armut' der sakramentalen Zeichen von Brot und Wein zeigt, wird in die Welt der Keim jener neuen Geschichte gelegt, in die ‚Mächtigen vom Thron' gestürzt und ‚die Niedrigen erhöht werden' (vgl. *Lk* 1,52)." (Nr. 58)

Systematisch hat dieser mariologische Nachtrag illustrierenden Charakter. Zugleich ist er im Zusammenhang mit der geistlichen Biographie des Papstes und seiner Marienfrömmigkeit zu lesen. Ausdrücklich macht dies noch einmal der Schluss (Nr. 59-62), in dem vom „Glaubenszeugnis" (Nr. 59) die Rede ist. Die Enzyklika ist damit Teil eines persönlich beglaubigten Testaments. Im Wandel der Zeit wird festgehalten, was als Programm zu bewahren ist: kein neues Programm (Nr. 60), sondern Erinnerung an die Tradition der Kirche und an das, was sie am Leben hält: „Steh auf und iß, sonst ist der Weg zu weit für dich" (1 *Kön* 19,7; Nr. 61). Freilich – wäre das ökumenisch nicht noch ganz anders aufzunehmen?

Die erste ökumenische Rezeption sieht nun zwar Schwierigkeiten, aber keine elementaren neuen Spannungen. Dass mit gutem Willen gelesen wird, macht schon deutlich, dass auf den bezeichneten mariologischen Schluss ohne jede Allergie reagiert wird. Dennoch sind kritische Anmerkungen festzuhalten. So bedauert die EKD in einer Erklärung, dass der Papst die Darlegung der katholischen Position mit „Abgrenzungen verbunden" habe.[433] Die

---

433 Meldung des epd vom 29.4.03 (www.epd.de/598_14589.htm)

Enzyklika wird als Bestandsaufnahme begriffen, die äußerst klar festhält, was katholische Position in der bewegenden Frage nach einer möglichen Abendmahlsgemeinschaft ist. „Die Welt" verzeichnet am 19. April 2003 eine „Enttäuschung über (die – G.M.H) Enzyklika des Papstes". Der Artikel verweist auf kritische Stellungnahmen aus dem evangelischen Raum und zitiert das *Konfessionskundliche Institut des Evangelischen Bundes* in Bensheim, das befürchte, dass die „ökumenischen Uhren zurückgestellt werden". Für den Generalsekretär des LWB, Ishmael Noko, schenkt die Enzyklika den „Ergebnissen der ökumenischen Dialoge zu wenig Beachtung".[434] Polemischer konnotiert erscheint die Feststellung des evangelisch-lutherischen Bischofs Herwig Sturm, dass der Auferstandene frei sei: „(E)r ist auch an Erklärungen des römischen Lehramtes nicht gebunden".[435]

Die differenzierteste Stellungnahme der ersten Tage stammt vom Catholica-Beauftragten der VELKD, Landesbischof Johannes Friedrich.[436] Seine Anmerkungen werden von anerkennenden Worten eingerahmt. Vor allem die Betonung des Gottesdienstes für das Leben der Kirche wird im Anschluss an die Enzyklika positiv aufgegriffen. Fragen werfen folgende Aspekte auf:

* Evangelisch „fehlt uns die Gleichbewertung des Wortes. Aus der Sicht der evangelischen Kirche müsste stets festgehalten werden, dass sich die Kirche auf Wort und Sakrament gründet und durch Wort und Sakrament handelt." (Nr. 1)
* „Die strikte Verknüpfung des Abendmahls mit dem Weihepriestertum und einem sakramental überhöhten Kirchenverständnis werden evangelische Kirchen nicht teilen können." (Nr. 2)
* Mit Bedauern wird die erneuerte Ablehnung eucharistischer Gastfreundschaft bzw. eines gemeinsamen Abendmahls registriert. (Nr. 4)

Gleichzeitig weist Friedrich auf mögliche positive Ansätze hin:

* auf die Wertschätzung ökumenischer Aktivitäten und den ausgesprochenen Willen zur ökumenischen Anstrengung;
* auf die angesprochene pastorale Perspektive mit möglichen Ausnahmeregelungen;[437]

---

434 Meldung des epd vom 29.4.03 (www.epd.de/598_14540.htm)
435 Meldung vom 29.4.03 (www.vienna.at/pubs/redaktion/Oesterreich/Āster-reich-97527.shtm)
436 Text nach: www.velkd.de vom 29.4.03. Mit Angabe der Textnummerierung im Folgenden zitiert.
437 Vgl. Nr. 46 der Enzyklika unter Bezug auf *Ut unum sint* (Nr. 46) sowie dadurch vermittelt auf UR 8 und 15. Der Zusammenhang macht aber deutlich, dass sich die behutsame Öffnung vor allem auf die orientalischen Kirchen bezieht, die in der apostolischen Sukzession stehen. Entsprechend wird der Sakramentempfang für evangelische Christen dem Grundsatz nach ausgeschlossen, wobei

*   auf die Bereitschaft zur theologischen Klarheit.

Auf dieser Linie formuliert Friedrich sein Urteil. Es gehe in der Enzyklika keinesfalls um „eine antiökumenische oder ökumenekritische Positionierung" (Nr. 2). Vielmehr sei der Versuch anzuerkennen,

> „römisch-katholische Eucharistielehre zu erinnern und zu entfalten, jedoch gleichzeitig vorsichtig auf pastorale und ökumenische Fragen hin zu öffnen, zumindest die Perspektive offen zu halten. Um das Dokument in seiner vollen Tragweite zu würdigen, ist weniger ein Vergleich mit dem ökumenisch Wünschbaren hilfreich als vielmehr jener mit den letzten großen Eucharistie-Enzykliken ‚Caritatis Studium' (1898) und ‚Mirae caritatis' (1902), die Papst Leo XIII. veröffentlicht hat." (Nr. 7)

Vor dem Hintergrund dieser Einschätzung ist die theologische Einordnung der Enzyklika vorzunehmen. Mit Friedrich wird kaum davon zu sprechen sein, dass der Papst ein ökumenisches Rückzugsgefecht führe. Im Sinne der skizzierten theologischen Motivationslage wird eine katholische Positionsbestimmung unternommen. Sie wird klar definiert, transportiert aber theologische Spannungen. Inhaltlich wird die Tradition festgeschrieben, die zugleich den Referenzrahmen liefert. Der *Interpretationsansatz* der Enzyklika erfasst die ökumenischen Probleme damit in der Grammatik eines Identitätsdiskurses. Das schließt eine Denkform ein, in der zumindest tendenziell der erkenntnistheoretische Wert von Differenzen theologisch unterbelichtet bleibt. Dass Identität sich aus Differenzen generiert, dass sie unabschaffbar sind, wo es um ein individuelles und auch gemeinsames Verstehen von Texten und Zeichen geht, wäre systematischer zu reflektieren. Ökumenisch schließt das nämlich die Unausweichlichkeit differenten Interpretierens ein. Was wiederum keine Gleichgültigkeit in der Verständigung von – z.B. sa-

---

die Ausnahmeregelungen des Ökumenischen Direktoriums erhalten bleiben: „Es tut Not, diese Bedingungen, die unumgänglich sind, genau zu betrachten, obgleich es sich um begrenzte Einzelfälle handelt. Denn die Ablehnung einer oder mehrerer Glaubenswahrheiten hinsichtlich dieser Sakramente und, unter diesen, die Leugnung jener Wahrheit, welche das zu ihrer Gültigkeit unabdingbare Erfordernis des Weihepriestertums betrifft, macht den Bittsteller indisponiert für den Empfang bzw. für die rechtmäßige Spendung der Sakramente. Und auch umgekehrt wird ein katholischer Gläubiger die heilige Kommunion in einer Gemeinschaft, in der das gültige Weihesakrament nicht vorhanden ist, nicht empfangen können." (Ecclesia de Eucharistia Nr. 46). Friedrich schätzt die Möglichkeiten hier, wenn auch nur behutsam angedeutet, optimistischer ein. Der ökumenische Spielraum wird zwar eingeschränkt, aber nicht verspielt. Im Gegenteil wird an dieser Stelle das Paradigma einer vollständigen Identität qua totaler Übereinkunft durchbrochen, indem das Prinzip pastoraler Sorge (UR 8) in einem erkenntnistheologisch konstitutiven Rahmen eingesetzt wird.

kramentalen – Zeichen aufzwingt, allerdings Spielraum für verschiedene Deutungsansätze und Akzente, mit anderen Worten: für theologisch-kirchliche Stile einräumt.

Wenn die Enzyklika traditionskonform theologische Wahrheit in Anschlag bringt, muss in einem auf internes Konfliktpotenzial hingewiesen werden: auf die ökumenischen und religionstheologischen Öffnungen dieses Pontifikats. In der Aufforderung, über den Petrusdienst nachzudenken, wartet die Einsicht, dass die gegebene Interpretation dieses Amts – im Sinne der alten Societas-perfecta-Ekklesiologie – nicht definitiv sei. Hier deuten sich theologische Schwierigkeiten an, die hermeneutisch auf das Erbe des Vaticanum II zurückgehen. Es werden Spannungen produziert, weil eine juxtapositionelle Hermeneutik eingesetzt wird – wie etwa ekklesiologisch in der konziliaren Zuordnung von Bischofskollegium und Papst, die nur formell, nicht aber theologisch durch die Primatsfassung gelöst wird.

Ein Ausdruck theologisch ungelöster Probleme ist in diesem Zusammenhang vor allem die Theologie des Amts. An ihr entscheidet sich die eucharistische Zugangsfrage. Damit befindet man sich aber unweigerlich in einem definitorischen Diskurs, d.h. konkret in einem Diskurs der Definitions-Macht. Er wird bereits an anderer Stelle entschieden, wenn nämlich ein historisches Sonderproblem mit systematischem Gewicht lehramtlich gelöst wird. Die zentrale Annahme, dass die bischöfliche Sukzession katholischerseits nicht unterbrochen worden sei, entspricht der Tradition, lässt sich aber mit historischen Mitteln nicht absolut zweifelsfrei sichern. Mit dieser erkenntnistheoretischen Einschränkung verbindet sich die zentralere Einsicht, dass die materiale Konstanz der *Traditio* von entscheidendem Gewicht ist. Das Schuldbekenntnis des Papstes gibt an dieser Stelle die Lizenz, über eine entsprechende Diskursformation auch machthermeneutisch nachzudenken. Dabei wäre, im Anschluss an Überlegungen von Christoph Böttigheimer, die geisttheologische Perspektive im Sukzessions-Diskurs zu verstärken, denn

> „nur wenn die Sukzessionsthematik aus ihrer kriteriologisch verengten Sichtweise befreit und in einen größeren pneumatologischen Horizont eingeordnet wird, eröffnet sich auch ein größerer ökumenischer Spielraum: Die Anerkennung protestantischer Ämter steht und fällt nicht mit der Ordinationssukzession, sondern entscheidet sich anhand der successio apostolica der gesamten Kirche und der geistlichen Früchte ihrer Ämter."[438]

438 Ch. Böttigheimer, Apostolische Amtssukzession in ökumenischer Perspektive. Gegenseitige Anerkennung geistlicher Ämter als Bedingung von Eucharistiegemeinschaft, in: Cath(M) 51 (1997) 300-314; hier: 313. Böttigheimer schlägt auf dieser Linie an anderer Stelle eine „besondere Akzentuierung der pneuma-

Es ist ein Identitäts-Diskurs, der die katholische Kirche entscheidend bestimmt und über die Zeiten stabilisiert hat. Er ist im Rahmen eines eigenen theologischen Programms verfasst worden: über die Absicherung kirchlicher Identität qua Tradition. Der entsprechende fundamentaltheologische Ansatz müsste allerdings gerade im Sinne der eigenen theoretischen Prin-

tologischen Dimension kirchlicher Heilsinstrumentalität" vor (Ch. Böttigheimer, Kirchengemeinschaft als Bedingung von Eucharistiegemeinschaft, in: US 54 (1999) 191-203; 203). Das hätte erhebliche Konsequenzen für eine geisttheologische Verschiebung im Verständnis der Sukzessionsproblematik. „Wird nämlich die apostolische Amtssukzession als ein im Wirken des Geistes Gottes gründendes sakramentales Zeichen verstanden, so ist sichergestellt, daß die Amtssukzession für sich allein nicht die Ursprungstreue der Kirche verbürgt, und zugleich eingestanden, daß der Christusgeist auch in anderen Kirchen und kirchlichen Gemeinschaften die apostolische Sukzession bewirken und geistliche Ämter hervorbringen kann." (203) Dem ist m. E. noch hinzuzufügen, dass man streng theologisch im Interesse der Wahrung göttlicher Souveränität die Möglichkeit nicht vorab ausschließen darf, dass Gott die wahre, nämlich evangeliumsgetreue apostolische Sukzession jederzeit gnadenhaft bewirken kann. Wenn man sie aber zwingend an das formale Zeichen der ungebrochenen Sukzessionskette bindet, wird vorausgesetzt, dass dies nur auf diesem Wege geschehen kann. Von daher muss die historisch als ungebrochen unterstellte Kette von apostolisch-bischöflicher Weihe und Handauflegung in ihrem Charakter als Zeichen ernst genommen werden – und zugleich, dass dieses Zeichen keinen Exklusivanspruch transportiert. – Zum Gesprächsstand zwischen evangelisch-lutherischer und römisch-katholischer Kirche vgl. die Doppelreferate: H.-M. Barth, Pfarrer, Priester, Laie – Spalten die Ämter die Kirche?, in: US 54 (1999) 204-212; D. Sattler, Zum römisch-katholischen Amtsverständnis. Ein Vortrag beim Stuttgarter Kirchentag 1999 und eine kommentierte Auswahlbibliographie, in: US 54 (1999) 213-228. Zur geisttheologischen Perspektive vgl. ebd. vor allem 214f. – Zum Beitrag der Orthodoxie vgl. D. Papandreou, „Successio apostolica" – Erwägungen zur Überwindung der Trennung, in: US 42 (1987) 29-40. Für die orthodoxe Sicht ist das Zeugnis der Alten Kirche normativ. „Die apostolische Eigenschaft wurde in der apostolischen Verkündigung bezeugt; die apostolische Verkündigung ging aber aus der Authentizität der apostolischen Eigenschaft hervor, welche vom Herrn den von ihm bestimmten und erwählten Menschen gegeben wurde." (30f.) Dabei besteht ein untrennbarer Zusammenhang zwischen der Kontinuität der „Ordnung", die sich in der Sukzession der Handauflegung manifestiert, und der Kontinuität in der Lehre. „Es geht eigentlich um die apostolische Sukzession als Ganzes." (37) Papandreou macht darauf aufmerksam, dass die „successio apostolica" auch in der Koinonia/Communio der Lokalkirchen besteht. Wo demnach eine solche Gemeinschaft aufgenommen und gelebt wird, partizipiert man wechselseitig an den Strukturen und Einsichten der jeweiligen Kirche in ihrer eigenen Interpretationstreue zur apostolischen Überlieferung. Damit stellt sich verschärft die Frage, ob nicht eine solche kirchliche Lebensgemeinschaft zu ermöglichen wäre, gerade um dort, wo man gegenseitig Fragen an die konkrete Bewahrungsform der materialen wie formalen „successio apostolica" hegt, einen Anteil an ihr zu ermöglichen.

zipien stärker berücksichtigen, dass Tradition immer Interpretation einschließt und also auch Traditionskritik in der Fortschreibung von Tradition durch eine „neue" Tradition als „Traditionstradierung". Wandelbarkeit wird damit als ein Kontinuitätsprinzip beschreibbar – und Kirche ist im Sinne der Enzyklika ein Wachstumsphänomen (Nr. 21).

Das heißt im ökumenischen Kontext der gegebenen Positionen und Aporien: Eine theologische Veränderung ist nur möglich, wo das bestehende Identitäts-Programm umgeschrieben wird – wo etwas wie ein Paradigmenwechsel vollzogen wird. Das Vaticanum II hat dies an verschiedenen Punkten geleistet, z.B. im Verhältnis zu den nichtchristlichen Religionen. Und die Kirche bietet dafür in ihrer Geschichte immer wieder Anhaltspunkte. *Der* zentrale Paradigmenwechsel geschieht in der *oikumenischen* Öffnung des Paulus, die er Kephas abtrotzt. Hier geht es um ein soteriologisches und konkret menschliches Problem – und damit ist die Richtung eines ökumenischen Ansatzes umrissen, den die Enzyklika zumindest andeutet, wenn sie im Sinne des Zweiten Vatikanischen Konzils in pastoraltheologischer Absicht dogmatisch spricht.

Von einem Paradigmenwechsel war die Rede. Eine entsprechende Verschiebung im fundamentaltheologischen Kernbereich ist derzeit kaum zu erwarten. Es würde eine extreme Diskursumstellung innerhalb eines bereits gespannten Diskurses bedeuten. Und dieser Diskurs ist gespannt, weil eine hochrangige lehramtliche Absichtserklärung ökumenisch vorliegt, die mit den gegebenen Mitteln vom selben Lehramt konterkariert wird. Nicht aus mangelndem Willen, sondern aus einer aporetischen *theoretischen* Position heraus.

Zugleich wird diese Position gerade in dieser Gespanntheit als eine Übergangsposition interpretierbar. Anlagen für eine Verschiebung gibt es bereits. So ist an die ökumenischen Fortschritte der letzten 40 Jahre zu erinnern oder an das Signal, dass ein bekennender Ökumeniker wie Walter Kasper Präsident des „Päpstlichen Rates zur Förderung der Einheit der Christen" werden konnte – in einem Augenblick prekärer theologischer Auseinandersetzung mit dem Präfekten der Glaubenskongregation.[439]

Gerade mit Kardinal Kasper ist festzuhalten, dass der ökumenische Durchbruch nach augenblicklichem Stand kaum unmittelbar bevorsteht; nicht angesichts dieser Enzyklika, nicht angesichts des gesamten ökumenischen Gesprächs – wobei bedauert werden darf, dass die ökumenischen Fortschritte in der Enzyklika nicht stärker profiliert wurden, um so dem ökumenischen Willen konkreteren Ausdruck und lehramtlich ein anderes Fundament zu geben.[440] Wie aber ist die ökumenische Zukunft einzuschätzen?

---

439 Vgl. Kapitel 3.3 dieser Studie.
440 Vgl. den Vorschlag von Harding Meyer, die ökumenischen Fortschritte als sol-

„Wie lange noch ist der Weg? Ich bin kein Prophet. Nach menschlichem Ermessen mag es noch ein weiter Weg sein. Aber Gottes Geist ist immer wieder für Überraschungen gut. Hätte man die Berliner Bürger am Morgen des 9. November 1989 auf der Straße gefragt, wie lange noch die Mauer steht und das Brandenburger Tor verschlossen ist, hätten wohl die meisten geantwortet: Wir wären schon froh, wenn unsere Kinder und Enkel einmal wieder frei durch das Brandenburger Tor gehen könnten. Am Abend dieses denkwürdigen Tages sah Berlin und sah die Welt anders aus… Ähnlich wie beim Fall der Berliner Mauer werden auch wir uns eines Tages die Augen reiben, wenn wir feststellen, dass Gottes Geist die trennenden Mauern zwischen den Kirchen niedergerissen und uns neue Wege zueinander und miteinander eröffnet hat."[441]

Denkt man das Beispiel konsequent durch, ergibt sich nicht nur eine hoffnungsvolle, sondern auch eine bedrückende Perspektive: Muss der kirchliche Leidensdruck erst derart zunehmen, dass eine dramatisch veränderte Zeugnissituation zu konkreten kirchlichen Schritten nicht führt, sondern zwingt?

che kirchlich anzuerkennen und etwa in der Form einer Gemeinsamen Erklärung zum Herrenmahl festzuschreiben: H. Meyer, … genuinam atque integram substantiam Mysterii eucharistici non servasse …? Plädoyer für eine gemeinsame Erklärung zum Verständnis des Herrenmahls, in: P. Walter / K. Krämer / G. Augustin (Hrsg.), Kirche in ökumenischer Perspektive, 405-416. – Vgl. darüber hinaus den Vorschlag des Centre d'Ètudes Oecuméniques (Strasbourg) / Institut für Ökumenische Forschung (Tübingen) / Konfessionskundliches Institut (Bensheim), Abendmahlsgemeinschaft ist möglich. Thesen zur Eucharistischen Gastfreundschaft, Frankfurt a. M. 2003. Vgl. a. J. Brosseder / H.-G. Link (Hrsg.), Eucharistische Gastfreundschaft. Ein Plädoyer evangelischer und katholischer Theologen, Neukirchen-Vluyn 2003; J. Hake (Hrsg.), Der Gast bringt Gott herein. Eucharistische Gastfreundschaft als Weg zur vollen Abendmahlsgemeinschaft, Stuttgart u.a. 2004. – Einen guten Überblick zum Stand der Literatur bietet U. Winkler, Ökumenisch leben. Neuerscheinungen für die Praxis, in: SaThZ 7 (2003) 72-99; besonders 80-88. Vgl. auch die Glosse vom selben Autor: Vom corpus verum zum corpus delicti. Eucharistische Irritationen, in: SaThZ 7 (2003) 223-225.
441 W. Kasper, Ein Herr, ein Glaube, eine Taufe, 238.

13. Theologische Schlussreflexion

Die vorliegende Untersuchung hat die wichtigsten Dokumente des evangelisch-lutherischen und römisch-katholischen Dialogs der jüngeren Vergangenheit aufgenommen, um sie unter differenztheoretischen Vorzeichen zu analysieren. Damit steht sie abschließend vor der Frage nach Konsequenzen für eine ökumenische Hermeneutik, die zugleich auf die Zielbestimmungen zurückwirkt. Von daher wird noch einmal ein Blick auf ein aktuelles Papier geworfen (13.1), um aus der Perspektive einer gegenwärtigen Einheitsperspektive ein fundamentaltheologisches Fazit entwickeln zu können (13.2). Dazu muss man im Blick halten, dass ein wirklicher ökumenischer Schritt seinen Preis kostet – das 2. Vatikanische Konzil als ganzes, zumal aber mit seinem Ökumenismus-Dekret hat dies gezeigt. Daran werden sich alle weiteren ökumenischen Texte und Entscheidungen katholischerseits zu messen haben (13.3).

13.1 Problemanzeige: Die Einheitsstudie des Deutschen Ökumenischen Studienausschusses (2001)

Die Studie des DÖSTA zu „Einheit als Gabe und Verpflichtung", die am 9./10.11.2001 von allen Mitgliedern der Arbeitsgemeinschaft angenommen wurde und insofern einen sehr breiten ökumenischen Konsens repräsentativ vertritt, sucht im Anschluss an das ökumenische Schlüsselwort Joh 17,21 – „Alle sollen eins sein: Wie du, Vater, in mir bist und ich in dir bin, sollen auch sie in uns sein, damit die Welt glaubt, dass du mich gesandt hast" – nach einem theologischen Konzept für die Einheit der Kirchen. Der Titel deutet einen Bezug auf die Ökumene-Enzyklika Papst Johannes Paul II. „Ut unum sint" an und greift damit sein Dialogangebot auf.

Die Überlegungen werden von verschiedenen Fragemotiven geleitet, die der Herausgeber Wolfgang A. Bienert in seiner Einleitung festhält:

> „(W)elche Einheit suchen wir eigentlich? Geht es um Vereinheitlichung der kirchlichen Ordnungen und Gesetze, Formen der Liturgie und Frömmigkeit? Geht es um Vereinigung unter einem gemeinsamen

Dach, einer Person oder einem Amt? Geht es um die Wiederentdeckung von Gemeinsamkeiten in der Lehre oder im Glaubensfundament, oder geht es um die Formulierung von Konsensen oder Konvergenzen als Ausdruck der Einheit? Geht es um Vereinbarungen über Fragen der Lehre im Sinne einer Einheit vor uns? Ist das Ziel die *eine* Kirche oder eine Gemeinschaft (Koinonia) von unterschiedlich geprägten Kirchen?"[442]

Ein eigenes Fragerepertoire bietet die „Skizze einer Studie zu Joh 17,21" von Bischof Joachim Wanke, der die Studie angeregt hatte.[443] Vor allem seine Fragen zum Zusammenhang von Glaubens- sowie Kirchen- und Einheitsbegriff erscheinen wegweisend. Wie ist z.B. das Verhältnis von wahrem, falschem, vollem und nicht-vollem Glauben *ekklesiologisch* zu bestimmen? Weiter gefragt: Was bedeutet es für das Verhältnis der Kirchen untereinander, wenn klar ist, dass man nie wirklich *voll* glauben kann? Was beinhalten die praktizierten Differenzeinträge innerhalb des grundsätzlichen Ja zur eigenen konfessionellen Tradition?

Ausgangspunkt der Studie sollte angesichts dieses Fragespektrums keine Debatte um die verschiedenen Einheitsmodelle sein. Vielmehr wurde bewusst ein Schrifttext als Orientierung gewählt. Damit wird nicht nur eine elementare Gemeinsamkeit ins Gedächtnis gerufen, sondern auch eine theologische Gewichtung vorgenommen. Die Einheit der Christen ist letztlich theozentrisch begründet: in der trinitarischen Einheit Gottes. Einheit wird damit in eine eschatologische Perspektive gerückt. Als Christ hofft man darauf, an der trinitarischen Liebe Gottes am Ende der Zeiten teilzuhaben. Zugleich wird deutlich, dass die Einheit im Christus-Bekenntnis je schon gegeben ist.[444] Jede Auseinandersetzung um die sichtbare Einheit der Christen bewegt sich in diesem Horizont. Er entlastet von einer Überbeanspruchung der eigenen ökumenischen Arbeit, weil jede konkrete Einheit damit neu justiert und auch – im Sinne kritischer Bestimmung – *relativiert* wird. Das betrifft dann aber auch jeden Versuch, an der jeweils eigenen konfesionellen Identität festzuhalten. Und es befragt jede Formulierung einer als

---

442 Einheit als Gabe und Verpflichtung. Eine Studie des Deutschen Ökumenischen Studienausschusses (DÖSTA) zu Johannes 17 Vers 21, Frankfurt a. M. – Paderborn 2002, 9. Der Text der Studie, die im Folgenden mit Seitenzahlen im Text zitiert wird, findet sich auf den Seiten 15-26.

443 Ebd., 13f.

444 Der DÖSTA hatte zuvor einen Arbeitsband veröffentlicht, der das Ökumenische Glaubensbekenntnis von 381 in den Mittelpunkt konkreter ökumenischer Arbeit vor Ort stellt: Wir glauben – wir bekennen – wir erwarten. Eine Einführung in das Gespräch über das Ökumenische Glaubensbekenntnis 381, hrsg. v. W. Bienert im Auftrag der ACK in Deutschland, Eichstätt 1997.

unverzichtbar erachteten Glaubenswahrheit auf ihre eschatologische Vorläufigkeit hin. Mit diesem Ansatz wird eine eigene differenztheologische Linie gezogen. Einheit ist vorbehaltlich, prozesshaft und also eine lebendige Größe.

Dem entspricht der theologische Ort von Joh 17,21. Im Ringen des Sohnes um seine Sendung spricht der johanneische Jesus die Einheit unter den Jüngern an. Sie hat ihren Grund in jener höchst spannungsreich erfahrenen Einheit von Vater und Sohn, die sich im *Hohepriesterlichen Gebet* Jesu manifestiert. Diese Einheit wird zum ekklesiologischen Maßstab. Die Einheit von Vater und Sohn wird von Johannes im Rahmen der Passionsgeschichte theologisch entschlüsselt. Sie unterliegt einem dramatischen Prozess. Spannungen erscheinen konstitutiv.

Zugleich wird der Zielpunkt des johanneischen Einheitsgedankens bestimmt: die Liebe zwischen Vater und Sohn ist eine Bestimmung Gottes. Damit alle Menschen an Gott glauben können, muss sich diese Liebe zwischen den Jüngern aktualisieren. Ihre Glaubwürdigkeit hängt an dieser Einheit, die nur im Zusammenhang des theologisch aufgeladenen johanneischen Liebes-Begriffs zu verstehen ist.

Ganz offensichtlich steht man mit dem dramatischen Appell von Joh 17,21 vor einem ntl. bekannten Problem. Die frühen Gemeinden befinden sich in verschiedensten Auseinandersetzungen. Man ringt um theologische Klärungen und pastorale Konzepte. Entscheidend erscheint im Sinne der Studie nun, dass an der Stelle des Apostels, wie er z.B. in Eph 4, 3-6 auftritt, hier Jesus selbst spricht. Der Evangelist führt den Leser in die Intimität des Gottesverhältnisses – ein bereits erzählperspektivisch unglaublicher, aber auch theologisch höchst brisanter Schritt. Damit wird die Bedeutung des theologischen Gedankens nur umso eindringlicher hervorgehoben:

> „In ihrem Einssein soll ihre Vollendung (die der Gemeinde – GMH) sichtbar werden, damit alle Menschen, die noch nicht glauben, ihr Heil in Christus und darin die Liebe Gottes für sich erkennen." (16)

Glauben heißt johanneisch vor allem eins: In der Gemeinschaft mit Jesus Christus bleiben. Diese Kriteriologie christlicher Existenz ist die Grundlage der Anschlussbestimmungen über ein Leben in der Einheit. Zwei Einheitsperspektiven zeichnen sich ab: das fundamentale Christusbekenntnis und die vorgeordnete Forderung nach einem glaubwürdigen Zeugnis für die Welt. Der ökumenische Diskurs hat hier seinen Ort.

Die Einheit der Christen spielt sich damit auf mehreren Ebenen ab. Sie wird theologisch sichtbar in den verschiedenen Instanzen, an die das Christus-Bekenntnis gebunden ist. Die Studie nennt die Bibel, die altkirchlichen Bekenntnisse.

„Dazu gehören aber auch lebendige Zeugen und sichtbare Zeugnisse des Glaubens und des Lebens in der Geschichte der Christenheit." (18)

An dieser Stelle macht sich die praxeologische Wende in der Ökumene bemerkbar. Die Praxis wird erkenntnistheoretisch als ein ökumenisch relevanter *locus theologicus* begriffen. Ein Punkt verdeutlicht das. Die Studie fordert nämlich zur „Suche nach einer geeigneten Hermeneutik der Geschichte" (18) auf.

„Dazu gehören die Verständigung über die je eigenen Erfahrungen mit dem Glauben an Jesus Christus in der Feier des Gottesdienstes, in gelebter Frömmigkeit, in Zeugnis und Dienst. Es geht bei diesem Zugang über die Geschichte darum, unterschiedliche Erfahrungen nebeneinander gelten zu lassen, miteinander zu verknüpfen und die unterschiedlichen Erkenntnisse und Einsichten über den gemeinsamen Glauben zusammenzuführen." (18)

Mit anderen Worten: Den jeweiligen Überlieferungen kommt ein solches Gewicht zu, dass sie sich gegenseitig kritisch justieren können. Es gibt nicht vorab den einzig möglichen Standpunkt. Man hat es mit *Erfahrungen von Wahrheit* zu tun. Dass dieser Aspekt im Zusammenhang eines umfassenden kirchlichen Schuldbewusstseins thematisiert und zu ehrlicher Umkehr aufgerufen wird, verleiht dem Gedanken Nachdruck.

Die historische Perspektive wird in Betrachtungen über bisherige Lösungsmodelle zur Beilegung der Kirchenspaltungen verlängert. Dabei markiert die Studie eine Generallinie: Unionen, die offen oder verdeckt aus einem Zwang, jedenfalls aus diskursiven Ungleichmäßigkeiten entstanden, haben sich nicht halten können. Kirchen-Unionen haben außerdem immer wieder neue Trennungsgeschichten verursacht. Historisch tragfähiger erscheinen Beispiele aus der jüngeren Vergangenheit, die auf der Basis wechselseitiger Anerkennung und eines *differenzierten Konsenses* Kirchengemeinschaften ermöglicht haben, die z. T. eine weitgehende Sakraments- und auch Amtsgemeinschaft zwischen verschiedenen Kirchen ermöglichte. Dabei blieb der Charakter der jeweiligen Kirchen in der Regel erhalten. Das entsprechende Einheitsmodell orientiert sich an einer versöhnten ekklesiologischen Verschiedenheit. Entscheidend erscheint dabei die Betonung der Verschiedenheit statt einer realen Trennung. Wo solche Unterschiede in scharfe, kirchentrennende Differenzen umschlagen – dafür gibt es keine Regel, die vom historischen Material absehen könnte. Die christliche Konfessions- als Trennungsgeschichte zeigt sehr deutlich, dass sich in solchen Situationen und Konstellationen immer theologisch externe Motive nachweisen lassen. Die Kirchen- als Schuldgeschichte ist in diesem Sinne immer auch als eine Machtgeschichte zu schreiben.

Der DÖSTA schlägt vor diesem Hintergrund eine stärkere Betonung legitimer kirchlicher Pluralität vor.

„Wo aber liegen die Grenzen legitimer Vielfalt? Wie viel Unterschiede verträgt die Einheit der Kirche? Wie viel an Verschiedenheit ist wünschenswert, weil sie im Leben und Glauben bereichert, und wie viel an Unterschieden ist um der Freiheit des Gewissen willen notwendig? Gibt es nicht sogar eine legitime Einheit in Gegensätzen? Ist nicht das Leben selbst – in Natur und Gesellschaft – voller Polaritäten? – Nur was sich kontradiktorisch ausschließt, verhindert Einheit. Nur wer sich dem Weg zur Einheit verweigert, ist von der Einheit ausgeschlossen." (24)

Damit ist die entscheidende kriteriologische Aussage der Studie formuliert. Sie wird nicht im Detail begründet, zeigt aber die erkenntnistheoretische Problematik indirekt aus dem gegebenen Kontext an: Was kontradiktorisch ist, wer sich verweigert, steht niemals deutungsfrei fest. Man ist auf Interpretationsentscheidungen verwiesen. Sie sind machtgebunden und vorbehaltlich – wie nicht zuletzt die verschiedenen Lehrverwerfungsstudien zeigen konnten. Einheit und Differenz sind demnach auszuhandeln – unter Maßgabe einer Bereitschaft, den anderen in seinem Christusbekenntnis als Glaubensgeschwister ernst- und anzunehmen.

Das hat systematischen, aber auch theologiegeschichtlichen Grund. Die Studie erinnert exemplarisch an den Kanon als ein eigenes theologisch-kriterielles Instrument. Er bietet inhaltlich wie formal ein Muster notwendiger Unterscheidungsarbeit. Er ist nämlich „Ausdruck einer mehrstimmigen Einheit in Vielfalt" (24). Das apostolische Zeugnis ist nur so zu erreichen. „Von Anfang an ist die Kirche eine Gemeinschaft, in der Unterschiede miteinander verbunden sind." (24) Die eschatologische und christologische Untermauerung des Einheitsgedankens markiert dabei noch einmal die Differenz, die jeder theologische Gedanke in sich auszutragen hat: *vorläufig* zu sein.

Die Einheitsstudie des DÖSTA markiert eine entscheidende Verlagerung in der ökumenischen Diskurspolitik. Mit der allmählichen, aber weitgehend entscheidungsoffenen Abarbeitung wichtiger inhaltlicher Kontroverspunkte wird nicht nur bewusst, was beim derzeitigen Stand trennt, sondern dass gerade angesichts der gegebenen Unterschiede und – vorläufigen – Aporien die Frage nach der Fassung des kirchlichen Einheitsgedankens in der Tagesordnung nach ganz oben rückt.[445] Das ist kein Ausweichmanöver. Es

---

445 Vgl. zum derzeitigen Stand den Überblick von Ch. Böttigheimer, Ökumenische Einigungsmodelle und katholische Einheitsvorstellungen, in: ÖR 52 (2003) 174-187. In historischer Sicht vgl. P. Lüning, Die ökumenischen Zielvorstellungen im Spiegel der Catholica, in: Cath(M) 53 (1999) 190-207.

handelt sich vielmehr um die Einsicht, dass niemals alle Differenzen auszutragen sind. Implizit hält die Einheitsstudie damit – als ein repräsentativer Vermittler der ökumenischen *Ordnung der Dinge* – auf eine ökumenische Differenzhermeneutik zu. Sie soll abschließend noch einmal genauer ins Auge gefasst werden.

13.2 Orientierung: Grundlinien einer differenztheologischen ökumenischen Hermeneutik

Der Durchgang der verschiedenen Dokumente des evangelisch-lutherischen und römisch-katholischen Dialogs zeigt deutlich, dass sich dort, wo differenzhermeneutische Interpretationsmuster bewusst oder einfach der Sache nach eingesetzt wurden, neue Verstehensräume erschließen. Z. T. konnten konkrete kirchliche Schritte erfolgen.[446] Andre Birmelé hat in seiner methodologischen Rekonstruktion der ökumenischen Fortschritte verschiedene Faktoren benannt, die nachweisbare Erfolge ermöglichten.[447] Grundsätzlich fällt eins auf: Unterschiedliche Verständnisoptionen lassen sich im Rahmen einer tragenden Gemeinsamkeit vermitteln, wenn diese wiederum in ihrer Verbindlichkeit nicht als starre Identitätsformel gebraucht wird.[448] Mit an-

---

446 Als Beispiel können über den evangelisch-lutherischen und römisch-katholischen Dialog (mit der GE) hinaus die verschiedenen Erklärungen von Kirchengemeinschaft im Bereich der Kirchen der Reformation dienen.

447 A. Birmelé, Kirchengemeinschaft. Zur methodologischen Problemstellung ökumenischer Theologie vgl. P. Avis, Stufen zur Einheit. Neue methodische Wege in der Ökumene, in: ÖR 48 (1999) 426-447. Avis schlägt eine „doppelte Vorgehensweise einer weitergehenden theologischen Übereinstimmung verbunden mit verstärkter Gemeinschaft" (445) vor und erläutert dies am Beispiel der Ordination im Rahmen der Vereinbarungen der Meißener Erklärung. Die Teilnahme an Ordinationen schließt noch nicht die Handauflegung z.B. seitens des anglikanischen Bischofs ein. Die Teilnahme aber realisiert eine Gemeinsamkeit, die einen Schritt auf dem Weg zum vollen gemeinsamen Amt bedeutet. Sie muss von theologischen Gesprächen begleitet und getragen werden. Über geteilte Lebenswirklichkeiten des Glaubens können sich Fortschritte ergeben. In diesem Zusammenhang ist sicherlich auch das Projekt ökumenischer Gemeindepartnerschaften wegweisend: vgl. J. Rahner, Zur Nachahmung empfohlen. Erfahrungen mit ökumenischen Gemeindepartnerschaften, in: HerKorr 58 (2004) 25-29. Auf dieser Linie wäre auch die ortskirchliche Bindung ökumenischer Ekklesiologie und Erkenntnistheorie zu verstärken.

448 Das ist nicht zuletzt mit Blick auf das grundlegende Kirchenverständnis entscheidend. So weist W. Klausnitzer darauf hin, dass eine Einigung der Kirchen niemals durch das ekklesiologische Format einer einzigen Kirche möglich erscheinen wird (W. Klausnitzer, Eine Kirche oder Einheit der Kirchen? Ökume-

deren Worten: wenn sich das Bewusstsein einer *interpretierten Grundwahr-heit* durchhält. Birmelé nennt im Einzelnen:

* Die Wiederentdeckung der reformatorischen Rede vom *„Hauptartikel"* und der katholischen *„Hierarchie der Wahrheiten":* Das Wesentliche und Unverzichtbare wird dabei so benennbar, dass Unterschiede bleiben können, die auf dieser Basis theologisch wie kirchlich auszutragen sind, ohne darum bereits kirchentrennenden Charakter annehmen zu müssen.

* Die Auseinandersetzung um einen *Grundkonsens* und eine konfessio-nelle *Grunddifferenz:* Birmelé sieht in der konsenstheoretischen Ver-fassung der ökumenischen Prozesse eine Möglichkeit, ein ausschlie-ßendes Verständnis von Differenzen zu überwinden und sie stattdessen als theologischen Erkenntnisgewinn einzusetzen. Das wird freilich erst auf der Basis einer theologischen Gemeinsamkeit formulierbar und diskutierbar.[449] Unter dieser Voraussetzung ergibt sich die Aufgabe, den trennenden Dissens so zu bearbeiten, dass er die Gestalt „einer le-gitimen Verschiedenheit"[450] annimmt. Birmelé blendet hier allerdings die semiologische Konstitutionsebene aus und unterschätzt damit die Differenzen, die sich auch im Verständnis der möglichen Übereinkunft halten *müssen.* Im Gegenzug ermöglicht genau dies, in einem formal zu regelnden Vorgang Konsense zu beschreiben, die zwar nicht deu-tungssicher bestehen, aber das Bewusstsein des unausweichlich diffe-renten Interpretierens bewahren und Orientierungspunkte, Basissätze für das weitere Interpretieren anbieten, auf die sich die späteren Ausle-gungsvorschläge zu beziehen haben.[451]

nische Zielvorstellungen und ekklesiologische Grundlegungen, in: TThZ 108 (1999) 220-231). Mit anderen Worten: Man wird einen Preis für eine wirkliche Einigung zu entrichten haben (vgl. dazu Kapitel 13.3 dieser Studie).

449 Vgl. Ch. Böttigheimer, Grundkonsens statt Wesensdifferenz, in: Cath(M) 53 (1999) 54-61; hier: 58: „Anstatt retrospektiv, von bestimmten Kontrovers-themen ausgehend, eine konfessionelle Grundentscheidung konstruieren zu wollen (Wort oder Sakrament; Rechtfertigung oder Kirche) ist beim heilsnot-wendigen Glaubensgut anzusetzen, das sich trotz der konfessionellen Lehr-streitigkeiten in allen Partikularkirchen wiederfindet und das die Irenik ge-stützt auf ihre Fundamentalartikellehre zu bestimmen versuchte." Dass die Konstruktion einer solchen Wesensdifferenz mindestens fragwürdig ist, kann E. Schockenhoff paradigmatisch im moraltheologischen Zusammenhang nachweisen. Vgl. ders., Gibt es eine ethische Grunddifferenz zwischen den Konfessionen? Eine Nachfrage bei Friedrich Schleiermacher, in: P. Walter / K. Krämer / G. Augustin (Hrsg.), Kirche in ökumenischer Perspektive, 504-521.

450 Vgl. A. Birmelé, Kirchengemeinschaft, 243-245.

451 Damit wird die erkenntnistheoretische Bedeutung von Tradierungsvorgängen und kirchlicher Entscheidungsinstanzen ebenso festgeschrieben wie die Un-ausweichlichkeit individueller Interpretationsaneignung von Tradition(en).

* Die *Erklärungen von Kirchengemeinschaft*: Bestehende Unterschiede werden so aufgegriffen, dass sie im Rahmen einer als elementar betrachteten Übereinkunft ausgehalten werden können. Trennende Differenzen lassen sich so reformulieren, dass sie den jeweiligen Partner – etwa im Zusammenhang alter Verurteilungen – nicht mehr treffen. Vor allem ergeben sich konkrete Schritte eines kirchlichen Zusammenlebens, teilweise bis hin zur Kanzel- und Abendmahlsgemeinschaft (Leuenberger Konkordie). Wichtig ist dabei eine ekklesiologische und auch theologische Bescheidenheit: „Diese Erklärungen sind nicht vollkommen und erheben nicht den Anspruch, es zu sein."[452] Mit diesen Erklärungen ergibt sich eine handlungstheoretische Verschiebung. Man diskutiert fortan auf dem Boden einer geteilten Gemeinschaft. Davon sind andere Verständigungsfortschritte zu erwarten.

* Die Betonung der *Koinonia/Communio-Ekklesiologie*: Auf der praktischen Seite wird die Verantwortung für die Einheit aller Menschen stärker sichtbar, auf der theoretischen kommt der Grund der Kirche genauer in den Blick: der trinitarische Gott. Das Spannungsverhältnis von Einheit und Verschiedenheit wird in einer trinitarischen Grammatik besonders gut beschreibbar.[453]

„Die Kirchen haben gemeinsam wieder entdeckt, dass sie eine Wirklichkeit leben und ausdrücken, die ihnen durch den Heiligen Geist geschenkt ist und die über ihre historischen institutionellen Ausdrucksformen hinausgeht. Diese Vision ist auf die geistliche und pneumatologische Wirklichkeit der Kirche zentriert und nicht auf strukturelle oder gar dogmatische Fragen. Das Konzept der *Koinonia* erlaubt keine Beschränkung der Kirche auf eine soziologische und moralische Größe oder die Reduzierung der Kirche auf ein juridisches und hierarchisches Gebilde."[454]

Die genannten Aspekte verdeutlichen einen neuen theoretischen wie praktischen Umgang mit Differenzen im ökumenischen Gespräch. Damit rückt aber ein weiterer Punkt in den Mittelpunkt des Interesses: der Zusammenhang von Interpretation und Macht. Die Diskussion der einzelnen ökumenischen Fragen kann und muss sicherlich noch vertieft werden. Wichtige Themen mit gewichtigen Unterschieden bleiben auf der Tagesordnung – nicht zuletzt die Fragen nach dem Amt in der Kirche, nach dem Primat des römischen Papstes, nach der Sakramentalität der Kirche. Kaum zufällig siedeln diese

---

452 Ebd., 286.
453 Vgl. zum Ansatz G. Greshake, An den drei-einen Gott glauben. Ein Schlüssel zum Verstehen, Freiburg u.a. 1998.
454 Ebd., 316f.

besonders sensiblen Probleme im ekklesiologischen Kernbereich. Hier geht es mit den theologischen Grundlagen auch um interpretative Einflusszonen: um die Interpretationsmacht. Das ist nicht pejorativ zu verstehen. Weder im Bereich institutioneller noch individueller Deutungsprozesse gibt es einen Ort jenseits solcher intellektueller, sprachlicher, emotionaler, juristischer etc. Machtformationen. Darum sind sie auszuweisen. Ob an einem bestimmten Punkt im ökumenischen Gespräch ein kirchentrennender Dissens vorliegt, steht nicht einfach in sich selbst fest, sondern ist an konkrete kirchliche Entscheidungen mit ihren eigenen Kontextbedingungen geknüpft.

Das große Schuldbekenntnis, das Johannes Paul II. im Jahr 2000 abgelegt hat, markiert an verschiedenen Punkten den Missbrauch kirchlicher Macht, die in guter Absicht gehandelt, aber z. T. fatale Konsequenzen gezeigt hat. Ausdrücklich wird im ersten Bekenntnisgebet auf „Methoden der Intoleranz" hingewiesen. In diesem Zusammenhang wird nicht nur von den Sündern in der Kirche gesprochen, sondern in diesen Vorgängen sieht man das „Antlitz der Kirche" selbst „entstellt". Das Gesicht ist nichts Äußerliches; in dieser Metapher wird nichts Peripheres berührt.

Gerade die ökumenischen Gespräche und Resultate der jüngeren Vergangenheit zeigen, dass man angesichts der Rekonstruktion historischer Bedingungen für die Kirchentrennungen des 16. Jh., angesichts der theologischen Neuaufnahme überkommener Sätze, angesichts bleibender interpretatorischer Differenzen in Einzelfragen und benennbarer Übereinstimmungen in den sie tragenden grundsätzlichen Bereichen vor Entscheidungen steht. Wenn z.B. die GE den Vorrang der Gnade in allem betont, so bleiben doch Anlässe zur weiteren theologischen Ausdifferenzierung. Gemeinsam wird bekannt, dass der Glaube „Geschenk Gottes durch den Heiligen Geist" (Nr. 16) ist. Auf dieser Basis entsteht ein wichtiger Deutungsraum: Muss sich der Mensch nicht für das Wirken des Geistes öffnen? Wenn er das wiederum nicht radikal eigenmächtig kann, was bedeutet das für die soteriologische Qualifizierung des Unglaubens? Hier bietet erneut die chalkedonensische Glaubensformel eine Orientierung. Wenn sie christologisch das Gott-Mensch-Verhältnis grundlegend beschreibt, ist damit der gesamte anthropo-theologische Bezugsrahmen beschrieben. Das betrifft demnach auch das Verhältnis von Gnade und Freiheit im glaubenslogischen Problemzusammenhang. Dann gilt hier ein Zugleich nach der Art des *ungetrennt-unvermischt*. Beide Dimensionen sind gleichermaßen wirksam: Gnade und Freiheit, die natürlich schöpfungstheologisch und also auch formal theo-logisch immer von der freien Gnadentat Gottes abhängt. Die entscheidenden theologischen Aussagen lassen sich unter der gegebenen Voraussetzung nur in diesem Spannungsraum formulieren. Ein Zugriff darüber hinaus sprengt die Möglichkeiten, die erkenntnistheologisch durch den Glauben an Gott als das absolute Geheimnis gezogen werden.

Die theologische Erkenntnistheorie ist auf dieser Basis ökumenisch um-zusetzen:

1. Der eschatologische Vorbehalt gilt auch für ökumenische Interpretati-onssätze und Definitionen. Das Wissen um die eigene Vorläufigkeit stellt verschärft die Frage, wie andere Deutungen christlich zu behandeln sind. Damit wird die Wahrheitsfrage nicht abgeschafft, sondern ihr Austrag thematisiert: Wann wird die grundlegende kirchliche Gemeinschaft im Herrenmahl aufgekündigt? Welches Kriterium gibt den Ausschlag? Was bedeutet es, wenn man interpretatorisch nicht vollkommen sicher über dieses Kriterium verfügt? Hier ist von katholischer Seite zu beachten, dass nicht nur eine Hierarchie der Wahrheiten in Anschlag zu bringen ist, sondern dass ökumenisch meistens keine Glaubenswahrheiten zur De-batte stehen, die in den Bereich infallibel dogmatisierter Sätze gehören.

2. Unterschiedliche Theorierahmen spielen für die ökumenischen Inter-pretationsmuster eine bedeutende Rolle. In diesem Zusammenhang ist mitzubedenken, dass das jeweilige konfessionelle Paradigma lebens-weltlich haftbar ist. Die Tragweite von Argumenten bricht sich an der Verortung des Einzelnen in einer bestimmten Tradition. Auch unter Ökumenikern gibt es nahezu nie den Wechsel in das benachbarte kon-fessionelle System. Wenn aber die Systembindung so stark ist, fragt sich, welche Kraft den jeweiligen Argumenten zukommt. Ihre theo-retische Bedeutung scheint sich an Prägungen zu erschöpfen. Damit ist auch an eine Verschiebung hin zu einem eher handlungstheoretisch untermauerten Modell ökumenischer Theologie zu denken. Möglicher-weise lassen erst geteilte kirchliche Lebenswelten die entscheidenden theoretischen Fortschritte erzielen.

3. Man steht nach Auskunft der ökumenischen Konsenstexte in den al-lermeisten Fällen vor divergierenden, aber nicht unmittelbar einander widersprechenden Interpretationen. Die angesprochene chalkedonen-sische Differenz-Grammatik kann hier als Modell dienen. Im Rahmen dieser Definition wurden verschiedene Ansatzpunkte so integriert, dass es sich nicht einfach um einen Kompromiss handelt, sondern um eine präzise Bestimmung des Sagbaren, das sich eben nicht mehr identitäts-logisch auf einen verfügbaren Begriff bringen lässt. Theologie hat es prinzipiell mit dem Sagen des Unsagbaren zu tun: mit dem Reden von Gott, der in seiner Offenbarung zugleich der im Geheimnis Entzogene und also verborgen bleibt. Die negativen sprachlichen Aussageformen des Chalkedonense geben dem einen genauen Ausdruck.

4. Dass sich das zu Sagende nie ganz sagen lasse, ist eine wichtige Vorga-be der Tradition. Eine dem entsprechende Negative Theologie im Be-wusstsein einer Theologie des Geheimnisses erlaubt mehr Freiheiten in der Begegnung verschiedener Interpretationen.

5. Zumal die Bedeutung des praktischen Zeugnisses und der Glaubensbe-währung als einem erkenntnistheologischen Prinzip macht darauf auf-merksam, dass nicht alles dogmatisch satzhaft geregelt werden kann noch muss.

6. Die Suche nach einer letzten Sicherheit – z.b. in der Auslegung des Evangeliums und also in der Gewichtung der erkenntnistheologischen Funktion des Amts – ist sowohl vom Geist des Evangeliums her wie von der Einsicht in die Unabschaffbarkeit differentiellen Interpretie-rens kritisch zu befragen.

7. Die Differenzen müssen nicht bis ins Letzte in positive Einzelaussagen überführt werden – es reichen Basissätze, die in unterschiedlichen Pa-radigmen Übereinkünfte signalisieren.

Der Annex zur GE formuliert auf dieser Linie eine Interpretationsregel:

„Die Rechtfertigungslehre ist Maßstab oder Prüfstein des christlichen Glaubens. Keine Lehre darf diesem Kriterium widersprechen."[455]

Als Mindestanforderung einer ökumenischen theologischen Hermeneutik gilt also, dass es keinen unmittelbaren Gegensatz geben darf.[456] Das schließt ein, dass man die Deutung des konfessionellen Partners nicht für unmöglich oder vollständig falsch halten darf. Auf dieser Linie erklärt das Positions-papier der Kirchenleitung der VELKD „Ökumene nach evangelisch-luthe-rischem Verständnis" vom Februar 2004:

„Zwischen bekenntnisverschiedenen Kirchen ist Kirchengemeinschaft dann zu erklären, wenn jede der beiden beteiligten Seiten ohne Preisga-be der Bindung an ihr Bekenntnis sehen und anerkennen kann, dass ihre Partner ohne Preisgabe der Bindung an deren Bekenntnis einen Umgang mit dem Evangelium und den Sakramenten pflegen, wie er als notwendi-ge Bedingung für das Zustandekommen des Glaubens verlangt ist. Un-terschiede im Lehrbekenntnis schließen das Gegebensein des gemeinsa-men Evangeliumsverständnisses also nicht notwendigerweise aus."[457]

---

455 Annex zur GE, Nr. 3.

456 Vgl. These II von H. Fries / K. Rahner, Einigung der Kirchen, 35-53. Vgl. im Anschluss daran H. Döring, Einheit durch Vielfalt? Überlegungen zum ge-genwärtigen Stand der Ökumene, in: US 44 (1989) 101-114. Döring weist als Einheitsvorstellung einen *„Konsens ohne Konvergenz"* (109) aus und erläutert dies auf der Linie der angeführten These II des Fries/Rahner-Plans. Danach darf keine Teilkirche ausdrücklich einen Satz ablehnen, der in einer anderen Teilkirche als Dogma gilt. Andererseits wird aber auch keine ausdrückliche Zustimmung dazu verlangt. Der ausstehende volle Konsens wird der Zukunft überlassen. Das Modell, das sich damit abzeichnet, begreift Kirche als Com-munio in der Vielfalt von Ortskirchen (112).

457 Kirchenleitung der VELKD, Ökumene nach evangelisch-lutherischem Ver-

Das ökumenische Ziel ist eine Gemeinschaft von Kirchen, die sich in ihren Unterschieden Kanzel- und Abendmahlsgemeinschaft zugesteht und einen neuen Lebensraum schafft.[458] Im Sinne des Positionspapiers der VELKD bleibt die „Herstellung der wahren Einheit der Kirche... Gottes Werk" (3.2 a). Wo sie wirklich vorliegt, also nicht nur erklärtermaßen besteht, bleibt in dieser Wirklichkeit verborgen. Trotzdem bleibt die sichtbare Einheit der Kirche ein Desiderat. Sie kann nur in Unterschieden bestehen, wie es auch immer je andere Interpretationen der Heiligen Schrift als der entscheidenden Glaubens- und Kirchennorm geben muss (1. a-h).[459]

Aber auch mit dieser Regel bleiben definitorische Spielräume. Man muss interpretieren und kann dies so, dass sich die neue Interpretation auf der Basis einer gemeinsamen Formel von einer anderen Interpretation wegbewegt. Hier gibt es keine letzte Sicherheit (1. h).[460] Also muss entschieden werden. Damit steht man vor der Notwendigkeit einer kommunikativ vermittelnden Interpretationsinstanz. Sie hat sich an jene Regel des hermeneutisch guten Willens zu halten, die sich im Rahmen einer Hermeneutik der Differenz[461] in den verschiedenen Dialogen bereits bewährt hat. Aber auch die Ein-

---

ständnis (Texte aus der VELKD 123/2004), Hannover 2004, Nr. 3.2 d. Im Folgenden mit Zifferangaben im Text zitiert.

458 Vgl. zur Gesamtproblematik H. Meyer, Ökumenische Zielvorstellungen (Ökumenische Studienhefte 4, Bensheimer Hefte 78), Göttingen 1996. Zur katholischen Sicht vgl. W. Thönissen, Gemeinschaft durch Teilhabe. Ein katholisches Modell für die Einheit der Kirchen, in: HK 53 (1999) 240-245.

459 Das liegt auf der Linie des Dokuments „Die Einheit der Kirche als Koinonia" der Vollversammlung des ÖRK in Canberra (1991). Hier wurde festgehalten, dass kirchliche Unterschiede auch in einer versöhnten Verschiedenheit bleiben – und bleiben müssen, denn sie „gehören zum Wesen von Gemeinschaft". (Im Zeichen des Heiligen Geistes. Bericht aus Canberra, Frankfurt a. M. 1991, 175.)

460 Aus römisch-katholischer Sicht muss damit die Geltung der Infallibilitätslehre nicht bestritten werden. Vielmehr ist daran zu erinnern, dass es im Zuge einer immer möglichen dogmengeschichtlichen Entwicklung zu neuen Interpretationen kommen kann. Zumal die Übersetzung eines Dogmas in einen anderen geschichtlichen, kulturellen etc. Zusammenhang erfordert es, den Unterschied von Sinn und Bedeutung anzuerkennen und damit die unausweichlichen Interpretationsprozesse zu berücksichtigen, die sich daran anschließen. Hier erhält das Problem der Rezeption von kirchlichen Entscheidungen besonderes Gewicht. Nach Wolfgang Beinert spielt Ökumene „im Horizont von Rezeptionsprozessen mit dem Ziel, den seinerzeit aufgehobenen Konsens von neuem wiederherzustellen... Es geht dabei also um eine Re-Rezeption der eigenen Tradition." (W. Beinert, Die Rezeption und ihre Bedeutung für Leben und Lehre der Kirche, in: Cath(M) 44 (1990) 91-118; hier: 115). Vgl. auch das Themenheft 2 US 59 (2004): „Die Aufgabe der Rezeption ökumenischer Dokumente".

461 Im Folgenden werden die Ergebnisse der theoretischen Einleitung, vor allem die Ausführungen zur Differenzphilosophie (1.5) vorausgesetzt.

richtung einer solchen Instanz beruht auf einer Deutungsentscheidung und bleibt machtbesetzt. Die möglichst weite Formalisierung einer solchen, z.B. synodalen Instanz kann ihren Missbrauch und ihr konkretes Scheitern nicht verhindern. Darum verdient die Regel den Vorzug, die sich in der Erfahrung bewährt hat. Dabei gibt die ökumenisch evidente Bestimmung der Kirche auf eine sichtbare Einheit hin das Ziel vor.

Für die interne Begründung erscheint relevant, dass es keine volle Übereinkunft in Interpretationsprozessen geben kann – die unterschiedlichen Perspektiven, kontextdefiniten Zeiträume, semantischen Verschiebungen im Gebrauch und in der produktiven Rezeption von Zeichen sowie die faktischen Machtmotive, die in allen Kommunikationsprozessen am Werk sind, stellen jedes Textverstehen unter einen Vorbehalt. Dann aber kann die Bedeutung solcher Interpretationsdifferenzen als Chance begriffen werden. Man muss ihre unweigerlichen Einflüsse so begreifen und den verschiedenen Deutungsansätzen zuordnen, dass sie ein konfliktarmes Ensemble ergeben. Die ökumenischen Methoden des differenzierten Konsenses ermöglichen dies.[462] Ein derartiger Konsens ist mehrfach bestimmt:

*   Er begrenzt das Wesentliche;
*   er markiert eine hinreichende, d.h. für alle Beteiligten tragbare Übereinstimmung;
*   im Konsens bleibt Raum für Unterschiede.[463]

462 Vgl. M. Böhnke, Einheit am Ende des Weges? Zum Beitrag des differenzierten Konsenses für die Ökumene, in: Cath(M) 54 (2000) 166-178; besonders 174ff. Böhnke schlägt vor, erstens die ökumenischen Differenzen als geistgewirkt und zweitens Einheit nicht als Ziel, sondern bereits als die Mitte der ökumenischen Prozesse zu begreifen. Differenz wird auch in diesem Konzept nicht als etwas Nebensächliches, bloß zu Überwindendes gedeutet, sondern als Konstitutivum. – Vgl. zur hermeneutischen Debatte um den differenzierten Konsens H. Wagner (Hrsg.), Einheit – aber wie? Zur Tragfähigkeit der ökumenischen Formel vom „differenzierten Konsens" (QD 184), Freiburg u.a. 2000. Vgl. zu – in weitestem Sinne – differenzhermeneutischen Optionen in diesem Zusammenhang W. Dietz, Ökumenische Hermeneutik und die Suche nach Konsens, in: ÖR 52 (2003) 142-156; A. C. Mayer, Mit oder ohne Konsens. Methodische Erwägungen zu einer hermeneutischen Grundoption, in: ÖR 52 (2003) 157-173.

463 H. Meyer, „Grundkonsens und Kirchengemeinschaft". Bericht und Reflexion über eine Konsultation und ihr Thema, in: A. Birmelé / H. Meyer (Hrsg.), Grundkonsens – Grunddifferenz. Studie des Straßburger Instituts für Ökumenische Forschung. Ergebnisse und Dokumente, Frankfurt a. M. – Paderborn 1992, 11-55; hier: 19. – H. Döring sieht angesichts der Schwierigkeit konsenstheoretischer Zielbestimmungen die Chance für einen ökumenischen Paradigmenwechsel: „Was also wie eine Krise erscheint, könnte auch zur Geburtsstunde eines neuen Einheitsverständnisses werden. In ihr deutet sich zumindest ein ‚Wendepunkt' in der Gesprächsart (nicht nur psychologischer Natur,

Eine konsenstheoretische Zuspitzung des ökumenischen Gesprächs kann sich auf starke wahrheitstheoretische Probleme beziehen. Was der Ausdruck „wahr" bedeutet, steht alles Andere als fest. Das gilt nicht einmal für Sätze, die in einem kirchlichen Innenraum als wahr festgelegt werden, weil sie wiederum unter ganz bestimmten Bedingungen angewendet und eingelöst werden müssen. Hier kann zwar auf eine Definitionsmacht verwiesen werden, die als Institution die *faktisch* entscheidende kriterielle Größe darstellt, weil sie über den Gehalt und die Tragweite eines Wahrheitskriteriums entscheidet. Freilich bleibt auch diese Wahrheitsmacht an die Schrift und die Tradition als ihrerseits normative Instanzen verwiesen und somit in Auslegungsprozesse verstrickt.[464]

Nach der Diskussion verschiedener Wahrheitstheorien hält Thomas Schärtl bilanzierend fest:

> „Die Tatsache, dass es alternative Systeme und Weltbilder gibt, deren Geltung nicht von vornherein negativ beschieden werden kann, zeigt jedoch, dass wir für die Sätze des christlichen Glaubens nur eine relative Wahrheit – relativ zu einem theistischen Weltbild und System – beanspruchen können… Überzeugungen sind Grundlage unseres Wissens, geben Maßstäbe für die Fertigkeit des Wissens vor, können ihrerseits aber nicht in sicheres Wissen überführt werden."[465]

Damit zeichnet sich ein konsenstheoretischer Spielraum ab, für den konziliare Entscheidungen Pate stehen. Das Lehramt steht in der Verantwortung und in der Not, verbindlich sprechen und gemeinschaftlich in der Bindung an Schrift und Tradition, aber auch vor den Zeichen der gegenwärtigen

---

sondern in völlig neuer Fragestellung) an. Ziel ist dabei nicht mehr in erster Linie die Erlangung von Einheit auf der Basis von Konvergenzerklärungen, sondern so etwas wie ein ‚Konsens ohne Konvergenz'." (H. Döring, Ökumene vor dem Ziel [Beiträge zur Fundamentaltheologie und Religionsphilosophie Bd. 2] Neuried 1998, 248.)

464 Daher ergibt sich auch das mittelalterlich intensiv diskutierte Problem des *papa haereticus*, das wiederum durchaus mit einem konsenstheoretischen Problem, nämlich in der Frage nach der Bedeutung eines Konzils, verbunden war: „Bei vielen Kanonisten des Hochmittelalters war anerkannt, daß das Konzil in Glaubenssachen mehr ist als der Papst alleine. Hinzu kam die fast durchgängige Überzeugung, daß ein einzelner Papst sehr wohl in Häresie fallen kann. Die ‚Häresieklausel' war die entscheidende Bruchstelle im ganzen System. Im Fall von Häresie kann der Papst… von der Kirche gerichtet werden. Über Humbert von Silva Candida ging die Häresieklausel auch in die Kirchenrechtssammlung des ‚Decretum Gratianum' (um 1140) ein: Das allgemeine Prinzip ‚Prima sedes a nemine iudicatur' ließ hier die Ausnahme zu ‚nisi devius a fide deprehendatur'" (K. Schatz, Der päpstliche Primat. Seine Geschichte von den Ursprüngen bis zur Gegenwart, Würzburg 1990, 120).

465 Th. Schärtl, Wahrheit und Gewissheit, 165f.

Zeit das Evangelium auslegen zu müssen. Es sind die jeweiligen konditionalen Schwerkräfte, die auch das letztgültige Lehren für seine (dogmen-) geschichtliche Weiterentwicklung offen halten. Das letzte Wort hat Gott selbst!

Natürlich ist trotzdem eine Zustimmung zu wahrheitsrelevanten Glaubenssätzen nicht nur möglich, sondern notwendig. Wolfgang Beinert kann nachweisen, dass freilich bereits die altkirchlichen Symbola nie eine materiale Vollzustimmung voraussetzten. Stattdessen war ein *Basalkonsens* für die Kirchenzugehörigkeit erforderlich. Angesichts der Differenz von Zeichen und Bezeichnetem, angesichts der Unendlichkeit Gottes als dem Formalobjekt des Glaubens kann ohnehin ein *Totalkonsens* nur in der Hand Gottes liegen und also eschatologisch beansprucht werden.[466] Von daher bleibt der Einzelne, tatsächlich aber auch die Gemeinschaft immer hinter dem Gemeinten zurück. Daran schließt sich eine Überlegung, die Walter Kasper mit Blick auf die *fides implicita* eingeführt hat:

„Wer glaubt, daß Gott ist und daß er das Heil des Menschen ist, der glaubt nicht nur einen Teil, sondern implizit den ganzen Glauben. Er steht in einer unsichtbaren Gemeinschaft mit der universalen Kirche, die weiter reicht als ihre institutionellen Grenzen."[467]

Unter dieser Voraussetzung fragt sich, ob nicht ein anderer Blick auf die Kriteriologie kirchlicher Einheit möglich und die Bedingungen, die das Ökumenische Direktorium für den Zugang nichtkatholischer Christen zur Eucharistie aufstellt, grundlegend zu erweitern wären.[468]

---

466 Vgl. W. Beinert, Möglichkeit und Umfang ökumenischer Konsense. Eine historisch-theologische Studie zur „Grundkonsens"-Problematik, in: A. Birmelé / H. Meyer (Hrsg.), Grundkonsens – Grunddifferenz, 56-77; besonders 66-70. Vgl. zur Konsensproblematik hermeneutisch grundsätzlich W. Dietz, Sinn und Grenzen einer „Konsensökumene", in: O. Roland (Hrsg.): Ökumene – wohin?, Mannheim 2003, 340-352.

467 W. Kasper, Grundkonsens und Kirchengemeinschaft. Zum Stand des ökumenischen Gesprächs zwischen katholischer und evangelisch-lutherischer Kirche, in: A. Birmelé / H. Meyer (Hrsg.), Grundkonsens – Grunddifferenz, 97-116; hier: 102.

468 Vgl. dazu den gemeinsamen Vorstoß von Centre d'Ètudes Oecuméniques (Strasbourg) / Institut für Ökumenische Forschung (Tübingen) / Konfessionskundliches Institut (Bensheim), Abendmahlsgemeinschaft ist möglich. Thesen zur Eucharistischen Gastfreundschaft, Frankfurt a. M. 2003. Längst gibt es eine ganze Reihe von gut begründeten Vorschlägen, die zumindest die eucharistische Gastfreundschaft ermöglichen könnten: vgl. exemplarisch P. Neuner, Ein katholischer Vorschlag zur Eucharistiegemeinschaft, in: StZ 211 (1993) 443-450; H. Jorissen, Zeichen und Mittel der Einheit. Eucharistie und Abendmahl. Kommt die eucharistische Mahlgemeinschaft?, in: M. Mügge (Red.), Getrennt

Andere Kriterien spielen darüber hinaus eine wichtige Rolle. Die Notwendigkeit eines gemeinsamen Glaubenszeugnisses erhöht den Druck, eine tragfähige Gemeinschaft im Glauben so einzurichten, dass die bleibenden kirchlichen Unterschiede das Zeugnis nach außen hin nicht vorab beeinträchtigen. Das Evangelium von der Liebe Gottes und die Forderung zur Ethik der Nächsten- und Feindesliebe werden auf eine harte Probe gestellt, wo polemische Verzerrungen im christlichen Innenraum auftreten. Es waren konfessionelle Gegensätze, die über die längste Zeit aggressiv ausgetragen wurden. Die Auseinandersetzung um die Unterzeichnung der GE hat sich verbal scharf entladen. Damit steht die Glaubwürdigkeit der Botschaft auf dem Spiel – und das nicht bloß in dem Maße, in dem jeder Einzelne – wiederum im Sinne der GE – Sünder bleibt. Vielmehr geht es um strukturlogische Vorgaben, die in sich selbst bereits einem solchen performativen Widerspruch zuarbeiten. Aus einem intern glaubenslogischen Grund heraus ist in der Frage ökumenischer Differenzen eine Denkform zu bevorzugen, die den Unterschieden Raum und Recht gibt, indem sie diese als Teil des eigenen Traditions- und Auslegungsprozesses kirchlich aufgreift und verankert – indem sie ihnen einen *Rahmen* gibt. Darin liegt eine entscheidende Herausforderung zumal des europäischen Christentums in den Prozessen seiner gesellschaftlichen, politischen, kulturellen und religiösen Marginalisierung.

13.3 Konsequenz: Der Preis der Ökumene. Eine Erinnerung an das 2. Vatikanische Konzil

Ökumene fordert ihren Preis. Es ist gerade der erreichte Gesprächsstand zwischen evangelisch-lutherischer und römisch-katholischer Kirche, der das verdeutlicht.[469] Der geschichtliche Anlass und Kristallisationspunkt der

am Tisch des Herrn. Eucharistie – Abendmahl – Herrenmahl. Kirchen suchen Wege zur Einheit (KNA Sonderpublikation), Bonn 2003, 45-54; H.-G. Link, Einheit stiften. Thesen zur Eucharistischen Gastfreundschaft, in: M. Mügge (Red.), Getrennt am Tisch des Herrn, 86-88. Einen allgemeinen Überblick zum Entwicklungsstand bietet G. Wenz, Eucharistische Aufgeschlossenheit. Gewachsene Konvergenzen in Theorie und Praxis des Herrenmahls, in: US 56 (2001) 314-324.

469 J. Brosseder weist darauf hin, dass die Konsens-Ökumene deshalb an ihr Ende, mindestens aber in eine schwere Krise gekommen sei, weil ihre theologischen Erfolge einer offiziellen kirchlichen Rezeption harren. Angesichts immer neuer Konsens-Texte steht eine Entscheidung an, die nur möglich erscheint, wenn

Trennung hat mit der „Gemeinsamen Erklärung über die Rechtfertigungslehre" seine Haftbarkeit verloren. Im Verständnis des Evangeliums können beide Kirchen von einem gemeinsamen Standpunkt aus vorgehen. Der Weg dorthin zeigt für die katholische Seite eine besondere Dynamik auf. Die Spanne zwischen den beiden Vatikanischen Konzilien belegt dies. Für Pius IX. kann es nur eine Umkehr der getrennten Christen geben, und das bedeutet ganz ausdrücklich: die Rückkehr in den Schoß der katholischen Kirche. Die Enzyklika „Mortalium animos" von 1928 lehnt die sich entfaltende Ökumenische Bewegung auf dieser Linie noch in Bausch und Bogen ab. Die behutsamen Anfänge katholischer ökumenischer Theologie tasten sich demgegenüber von den kirchlichen Rändern, lehramtlich beargwöhnt, ins Meinungszentrum vor. Noch die vorbereiteten Schemata des kommenden Konzils atmen die Luft einer katholischen Rückkehrökumene. Die *societas perfecta* dokumentiert ihre Macht. Aber unter veränderten kulturellen, politischen, gesellschaftlichen und nicht zuletzt auch religiös-spirituellen Bedingungen wird die Rede von der sakramentalen *plenitudo* sprachlos. Sie droht vor jenen Zeichen der Zeit zu verstummen, die das 2. Vatikanische Konzil so eindrucksvoll beschwört (GS 4). Die Kirche versteht sich mit ihrer Pastoralkonstitution von den Menschen her, für die und aus denen sie Kirche ist:

„Freude und Hoffnung, Trauer und Angst der Menschen von heute, besonders der Armen und Bedrängten aller Art, sind auch Freude und Hoffnung, Trauer und Angst der Jünger Christi. Und es gibt nichts wahrhaft Menschliches, das nicht in ihren Herzen seinen Widerhall fände... Darum erfährt diese Gemeinschaft sich mit der Menschheit und ihrer Geschichte wirklich engstens verbunden." (GS 1)

man bereit ist, über die eigene gegebene Position hinaus einen Schritt zu tun. In dieser Hinsicht stellen die Texte des 2. Vatikanischen Konzils die entscheidende Autorität und Maßgabe für die katholische Kirche dar. In diesem Zusammenhang ist außerdem einem Hinweis von P. Neuner nachzugehen, den auch Brosseder aufnimmt, dass nämlich „nicht eine einzige Kirchenunion oder eine einzige volle Kanzel- und Abendmahlsgemeinschaft das Ergebnis eines positiv formulierten umfassenden Lehrkonsenses ist" (J. Brosseder, Methodologische und inhaltliche Fragen zum Projekt: „Einheit durch Aufhebung der Lehrverurteilungen", in: ÖR 46 (1997) 16-34; hier: 21; vgl. P. Neuner, Vor dem Ende der Konsensökumene? Zur Rezeption der Studie über die Lehrverwerfungen, in: J. Brosseder (Hrsg.), Von der Verwerfung zur Versöhnung. Zur aktuellen Diskussion um die Lehrverurteilungen des 16. Jahrhunderts, Neukirchen-Vluyn 1996, 51-79; hier: 61). Zur Rezeptionsproblematik vgl. O. H. Pesch, Rezeption ökumenischer Dialogergebnisse. Ungeschützte, aber plausible Vermutungen zu ihren Schwierigkeiten, in: ÖR 42 (1993) 407-418. Vgl. auch die Bilanz von A. Houtepen, Ökumenische Dokumente – und was dann? Die ökumenischen Dialoge und deren Rezeption vierzig Jahre später, in: US 59 (2004) 110-124.

Die Kirche, die sich radikal auf die Menschen in ihren Nöten einlassen will, steht vor einer enormen Herausforderung: vor dem Abschied von jenem statischen Selbstverständnis, in dem sich die vorkonziliare Kirche als Verwalterin und Hüterin ewiger Wahrheiten gehalten hat. Stattdessen muss man sich auf die konkrete Geschichte einlassen. Das kostet etwas. In der ökumenischen Not der gespaltenen Christenheit mit ihren Konfliktgeschichten muss die Kirche lernen, dass sie lernfähig ist. Dabei muss sie sich nach außen wenden. Der ökumenische Impuls hat für die katholische Kirche den Charakter einer Fremdprophetie, auch wenn sicherlich einzelne katholische Theologen eigene, zumeist versteckte, wenn nicht subversive Aufbauarbeit leisteten.

Die entsprechende Umstellung der Denkform fällt schwer. Nicht umsonst witterten die Gegner des Ökumenismus-Dekrets hier eine relativierende *laudatio protestantium*, wie es Kardinal Ruffini polemisch fasste.[470] Die Bastionen der katholischen Wahrheit schienen auf einem katholischen Konzil zu fallen, wenn man ein Bekenntnis eigener Schuld an den vielfältigen Trennungen ablegte (UR 3; 7). Die Haltung der *Demut* drohte einen grundsätzlichen ekklesiologischen Vorrang zu verspielen – auch das ein Preis ökumenischer Gesprächsbereitschaft, der noch für die Verfasser der ursprünglichen Schemata unvorstellbar erschien. Wie groß dieser Kirchenschritt und -schnitt war, macht die „Novemberkrise" von 1964 deutlich. Der „schwarze Donnerstag" des 19. November bringt 19 Änderungen für das Ökumenismus-Schema. Der konservative Widerstand und die Intervention des Papstes markieren die unvorhersehbare Revolution im doppelten Blick der Kirche auf sich und auf ihr Außen, hier in Gestalt der getrennten Kirchen. Die Eingriffe in den Text wollen verhindern, was sich nicht mehr aufhalten lässt.

> „Von größerer Bedeutung schienen nur drei: Die Aussage, daß das Volk Gottes der Sünde ausgesetzt bleibe (Nr. 3,5), wurde präzisiert durch ,in seinen Gliedern'; die Behauptung, die theologischen Formeln in Ost- und Westkirche seien eher komplementär als kontradiktorisch (17,1), wurde mit ,nicht selten' eingeschränkt; schließlich wurde die Aussage, daß die getrennten Brüder Gott in der Heiligen Schrift ,finden' (21,2), durch ein ,suchen' ersetzt. Verständlicherweise erregte diese letztere Korrektur am meisten Anstoß."[471]

470 Einen ausgezeichneten Überblick über Zusammenhang, Entstehung, inhaltliche Leitlinien und Rezeption des Dekrets bietet: P. Neuner, Das Dekret über die Ökumene *Unitatis redintegratio*, in: F. X. Bischof / St. Leimgruber (Hrsg.), Vierzig Jahre II. Vatikanum. Zur Wirkungsgeschichte der Konzilstexte, Würzburg 2004, 117-140.
471 K. Schatz, Allgemeine Konzilien – Brennpunkte der Kirchengeschichte, Paderborn u.a. 1997, 320.

Vor diesem Hintergrund erscheint charakteristisch, wie das Schema von seinen verschiedenen Relatoren in das Konzilsplenum eingebracht wurde. Für Kardinal Cicognani ist die ökumenische Perspektive etwas Altes, Angestammtes, längst Bekanntes. Schließlich habe nahezu jedes Konzil auf die Einheit der Kirche abgezielt. Demgegenüber greift Erzbischof Martin in der Sache auf die Rede Paul VI. vom 29.9.1963 zur Eröffnung der 2. Sitzungsperiode zurück. Der neue Papst macht unmissverständlich klar, dass das Konzil auch mit ausdrücklichem Blick auf das Problem der Kirchenspaltungen einberufen wurde. Was das Konzil zu dieser Herausforderung sagen wird, steht dabei offen. Damit nimmt der Papst bereits eine andere Haltung ein, als es noch die vorbereiteten Texte taten. Mit den Entwürfen vom Dezember 1961 ist die Ökumene zwar ein Aspekt von Katholizität – allerdings auf der Basis einer unbefragten Selbstgewissheit. Der neue Textansatz stellt von daher im Sinne von Erzbischof Martin nichts Anderes als einen Paradigmenwechsel dar:

> „Das Problem des Ökumenismus ist völlig neu. Niemals hat ein früheres Konzil darüber gehandelt, und auch in der Theologie wird es erst in neuerer Zeit erwähnt. Seine Dringlichkeit entspringt einer Situation, die sich erst in jüngster Zeit herausgebildet hat."[472]

Der doppelte Blick auf dieses Problem bestätigt die Brisanz des Vorgangs. Und er fordert einen weiteren Preis. Martin argumentiert so, dass die Anforderungen einer bestimmten Zeit auf die Gottrede selbst zurückschlagen. Man hat anders von Gott und der Kirche zu sprechen, wenn man den ökumenischen Zeichen der Zeit gewachsen sein will. Dafür muss man sogar in Kauf nehmen, dass sich theologisch wie kirchlich etwas *völlig Neues* ergibt. Das Dekret über den Ökumenismus nimmt dies insofern auf, als es am Anfang nicht die ewigen Glaubenswahrheiten repetitiv voranstellt, sondern das Problem als solches benennt: die Einheit der Christen wiederherzustellen und gleichsam die Teilung Christi selbst zu überwinden (UR 1). Der Grund:

> „Eine solche Spaltung widerspricht… ganz offenbar dem Willen Christi, sie ist ein Ärgernis für die Welt und ein Schaden für die heilige Sache der Verkündigung des Evangeliums vor allen Geschöpfen." (UR 1)

Erneut verbinden sich dogmatische und pastorale Motive. Die missionarische Situation wird syntaktisch auf derselben Ebene wie der Wille Christi erwähnt. Sie hat mit dem Textanfang offensichtlich eine vorrangige Bedeutung. Das heißt aber dann: Sie muss die übrigen Aussagereihen justieren.

---

472 Zitiert nach der Einführung von W. Becker zu *Unitatis Redintegratio*, in: LThK² Bd. 13, 11-39; hier: 26.

Ein weiterer Gedanke hat dabei besonderen erkenntnistheologischen Rang. Der ökumenische Aufbruch wird vom Konzil als „Einwirkung der Gnade des Heiligen Geistes" (UR 1) gesehen. Wohin der Geist treibt, erscheint mit der eigenen Dynamik dieses Prozesses nicht bereits vorab definierbar. Was er fordert, lässt sich theologisch als Bedingungsgefüge beschreiben:

> „aus dem Neuwerden des Geistes, aus der Selbstverleugnung und aus dem freien Strömen der Liebe erwächst und reift das Verlangen nach der Einheit." (UR 7)

Schon auf der sprachlichen Ebene wird klar, dass hier geschichtlich gedacht wird. Das fordert eine weitere schmerzhafte Umstellung gegenüber dem alten Selbstbild. Man begegnet den getrennten Brüdern und Schwestern auf Augenhöhe. Das Wort vom Dialog (UR 4) muss auf der Folie der einseitigen Rückkehrökumene gelesen werden, die als Erwartungshaltung vor dem Konzil und noch während seines Verlaufs für viele eine Rolle spielte. In diesem Dialog muss man darum bemüht sein, dem Gesprächspartner gerecht zu werden, was soweit führt, dass die eigenen Glaubensformulierungen auf den Prüfstand gestellt werden. Das entscheidende Kriterium *in der Wahrheit*: dass die Glaubens*formulierungen* „keinerlei Hindernis für den Dialog mit den Brüdern" (UR 11) darstellen. Im unlösbaren Konnex von Sprache, Sinn und Bedeutung erscheint diese Anforderung zunehmend prekärer – und man wird gerade hier danach fragen müssen, ob nicht neue Preise ökumenisch zu entrichten sind. Nicht als Preisgabe der eigenen Glaubensüberzeugungen und der Tradition; wohl aber in der erneuten Umstellung von Denkformen und sprachlichen Usualitäten.

Mit der Forderung nach aufrichtigem Dialog wagt das Konzil noch eine weitere Zumutung. Es spricht von einer „Hierarchie der Wahrheiten" (UR 11). Der innere Zusammenhang mit den tragenden Glaubenswahrheiten muss genauso bedacht werden wie ihre situative Verankerung, wenn man über Lehrfragen diskutiert. Erst unter dieser Voraussetzung kann man darauf hoffen, in jene Wahrheit eingeführt zu werden, die das Konzil mit Eph 3,8 als die „unerforschlichen Reichtümer Christi" (UR 11) kennzeichnet. Es gibt demnach einen Überhang des Unsagbaren – und auch das lässt zurückfragen nach der Fähigkeit, das Unauflösbare eines ökumenischen Dissenses unter diesem Gesichtspunkt zu betrachten. Nicht im Sinne eines falschen und gegenüber beiden Seiten ungerechten „Irenismus" (UR 11). Wohl aber als Ausdruck einer mystagogischen Hoffnung, einer Haltung erkenntnistheologischer Demut in der Wahrheitsliebe. Hier tritt ein sapientialer Zug zutage, der – nicht nur für das Gespräch mit der Orthodoxie – den ökumenischen Diskurs anders ausrichten könnte.

Von Zumutungen war die Rede. Vom Preis der Ökumene, wie das Konzil sie will. Dabei tritt im Ökumenismus-Dekret überraschenderweise ein

Grundkonzept der Ekklesiologie dieses Konzils in den Hintergrund: die Rede vom Volk Gottes.[473] Offensichtlich erscheint diese Vorstellung hier nicht als tragend – oder als zu gefährlich.[474] Tatsächlich wird mit der Rede vom Volk Gottes eine neue theologische Ebene in die kirchlichen Selbstverständigungsformate eingezogen. Sie ist zugleich alt und umso herausfordernder als Erinnerungsspur der frühen Kirche. Ihre ökumenische Brisanz ergibt sich nun gerade daraus, dass sie in UR eher zurückgedrängt wurde. Als Volk Gottes müsste nämlich, zumal über die starke tauftheologische Note des Dekrets, die bereits gegebene Einheit in einem besonderen Licht erscheinen. In der ökumenischen Geschichte könnte außerdem ein zusätzlicher Aspekt der Volk-Gottes-Ekklesiologie dramatisch auftreten. Die Rede vom „Volk Gottes" markiert nicht nur einen weiteren umstrittenen Faktor, ein Differenzmoment in der ungebrochenen und selbstgenügsamen *hierarchischen* Selbstbeschreibung der Kirche, sondern es hat auch einen Zug zur Durchbrechung der gegebenen Verhältnisse.[475] Wenn für das Volk Gottes in seiner pastoralen Praxis die kontroverstheologischen Distinktionen kaum

473 Deutlich öfter als „populus Dei" wird in UR der „corpus Christi" mit seinen verschiedenen Konnotationen und Ableitungen (wie z.B. dem „incorporantur" aus Nr. 3) beansprucht.

474 Exemplarisch verdeutlicht das eine Analyse von L. Örsy (The Conversation of the Churches: Condition of Unity). Er macht darauf aufmerksam, dass gegenwärtig – der Aufsatz stammt aus dem Jahr 1992 – der Einfluss der Laien in der Kirche zurückgedrängt werde. Die besondere Bedeutung, die das Konzil dem ganzen Volk Gottes verliehen habe, werde konterkariert. Man bewege sich auf eine klerikale Kirche zu. Das gelte im Übrigen mit einem weiteren Ausschlussmuster: für die Rolle der Frau in der Kirche.

475 Auf die entsprechende Sprengkraft deutet ein Vergleich hin, den Kardinal Kasper im Blick auf die Zukunft der Ökumene und eine mögliche Einheit zieht (und der bereits im Zusammenhang der Eucharistie-Enzyklika zitiert wurde): „Wie lange noch ist der Weg? Ich bin kein Prophet. Nach menschlichem Ermessen mag es noch ein weiter Weg sein. Aber Gottes Geist ist immer wieder für Überraschungen gut. Hätte man die Berliner Bürger am Morgen des 9. November 1989 auf der Straße gefragt, wie lange noch die Mauer steht und das Brandenburger Tor verschlossen ist, hätten wohl die meisten geantwortet: Wir wären schon froh, wenn unsere Kinder und Enkel einmal wieder frei durch das Brandenburger Tor gehen könnten. Am Abend dieses denkwürdigen Tages sah Berlin und sah die Welt anders aus… Ähnlich wie beim Fall der Berliner Mauer werden auch wir uns eines Tages die Augen reiben, wenn wir feststellen, dass Gottes Geist die trennenden Mauern zwischen den Kirchen niedergerissen und uns neue Wege zueinander und miteinander eröffnet hat." (W. Kasper, Ein Herr, ein Glaube, eine Taufe, 238.) Eine beunruhigende und so sicher auch von Kardinal Kasper nicht vorgesehene Dynamik erhält der Gedanke, wenn man die Bedingungen des Mauerfalls und des damit ins Bild gesetzten unerwarteten *Durchbruchs* berücksichtigt: Es war – bis in die bekannten Rufe der Demonstranten hinein – das *Volk*, das ihn durchsetzte.

mehr eine Rolle spielen, wenn im *sensus fidelium* ein anderer, ein pastoral bestimmter Zugang zu den bleibenden Unterschieden und den wiedergewonnenen Gemeinsamkeiten zwischen den Kirchen dominiert, wartet hier möglicherweise eine in ihren Konsequenzen unabsehbare Herausforderung.[476]

Wie brisant diese Umstellung im Selbstverständnis der Kirche ist, verdeutlicht im Wechsel der Zentralmetaphern „Leib Christi" und „Volk Gottes" das Ökumenismus-Dekret selbst. In UR 22 begegnet man in scheinbar ungebrochener Selbstverständlichkeit dem klassischen Identitätsparadigma der vorkonziliaren katholischen Kirche.[477] Die Kirche ruht gleichsam in sich. Was sie ist, steht nicht in Frage. Entsprechend wird hier die Taufe zwar als „ein sakramentales Band der Einheit zwischen allen, die durch sie wiedergeboren sind", beschrieben. Aber die Taufe ist „nur ein Anfang und Ausgangspunkt":

> „Daher ist die Taufe hingeordnet auf das vollständige Bekenntnis des Glaubens, auf die völlige Eingliederung in die Heilsveranstaltung, wie Christus sie gewollt hat, schließlich auf die vollständige Einfügung in die eucharistische Gemeinschaft." (UR 22)

Die in Aussicht genommene „Inkorporation" basiert auf der ntl. Leib-Christi-Ekklesiologie, die wiederum in *diesem* ganz spezifischen Rahmen kaum Raum für differente kirchliche Muster lässt. Das Gefüge der katholischen Kirche steht fest. Da in ihr die Fülle der Heilsgüter bewahrt bleibt, droht Ökumene unter den Bedingungen einer derartigen Selbstbeschreibung zur bloßen Integration in den wahren Leib Christi zu werden. So erscheint es nur logisch, dass im Anschluss an die zitierte Passage vornehmlich von den verschiedenen „Defekten" „bei den von uns getrennten Kirchlichen Gemeinschaften" (UR 22) gesprochen wird. Doch genau über eine solche Haltung will das Konzil hinausfinden. Eine identitätslogisch eingesetzte Leib-Christi-Ekklesiologie beschränkt dabei ganz offensichtlich durch ihren metaphorischen Eigensinn einen entsprechenden Durchbruch.[478] Er wird an

---

476 Vgl. die Ergebnisse einer Umfrage zur Relevanz ökumenischer Themen, die D. Sattler präsentiert und kommentiert: dies., Abendmahl und Eucharistie. Anregungen durch eine Umfrage im Kontext des Ökumenischen Kirchentags, in: StZ 128 (2003) 651-662.

477 Natürlich braucht die Kirche eine „Identität" – allerdings ist die Frage, mit welchen Mitteln sie theoretisch wie praktisch behauptet wird. Dabei ist zu beachten, dass jede Identität von verschiedenen Differenzen unterbrochen wird. Das gilt schon rein sprachlich: Kein Zeichen lässt sich zwischen Sprecher und Hörer/Leser ident aufnehmen.

478 Ein Belegstück in dieser Sache: Es erscheint aufschlussreich, dass UR 24 den unmittelbaren sprachlichen Zusammenhang zwischen katholischer Kirche,

anderer Stelle unter anderen Voraussetzungen möglich – und zwar durch einen Schritt heraus aus dem System einer prästabilierten katholischen Identität. Artikel 2 erörtert „die katholischen Prinzipien des Ökumenismus" und nennt interessanterweise die beiden leitenden ekklesiologischen Konzepte nebeneinander: Leib und Volk. Der folgende Artikel wendet sich dann den Spaltungen zu. Man wird in die eigentliche Risikozone des Dekrets geführt. Das Problem der Kirchentrennungen stellt sich dabei katholisch unter besonderen Vorzeichen dar. Die katholische Kirche weiß auch um die eigene Schuld, muss aber darauf bestehen, dass sie die ihr „anvertraute Fülle der Gnade und Wahrheit" (UR 3) nicht verloren hat. Die Dualität von Identität und Differenz, die sich hier abzeichnet, wird sprachlich von einer anderen Dopplung begleitet: der Rede vom Leib und vom Volk. Die entsprechende Ambivalenz der Zwillingsperspektive fasst der folgende Abschnitt:

> „Dennoch erfreuen sich die von uns getrennten Brüder, sowohl als einzelne wie auch als Gemeinschaften und Kirchen betrachtet, nicht jener Einheit, die Jesus Christus all denen schenken wollte, die er zu einem **Leibe** und zur Neuheit des Lebens wiedergeboren und lebendig gemacht hat, jener Einheit, die die Heilige Schrift und die verehrungswürdige Tradition der Kirche bekennt. Denn nur durch die katholische Kirche Christi, die das allgemeine Hilfsmittel des Heiles ist, kann man Zutritt zu der ganzen Fülle der Heilsmittel haben. Denn einzig dem Apostelkollegium, an dessen Spitze Petrus steht, hat der Herr, so glauben wir, alle Güter des Neuen Bundes anvertraut, um den einen **Leib Christi** auf Erden zu konstituieren, welchem alle völlig **eingegliedert** werden müssen, die schon auf irgendeine Weise zum **Volke Gottes** gehören. Dieses **Volk Gottes** bleibt zwar während seiner irdischen Pilgerschaft in seinen Gliedern der Sünde ausgesetzt, aber es wächst in Christus und wird von Gott nach seinem geheimnisvollen Ratschluß sanft geleitet, bis es zur ganzen Fülle der ewigen Herrlichkeit im himmlischen Jerusalem freudig gelangt." (UR 3, Hervorhebungen GMH)

Hier wird das Identitätsmodell von UR 22 geprägt. Von dieser Stelle aus münzt es sich an den verschiedenen Umschlagplätzen des Dekrets um. Aber in demselben Abschnitt wird eine zweite Währung eingeführt. Der Text wechselt von der Dominanz der Leib-Christi-Vorstellung hin zur Volk-Gottes-Idee. Eine neue Ökonomie tritt auf. Sie hat Folgen. Als Volk Gottes kann Kirche unter deutlich dynamischeren Vorzeichen gehandelt werden.

Fülle und der Leib-Metaphorik herstellt. Textlinguistisch garantieren diese Konzepte offensichtlich eine in sich verständliche Textkohärenz in den Übergängen.

Ihre geschichtliche Wirklichkeit schließt reale Sünde ebenso ein wie ein Wachstum. Was wächst, kann aber nicht reibungsfrei mit den Bildern vollständiger Fülle kombiniert werden. Das Leib-Konzept bleibt in diesem Verwendungsformat statisch; die Idee vom Volk Gottes bricht es auf. Der metaphorisch-theologische Gewinn ist beachtlich. Die Leib-Christi-Metapher enthält die biblische Forderung nach der Einheit, das Volk Gottes ist die Kategorie, die den Weg dahin beschreibt.[479] Während unter den Bedingungen einer eng verstandenen Leib-Christi-Identität nichts weiter geht, die Kirche vielmehr in die Spuren einer Rückkehr-Ökumene eingewiesen zu werden droht, eröffnet die Volk Gottes-Perspektive neue Chancen: eben weil hier Wachstum, Veränderung und wirkliche Bewegung theologisch ins Bild gesetzt werden. Genau das ist mit dem gesamten Konzil die Aussage dieses Dekrets. Sie wird möglich, weil und wo das leistungsfähige, aber in den Zeichen dieser Zeit erstarrte, leblose Kirchenmodell durchbrochen wird. In die Identität der kirchlichen Fülle mischen sich die Muster jener Differenzeinträge, für die Sünde und Wachstum unübersehbar stehen. In dieser kleinen Passage dokumentiert sich ein theologischer Paradigmenwechsel. Was er gekostet hat, machen die Spannungen gerade in diesem Absatz, aber auch sein eigener Durchbruch kenntlich.

Was ist mit der Rede von den angesprochenen ökumenischen Kosten des Konzils gewonnen? Das 2. Vatikanische Konzil hat seine besondere Autorität gewonnen, weil es einschneidende Veränderungen in den kirchlichen Wissensformen vornahm. Es ist diese Autorität des Konzils, die als Ausgangspunkt für eine ökumenische Diskurspolitik der Anerkennung und produktiven Aufnahme von Differenzen dienen kann. Inhaltlich steht man hier vor einer Identität im Plural. Die Kirche entwirft sich mit *Lumen Gentium* und *Gaudium et Spes* in der Dualität von Innen- und Außenperspektive – und nur so findet sie ihre missionarische und auch ökumenische Identität.[480] Zwei Anläufe sind notwendig, heiß umkämpft, um für die Gegenwart sagen zu können, was die Kirche ist. Darin liegt eine Relativierung der Kirche in ihren Selbstbeschreibungen, die freilich keinen Relativismus einschließt. Es ist gerade die eigene Tradition, die auf die theologischen Außenstellen – etwa im Sinne der *loci alieni* des Melchior Cano – verweist.[481] Es gibt damit eine Vielzahl von Bezugspunkten und lokalen Optionen in der eigenen

479 Mit einer Formulierung von Hans-Joachim Sander.
480 Vgl. H.-J. Sander, Die pastorale Grammatik der Lehre – ein Wille zur Macht von Gottes Heil im Zeichen der Zeit, in: G. Wassilowsky (Hrsg.), Zweites Vatikanum, 185-206; besonders 201-204.
481 Zur erkenntnistheologischen Einordnung der *loci theologici* vgl. P. Hünermann, Dogmatische Prinzipienlehre. Glaube – Überlieferung – Theologie als Sprach- und Wahrheitsgeschehen, Münster 2003, 207-251

Gottrede. Dementsprechend ist die Differenz der Gottesreden kein Unfall – auch ökumenisch nicht.

Das hat Folgen für die fundamentaltheologische Bestimmung der tragenden ökumenischen Denkform. Ökumene heute spielt zunehmend unter den Vorzeichen eines Identitätsdiskurses. Demgegenüber macht das differenzbewusste Sprechen nicht zuletzt des Konzils deutlich, dass die Beachtung von Differenzen im Austrag der Gottreden, der ekklesialen Modelle und spirituellen Stile ökumenische Spielräume eröffnet. Darauf zu hoffen, dass man im Erwartungshorizont der Konsens-Ökumene zu letztlich vollen Übereinstimmungen findet, durchkreuzt bereits die ökumenische Methode des *differenzierten* Konsenses selbst: Die Unausweichlichkeit von Interpretationen unterwandert jeden Deutungsvorgang differenziell. Jedes Zeichen wird von anderen Zeichen aufgenommen und in andere Wahrnehmungshorizonte eingeschrieben. Wir müssen raum-zeitlich je anders lesen und verstehen und vor allem leben. Die Unabsehbarkeit, die Aussichtslosigkeit identen Verstehens markiert die Notwendigkeit, die je andere – theoretische wie praktische – Auslegung des Evangeliums und der Tradition ernst zu nehmen. Nicht zuletzt weil solche Auslegungen entscheidend lebensweltlich grundiert sind, zeichnet sich eine Option für ein verstärktes gemeinsames kirchliches Leben aller Christen ab, also für eine handlungstheoretische Umstellung der ökumenischen Erkenntnistheorie.

Das Ökumenismus-Dekret stellt vierzig Jahre nach seiner Verabschiedung in dieser Hinsicht eine bleibende theologische Verpflichtung dar. Das bedeutet u.a., dass in der Zuordnung von Pastoral und Dogmatik im Sinne des Konzils das pastorale Problem der Ökumene zugleich als ein dogmatisches zu erfassen ist. Angesichts der lebensweltlichen Irrelevanz ökumenischer Feinabstimmungen und Distinktionen muss nicht nur nach den Aussichten einer theoretischen Konsensökumene mit Identitätsformeln als ihrem Abschluss gefragt werden. Entscheidend ist, das Evangelium zu kommunizieren. Dieser missionarische Auftrag bindet alles. Menschen, die als Christen unterschiedlich glauben und konfessionell beheimatet sind, brauchen einen gemeinsamen Ort der Glaubenskommunikation – und das betrifft nicht nur die konfessionsverschiedenen Ehen und Familien. Damit wird ein Weg notwendig, der die unendliche Geschichte dogmatischer Übereinstimmungen riskiert, ohne sich darin zu erschöpfen.

Das verlangt seinen Preis.[482] Nur wer bereit ist, ihn zu entrichten, kann darauf hoffen, mit der Rede von Gott einen Schritt in den Zeichen der Zeit

---

482 Man wird sich kaum mit der Einschätzung von H. J. Urban (Ökumene an der Schwelle zum 21. Jahrhundert. Bestand, Probleme und realistische Erwartungen, in: Catholica 53 (1999) 109-121) zufrieden geben können, der die fehlende „Verbindlichkeit im ökumenischen Geschehen" (121) beklagt und dann

zu machen. Im Anschluss an Überlegungen von Ladislas Örsy[483] zur dreifachen, nämlich der *christlichen* (Fokus: Evangelium und Taufe), der *kirchli-*

feststellt: „die Ökumene und ihre Ergebnisse werden auch weiterhin darauf angewiesen sein, sich durchzusetzen durch ihre eigene Evidenz und Plausibilität." Stattdessen muss man gerade aus der Erfahrung des letzten Konzils heraus feststellen, dass der Mut zu Entscheidungen nicht nur gefordert, sondern auch möglich ist. – Noch einmal sei in diesem Zusammenhang an den gemeinsamen Vorstoß zur Abendmahlsgemeinschaft vom Centre d'Ètudes Oecuméniques (Strasbourg), vom Institut für Ökumenische Forschung (Tübingen) und vom Konfessionskundlichen Institut (Bensheim) erinnert: Abendmahlsgemeinschaft ist möglich. Thesen zur Eucharistischen Gastfreundschaft, Frankfurt a. M. 2003. Dieser Vorschlag erhält sein spezifisches Gewicht nicht zuletzt dadurch, dass man mit immer neuen Differenzen gerade vor dem Hintergrund ökumenischer Konsens-Dokumente rechnen muss. Im Zusammenhang der besonders virulenten Amtsfrage markiert dies das neueste Dokument der VELKD: Allgemeines Priestertum, Ordination und Beauftragung nach evangelischem Verständnis. Eine Empfehlung der Bischofskonferenz der VELKD (VELKD-Texte 130), November 2004, das eine scharfe Kritik von Kardinal Kasper auf sich zog (epd-Meldung vom 11.1.05), um sofort eine konterkritische Note des leitenden Bischofs der VELKD, H.Ch. Knuth, herauszufordern (veröffentlicht auf der Homepage der VELKD am 14.1.05). Das Aufschlussreiche dabei: Nach der im Anhang des Textes abgedruckten Stellungnahme von D. Wendebourg verändert die Empfehlung eine gegebene Position unter pastoralem Druck. Die situative Herausforderung, die hier im Zusammenhang eines umfassenden Marginalisierungsprozesses *theologische* Konsequenzen zeitigt, wird konsensökumenische Einheitsvorstellungen zunehmend unterwandern. So ergeben sich erhebliche Spannungen in der genannten Empfehlung zu einem früheren Text der VELKD (nämlich der Stellungnahme zur Lehrverurteilungsstudie: in: Lehrverurteilungen im Gespräch. Die ersten offiziellen Stellungnahmen aus den evangelischen Kirchen in Deutschland, Göttingen 1993, 57-159) im Blick auf die Ordination, deren Bedeutung in der Empfehlung aufgeweicht wird, weil man eine problematische Unterscheidung zwischen Ordination und Beauftragung trifft (vgl. Nr. 4.2). Wurden in der Stellungnahme zur LV noch die Spendung der Sakramente *und* die öffentliche Verkündigung an die Ordination gebunden, wird nun unter pastoralem Außendruck dieses Konzept aufgebrochen, um praktische Lösungen für einen personellen Engpass zu finden, der durch eine Beauftragung von Gemeindemitgliedern (auf der Basis des allgemeinen Priestertums) überwunden werden soll und die Frage nach einer theologisch konzisen und pastoral für die Gemeinden transparenten Zuordnung von Ordination und Beauftragung aufwirft. Das Entscheidende in diesem Zusammenhang: Man wird mit solchen Veränderungen immer wieder rechnen müssen. Sie transportieren erhebliche Fragen an die theoretische wie praktische Belastbarkeit von Konsens-Texten, die darum ihre Bedeutung nicht verlieren, vor allem aber als Orientierungen erscheinen, die auf lebenspraktische Konsequenzen dringen lassen – wenn gelebte Einheit real werden soll. Daher werden Modelle wie die avisierte eucharistische Gastfreundschaft, die bestehende Differenzen anerkennen kann, besonders wichtig. Dass man in der Frage nach der Bedeutung und Gestaltung des Amtes in der Kirche zwar eine *chen* (Fokus: apostolische Tradition) und der *konfessionellen* Identität (Fokus: institutionelle Formate nach den Kirchentrennungen) hält Hermann J. Pottmeyer fest:

> „In jeder Kirche sind diese drei Identitäten ineinander verwoben, und doch bilden sie eine Hierarchie von Werten. Grundlegend ist die Treue zu Christus. Treue zur Kirche, wie Jesus Christus sie gewollt hat, ist unerlässlich. Was aber die konfessionelle Identität angeht, enthält sie Elemente, die weder grundlegend noch unerlässlich sind. Sie könnten um der Einheit willen geopfert werden. Die institutionelle Umkehr besteht nach Örsy eben in einem solchen Opfer. Der Umkehrprozeß einer Kirche geht deshalb viel tiefer als beim bloßen Auswechseln von Modellen. Er bedeutet, die christliche und kirchliche auf Kosten der konfessionellen Identität zu stärken."[484]

Das Konzil hat hier Maßstäbe gesetzt, weil es Dinge gesagt hat, die als Probleme unterdrückt oder verschwiegen wurden und vorher unsagbar erschienen. Analoges steht an, wenn man eine Einheit der Kirchen – in ihren Differenzen – als höchstrangiges Ziel ansieht. Wer dies nicht tut, steht unter pastoralem wie dogmatischem Legitimationszwang. Die entsprechende Umkehrung der Beweislasten, wonach man etwa im Sinne der Charta Oecumenica[485] begründen muss, warum man getrennt bleibt, mag ein erster Schritt sein. Er kann nicht genügen.

Reihe von grundlegenden Positionen teilt, aber in zentralen Fragen zugleich zu keinem Konsens zu finden vermag, kann auf eine Lösung im Sinne lebbarer kirchlicher Einheit nur unter veränderten ökumenischen Lebens- und Wissensformen hoffen lassen. Solche Veränderungen fallen nicht vom Himmel. Sie sind nicht primär theoretisch gesteuert. Dazu bedarf es vorab auch veränderter Lebensbedingungen.

483   L. Örsy, The Conversation of the Churches: Condition of Unity. A Roman Catholic Perspective, in: America 166 (1992) 479-487.

484   H. J. Pottmeyer, Kirche als Communio. Eine Reformidee aus unterschiedlichen Perspektiven, in: StZ 210 (1992) 579-589; hier: 589.

485   Vgl. V. Ionita / S. Numico (Hrsg.), Die Charta Oecumenica. Ein Text, ein Prozess, eine Vision der Kirchen in Europa, Genf – St. Gallen 2003.

LITERATURVERZEICHNIS

Th. W. Adorno, Negative Dialektik, Frankfurt a. M. [6]1990.

F. E. Anhelm, Eine „Charta Oecumenica" der Kirchen Europas, in: ÖR 48 (1999) 462-470.

E. Arens (Hrsg.), Gottesrede – Glaubenspraxis. Perspektiven theologischer Handlungstheorie, Darmstadt 1994.

E. Arens, Feuerprobe auf das Tun des Glaubens. Zum Ansatz einer theologischen Handlungstheorie, in: K. Müller, (Hrsg.), Fundamentaltheologie. Fluchtlinien und gegenwärtige Herausforderungen, Regensburg 1998, 59-76.

P. Avis, Stufen zur Einheit. Neue methodische Wege in der Ökumene, in: ÖR 48 (1999) 426-447.

H.-M. Barth, Pfarrer, Priester, Laie – Spalten die Ämter die Kirche?, in: US 54 (1999) 204-212.

H.-M. Barth, Domine Iesu!, in: M. J. Rainer (Red.), „Dominus Iesus". Anstößige Wahrheit oder anstößige Kirche? Dokumente, Hintergründe, Standpunkte und Folgerungen, Münster u.a. [2]2001, 256-259.

H.-M. Barth, Evangelische Lebensentwürfe zwischen Pietismus und Postmoderne, in: US 57 (2002) 198-209.

U. Beck, Risikogesellschaft. Auf dem Weg in eine andere Moderne, Frankfurt a. M. 1986;

U. Beck / E. Beck-Gernsheim (Hrsg.), Riskante Freiheiten. Individualisierung in modernen Gesellschaften, Frankfurt a. M. 1994.

W. Becker, Einführung zu *Unitatis Redintegratio*, in: LThK[2] Bd. 13. 11-39.

W. Beinert, Die Rezeption und ihre Bedeutung für Leben und Lehre der Kirche, in: Catholica 44 (1990) 91-118.

W. Beinert, Möglichkeit und Umfang ökumenischer Konsense. Eine historisch-theologische Studie zur „Grundkonsens"-Problematik, in: A. Birmelé / H. Meyer (Hrsg.), Grundkonsens – Grunddifferenz. Studie des Straßburger Instituts für Ökumenische Forschung. Ergebnisse und Dokumente, Frankfurt a. M. – Paderborn 1992, 56-77.

M. Bieber, Verborgener Gott – verborgene Kirche? Zur XI. Wissenschaftlichen Konsultation der Societas Oecumenica in Hamburg, in: US 55 (2000) 333-336.

M. Bieber, Die katholische Identität im Wechsel der Generationen, in: US 57 (2002) 186-197.

Bilaterale Arbeitsgruppe der DBK und der VELKD, Kirchengemeinschaft in Wort und Sakrament, Paderborn/Hannover 1984.

Bilaterale Arbeitsgruppe der DBK und der VELKD, Communio Sanctorum – Die Kirche als Gemeinschaft der Heiligen, Paderborn [2]2003.

A. Birmelé / H. Meyer (Hrsg.), Grundkonsens – Grunddifferenz. Studie des Straßburger Instituts für Ökumenische Forschung. Ergebnisse und Dokumente, Frankfurt a. M. – Paderborn 1992.

A. Birmelé, Kirchengemeinschaft. Ökumenische Fortschritte und methodologische Konsequenzen. Übers. u. hrsg. im Auftrag des Konfessionskundlichen Instituts des Evangelischen Bundes in Bensheim (Studien zur systematischen Theologie und Ethik 38), Münster 2003.

E. Biser, Religiöse Sprachbarrieren. Aufbau einer Logaporetik, München 1980.

M. Böhnke, Einheit am Ende des Weges? Zum Beitrag des differenzierten Konsenses für die Ökumene, in: Catholica 54 (2000) 166-178.

Ch. Böttigheimer, Apostolische Amtssukzession in ökumenischer Perspektive. Gegenseitige Anerkennung geistlicher Ämter als Bedingung von Eucharistiegemeinschaft, in: Catholica 51 (1997) 300-314.

Ch. Böttigheimer, Grundkonsens statt Wesensdifferenz, in: Catholica 53 (1999) 54-61.

Ch. Böttigheimer, Kirchengemeinschaft als Bedingung von Eucharistiegemeinschaft, in: US 54 (1999) 191-203.

Ch. Böttigheimer, Ökumenische Einigungsmodelle und katholische Einheitsvorstellungen, in: ÖR 52 (2003) 174-187.

H. Bogensberger / F. Ferschl / R. Kögerler / W. Zauner (Hrsg.), Erkenntniswege in der Theologie, Graz u.a. 1998.

C. E. Braaten / R. W. Jenson (Hrsg.), Church Unity and the Papal Office. An Ecumenical Dialogue John Pauls II`s Encyclical *Ut unum sint* (That All May Be One), Gran Rapids, Michigan / Cambridge, U. K. 2001.

K. Brinker, Linguistische Textanalyse. Eine Einführung in Grundbegriffe und Methoden, Berlin [2]1988.

J. Brosseder / H.-G. Link (Hrsg.), Gemeinschaft der Kirchen. Traum oder Wirklichkeit? (Ökumene konkret 3), Zürich – Neukirchen-Vluyn 1993.

J. Brosseder / H.-G. Link, Vom Traum in die Wirklichkeit. Zusammenfassende Thesen zur Kirchengemeinschaft, in: dies. (Hrsg.), Gemeinschaft der Kirchen. Traum oder Wirklichkeit? (Ökumene konkret 3), Zürich – Neukirchen-Vluyn 1993, 171-180.

J. Brosseder (Hrsg.), Von der Verwerfung zur Versöhnung. Zur aktuellen Diskussion um die Lehrverurteilungen des 16. Jahrhunderts, Neukirchen-Vluyn 1996.

J. Brosseder, Methodologische und inhaltliche Fragen zum Projekt: „Einheit durch Aufhebung der Lehrverurteilungen", in: ÖR 46 (1997) 16-34.

J. Brosseder / E. Ignestam (Hrsg.), Die Ambivalenz der Moderne, Uppsala 1999.

J. Brosseder (Hrsg.), Verborgener Gott – verborgene Kirche? Die kenotische Theologie und ihre ekklesiologischen Implikationen, Stuttgart u.a. 2001.

J. Brosseder / H.-G. Link (Hrsg.), Eucharistische Gastfreundschaft. Ein Plädoyer evangelischer und katholischer Theologen, Neukirchen-Vluyn 2003.

R. Buchholz: Körper-Natur-Geschichte. Materialistische Impulse für eine nachidealistische Theologie, Darmstadt 2001.

M. J. Buckley, Papal Primacy and the Episcopate, New York 1998.

I. Bulhof, Die postmoderne Herausforderung der ökumenischen Bewegung, in: US 50 (1995) 15-29.

Centre d'Ètudes Oecuméniques (Strasbourg) / Institut für Ökumenische Forschung (Tübingen) / Konfessionskundliches Institut (Bensheim), Abendmahlsgemeinschaft ist möglich. Thesen zur Eucharistischen Gastfreundschaft, Frankfurt a. M. 2003.

T. de Chardin, Lobgesang des Alls, Freiburg [7]1981.

I. U. Dalferth, Ökumene am Scheideweg. Die Gemeinsame Erklärung zur Rechtfertigungslehre führt zu einem Nachdenken über reformatorische Theologie, in: FAZ 26.9.1997 (Nr. 224) 13.

I. U. Dalferth, Einheit in Verschiedenheit. Ein neues ökumenisches Dokument zur Rechtfertigungslehre, in: NZZ v. 8.6.99.

I. U. Dalferth, Spielraum zum Mißverständnis. Hermeneutische Anmerkungen zum Projekt einer Ökumenischen Hermeneutik, in: W. Härle / R. Preul (Hrsg.), Marburger Jahrbuch Theologie, Bd. XII: Ökumene (MThSt 64), Marburg 2000, 71-99.

I. U. Dalferth, Römische Realisten oder die Kunst zu warten, in: M. J. Rainer (Red.), „Dominus Iesus". Anstößige Wahrheit oder anstößige Kirche? Dokumente, Hintergründe, Standpunkte und Folgerungen, Münster u.a. ²2001, 221-228.

A. Danilov, Konfessionelle Identität und religiöse Intoleranz, in: US 57 (2002) 210-215.

Das Abendmahl. Eine Orientierungshilfe zu Verständnis und Praxis des Abendmahls in der evangelischen Kirche. Vorgelegt vom Rat der EKD, Gütersloh 2003.

S. Demel, Gemeinsam zum Tisch des Herrn? Ein theologisch-rechtliches Plädoyer zur Konkretisierung der „anderen schweren Notwendigkeit" des c. 844 § 4 CIC, in: StZ 128 (2003) 663-676.

J. Derrida, Die différance, Randgänge der Philosophie, Wien 1988.

J. Derrida, Wie nicht sprechen. Verneinungen, Wien 1989.

J. Derrida, Gesetzeskraft. Der ‚mystische Grund der Autorität', Frankfurt a.M. 1991.

W. Dietz, Die kirchlichen Stellungnahmen aus evangelischer Sicht. Synopse der Haupteinwände, in: W. Pannenberg / Th. Schneider (Hrsg.), Lehrverurteilungen – kirchentrennend? IV: Antworten auf kirchliche Stellungnahmen, Göttingen-Freiburg 1994, 121-134.

W. Dietz, Sinn und Grenzen einer „Konsensökumene", in: O. Roland (Hrsg.): Ökumene – wohin?, Mannheim 2003, 340-352.

W. Dietz, Ökumenische Hermeneutik und die Suche nach Konsens, in: ÖR 52 (2003) 142-156.

E. Dirscherl, Einheit in der Vielfalt. Nochmals: Ja zur Gemeinsamen katholisch-lutherischen Erklärung zur Rechtfertigungslehre, in: CiG (Nr. 20/1998) 165f.

H. Döring, Nahziel: „Schwesterkirchen". Zum Stand des offiziellen katholisch-lutherischen Dialogs, in: ÖR 34 (1985) 265-287.

H. Döring, Einheit durch Vielfalt? Überlegungen zum gegenwärtigen Stand der Ökumene, in: US 44 (1989) 101-114.

H. Döring, Ökumene vor dem Ziel [Beiträge zur Fundamentaltheologie und Religionsphilosophie Bd. 2] Neuried 1998.

S. Eibach-Danzeglocke, Theologie als Grammatik. Die Wittgensteinrezeptionen D. Z. Phillips' und George A. Lindbecks und ihre Impulse für theologisches Arbeiten, Frankfurt a. M. 2002.

Eine Einführung in das Gespräch über das Ökumenische Glaubensbekenntnis 381, hrsg. v. W. Bienert im Auftrag der ACK in Deutschland, Eichstätt 1997.

Einheit als Gabe und Verpflichtung. Eine Studie des Deutschen Ökumenischen Studienausschusses (DÖSTA) zu Johannes 17 Vers 21, Frankfurt a. M. – Paderborn 2002.

epd-Dokumentation Nr. 46/97 – Nr. 51/98, Streit um die Rechtfertigungslehre.

epd-Dokumentation Nr. 11/2002, Stellungnahme zu ‚Communio Sanctorum'. Von der Evangelisch-theologischen Fakultät der Universität Tübingen.

J. Feiner, Kommentar zu *Unitatis redintegratio,* in: LThK², 40-126.

J. Feiner / L. Vischer (Hrsg.), Neues Glaubensbuch. Der gemeinsame christliche Glaube, Freiburg u.a. ⁹1973.

„Feld ökumenischer Gemeinsamkeiten erweitert". Stellungnahme der Deutschen Bischofskonferenz zur Studie „Communio Sanctorum", in: KNA Dok. Nr. 4 (8.4.2003).

M. Foucault, Die Ordnung der Dinge. Eine Archäologie der Humanwissenschaften, Frankfurt a. M. ¹²1993.

A. Franz (Hrsg.), Was ist heute noch katholisch? Zum Streit um die innere Einheit und Vielfalt der Kirche (QD 192), Freiburg u.a. 2001.

Th. Freyer, Theologische Rationalität im Kontext postmoderner Vernunftkritik. Anmerkungen zur hermeneutischen Problematik des ökumenischen Dialogs, in: Catholica 47 (1993) 241-276.

Th. Freyer, „Transsubstantiation" versus Transfinalisation / Transsignifikation"? Bemerkungen zu einer aktuellen Debatte, in: Catholica 49 (1995) 174-195.

J. Friedrich, Bericht des Catholica-Beauftragten der VELKD auf der 9. Generalsynode am 21.10.2003 in Bamberg (Manuskript, 1-17).

R. Frieling / W. Schöpsdau, Lehrverurteilungen damals und heute. Eine evangelische Arbeitshilfe zum Ergebnis der Gemeinsamen Ökumenischen Kommission, Göttingen 1987.

R. Frieling, Gemeinschaft mit, nicht unter dem Papst. Ein evangelisches Votum zur Einheit der Kirche, in: ÖR 47 (1998) 202-215.

R. Frieling, Evangelischer Bund und Charta Oecumenica. Leitlinien für die Zusammenarbeit der Kirchen in Europa, in: Amt und Gemeinde 54 (2003) 122-128.

H. Fries / K. Rahner, Einigung der Kirchen – reale Möglichkeit (QD 100), Freiburg u.a. 1983.

H. Fries, Einigung der Kirchen – reale Möglichkeit, in: ders. / O. H. Pesch, Streiten für die eine Kirche, München 1987, 13-84.

M. M. Garijo-Guembe, Communio-Ekklesiologie. Zum Schreiben der römischen Glaubenskongregation über einige Aspekte der Kirche als Communio, in: US 47 (1992) 323-329.352.

P. Gemeinhardt, Ökumene nach „Dominus Iesus"? Warum das Miteinander immer noch mit der Rechtfertigungslehre steht und fällt, in: US 56 (2001) 74-82.

M. Gielen, Mut zur Herrenmahlgemeinschaft. Ökumenische Impulse aus paulinischer Perspektive, in: BZ. NF 48 (2004) 104-113.

J. Gnilka, Der Epheserbrief (HThK NT) Freiburg u.a. ⁴1990.

F. W. Graf / D. Korsch (Hrsg.), Jenseits der Einheit. Protestantische Ansichten der Ökumene, Hannover 2001.

G. Greshake, An den drei-einen Gott glauben. Ein Schlüssel zum Verstehen, Freiburg u.a. 1998.

A. Grillmeier, Kommentar zu *Lumen Gentium* Kap. II, in: LThK ² XII, 176-209.

Gruppe von Dombes, Für die Umkehr der Kirchen. Identität und Wandel im Vollzug der Kirchengemeinschaft, Frankfurt a. M. 1994.

J. Hake (Hrsg.), Der Gast bringt Gott herein. Eucharistische Gastfreundschaft als Weg zur vollen Abendmahlsgemeinschaft, Stuttgart u.a. 2004.

J. Hanselmann, Rechtfertigung – was ist das eigentlich?, hrsg. v. der Evangelischen Buchhilfe, Vellmar 1999.

W. Härle / R. Preul (Hrsg.), Marburger Jahrbuch Theologie, Bd. XII: Ökumene (MThSt 64), Marburg 2000.

W. Härle / P. Neuner (Hrsg.), Im Licht der Gnade Gottes. Zur Gegenwartsbedeutung der Rechtfertigungsbotschaft. Gemeinsames Symposion des Evangelisch- und Katholisch-Theologischen Fakultätentages Lutherstadt Wittenberg, Oktober 2002, Münster 2004.

M. Hein, Evangelische Identität heute – oder: Warum es Sinn macht, evangelisch zu sein, in: US 58 (2003) 350-358.

S. Hell, Konfessionsverschiedene Ehe. Vom Problemfall zum verbindenden Modell, Freiburg u.a. 1998.

S. Hell / L. Lies (Hrsg.), Papstamt. Hoffnung, Chance, Ärgernis. Ökumenische Diskussion in einer globalisierten Welt, Innsbruck 2000.

S. Hell / L. Lies (Hrsg.), Taufe und Eucharistiegemeinschaft. Ökumenische Perspektiven und Probleme, Innsbruck 2002.

D. Heller (Hrsg.), Ein Schatz in zerbrechlichen Gefäßen. Eine Anleitung zu ökumenischem Nachdenken über Hermeneutik, Frankfurt a. M. 1999.

D. Heller, Wo stehe ich und kann auch anders? Überlegungen zur Frage nach der konfessionellen Identität im ökumenischen Miteinander, in: US 57 (2002) 234-241.

D. Heller (Hrsg.), Bekehrung und Identität. Ökumene als Spannung zwischen Fremdem und Vertrautem (Beiheft zur Ökumenischen Rundschau 73), Frankfurt a. M. 2003.

E. Herms, Einheit der Christen in der Gemeinschaft der Kirchen. Die ökumenische Bewegung der römischen Kirche im Lichte der reformatorischen Theologie. Antwort auf den Rahner-Plan, Göttingen 1984.

E. Herms, Konsensustexte und konfessionelle Identität, in: ders., Von der Glaubensgemeinschaft zur Kirchengemeinschaft. Plädoyer für eine realistische Ökumene, Marburg 1989, 136-187.

B. J. Hilberath / D. Sattler (Hrsg.), Vorgeschmack. Ökumenische Bemühungen um die Eucharistie (FS Th. Schneider), Mainz 1995.

B. J. Hilberath / W. Pannenberg (Hrsg.), Zur Zukunft der Ökumene. Die „Gemeinsame Erklärung zur Rechtfertigungslehre", Regensburg 1999.

B. J. Hilberath (Hrsg.), Communio – Ideal oder Zerrbild von Kommunikation? (QD 176), Freiburg 1999.

B. J. Hilberath / J. Moltmann (Hrsg.), Ökumene – wohin? Bischöfe und Theologen entwickeln Perspektiven, Tübingen – Basel 2000.

B. J. Hilberath / R. Leicht, Wer ist die wahre Kirche? Ein neues Vatikanpapier sprengt die Ökumene, in: M. J. Rainer (Red.), „Dominus Iesus". Anstößige Wahrheit oder anstößige Kirche? Dokumente, Hintergründe, Standpunkte und Folgerungen, Münster u.a. [2]2001, 286-302.

G. M. Hoff, Aporetische Theologie. Skizze eines Stils fundamentaler Theologie, Paderborn u.a. 1997.

G. M. Hoff, Anders glauben – dem Anderen glauben. Die Gemeinsame Erklärung zur Rechtfertigungslehre als Dokument einer fundamentaltheologischen Differenzhermeneutik, in: Catholica 54 (2000) 241-250.

G. M. Hoff, Die prekäre Identität des Christlichen. Die Herausforderung postModernen Differenzdenkens für eine theologische Hermeneutik, Paderborn u.a. 2001.

G. M. Hoff, Neue Spannungen? Zur ökumenischen Bedeutung der Enzyklika „Ecclesia de eucharistia", in: KNA/ÖKI 24.6.2003, Beilage: *Thema der Woche*, 1-15.

G. M. Hoff, „Ökumene des Herzens"? Ökumenische Suchbewegungen zwischen

Frömmigkeit und theologischer Resignation, in: Ökumenische Informationen Salzburg 19 (2004) 22f.

G. M. Hoff, Identität am Rande. Marginalisierungsprozesse im Christentum, in: StZ 129 (2004) 589-598.

H. Hoping (Hrsg.), Konfessionelle Identität und Kirchengemeinschaft. Mit einem bibliographischen Anhang zu „Dominus Iesus", Münster u.a. 2000.

H. Hoping, Unklare Verwandtschaftsverhältnisse, in: Reformierte Nachrichten v. 22.9.2000.

M. Horkheimer / Th. W. Adorno, Dialektik der Aufklärung. Philosophische Fragmente, Frankfurt a. M. 1989.

A. Houtepen, Ökumenische Dokumente – und was dann? Die ökumenischen Dialoge und deren Rezeption vierzig Jahre später, in: US 59 (2004) 110-124.

I. Huber, Der lange Weg zu Communio Sanctorum, in: US 56 (2001) 45-49.

P. Hünermann, Kirche und Amt, in: J. Feiner / L. Vischer (Hrsg.), Neues Glaubensbuch. Der gemeinsame christliche Glaube, Freiburg u.a. ⁹1973, 620-631.

P. Hünermann, Theologische Reflexionen zu einem umstrittenen römischen Lehrdokument, in: A. Franz (Hrsg.), Was ist heute noch katholisch? Zum Streit um die innere Einheit und Vielfalt der Kirche (QD 192), Freiburg u.a. 2001, 65-86.

P. Hünermann, Dogmatische Prinzipienlehre. Glaube – Überlieferung – Theologie als Sprach- und Wahrheitsgeschehen, Münster 2003.

Internationale Theologische Kommission, Erinnern und Versöhnen. Die Kirche und die Verfehlungen in ihrer Vergangenheit, 3., erw. Aufl. Einsiedeln 2000.

Im Zeichen des Heiligen Geistes. Bericht aus Canberra, Frankfurt a. M. 1991.

V. Ionita, Europa: eine neue Charta Oecumenica, in: US 54 (1999) 170-175.

V. Ionita / S. Numico (Hrsg.), Die Charta Oecumenica. Ein Text, ein Prozess, eine Vision der Kirchen in Europa, Genf – St. Gallen 2003. (www.ccee.ch.)

H. Jedin, Geschichte des Konzils von Trient. 4 Bde., Freiburg u.a. 1949-1975.

Johann-Adam-Möhler-Institut (Hrsg.), Das Papstamt – Anspruch und Widerspruch. Zum Stand des ökumenischen Dialogs über das Papstamt, Münster 1996.

Johannes Paul II., Römisches Triptychon. Meditationen, Freiburg 2003.

A. Jones, New Catholics for a New Country, Allen 2001.

H. Jorissen, Kritische Erwägungen zur Stellungnahme der Deutschen Bischofskonferenz zur Studie „Lehrverurteilungen – kirchentrennend?", in: Catholica 48 (1994) 267-278.

H. Jorissen, Behindert die Amtsfrage die Einheit der Kirchen? Katholisches Plädoyer für die Anerkennung der reformatorischen Ämter, in: J. Brosseder / H.-G. Link (Hrsg.), Eucharistische Gastfreundschaft. Ein Plädoyer evangelischer und katholischer Theologen, Neukirchen-Vluyn 2003, 85-97.

H. Jorissen, Zeichen und Mittel der Einheit. Eucharistie und Abendmahl. Kommt die eucharistische Mahlgemeinschaft?, in: M. Mügge (Red.), Getrennt am Tisch des Herrn. Eucharistie – Abendmahl – Herrenmahl. Kirchen suchen Wege zur Einheit (KNA Sonderpublikation), Bonn 2003, 45-54.

E. Jüngel, Um Gottes willen – Klarheit! Kritische Bemerkungen zur Verharmlosung der kriteriologischen Funktion des Rechtfertigungsartikels – aus Anlaß einer ökumenischen ‚Gemeinsamen Erklärung zur Rechtfertigungslehre', in: ZThK 94 (1997) 394-406.

E. Jüngel, Ein wichtiger Schritt. Durch einen ‚Anhang' haben Katholiken und Lutheraner ihre umstrittene ‚Gemeinsame Erklärung' verbessert, in: DS v. 4.6.99.

E. Jüngel: Das Evangelium von der Rechtfertigung des Gottlosen als Zentrum des christlichen Glaubens. Eine theologische Studie in ökumenischer Absicht, Tübingen 1999.

E. Jüngel, Quo vadis ecclesia? Kritische Bemerkungen zu zwei neuen Texten der römischen Kongregation für die Glaubenslehre, in: M. J. Rainer (Red.), „Dominus Iesus". Anstößige Wahrheit oder anstößige Kirche? Dokumente, Hintergründe, Standpunkte und Folgerungen, Münster u.a. ²2001, 59-67.

E. Jüngel, Paradoxe Ökumene, in: M. J. Rainer (Red.), „Dominus Iesus". Anstößige Wahrheit oder anstößige Kirche? Dokumente, Hintergründe, Standpunkte und Folgerungen, Münster u.a. ²2001, 68-78.

E. Jüngel, Credere in ecclesiam – Eine ökumenische Besinnung, in: ZThK 99 (2002) 177-195; ND in: P. Walter / K. Krämer / G. Augustin (Hrsg.), Kirche in ökumenischer Perspektive (FS Walter Kasper), Freiburg 2003, 15-32.

W. Kasper, Grundkonsens und Kirchengemeinschaft. Zum Stand des ökumenischen Gesprächs zwischen katholischer und evangelisch-lutherischer Kirche, in: A. Birmelé / H. Meyer (Hrsg.), Grundkonsens – Grunddifferenz. Studie des Straßburger Instituts für Ökumenische Forschung. Ergebnisse und Dokumente, Frankfurt a. M. – Paderborn 1992, 97-116.

W. Kasper, Zur Theologie und Praxis des bischöflichen Amtes, in: W. Schreer / G. Steins (Hrsg.), Auf neue Art Kirche sein (FS Bischof Dr. J. Homeyer), München 1999, 32-48.

W. Kasper, Das Verhältnis von Universalkirche und Ortskirche. Freundschaftliche Auseinandersetzung mit der Kritik von Joseph Kardinal Ratzinger, in: StdZ 218 (2000) 795-804.

W. Kasper, From the President of the Council for Promoting Christian Unity, in: America 185 (26.11.01) 28f.

W. Kasper, Ein Herr, ein Glaube, eine Taufe. Ökumenische Perspektiven der Zukunft, in: E. Pulsfort / R. Hanusch (Hrsg.), Von der ‚Gemeinsamen Erklärung' zum ‚Gemeinsamen Herrenmahl'? Perspektiven der Ökumene im 21. Jahrhundert, Regensburg 2002, 217-239.

W. Kasper, ‚Es gibt noch viel zu tun', in: epd-Dokumentation 15/2002, 17.

W. Kasper, Herausforderung zum Dialog. Gegenwärtige ökumenische Situation und künftige Perspektiven der Ökumene, in: KNA/ÖKI 3.6.2003, Beilage: *Dokumentation Nr. 6*, 1-12.

W. Kasper, Ökumene zwischen Ost und West. Stand und Perspektiven des Dialogs mit den orthodoxen Kirchen, in: StdZ 128 (2003) 151-164.

W. Kasper, Nur gemeinsam stark, in: Rheinische Post v. 18.10.03 (Nr. 242).

Katechismus der Katholischen Kirche, München 1993.

M. Kehl, Die Kirche. Eine katholische Ekklesiologie, Würzburg ³1994.

M. Kehl, Zum jüngsten Disput um das Verhältnis von Universalkirche und Ortskirchen, in: P. Walter / K. Krämer / G. Augustin (Hrsg.), Kirche in ökumenischer Perspektive (FS Walter Kasper), Freiburg 2003, 81-101.

Kirchenamt der EKD (Hrsg.), Kirchengemeinschaft nach evangelischem Verständnis. Ein Votum zum geordneten Miteinander bekenntnisverschiedener Kirchen. Ein Beitrag des Rates der EKD (EKD-Texte 69), Hannover 2001.

W. Klaiber, Ut unum sint. Die Enzyklika Papst Johannes Paul II. und ihr ökumenischer Kontext, in: ÖR 46 (1997) 35-56.

W. Klausnitzer, Eine Kirche oder Einheit der Kirchen? Ökumenische Zielvorstellungen und ekklesiologische Grundlegungen, in: TThZ 108 (1999) 220-231.

W. Klausnitzer, Eine römisch-katholische Stellungnahme zu den Aussagen über den „Petrusdienst" in „Communio Sanctorum", in: ÖR 51 (2002) 225-234.

W. Klausnitzer, Der Primat des Bischofs von Rom. Entwicklung – Dogma – Ökumenische Zukunft, Freiburg u.a. 2004.

P. Knauer, Die chalkedonenesische Christologie als Kriterium für jedes christliche Glaubensverständnis, in: ThPh 60 (1985) 1-15.

P. Knauer, Der Glaube kommt vom Hören. Ökumenische Fundamentaltheologie, Freiburg [6]1991.

P. Knauer, Universalkirche, Einzelkirchen und Gesamtkirche, in: Orientierung 65 (2001) 3-6.

B. Kötting, Art. Wallfahrt, in: LThK[2], 941-946.

U. H. J. Körtner, Versöhnte Verschiedenheit. Die Einheit von Identität und Differenz als Grundproblem christlicher Ökumene, in: BthZ 15 (1998) 77-96.

U. H. J. Körtner, Von der Konsensökumene zur Differenzökumene. Krise und Verheißung der ökumenischen Bewegung an der Schwelle zum dritten Jahrtausend, KuD 47 (2001) 290-307.

U. H. J. Körtner, Sinn und Geschmack fürs Unendliche. Das Abendmahl aus der Sicht eines evangelischen Theologen, in: CiG 55 (2003).

U. H. J. Körtner, Kirchenleitung und Episkopé. Funktionen und Formen der Episkopé im Rahmen der presbyterial-synodalen Ordnung evangelischer Kirchen (Gutachten und Studien der Evang.-Theol. Fakultät der Universität Wien, Nr. 1), Wien 2004.

L. J. Koffeman / H. Witte (Hrsg.), Of All Time and of All Places. Protestants and Catholics on the Church Local and Universal, Utrecht 2001.

Konfessionskundliches Institut (Hrsg.), Kommentar zu den Lima-Erklärungen über Taufe, Eucharistie und Amt, Göttingen 1983.

A. Kreiner, Überlegungen zur theologischen Wahrheitsproblematik und ihrer ökumenischen Relevanz, in: Catholica 41 (1987) 108-124.

A. Kreiner, „Hierarchia veritatum". Deutungsmöglichkeiten und ökumenische Relevanz, in: Catholica 46 (1992) 1-30.

U. Kühn / L. Ullrich (Hrsg.), Die Lehrverurteilungen des 16. Jahrhunderts im ökumenischen Gespräch. Gemeinsame Stellungnahme und Beiträge zu einer Studie des Ökumenischen Arbeitskreises evangelischer und katholischer Theologen in der Bundesrepublik Deutschland, Leipzig 1992.

U. Kühn, Gesamtkirchlicher Petrusdienst? Evangelische Überlegungen, in: US 53 (1998) 30-39.

H. Küng, Rechtfertigung. Die Lehre Karl Barths und eine katholische Besinnung (1957), München [2]1986.

K.-J. Kuschel, Sind die Kirchenspaltungen überwindbar? Eine kritische Analyse der Ökumene-Enzyklika ‚Ut unum sint' aus katholischer Sicht, in: B. J. Hilberath / J. Moltmann (Hrsg.), Ökumene – wohin? Bischöfe und Theologen entwickeln Perspektiven, Tübingen – Basel 2000, 71-86.

D. Lange (Hrsg.), Überholte Verurteilungen? Die Gegensätze in der Lehre von Rechtfertigung, Abendmahl und Amt zwischen dem Konzil von Trient und der Reformation – damals und heute, Göttingen 1991.

G. Larentzakis, Europa ein menschliches Gesicht geben. Einige persönliche Gedanken zur *Charta Oecumenica* aus der Sicht eines orthodoxen Theologen, in: ÖR 52 (2003) 58-68.

G. Larentzakis, Wir glauben „die eine, heilige, katholische und apostolische Kirche", in: V. Ionita / S. Numico (Hrsg.), Die Charta Oecumenica. Ein Text, ein Prozess, eine Vision der Kirchen in Europa, Genf – St. Gallen 2003, 53-59.

J. Le Goff, Die Geburt Europas im Mittelalter, München 2004.

K. Lehmann / W. Pannenberg (Hrsg.), Lehrverurteilungen – kirchentrennend? Bd. I: Rechtfertigung, Sakramente und Amt im Zeitalter der Reformation und heute, Göttingen 1986.

K. Lehmann, Einig im Verständnis der Rechtfertigungsbotschaft? Erfahrungen und Lehren im Blick auf die gegenwärtige ökumenische Situation. Eröffnungsreferat bei der Herbstvollversammlung der Deutschen Bischofskonferenz, hrsg. v. Sekretariat d. Dt. Bischofskonferenz, Bonn 1998, 7-34; hier: 19.

K. Lehmann, Wem gehört Jesus, Bischof Lehmann?, in: M. J. Rainer (Red.), „Dominus Iesus". Anstößige Wahrheit oder anstößige Kirche? Dokumente, Hintergründe, Standpunkte und Folgerungen, Münster u.a. ²2001, 46-53.

K. Lehmann, Einheit der Kirche und Gemeinschaft im Herrenmahl. Zur neueren Diskussion um Eucharistie- und Kirchengemeinschaft, in: Th. Söding (Hrsg.), Eucharistie. Positionen katholischer Theologie, Regensburg 2002, 141-177.

Lehrverurteilungen im Gespräch. Die ersten offiziellen Stellungnahmen aus den evangelischen Kirchen in Deutschland, Göttingen 1993.

E. Levinas, Die Spur des Anderen. Untersuchungen zur Phänomenologie und zur Sozialphilosophie, Freiburg-München ²1987.

L. Lies, Einige Bemerkungen zur Enzyklika „Ut unum sint", in: ZKTh 120 (1998) 1-33.

H.-G. Link, Einheit stiften. Thesen zur Eucharistischen Gastfreundschaft, in: M. Mügge (Red.), Getrennt am Tisch des Herrn. Eucharistie – Abendmahl – Herrenmahl. Kirchen suchen Wege zur Einheit (KNA Sonderpublikation), Bonn 2003, 86-88.

W. Löser, ‚Lehrverurteilungen – kirchentrennend?', Überlegungen zu einer kirchlichen Rezeption des Dokuments ‚Rechtfertigung, Sakramente und Amt im Zeitalter der Reformation und heute', in: Catholica 41 (1987) 177-196.

P. Lüning, Das ekklesiologische Problem des „subsistit in" (LG 8) im heutigen ökumenischen Gespräch, in: Catholica 52 (1998) 1-23.

P. Lüning, Die ökumenischen Zielvorstellungen im Spiegel der Catholica, in: Cath(M) 53 (1999) 190-207.

P. Lüning, Rechtfertigung und Kirche. Welche theologisch-dogmatischen Imperative können mit Notwendigkeit aus der Rechtfertigungslehre gefolgert werden?, in: Catholica 54 (2000) 251-262.

N. Luhmann, Die Gesellschaft der Gesellschaft. 2 Bde., Frankfurt a. M. 1997.

M. Luther, Von der Freiheit eines Christenmenschen (1520), hrsg. von K. Knaake, in: D. Martin Luthers Werke, Kritische Gesamtausgabe (Weimarer Ausgabe, 7. Band), Weimar:1897 (unveränderter Abdruck 1966), 12-38.

M. Luther, Das sechste Gepot. Du solst nicht ehebrechen, in: ders., Deudsch Catechismus (Der Große Katechismus) 1529, hrsg. von O. Brenner unter Mitwirkung von O. Albrecht und J. Luther, in: D. Martin Luthers Werke, Kritische Gesamtausgabe (Weimarer Ausgabe, 30. Band, 1. Abteilung), Weimar 1910 (unveränderter Abdruck 1964), 123-238.

M. Luther, Die Schmalkaldischen Artikel, hrsg. von O. Reichert / O. Brenner, in: D. Martin Luthers Werke, Kritische Gesamtausgabe (Weimarer Ausgabe, 50. Band), Weimar 1914 (unveränderter Abdruck 1967), 160-254.

Lutherisches Kirchenamt der VELKD (Hrsg.), Ökumene nach evangelisch-luherischem Verständnis. Positionspapier der Kirchenleitung der VELKD, Hannover 2004.

K. McDonnell, The Ratzinger/Kasper Debate: The Universal Church and Local Churches, in: Theological Studies 63 (2002) 227-250.

K. McDonnell, Walter Kasper on the Theology and the Praxis of the Bishop's Office, in: Theological Studies 63 (2002) 711-729.

K. McDonnell, Pentecost in Relation to the Ontological and Temporal Priority of the Universal Church: The Ratzinger/Kasper Debate, in: P. Walter / K. Krämer / G. Augustin (Hrsg.), Kirche in ökumenischer Perspektive (FS Walter Kasper), Freiburg 2003, 102-113.

H. Merklein, Studien zu Jesus und Paulus, Tübingen 1987.

J. B. Metz, Das Konzil – „Der Anfang eines Anfangs"?, in: K. Richter (Hrsg.), Das Konzil war erst der Anfang. Die Bedeutung des II. Vatikanums für Theologie und Kirche, Mainz 1991, 11-24.

A. C. Mayer, Mit oder ohne Konsens. Methodische Erwägungen zu einer hermeneutischen Grundoption, in: ÖR 52 (2003) 157-173.

H. Meyer / H.J. Urban / L. Vischer (Hrsg.), Dokumente wachsender Übereinstimmung. Sämtliche Berichte und Konsenstexte interkonfessioneller Gespräche auf Weltebene. Bd. I: 1931-1982; Paderborn-Frankfurt a.M. 1983.

H. Meyer / D. Papandreou / H.J. Urban / L. Vischer (Hrsg.), Dokumente wachsender Übereinstimmung. Sämtliche Berichte und Konsenstexte interkonfessioneller Gespräche auf Weltebene. Bd. II: 1982-1990 Paderborn-Frankfurt a.M. 1992.

H. Meyer, „Grundkonsens und Kirchengemeinschaft". Bericht und Reflexion über eine Konsultation und ihr Thema, in: A. Birmelé / H. Meyer (Hrsg.), Grundkonsens – Grunddifferenz. Studie des Straßburger Instituts für Ökumenische Forschung. Ergebnisse und Dokumente, Frankfurt a. M. – Paderborn 1992, 11-55.

H. Meyer, Ökumenische Zielvorstellungen (Ökumenische Studienhefte 4, Bensheimer Hefte 78), Göttingen 1996.

H. Meyer / H. Wagner (Hrsg.), Einheit – aber wie? Zur Tragfähigkeit der ökumenischen Formel vom „differenzierten Konsens" (QD 184), Freiburg u.a. 2000.

H. Meyer / D. Papandreou / H.J. Urban / L. Vischer (Hrsg.), Dokumente wachsender Übereinstimmung. Sämtliche Berichte und Konsenstexte interkonfessioneller Gespräche auf Weltebene. Band 3: 1990-2001, Paderborn – Frankfurt a. M. 2003.

H. Meyer, … genuinam atque integram substantiam Mysterii eucharistici non servasse …? Plädoyer für eine gemeinsame Erklärung zum Verständnis des Herrenmahls, in: P. Walter / K. Krämer / G. Augustin (Hrsg.), Kirche in ökumenischer Perspektive (FS Walter Kasper), Freiburg 2003, 405-416.

H. Meyer, „Einheit in versöhnter Verschiedenheit". Hintergrund und Sinn einer Formel, in: KuD 49 (2003) 293-306.

H. Meyer, Von Angesicht zu Angesicht. Die Kirchen und die Ökumene – Stand und Zukunft, in: KNA-ÖKI 6.1.2004, 1-8.

J. Modesto, Primat und Ökumene. Konkrete Vorschläge für eine angemessene Stellung des Papstes innerhalb einer konfessionsübergreifenden Universalkirche, in: KNA/ÖKI 40 (7.10. 2003) – Thema der Woche, 1-12.

J. W. Mödlhammer, Die Kirche und die Kirchen. Anmerkungen zur Neuausgabe des Ökumenischen Direktoriums, in: Catholica 48 (1994) 294-302.

J. Moltmann, Ökumene im Zeitalter der Globalisierungen. Die Enzyklika ‚Ut unum sint' in evangelischer Sicht, in: B. J. Hilberath / J. Moltmann (Hrsg.), Ökumene – wohin? Bischöfe und Theologen entwickeln Perspektiven, Tübingen – Basel 2000, 87-97.

Motu proprio „Ad tuendam fidem", in: Osservatore Romano 31.6./1.7.98, 1; 4f.

M. Mügge (Red.), Getrennt am Tisch des Herrn. Eucharistie – Abendmahl – Herrenmahl. Kirchen suchen Wege zur Einheit (KNA Sonderpublikation), Bonn 2003.

G. L. Müller, Die Ökumene-Enzyklika Papst Johannes Paul II. „Ut unum sint". Theologische Perspektiven, in: Catholica 50 (1996) 289-298.

G. L. Müller, Doch kein Konsens in der Rechtfertigungslehre? Zur Diskussion über „Die Gemeinsame Erklärung", in: Catholica 52 (1998) 81-94.

K. Müller, Wieviel Vernunft braucht der Glaube? Erwägungen zur Begründungsproblematik, in: ders. (Hrsg.), Fundamentaltheologie. Fluchtlinien und gegenwärtige Herausforderungen, Regensburg 1998, 77-100.

W. W. Müller, Die Charta Oecumenica als Chance für die Christen und Christinnen in Europa?, in: Catholica 57 (2003) 1-12.

Münchener Zentrum für ökumenische Forschung, Kommentar zu „Communio Sanctorum, in: http//:www.oekumene.uni-muenchen.de. Auch veröffentlicht in: US 52 (2002) 61-83.

P. Neuner, Ein katholischer Vorschlag zur Eucharistiegemeinschaft, in: StdZ 211 (1993) 443-450.

P. Neuner, Vor dem Ende der Konsensökumene? Zur Rezeption der Studie über die Lehrverwerfungen, in: J. Brosseder (Hrsg.), Von der Verwerfung zur Versöhnung. Zur aktuellen Diskussion um die Lehrverurteilungen des 16. Jahrhunderts, Neukirchen-Vluyn 1996, 51-79.

P. Neuner, Ökumenische Theologie. Die Suche nach der Einheit der christlichen Kirchen, Darmstadt 1997.

P. Neuner, Mißklänge im ökumenischen Dialog. Zur neuen Diskussion um die Rechtfertigungslehre, in: StdZ 123 (1998) 651-662.

P. Neuner, Das Dekret über die Ökumene Unitatis redintegratio, in: F. X. Bischof / St. Leimgruber (Hrsg.), Vierzig Jahre II. Vatikanum. Zur Wirkungsgeschichte der Konzilstexte, Würzburg 2004, 117-140.

K.-W. Niebuhr, Biblisch-theologische Grundlagen des Communio-Begriffs im Zusammenhang der Ekklesiologie mit besonderem Bezug auf „Communio Sanctorum", in: Kerygma und Dogma 50 (2004) 90-125; besonders 111-114.

S. Numico, Die Charta Oecumenica und die aktuelle ökumenische Situation, in: US 58 (2003) 111-118.

J. Oeldemann, Communio ecclesiarum. Zum Verständnis der Kirchengemeinschaft in evangelischer, katholischer und orthodoxer Sicht, in: KNA/ÖKI 22 (28.5.02).

F. Oertel, Selbstbewusste Vorstöße. Diskussion über Primat und Kollegialität in den USA, in: HK 55 (2001) 443-448.

L. Örsy, The Conversation of the Churches: Condition of Unity. A Roman Catholic Perspective, in: America 166 (1992) 479-487.

W. Pannenberg, Systematische Theologie I-III, Göttingen 1988-1993.

W. Pannenberg / Th. Schneider (Hrsg.), Lehrverurteilungen – kirchentrennend? IV: Antworten auf kirchliche Stellungnahmen, Göttingen-Freiburg 1994.

W. Pannenberg, Die Überwindung der gegenseitigen Verurteilungen als Schritt zur kirchlichen Gemeinschaft, in: J. Brosseder (Hrsg.), Von der Verwerfung zur Versöhnung. Zur aktuellen Diskussion um die Lehrverurteilungen des 16. Jahrhunderts, Neukirchen-Vluyn 1996, 31-49.

D. Papandreou, „Successio apostolica" – Erwägungen zur Überwindung der Trennung, in: US 42 (1987) 29-40.

D. Papandreou (Hrsg.), Oecumenica et Patristica [FS W. Schneemelcher], Stuttgart u.a. 1989.

O. H. Pesch, Die Lehrverurteilungen des 16. Jahrhunderts und die ökumenische Situation der Gegenwart. Das Studiendokument des Ökumenischen Arbeitskreises evangelischer und katholischer Theologen: Risken und Chancen, in: H. Fries / O. H. Pesch, Streiten für die eine Kirche, München 1987, 85-134.

O. H. Pesch, Rezeption ökumenischer Dialogergebnisse. Ungeschützte, aber plausible Vermutungen zu ihren Schwierigkeiten, in: ÖR 42 (1993) 407-418.

O. H. Pesch, Die „Gemeinsame Erklärung zur Rechtfertigungslehre". Entstehung – Inhalt – Bedeutung – Konsequenzen: Vortrag in der Karl Rahner Akademie Köln v. 13.1.98

O. H. Pesch, Gemeinschaft beim Herrenmahl? Probleme – Fragen – Chancen, in: E. Pulsfort / R. Hanusch (Hrsg.), Von der ,Gemeinsamen Erklärung' zum ,Gemeinsamen Herrenmahl'? Perspektiven der Ökumene im 21. Jahrhundert, Regensburg 2002, 155-175.

H. J. Pottmeyer, Vor einer neuen Phase der Rezeption des Vaticanum II. Zwanzig Jahre Hermeneutik des Konzils, in: ders. / G. Alberigo / J.-P. Jossua (Hrsg.), Die Rezeption des Zweiten Vatikanischen Konzils, Düsseldorf 1986, 47-65.

H. J. Pottmeyer, Kirche als Communio. Eine Reformidee aus unterschiedlichen Perspektiven, in: StZ 210 (1992) 579-589.

E. Pulsfort / R. Hanusch (Hrsg.), Von der ,Gemeinsamen Erklärung' zum ,Gemeinsamen Herrenmahl'? Perspektiven der Ökumene im 21. Jahrhundert, Regensburg 2002.

A. Quack, Art. Opfer I: Religionswissenschaftlich, in: H. Waldenfels (Hrsg.), Lexikon der Religionen. Phänomene, Geschichte, Ideen, Freiburg u.a. ²1995, 480-482.

A. Quadt, Evangelische Ämter: gültig – Eucharistiegemeinschaft: möglich, Mainz 2001.

J. R. Quinn, The Reform of the Papacy. New York 1999.

J. Rahner, Zur Nachahmung empfohlen. Erfahrungen mit ökumenischen Gemeindepartnerschaften, in: HerKorr 58 (2004) 25-29.

K. Rahner, Fragen der Kontroverstheologie über die Rechtfertigung, in: ders., Schriften zur Theologie IV: Neuere Schriften, Einsiedeln-Zürich-Köln 1960, 237-271.

J. Ratzinger, ,Präzisierungen' zu einer ,Erklärung' des Heiligen Stuhls. Leserbrief in der FAZ v. 14.7.98.

J. Ratzinger, L'ecclesiologia della Costituzione „Lumen gentium", in: R. Fisichella (Hrsg.), Il Concilio Vaticano II – Recezione e attualità alla luce del Giubileo, Cinisello Balsamo 2000, 66-81.

J. Ratzinger, „Es scheint mir absurd, was unsere lutherischen Freunde jetzt wollen." Die Pluralität der Bekenntnisse relativiert nicht den Anspruch des Wahren: Joseph Kardinal Ratzinger antwortet seinen Kritikern, in: FAZ v. 22.9.2000 (Nr. 221), 51f.

J. Ratzinger, The Local Church and the Universal Church, in: America 185 (19.11.01) 7-11.

J. Ratzinger, Die große Gottesidee „Kirche" ist keine Schwärmerei. Nicht nur eine

Frage der Kompetenzverteilung: Das Verhältnis von Universalkirche und Ortskirche aus der Sicht des Zweiten Vatikanischen Konzils, in: FAZ v. 22.12.02 (Nr. 298) 46.

M. J. Rainer (Red.), „Dominus Iesus". Anstößige Wahrheit oder anstößige Kirche? Dokumente, Hintergründe, Standpunkte und Folgerungen, Münster u.a. ²2001.

„Reaktion belgischer Theologen auf Dominus Iesus", in: M. J. Rainer (Red.), „Dominus Iesus". Anstößige Wahrheit oder anstößige Kirche? Dokumente, Hintergründe, Standpunkte und Folgerungen, Münster u.a. ²2001, 332f.

Rechtfertigung in: Lehrverurteilungen – kirchentrennend? Ein Votum des Konvents und Beiträge von Martin Petzoldt, Friedrich Beißer, Friedrich-Otto Scharbau und Horst Georg Pöhlmann sowie ein Anhang zur Geschichte und zur Schriftenreihe des Konvents, Hannover 1990, 7-16.

D. Ritschl, Ökumenische Forschung im Kontext von Moderne und Postmoderne. Plädoyer für eine Hermeneutik des Vertrauens, in: J. Brosseder / E. Ignestam (Hrsg.), Die Ambivalenz der Moderne, Uppsala 1999, 42-59.

D. Ritschl, Kommentar zum Votum der EKD zum geordneten Miteinander bekenntnisverschiedener Kirchen, in: epd-Dokumentation 15/2002, 31.

D. Ritschl, Theorie und Konkretion in der Ökumenischen Theologie. Kann es eine Hermeneutik des Vertrauens inmitten differierender semiotischer Systeme geben? (Studien zur systematischen Theologie und Ethik 37) Münster 2003.

O. Roland (Hrsg.): Ökumene – wohin?, Mannheim 2003.

M. Root, Beyond the Joint Declaration on the Doctrine of Justification. The Shape of Continuing Discussion on Justification, in: P. Walter / K. Krämer / G. Augustin (Hrsg.), Kirche in ökumenischer Perspektive (FS Walter Kasper), Freiburg 2003, 354-367.

U. Ruh, Ökumene: Das neue Direktorium der katholischen Kirche, in: HK 47 (1993) 332-334.

U. Ruh, Umstrittener Konsens. Die Diskussion über die Erklärung zur Rechtfertigungslehre, in: HK 3/1998, 132-136.

E. Salmann, Der geteilte Logos. Zum offenen Prozeß von neuzeitlichem Denken und Theologie, Rom 1992.

H.-J. Sander, Das Außen des Glaubens – eine Autorität der Theologie, in: H. Keul / ders., (Hrsg.), Das Volk Gottes. Ein Ort der Befreiung, Würzburg 1998, 240-258.

H.-J. Sander, Glauben im Format 2000 – ein ökumenisches Ohnmachtsproblem. Auf der Suche nach einer gemeinsamen Sprache der Kirchen, in: ThPQ 148 (2000) 58-68.

H.-J. Sander, nicht ausweichen. Die prekäre Lage der Kirche, Würzburg 2002.

H.-J. Sander, Die pastorale Grammatik der Lehre – ein Wille zur Macht von Gottes Heil im Zeichen der Zeit, in: G. Wassilowsky (Hrsg.), Zweites Vatikanum – vergessene Anstöße, gegenwärtige Fortschreibungen (QD 207), Freiburg u.a. 2004, 185-206.

D. Sattler, Zum Gutachten des Einheitsrates. Analysen – Anfragen – Konsequenzen, in: W. Pannenberg / Th. Schneider (Hrsg.), Lehrverurteilungen – kirchentrennend? IV: Antworten auf kirchliche Stellungnahmen, Göttingen-Freiburg 1994, 101-120;

D. Sattler, Neue Urteile zu den alten Lehrverurteilungen. Die evangelischen Kirchen in Deutschland und die Studie des Ökumenischen Arbeitskreises, in: Catholica 49 (1995) 98-113.

D. Sattler, Zum römisch-katholischen Amtsverständnis. Ein Vortrag beim Stuttgarter Kirchentag 1999 und eine kommentierte Auswahlbibliographie, in: US 54 (1999) 213-228.

D. Sattler, Abendmahl und Eucharistie. Anregungen durch eine Umfrage im Kontext des Ökumenischen Kirchentags, in: StZ 128 (2003) 651-662.

G. Sauter, Die Rechtfertigungslehre als theologische Dialogregel. Lehrentwicklung als Problemgeschichte?, in: ÖR 48 (1999) 275-295.

Th. Schärtl, Wahrheit und Gewissheit. Zur Eigenart religiösen Glaubens, Kevelaer 2004.

M. Scharer / B. J. Hilberath, Kommunikative Theologie. Eine Grundlegung, Mainz 2002.

K. Schatz, Der päpstliche Primat. Seine Geschichte von den Ursprüngen bis zur Gegenwart, Würzburg 1990.

K. Schatz, Allgemeine Konzilien – Brennpunkte der Kirchengeschichte, Paderborn u.a. 1997.

H. Schmoll, Ökumenische Eiszeit, in: FAZ 30.7.98 (Nr. 174) 1.

H. Schmoll, Wie Luther es wollte. Die Fakultätsgutachten aus Erlangen und Tübingen zum ökumenischen Papier „Communio Sanctorum", in: FAZ 13.4.02 (Nr. 86) 12.

Th. Schneider, Zeichen der Nähe Gottes. Grundriss der Sakramententheologie, Mainz 1979.

Th. Schneider / G. Wenz (Hrsg.), Gerecht und Sünder zugleich? Ökumenische Klärungen (Dialog der Kirchen 11), Freiburg – Göttingen 2001.

Th. Schneider / G. Wenz (Hrsg.), Das kirchliche Amt in apostolischer Nachfolge. Grundlagen und Grundfragen (Dialog der Kirchen, Bd. 12), Freiburg u.a. 2004.

E. Schockenhoff, Gibt es eine ethische Grunddifferenz zwischen den Konfessionen? Eine Nachfrage bei Friedrich Schleiermacher, in: P. Walter / K. Krämer / G. Augustin (Hrsg.), Kirche in ökumenischer Perspektive (FS Walter Kasper), Freiburg 2003, 504-521.

W. Schöpsdau, Rechtfertigung: Von der ‚Antwort der katholischen Kirche' zur ‚Gemeinsamen offiziellen Feststellung', in: MdKI 50 (1999) 91-95.

O. Schuegraf, Der einen Kirche Gestalt geben. Ekklesiologie in den Dokumenten der bilateralen Konsensökumene (JThF 3), Münster 2001.

H. Schütte, Kirchengemeinschaft – Vereinbare und unvereinbare Auffassungen, in: epd-Dokumentation 15/2002, 14-17.

H. Schütte, Ökumene und „Anti-Ökumene". Unsachliche Kritik am Rechtfertigungskonsens, in: KNA-ÖKI 35 (2.9.03) 21-23.

Ch. Schwöbel, Konsens in Grundwahrheiten? Kritische Anfragen an die ‚Gemeinsame Erklärung', in: B. J. Hilberath / W. Pannenberg (Hrsg.), Zur Zukunft der Ökumene. Die „Gemeinsame Erklärung zur Rechtfertigungslehre", Regensburg 1999, 110-128.

Sekretariat der Deutschen Bischofskonferenz (Hrsg.), Instruktion der Kongregation für die Glaubenslehre über einige Aspekte der „Theologie der Befreiung" (Verlautbarungen des Apostolischen Stuhls 57), Bonn 1984.

Sekretariat der Deutschen Bischofskonferenz (Hrsg.), Notifikation der Kongregation für die Glaubenslehre zu dem Buch „Kirche: Charisma und Macht, Versuch einer militanten Ekklesiologie" (Verlautbarungen des Apostolischen Stuhls Nr. 67), Bonn 1985.

Sekretariat der Deutschen Bischofskonferenz (Hrsg.), Instruktion der Kongregation für die Glaubenslehre über die kirchliche Berufung des Theologen (Verlautbarungen des Apostolischen Stuhls 98), Bonn 1990.

Sekretariat der Deutschen Bischofskonferenz (Hrsg.), Schreiben an die Bischöfe der katholischen Kirche über einige Aspekte der Kirche als Communio (Verlautbarungen des Apostolischen Stuhls 107), Bonn 1992.

Sekretariat der Deutschen Bischofskonferenz (Hrsg.), Päpstlicher Rat zur Förderung der Einheit der Christen, Direktorium zur Ausführung der Prinzipien und Normen über den Ökumenismus (Verlautbarungen des Apostolischen Stuhls Nr. 110), Bonn 1993.

Sekretariat der Deutschen Bischofskonferenz (Hrsg.), Stellungnahme der Deutschen Bischofskonferenz zur Studie „Lehrverurteilungen – kirchentrennend?" (Die deutschen Bischöfe, Nr. 52), Bonn 1994.

Sekretariat der Deutschen Bischofskonferenz (Hrsg.), Enzyklika Ut unum sint über den Einsatz für die Ökumene (Verlautbarungen des Apostolischen Stuhls 121), Bonn 1995.

Sekretariat der Deutschen Bischofskonferenz (Hrsg.), Enzyklika *Ecclesia de Eucharistia* von Papst Johannes Paul II. von Papst Johannes Paul II. an die Bischöfe, an die Priester und Diakone, an die gottgeweihten Personen und an alle Christgläubigen über die Eucharistie in ihrer Beziehung zur Kirche (Verlautbarungen des Apostolischen Stuhls 159), Bonn 2003.

Sekretariat der Deutschen Bischofskonferenz (Hrsg.), Nachsynodales apostolisches Schreiben *Ecclesia in Europa*, (Verlautbarungen des Apostolischen Stuhls 161), Bonn 2003.

R. Shaw, Papal Primacy in the Third Millenium, Huntington 2000.

P. Sloterdijk, Sphären. Bd. I: Blasen, Frankfurt a. M. ⁴1999.

Th. Söding (Hrsg.), Eucharistie. Positionen katholischer Theologie, Regensburg 2002.

W. Sparn, Viele Kirchen – ein Petrusdienst? Eine evangelische Stellungnahme zu „Communio Sanctorum", in: ÖR 51 (2002) 235-247.

Stellungnahme des Vorstandes der Deutschen Sektion der Europäischen Gesellschaft für Katholische Theologie zur jüngsten Veröffentlichung der Glaubenskongregation *Dominus* Jesus, in: A. Franz (Hrsg.), Was ist heute noch katholisch? Zum Streit um die innere Einheit und Vielfalt der Kirche (QD 192), Freiburg u.a. 2001, 314f.

H.-G. Stobbe, Konflikte um Identität. Eine Studie zur Bedeutung von Macht in interkonfessionellen Beziehungen und im ökumenischen Prozess, in: P. Lengsfeld (Hrsg.), Ökumenische Theologie. Ein Arbeitsbuch, Stuttgart u.a. 1980, 190-237.

H.-G. Stobbe, Konfessionelle Identität und Hermeneutik, in: US 57 (2002) 227-233.

K. v. Stosch, Glaubensverantwortung in doppelter Kontingenz. Untersuchungen zur Verantwortung fundamentaler Theologie nach Wittgenstein (ratio fidei 7), Regensburg 2001.

Ch. Taylor, Die Formen des Religiösen in der Gegenwart, Frankfurt a. M. 2002.

W. Thönissen, Gemeinschaft durch Teilhabe. Ein katholisches Modell für die Einheit der Kirchen, in: HK 53 (1999) 240-245.

W. Thönissen, Kommentar zu: Communio Sanctorum. Die Kirche als Gemeinschaft der Heiligen, in: http//:www.moehlerinstitut.de/fs03arg.htm.

W. Thönissen, Ein offener Prozess. Eucharistiegemeinschaft im Kontext von Kirchengemeinschaft, in: HK 56 (2002) 524-528.

J. Track, Ein guter Grund. Erklärung zur Rechtfertigungslehre unterschriftsreif, in: EK 32 (1999), H. 7, 42-44.

J.-H. Tück, Abschied von der Rückkehr-Ökumene. Das II. Vaticanum und die ökumenische Öffnung der katholischen Kirche, in: H. Hoping (Hrsg.), Konfessionelle Identität und Kirchengemeinschaft. Mit einem bibliographischen Anhang zu „Dominus Iesus", Münster u.a. 2000, 11-52.

L. Ullrich, Konfessionelle Identität. Historischer Überblick und ökumenische Relevanz, in: B. J. Hilberath / D. Sattler (Hrsg.), Vorgeschmack. Ökumenische Bemühungen um die Eucharistie (FS Th. Schneider), Mainz 1995, 59-73.

H. J. Urban, Ut unum sint. Anmerkungen zum Referat von Bischof Walter Klaiber, in : ÖR 46 (1997) 57-62..

H. J. Urban, Ökumene an der Schwelle zum 21. Jahrhundert. Bestand, Probleme und realistische Erwartungen, in: Catholica 53 (1999) 109-121.

J. Valentin, Atheismus in der Spur Gottes. Theologie nach Jacques Derrida, Mainz 1997.

VELKD, Allgemeines Priestertum, Ordination und Beauftragung nach evangelischem Verständnis. Eine Empfehlung der Bischofskonferenz der VELKD (VELKD-Texte 130), 2004.

K. H. Vogt, Denomination und Konfession auf dem ökumenischen Prüfstand. Theologische Gespräche zwischen Katholiken und Freikirchlern, in: US 57 (2002) 216-226.

G. Voss, Ökumenischer Fortschritt und Identität in der Gemeinsamen Erklärung zur Rechtfertigungslehre, in: US 55 (2000) 202-215.

G. Voss, Kommentierende Anmerkungen zur Charta Oecumenica der Kirchen in Europa, in: US 56 (2001) 186-207.

Votum evangelischer TheologieprofessorInnen zur GE, in: FAZ 29.1.98 [Nr. 24]

H. Wagner, Kirche und Rechtfertigung. Zum Dokument aus der dritten Phase des katholisch-lutherischen Dialogs (1993), in: Catholica 48 (1994) 233-241.

H. Wagner, Fundamentaltheologie und Ökumene, in: K. Müller (Hrsg.), Fundamentaltheologie. Fluchtlinien und gegenwärtige Herausforderungen, Regensburg 1998, 427-440.

H. Wagner, Die Rechtfertigungsproblematik im ökumenischen Dialog. Vom Malta-Papier bis zur Gemeinsamen Erklärung, in: B. J. Hilberath / W. Pannenberg (Hrsg.), Zur Zukunft der Ökumene. Die „Gemeinsame Erklärung zur Rechtfertigungslehre", Regensburg 1999, 58-69.

H. Wagner (Hrsg.), Einheit – aber wie? Zur Tragfähigkeit der ökumenischen Formel vom „differenzierten Konsens" (QD 184), Freiburg u.a. 2000.

G. Wainwright, A Primatial Unity in a Synodical and Conciliar Context, in: One in Christ 38 (2003), Nr. 4, 3-25.

H. Waldenfels, Unterwegs zu einer christlichen Theologie des religiösen Pluralismus. Anmerkungen zum „Fall Dupuis", in: StZ 217 (1999) 567-610.

H. Waldenfels, Kontextuelle Fundamentaltheologie, 3., aktual. u. durchgeseh. Aufl. Paderborn u.a. 2000.

H. Waldenfels, Christus und die Religionen, Regensburg 2002.

P. Walter / K. Krämer / G. Augustin (Hrsg.), Kirche in ökumenischer Perspektive (FS Walter Kasper), Freiburg 2003.

W. Welsch, Unsere postmoderne Moderne, Weinheim ²1988.

W. Welsch, Vernunft. Die zeitgenössische Vernunftkritik und das Konzept einer transversalen Vernunft, Frankfurt a. M. 1996.

G. Wenz, „Est autem…" Lumen Gentium 8 und die Kirchenartikel der Confessio Augustana, in: Catholica 52 (1998) 24-43.

G. Wenz, Eucharistische Aufgeschlossenheit. Gewachsene Konvergenzen in Theorie und Praxis des Herrenmahls, in: US 56 (2001) 314-324.

G. Wenz, Kirchengemeinschaft nach evangelischem Verständnis, in: epd-Dokumentation 15/2002, 4-13.

G. Wenz, Vom einen Wesen der Kirche. Aspekte evangelischer Ekklesiologie, in: P. Walter / K. Krämer / G. Augustin (Hrsg.), Kirche in ökumenischer Perspektive (FS Walter Kasper), Freiburg 2003, 33-45.

G. Wenz (Hrsg.), Ekklesiologie und Kirchenverfassung. Die institutionelle Gestalt des episkopalen Dienstes (Beiträge aus dem Zentrum für ökumenische Forschung München 1), Münster 2003.

J. Werbick, Der Anspruch auf ‚Vollständigkeit' als anti-realistische Abwehrstrategie, in: M. J. Rainer (Red.), „Dominus Iesus". Anstößige Wahrheit oder anstößige Kirche? Dokumente, Hintergründe, Standpunkte und Folgerungen, Münster u.a. ²2001, 134-143.

P. Weß, /U. H. J. Körtner / G. Larentzakis (Hrsg.), Papstamt jenseits von Hierarchie und Demokratie. Ökumenische Suche nach einem bibelgemäßen Petrusdienst (Studien zur systematischen Theologie und Ethik 35), Münster 2003.

S. Wiedenhofer, Grundprobleme des theologischen Traditionsbegriffs, in: ZKTh 112 (1990) 18-29.

S. Wiedenhofer, Die Rechtfertigungslehre als theologische Kunst der Unterscheidung, in: W. Härle / P. Neuner (Hrsg.), Im Licht der Gnade Gottes. Zur Gegenwartsbedeutung der Rechtfertigungsbotschaft. Gemeinsames Symposion des Evangelisch- und Katholisch-Theologischen Fakultätentages Lutherstadt Wittenberg, Oktober 2002, Münster 2004, 77-113.

U. Winkler, Ökumenisch leben. Neuerscheinungen für die Praxis, in: SaThZ 7 (2003) 72-99.

U. Winkler, Vom corpus verum zum corpus delicti. Eucharistische Irritationen, in: SaThZ 7 (2003) 223-225.

Wir glauben – wir bekennen – wir erwarten. Eine Einführung in das Gespräch über das Ökumenische Glaubensbekenntnis 381, hrsg. v. W. Bienert im Auftrag der ACK in Deutschland, Eichstätt 1997.

J. Wohlmuth, Realpräsenz und Transsubstantiation im Konzil von Trient. Eine historisch-kritische Analyse der Canones 1-4 der Sessio XIII. Bd. I: Darstellung, Frankfurt a. M. 1975.

J. Wohlmuth, Noch einmal: Transsubstantiation oder Transsignifikation, in: ZKTh 97 (1975) 430-440.

K. Woytila, Person und Tat, Freiburg-Basel-Wien 1981.

Ph. Zagano / T. Tilly, The Exercise of the Primacy, New York 1998.

P. M. Zulehner, Heirat – Geburt – Tod, Wien u.a. 1976.

Folgende Veröffentlichungen sind in veränderter Form in dieses Buch eingegangen:
1. G. M. Hoff, Anders glauben – dem Anderen glauben. Die Gemeinsame Erklärung zur Rechtfertigungslehre als Dokument einer fundamentaltheologischen Differenzhermeneutik, in: Catholica 54 (2000) 241-250.

2. G. M. Hoff, Neue Spannungen? Zur ökumenischen Bedeutung der Enzyklika „Ecclesia de eucharistia", in: KNA/ÖKI 24.6.2003, Beilage: *Thema der Woche*, 1-15.
3. G. M. Hoff, Der Preis der Ökumene. Eine Erinnerung an das 2. Vatikanische Konzil, in: KNA/ÖKI 8.3.2005, Beilage: *Thema der Woche*, 1-8.